2 Bachillerato

Lengua castellana y Literatura

Julio Ariza Conejero
Ildefonso Coca Mérida
Juan Antonio González Romano (coordinador)
Alberto Ruiz Campos
M.ª del Carmen Lachica Aguilera

Coordinación editorial:
Luis Pino García

Edición:
Daniel García Florindo

Corrección:
Ana Parrilla Santoyo

Diseño de cubierta e interior:
Alegría Sánchez

Maquetación:
ADE Consultores en Comunicación, S.L.L.

Ilustraciones:
José M.ª Rueda, Marta Altieri González

Fotografías:
Agencia EFE, Album, Archivo Anaya (Candel, C.; Cosano, P.; Enríquez, S.; García Pelayo, Á.; Hernández, B.; Leiva, Á.; Lezama, D.; Martín, J.; Martín, J.A.; Martínez, C.; Ortiz, J.; Padura, S.; Peñuela, E.; Pozo, M.; Rivera Jove, V.; Sánchez, J.; Steel, M.; Valls, R.; 6x6 Producción Fotográfica), Getty, Gtres online, 123RF.

Fotografía de cubierta:
El ensayo. ©Álvaro Reja, VEGAP, Madrid, 2015. Procedencia de la imagen: Banco de Imágenes de VEGAP.

Este libro ha sido elaborado conforme a la legislación vigente en materia educativa y responde a las enseñanzas correspondientes al Bachillerato establecidas para Andalucía.

Pi: las tareas y actividades marcadas con este símbolo constituyen **proyectos integrados.** En ellos se trabaja interdisciplinarmente y de manera cooperativa. Otras muchas tareas de este libro también pueden desarrollarse como proyectos integrados de trabajo.

Todas las actividades y ejercicios que aparecen en este libro han de realizarse en un cuaderno aparte.

Las normas ortográficas seguidas en este libro son las establecidas por la RAE en su *Ortografía* (2010).

©Del texto: Julio Ariza Conejero, Ildefonso Coca Mérida, Juan Antonio González Romano, Alberto Ruiz Campos, M.ª del Carmen Lachica Aguilera.
©De esta edición: Algaida Editores, S.A. (Grupo Anaya), 2016.
Avda. San Francisco Javier, 22. Edif. Hermes, 5ª, 3-8. 41018 Sevilla.

ISBN: 978-84-9067-382-9

Depósito legal: SE 550-2016

Reservados todos los derechos. El contenido de esta obra está protegido por la Ley, que establece penas de prisión y/o multas, además de las correspondientes indemnizaciones por daños y perjuicios, para quienes reprodujeren, plagiaren, distribuyeren o comunicaren públicamente, en todo o en parte, una obra literaria, artística o científica, o su transformación, interpretación o ejecución artística fijada en cualquier tipo de soporte o comunicada a través de cualquier medio, sin la preceptiva autorización. Cualquier forma de reproducción, distribución, comunicación pública o transformación de esta obra solo puede ser realizada con la autorización de sus titulares, salvo excepción prevista por la ley. Diríjase a CEDRO (Centro Español de Derechos Reprográficos, www.cedro.org) si necesita fotocopiar o escanear algún fragmento de esta obra.

ÍNDICE

Unidad 1: Propiedades de los textos ... 008
- Texto inicial y actividades previas ... 009
- 1 Los textos ... 010
- 2 Tipologías textuales ... 010
- 3 Textos del ámbito profesional y empresarial. Implicaciones pragmáticas ... 013
- 4 Textos del ámbito académico. Implicaciones pragmáticas ... 017
- 5 Inclusión del discurso ajeno en el propio ... 022
- Actividades finales de comprensión ... 023
- Guía para el comentario crítico ... 026
- El escritorio: ortografía, corrección gramatical, precisión léxica ... 030

Unidad 2: Exposición, argumentación, persuasión ... 032
- Texto inicial y actividades previas ... 033
- 1 Los textos expositivos ... 034
- 2 Los textos argumentativos ... 040
- 3 La expresión de la subjetividad en los textos. La modalización ... 044
- 4 Información, opinión y persuasión en los medios de comunicación. Los textos periodísticos ... 048
- Actividades finales de comprensión ... 054
- Comentario crítico resuelto: «El bosque» ... 056
- Ahora tú. Comentario guiado: «La dieta» ... 058
- El escritorio: ortografía, corrección gramatical, precisión léxica ... 060

Unidad 3: El nivel léxico-semántico ... 062
- Texto inicial y actividades previas ... 063
- 1 Mecanismos de formación de palabras ... 064
- 2 Los campos semánticos y asociativos ... 070
- 3 Los fenómemos semánticos ... 071
- 4 Los cambios de sentido ... 074
- Actividades finales de comprensión ... 077
- Comentario crítico resuelto: «A la maestra» ... 080
- Ahora tú. Comentario guiado: «Honor» ... 082
- El escritorio: ortografía, corrección gramatical, precisión léxica ... 084

Unidad 4: Fundamentos de sintaxis ... 086
- Texto inicial y actividades previas ... 087
- 1 Enunciado, oración y frase ... 088
- 2 La oración simple ... 091
- 3 Los complementos del verbo ... 095
- 4 Complementos oracionales ... 096
- 5 Otros complementos ... 097
- 6 Clasificación de la oración simple ... 098
- 7 Valores de *se* ... 100
- 8 Valores de *que/qué* ... 100
- Actividades finales de comprensión ... 102
- Comentario crítico resuelto: «El lugar de la felicidad» ... 104
- Ahora tú. Comentario guiado: «Orgullo hispano en EE. UU.» ... 106
- El escritorio: ortografía, corrección gramatical, precisión léxica ... 108

LENGUA, TEXTOS Y COMUNICACIÓN

Evaluación final. Unidades 1-4 ... 110

LENGUA, TEXTOS Y COMUNICACIÓN

Unidad 5: Estructuras oracionales complejas 114
- Texto inicial y actividades previas 115
- 1 La oración compuesta 116
- 2 La coordinación 118
- 3 La subordinación 119
- Actividades finales de comprensión 126
- Comentario crítico resuelto: «El tesoro dentro del tesoro del galeón San José» 128
- Ahora tú. Comentario guiado: «*Professional kids*» 130
- El escritorio: ortografía, corrección gramatical, precisión léxica 132

Unidad 6: Historia y actualidad del español 134
- Texto inicial y actividades previas 135
- 1 Las lenguas de España 136
- 2 El español en la actualidad 140
- 3 El español en el mundo. El español de América 142
- 4 El español en la Red 143
- Actividades finales de comprensión 144
- Comentario crítico resuelto: «Los primeros días del "invierno demográfico"» 146
- Ahora tú. Comentario guiado: «*I like your moño*» 148
- El escritorio: ortografía, corrección gramatical, precisión léxica 150

LITERATURA

Unidad 7: Géneros literarios. Teoría e historia 152
- Texto inicial y actividades previas 153
- 1 El lenguaje literario 154
- 2 Los géneros literarios 156
- 3 El género lírico 156
- 4 El género narrativo 160
- 5 El género dramático 167
- 6 El ensayo 170
- 7 Los tópicos literarios 173
- Actividades finales de comprensión 176
- Guía para el comentario literario 178

Unidad 8: La literatura a principios del siglo XX 180
- Texto inicial y actividades previas 181
- 1 Del XIX al XX. Bases de la literatura contemporánea 182
- 2 La literatura universal en el tránsito de siglos 183
- 3 Marco histórico del siglo XX 188
- 4 Modernismo y 98 189
- 5 La lírica a principios del siglo XX 194
- 6 La narrativa a principios del siglo XX: novela noventayochista 202
- 7 La novela novecentista o de la generación del 14 206
- 8 El teatro a principios del siglo XX 207
- Actividades finales de comprensión 211
- Comentario literario resuelto: *Luces de bohemia* 213
- Ahora tú. Comentario guiado: «Anoche cuando dormía» 216

Evaluación final. Unidades 5-8 218

Unidad 9: De las vanguardias a 1939 222

- Texto inicial y actividades previas 223
- 1 Las vanguardias 224
- 2 La generación del 27 231
- 3 El ensayo en la generación del 27 253
- Actividades finales de comprensión 254
- Comentario literario resuelto: «Unos cuerpos son como flores» 256
- Ahora tú. Comentario guiado: «Dime que sí» 258

Unidad 10: La literatura española entre 1940 y 1975 260

- Texto inicial y actividades previas 261
- 1 Marco histórico (1939-1975) 262
- 2 La literatura en el exilio 263
- 3 La narrativa de posguerra (1939-1975) 265
- 4 La poesía de posguerra (1939-1975) 279
- 5 El teatro de posguerra (1939-1975) 292
- Actividades finales de comprensión 300
- Comentario literario resuelto: «Fidelidad» 302
- Ahora tú. Comentario guiado: *Cinco horas con Mario* 304

Unidad 11: La literatura española desde 1975 306

- Texto inicial y actividades previas 307
- 1 Marco histórico 308
- 2 La narrativa desde 1975 308
- 3 Las últimas generaciones de poetas 319
- 4 El teatro desde 1975 322
- Actividades finales de comprensión 327
- Comentario literario resuelto: *El misterio de la cripta embrujada* 329
- Ahora tú. Comentario guiado: *El jinete polaco* 332

Unidad 12: La literatura hispanoamericana desde el siglo XX 334

- Texto inicial y actividades previas 335
- 1 La novela hispanoamericana desde el siglo XX 336
- 2 La poesía hispanoamericana desde el siglo XX 345
- Actividades finales de comprensión 350
- Comentario literario resuelto: «La forma de la espada» 352
- Ahora tú. Comentario guiado: «La canción desesperada» 354

Evaluación final. Unidades 9-12 356

Anexos 360

La lingüística textual 361
- La noción de texto 361
- Texto oral y texto escrito 362
- Modelos textuales 363
- Textos descriptivos 363
- Textos narrativos 364
- Textos expositivos-explicativos 365
- Textos prescriptivos 366
- Textos argumentativos 366
- Textos periodísticos 367
- El arte de la conversación 368
- El proceso de la escritura 369
- El procedimiento de la información 370

Métrica 373
- Tipos de verso según su medida 373
- Tipos de verso según su rima 373
- Tipos de rima 373
- Versos compuestos 373
- Reglas de final de verso 373
- Licencias métricas 373
- Tipos de pausa 373
- Esticomitia 374
- Encabalgamiento 374
- Nombre de los versos 374

Principales figuras retóricas 375
- En el plano fónico 375
- En el plano léxico-semántico 375
- En el plano morfosintáctico 376
- Principales formas estróficas 376

1 Propiedades de los textos

Texto inicial y actividades previas
1. Los textos
2. Tipologías textuales
3. Textos del ámbito profesional y empresarial. Implicaciones pragmáticas
4. Textos del ámbito académico. Implicaciones pragmáticas
5. Inclusión del discurso ajeno en el propio

Actividades finales de comprensión

Guía para el comentario crítico

El escritorio: ortografía, corrección gramatical, precisión léxica

Propiedades de los textos — Unidad 1

Texto inicial

La vida en sociedad implica la capacidad de los seres humanos para comunicarse. Tanto es así que nos costaría encontrar momentos en la vida cotidiana en los que no estemos planificando una comunicación o directamente estemos expresando o atendiendo a algún tipo de mensaje. Para ello usamos los llamados textos. Atiende al siguiente y realiza las actividades que le siguen.

Carta de Teresa Panza a su marido Sancho Panza

Tu carta recibí, Sancho mío de mi alma, y yo te prometo y juro como católica cristiana que no faltaron dos dedos para volverme loca de contento. Mira, hermano: cuando yo llegué a oír que eres gobernador, me pensé allí caer muerta de puro gozo, que ya sabes tú que dicen que así mata la alegría súbita como el dolor grande. A Sanchica tu hija se le fueron las aguas sin sentirlo de puro contento. El vestido que me enviaste tenía delante, y los corales que me envió mi señora la duquesa al cuello, y las cartas en las manos, y el portador de ellas allí presente, y, con todo eso, creía y pensaba que era todo sueño lo que veía y lo que tocaba, porque ¿quién podía pensar que un pastor de cabras había de venir a ser gobernador de ínsulas? Ya sabes tú, amigo, que decía mi madre que era menester vivir mucho para ver mucho: dígolo porque pienso ver más si vivo más, porque no pienso parar hasta verte arrendador o alcabalero, que son oficios que aunque lleva el diablo a quien mal los usa, en fin en fin, siempre tienen y manejan dineros. Mi señora la duquesa te dirá el deseo que tengo de ir a la corte: mírate en ello y avísame de tu gusto, que yo procuraré honrarte en ella andando en coche.

El cura, el barbero, el bachiller y aun el sacristán no pueden creer que eres gobernador y dicen que todo es embeleco o cosas de encantamiento, como son todas las de don Quijote tu amo; y dice Sansón que ha de ir a buscarte y a sacarte el gobierno de la cabeza, y a don Quijote, la locura de los cascos. Yo no hago sino reírme y mirar mi sarta y dar traza del vestido que tengo de hacer del tuyo a nuestra hija.

Unas bellotas envié a mi señora la duquesa: yo quisiera que fueran de oro. Envíame tú algunas sartas de perlas, si se usan en esa ínsula.

Las nuevas de este lugar son que la Berrueca casó a su hija con un pintor de mala mano que llegó a este pueblo a pintar lo que saliese: mandole el Concejo pintar las armas de Su Majestad sobre las puertas del ayuntamiento, pidió dos ducados, diéronselos adelantados, trabajó ocho días, al cabo de los cuales no pintó nada y dijo que no acertaba a pintar tantas baratijas; volvió el dinero, y, con todo eso, se casó a título de buen oficial: verdad es que ya ha dejado el pincel y tomado el azada, y va al campo como gentilhombre.

[…]

Sanchica hace puntas de randas; gana cada día ocho maravedís horros, que los va echando en una alcancía para ayuda a su ajuar, pero ahora que es hija de un gobernador, tú le darás la dote sin que ella lo trabaje. La fuente de la plaza se secó, un rayo cayó en la picota, y allí me las den todas.

Espero respuesta de esta, y la resolución de mi ida a la corte; y con esto Dios te me guarde más años que a mí, o tantos, porque no querría dejarte sin mí en este mundo. Tu mujer,

Teresa Panza.

Miguel de Cervantes
Don Quijote de la Mancha (Parte II), Crítica

Actividades previas

A. ¿Ante qué tipo de texto nos encontramos?

B. ¿En qué contexto tiene sentido este documento? ¿Es público? ¿Es privado? ¿Es oral? ¿Es escrito?

C. ¿Cuál es su intención (persuadir, convencer, informar, describir…)?

D. Analiza sus rasgos. ¿Es formal? Justifica tu respuesta. Analiza también la disposición de los contenidos: ¿es intencionada?

E. Trata de reescribir el texto usando un lenguaje más actual. Puedes resumir aquellos aspectos que estimes oportuno. Presenta a tus compañeros la versión oral del mismo.

1 Los textos

Ya el curso pasado tuvimos ocasión de analizar la importancia de los textos en la **vida social.** Los seres humanos necesitamos comunicarnos y lo hacemos de muy diversos modos: las miradas o los gestos, por ejemplo, transmiten información que, con frecuencia implican sentimientos y actitudes. Y también son capaces de provocarlos. Aprendemos a mirar y a usar nuestro cuerpo para expresar mensajes, y a interpretar miradas y gestos para comprender a nuestros interlocutores.

En otras ocasiones usamos **otros lenguajes:** la pintura, la fotografía o la música constituyen textos elaborados (pictórico-visuales y musicales) mediante los que un artista expresa mensajes complejos que pueden provocar en los receptores sensaciones muy diversas, desde un simple entretenimiento hasta una emoción profunda. Junto a estos lenguajes se encuentra el verbal, el más fácil y el más complicado, el más usado, intrínseco a la esencia humana y conocido, por ello, como el lenguaje natural humano.

El **lenguaje natural humano** se concreta en las diversas lenguas que usan los hombres y mujeres del mundo. Todos con necesidad de expresar, comprender y ser comprendidos, de convencer, de explicar, de solicitar, de persuadir, obligar o emocionar. Hablamos y escribimos porque necesitamos decir algo y ello nos lleva a construir textos que se adecuen a nuestra intención. Por ello –ya decíamos–, la lengua, el sistema de comunicación que usamos a diario, es mucho más que un conjunto de sonidos, morfemas, palabras o sintagmas. Lo realmente importante de una lengua es el uso que hacemos de la misma, y ello implica considerar los **textos** que podemos componer para alcanzar nuestra intención. Los textos son, en este sentido, los que realmente constituyen una unidad de intención y encierran un sentido comunicativo completo.

> El *Diccionario* de la Real Academia de la Lengua Española define el término *texto* del siguiente modo: «Enunciado o conjunto coherente de enunciados orales o escritos». En los anexos incluidos en este volumen puedes consultar las principales **propiedades** que un texto debe cumplir, incluidos los elementos que lo hacen **coherente** y los mecanismos de **cohesión** textual.

2 Tipologías textuales

Según ya veíamos en el curso anterior, los textos pueden ser muy variados, conforme a nuestras intenciones y a la situación comunicativa en la que nos encontremos. De este modo, podemos considerar la siguiente clasificación básica de los mismos (considera que muchos de ellos pueden ser tanto orales como escritos):

Propiedades de los textos — Unidad 1

Tipología textual. Según su naturaleza

Textos científico-técnicos. Son aquellos usados para divulgar los avances producidos en el ámbito de la ciencia y la técnica. Suelen exponer pautas de funcionamiento de objetos o maquinaria. Por su naturaleza, acostumbran a ser expositivos y, a veces, argumentativos (informar, explicar y convencer).

Textos humanísticos. Estos textos tratan de estudiar cuestiones referentes al ser humano y su entorno. Se caracterizan por su variedad en la forma y en los contenidos, con posible inclusión de argumentos diversos. Los textos humanísticos se manifiestan generalmente en forma de ensayo.

Textos jurídico-administrativos. Estos textos regulan las relaciones entre los individuos y las diversas administraciones públicas. Para ello, se usan estructuras prefijadas y reconocibles, que facilitan su lectura e interpretación. Estos textos se desarrollan en el medio escrito.

Textos literarios. La literatura convierte el lenguaje natural humano, nuestra lengua, en un arte. Su finalidad principal es la de emocionar al lector o al oyente (espectador, en el caso del teatro).

Textos periodísticos. Estos textos tratan de captar y dar determinado tratamiento (escrito, oral, visual o gráfico), a la información en cualquiera de sus formas y variedades. Incorporan, además, de la función referencial (exposición de hechos), la función apelativa del lenguaje (artículos de opinión, ensayo), la expresiva (artículos de opinión) e, incluso, la poética (uso de recursos retóricos, figuras literarias).

Textos publicitarios. Los textos publicitarios son aquellos que tratan de divulgar noticias o anuncios de carácter comercial para atraer a posibles compradores, espectadores, usuarios. Para ello, se sirven de múltiples recursos visuales, sonoros e, incluso, argumentos diversos.

Tipología textual. Según su finalidad

Textos descriptivos. Nos sirven para representar a alguien o algo por medio del lenguaje, refiriendo o explicando sus distintas partes, cualidades o circunstancias. Por ejemplo, las guías de viaje.

Textos narrativos. Se usan para referir acciones, historias o hechos, bien reales o ficticios. Por ejemplo, los cuentos y las novelas.

Textos expositivo-explicativos. Se usan para presentar o aclarar el sentido real o verdadero de una palabra, texto o doctrina. Por ejemplo, los reportajes, los libros de texto…

Textos argumentativos. Mediante este tipo de textos defendemos o rechazamos, aportando razones diversas, alguna idea, proyecto o pensamiento. La publicidad suele ser argumentativa. El periodismo también presenta frecuentemente este tipo de textos.

Textos instructivos-preceptivos. Nos sirven para conocer las normas de funcionamiento de un objeto o sociedad. Son instructivos los manuales de primeros auxilios, las leyes o las instrucciones de funcionamiento de cualquier objeto. En su mayor parte, se expresan por escrito.

Elegir un tipo u otro de texto es una cuestión esencial y para ello el emisor cuenta con numerosas posibilidades. ¿Compondríamos un poema para solicitar el duplicado de una factura? ¿Redactaríamos un ensayo para publicitar un tubo de pasta dentífrica? Cualquier usuario competente de una lengua podría hacerlo, pero la situación comunicativa y, en ocasiones, las normas aconsejan elegir los tipos de texto más adecuados a cada ocasión.

De este modo, una solicitud de inscripción requiere de una instancia, una noticia implica objetividad, una columna de opinión incluirá argumentación y una estructura y léxico claros aptos para un público amplio, un poema lírico frecuentemente estará teñido de subjetividad… Pero la combinatoria posible es más amplia. Por este motivo, para determinar las características de un texto, necesitaremos considerar tanto su naturaleza (científico-técnica, humanística, jurídica-administrativa, etc.) como su finalidad (describir, narrar, exponer, argumentar, instruir) y, así, poder definir al mismo de forma más precisa: un poema (texto literario) puede ser descriptivo, narrativo o argumentativo (o las tres circunstancias a la vez); un texto periodístico también puede compartir características propias de los literarios; un ensayo puede ser más o menos expositivo o argumentativo e incluso ser al mismo tiempo un texto literario.

Actividades

1. Conforme a las ideas anteriormente expuestas, caracteriza los siguientes textos:

Mundos invisibles

A punto de ser domesticada chisporroteando debajo de las ollas o esperando encima de la mesa transcurre inadvertida. Al claro del día justo al pie de la noche lava lagañas, dirige los aseos, peina deprisa y besa despidiendo. Colada en el café se escurre por el aire mientras resbala imperceptible mojando las paredes. Mezcla, combina los sabores milenarios los ordena moviendo. Volteando prueba una y otra vez el alimento que bulle en su caldero infinito. Luego lava y limpia por las esquinas conjurando los mundos invisibles. Clandestina, baja al patio oreando voces y añilosa; sacude, pincha y tiende al sol gigantescos papeles blanco cloro. Sube se baña canta. Más tarde tiende las camas instalándose ineludible, nocturna por fuerza compite con la noche se desnuda tentando entre la oscuridad y el placer. Subrepticia y solapada avanza y vence.

Ángela María Dávila
Siempre subversiva. Aquí (así) sobrevive la poesía

Un sitio en la historia del deporte español

El verano próximo se cumplen 30 años desde que nos colamos en la final de uno de los deportes olímpicos por excelencia. En un escenario mítico como el ya desaparecido Forum de Los Ángeles, la selección española de baloncesto sorprendió incluso a su propio país, que la acompañó entre extrañado y alborozado durante unas cuantas calurosas madrugadas de agosto. Nuestra aventura terminó subidos al podio y de forma instantánea nos ganamos un sitio en la historia del deporte español. No es de extrañar, pues estamos hablando de unos tiempos en los que España empezaba a desempolvar telarañas y quitarse múltiples complejos de encima, no solo deportivos. Mientras unos cuantos millones de españoles trasnochaban para compartir en casas, chiringuitos o discotecas aquel éxito que no estaba en el guion, Pau Gasol, Juan Carlos Navarro o Felipe Reyes dormían plácidamente en sus camas. Tenían cuatro años.

Juan Manuel López Iturriaga
El País (08 de septiembre de 2013)

Cómo crear un blog paso a paso

Crear un blog es muy sencillo, pero depende de para qué lo quieras o cuál sea tu objetivo debes hacerlo de una forma u otra. Por eso voy a enseñarte a crear el blog que necesitas.

Existen muchas maneras de dar forma a una idea, como crear un blog; pero tienes que elegir la que mejor se adapte a tus necesidades, para conseguir que de verdad salga adelante.

Y es que cada blog es distinto y más aún si se crea para cosas distintas. La idea es que este artículo te sirva de guía para elegir lo que más te conviene a ti concretamente. Así que ve haciendo clic en las opciones que mejor se ajusten a lo que quieres para ir avanzando hasta llegar a la mejor solución.

¿Qué quieres hacer?

- Crear un blog personal o temático
- Crear un blog profesional
- Crear un blog corporativo (empresa, servicios, etc.)
- Crear un blog de tienda online

http://miposicionamientoweb.es/como-crear-un-blog/
(adaptación)

2. Resume el contenido de cada uno de los textos anteriores. Trata de explicar su sentido: ¿de qué nos hablan? ¿Cómo lo hacen?

3. ¿Para qué tipo de público piensas que se han escrito los textos precedentes?

4. Expresa oralmente las dificultades que te ha supuesto la lectura de cada uno de los mismos. Comentadlo de forma oral en el aula.

3 Textos del ámbito profesional y empresarial. Implicaciones pragmáticas

Como hemos empezado a reconocer, los textos presentan evidentes diferencias entre unos y otros. Ello se debe a que han sido compuestos, cada uno, según distintas finalidades y considerando situaciones comunicativas muy diversas; es decir, son textos **adecuados** a contextos y receptores distintos.

La situación comunicativa determina frecuentemente, por lo tanto, la tipología del texto y la forma de presentación de los contenidos. Los textos se concretan considerando todos los factores del contexto en que van a funcionar. Los textos periodísticos, por ejemplo, han de considerar la amplitud del público receptor, el tipo de programa o sección del periódico en que se van a presentar, la ideología de la empresa… De ahí que encontremos textos tan variados como el reportaje, la crónica, la columna, la crítica, el editorial, etc.; en el ámbito administrativo se producen textos necesariamente muy claros y estructurados, sometidos a reglas formales muy rígidas. Es el caso de la instancia o el currículum. En el ámbito publicitario hallamos textos muy diversos, pero todos ellos han de contener un factor común: la persuasión necesaria para inducir a la compra. El ámbito profesional y empresarial también genera gran variedad textual. Al mismo nos dedicamos a continuación.

El mundo empresarial

El mundo empresarial y profesional tiene que ver con todas aquellas actividades industriales, mercantiles o de prestación de servicios con fines lucrativos. El buen funcionamiento de una empresa depende de múltiples factores: estudios de mercado y *marketing*, control de los recursos humanos y materiales, reuniones del equipo directivo, comunicación oportuna con los trabajadores y empleados, acuerdos salariales, contratos, etc. Todas estas circunstancias generan textos, que pueden ser escritos o cursarse mediante medios informáticos, como el correo electrónico.

La carta empresarial

La **carta empresarial** representa un tipo de texto que, desde una empresa, se remite a un particular o a otra empresa para informar acerca de algún asunto de interés, normalmente, para ambas partes. La carta ha de ser concisa y clara en cuanto a la información expuesta y contundente si se añaden argumentos de algún tipo. En las mismas, la cortesía es un rasgo fundamental. Tienen una estructura muy definida:

- **Membrete:** logotipo de la institución emisora. Inicia la carta.
- **Código (no obligatorio):** numeración que utilizan algunas instituciones para este tipo de documento (no es obligatorio). Ejemplo: *DC059/10* (Departamento Comercial, número de carta y año).
- **Lugar y fecha:** del emisor de la carta. Ejemplo: *La Plata, 23 de octubre de 2010*.
- **Destinatario:** Título del destinatario. Ejemplo: *Licenciado, Doctor* (no se abrevia), nombre y apellidos en su orden natural, cargo, nombre de la empresa en mayúsculas, calle, número, piso, código postal, ciudad y país. Puede aparecer en la parte derecha del documento.
- **Referencia:** es el asunto de la carta que se puede adelantar, si se desea. Es una síntesis redactada a modo de título y precede a la introducción de la carta. Se anuncia con la palabra *Referencia* o su abreviatura (*Ref.*) seguida de dos puntos.
- **Introducción:** se especifica el objetivo de la carta. Ejemplo: *presentarse, agradecer, invitar*, etc.
- **Cuerpo:** se desarrolla el objetivo de la carta, se emiten más detalles o información al respecto.

- **Cierre:** se remata el mensaje. Por ejemplo: se pide una reunión, se llama a la acción, etc. o simplemente se resume el mensaje.
- **Saludo:** se utiliza una fórmula de despedida directa, simple y convencional. Ejemplo: *Sin otro particular, saludo a Usted atentamente.* La despedida debe guardar el mismo tono de cortesía, tanto de saludo inicial y la relación entre el emisor y receptor.
- **Firma y aclaración:** debe colocarse unas líneas debajo de la última línea del cuerpo de la carta o de la indicación de adjuntos, contra el margen derecho o izquierdo. La aclaración de la firma o sello deberá llevar dos líneas: en la primera, el nombre completo precedido por el título, en el caso que existiera; en la segunda línea, el cargo que desempeña en la empresa.

Fraseología de la carta empresarial	
Saludos iniciales	**Disculpas**
Señor / Señora / Señores / Señoras Apreciado señor / Apreciada señora / Apreciados clientes Estimado Sr. González / Estimada Sra. García	Les rogamos que disculpen nuestro retraso en… Por causas ajenas a nuestra voluntad, no hemos podido… Le pedimos disculpas por… / Acepte nuestras disculpas por… Por favor, disculpe nuestro olvido/error, del todo involuntario…
Introducciones	**Denegaciones**
Mediante esta carta… / Con este escrito… Nos ponemos en contacto con usted para informarle… Tenemos el gusto de comunicarles… Nos dirigimos a ustedes con el fin de… Les comunicamos que… / Les anunciamos que… Tal y como acordamos en nuestra conversación telefónica… A continuación, les detallamos… Con motivo de… / A propósito de… / En lo referente a…	Sentimos comunicarles que… / Lamentamos informarles de… Nos vemos obligados a declinar su amable oferta… No podemos aceptar… / En estos momentos no disponemos de…
	Agradecimientos
	Queremos darles las gracias por… / Le agradecemos… Gracias por su amable gestión… / Reciba mi agradecimiento por…
Notificación de envíos	**Felicitaciones**
Les enviamos… / Les remitimos… / Nos complace enviarle… Adjuntamos la documentación… / Encontrará adjunta la copia de…	Reciba nuestra sincera felicitación por… / Le felicitamos por su… Enhorabuena por… / Felicidades por… / Nos llena de satisfacción…
Solicitudes	**Cierres**
Les solicitamos… / Le pedimos que… / Le agradeceremos que… Confiamos en que… / Esperamos que… / Nos gustaría contar con… Confiando en su amabilidad, les solicitamos… / Desearíamos que…	No dude en ponerse en contacto con nosotros si desea recibir información detallada sobre nuestros servicios. Quedamos a la espera de sus noticias. Quedo a su disposición. A la espera de su respuesta…
Discrepancias	**Despedidas**
Sentimos comunicarle…. Lamentamos que, en esta ocasión, nuestros puntos de vista difieran… No podemos aceptar su postura en lo referente a…	Atentamente / Muy atentamente / Les saludamos atentamente. Cordialmente / Muy cordialmente / Reciba un cordial saludo. Un cordial saludo / Saludos cordiales / Afectuosamente.

Hoy día, las cartas empresariales están siendo progresivamente sustituidas por las presentaciones que las empresas realizan en Internet. Atiende, por ejemplo, a la siguiente página:

Actividad

5. Visita la página http://www.jaencoop.com/es y comenta sus características. Atiende a aquello que la hace atractiva para sus visitantes.

El acta de reunión y la convocatoria

El acta es un documento que da fe de lo debatido en una reunión y contiene, en su caso, los acuerdos a los que se haya podido llegar una vez acabada la misma. El acta puede ser muy extensa, si recoge los detalles de lo ocurrido, o puede ser más breve, si se limita a expresar los acuerdos alcanzados. En tal caso, hablamos de **acta de acuerdos.** En todo momento, cualquier participante puede requerir del secretario (normalmente, la persona encargada de su redacción) la inclusión de un texto literal o de un voto particular. El acta ha de aprobarse para que tenga validez. Por lo general, las reuniones (sean de empresa, académicas o institucionales) suelen comenzar con la aprobación del acta de la reunión anterior. Finalmente, hay que mencionar que las actas han de referirse a una reunión que ha de ser formalmente convocada, mediante una convocatoria en la que se contengan los asuntos sobre los que se puede decidir. Ello se expresa en el denominado *orden del día.* Si la reunión es formal –como suele ser– no puede decidirse nada que no esté contenido como asunto en el mismo.

El currículum u hoja de vida en el ámbito empresarial

El **currículum** (u **hoja de vida**) es un documento esencial en la actualidad para poder acceder al mercado laboral. Las empresas seleccionan a su personal según su currículum y, con frecuencia, los van incorporando a diferentes bases de datos para poder contar con las personas más adecuadas según sea el caso. El objetivo al confeccionar este documento no es otro que el de describir tanto la formación recibida como, si se cuenta con la misma, la experiencia laboral, los conocimientos y las habilidades personales.

Unidad 1 Propiedades de los textos

No existe un modelo único de currículum. Las bolsas de trabajo *online*, las redes sociales y medios de comunicación digital han modificado en los últimos años la forma en la que debe redactarse un currículum. Sin embargo, existen herramientas informáticas –incluso *online*– que simplifican la construcción de nuestro currículum. El siguiente modelo responde a la plantilla que ofrece *Word*:

[Nombre]
[Dirección] | [Ciudad, código postal] |
[Teléfono] | [Correo electrónico]

Objetivo
Reemplace esta frase por su objetivo laboral.

Formación
[Título], [Fecha de graduación], [Centro]
[Asignatura principal]
[Asignatura secundaria]
[Trabajo de curso relacionado]

Experiencia
[Puesto] | [Compañía] | [Fechas inicio-fin] En este espacio debe escribir un breve resumen de sus responsabilidades principales y sus mayores logros.

Aptitudes y habilidades
Gestión
Ventas
Comunicación
Liderazgo

Herramientas como las que ofrece la página **http://zunal.com/webquest.php?w=171322** te pueden ayudar a confeccionar tu propio currículum. Ofrece diversos modelos de CV y orienta en torno a los contenidos que has de incluir. Te propone, también, ejemplos prácticos que te pueden resultar muy útiles.

4 Textos del ámbito académico. Implicaciones pragmáticas

Son textos del ámbito académico todos aquellos que tienen relación con aspectos docentes o formativos. Los textos académicos son muy frecuentes durante toda la época escolar, incluida la universitaria. Hablamos de textos generados para la docencia y, también, de aquellos que redactan o presentan los propios alumnos (**exámenes, libros de texto, debates, trabajos de aula, exposiciones orales**…). Además, otras circunstancias pueden dar lugar a textos académicos: **conferencias, ponencias** en congresos, **comunicaciones, artículos** para revistas, **discursos**, etc.

Los textos posibles en el ámbito académico pueden tratar de cualquier rama del saber: los hay centrados en aspectos médicos o jurídicos; los hay propios del arte o de la ingeniería; otros nos hablan de la literatura, la lengua o la historia; o de la geografía, la geología o la economía de un espacio o grupo social; un examen de Matemáticas también es un texto académico, al igual que un discurso de inauguración de curso centrado en la astronomía o la mitología clásica; un texto periodístico se puede convertir en un referente académico; una presentación en torno al funcionamiento de un electrodo, también. Y también lo puede ser el análisis de la situación política de un país. Todos ellos serán diferentes, muy diferentes en ocasiones, pero comparten algunas características comunes, en mayor o menor grado:

- Contienen un intenso componente **expositivo**, cuya función es presentar una situación, un hecho o determinadas circunstancias del modo más claro y objetivo posible. En muchos casos, se trata de la parte inicial del texto, sobre la cual se puede generar un debate y una argumentación.

- Algunos textos académicos son básicamente **instructivos.** Materias relacionadas con las matemáticas, la química o la física requieren de textos (incluidos los exámenes) en los que se muestre, paso a paso, la consecución de ciertos logros.

- La **argumentación** es frecuente en los textos académicos. Una vez presentadas ciertas informaciones, profesores, alumnos, académicos, periodistas, científicos, etc. proceden a defender un punto de vista. Para ello, se suele usar el llamado **argumento de autoridad,** mediante el que tratamos de fundamentar nuestras ideas en escritos y opiniones de expertos y otros científicos que nos han precedido.

Todo lo anterior nos lleva a pensar que los textos académicos son, esencialmente, textos **rigurosos** en todos los aspectos:

- **Claros** en su exposición (lo que ha exigido, previamente, en muchos casos, de un claro dominio de la capacidad comprensiva).

- **Coherentes** y bien **cohesionados** en su expresión. El texto académico desarrolla los contenidos de modo coherente, es decir, lógico y razonable. En cuanto a su estructura, ha de presentar una organización clara (capítulos, epígrafes, títulos y subtítulos…) y ha de incorporar todos los recursos de cohesión necesarios (nexos y marcadores del discurso para comenzar, enumerar, cambiar de tema, ordenar, repetir ideas, marcar causas o consecuencias, etc.).

- **Rigurosamente fundamentados** en su argumentación.

- **Formales** en cuanto a su registro lingüístico.
- **Corteses** en su presentación.

Además, tales textos han de ser **efectivos,** para lo que han de adecuarse perfectamente al receptor o receptores y al contexto en que tienen efecto. Por ejemplo, en un contexto oral, aunque nuestro texto sea formal, cabe la inclusión de alguna anécdota divertida que nos haga ganar la simpatía del público. En este sentido, la pragmática lingüística nos ofrece una serie de claves, absolutamente necesarias, para que nuestro texto académico sea conveniente.

> La **pragmática lingüística** es una rama de la lingüística general a la que interesan especialmente los procesos comunicativos (los textos en su contexto). Gestada en los años sesenta del siglo XX, trata de estudiar el lenguaje en su uso, analizando todos los factores del proceso de la comunicación que pueden intervenir en el mismo y tratando de especificar los procedimientos para hacer más efectivos nuestros mensajes.

Los textos académicos, especialmente lo que en estos momentos tratáis de comprender y aquellos que habréis de elaborar, han de cumplir con una serie de condiciones que proceden de esta rama lingüística. Tened en cuenta que todo acierto se da por contado y que cualquier error en los mismos puede inducir a una negativa, o muy negativa, recepción por parte del receptor.

Tal es el rigor que necesitan estos textos. Un simple **examen** ha de producir en el examinador la sensación no solo de que se dominan los conocimientos o las habilidades necesarios; ha de ser claro, evitar las ambigüedades, estar bien presentado, usar cierto estilo expositivo cortés que sepa expresar, incluso, puntos de vista contrarios y, sobre todo, ha de resultar **simpático,** es decir, estar adecuado a las capacidades receptivas del lector o de los oyentes y contar con el contexto en que se emite (escrito u oral, por ejemplo).

En este sentido, tenemos que asumir las siguientes máximas procedentes de la pragmática lingüística:

- **Principio de economía.** No aportes más información de la necesaria, porque puedes producir interpretaciones erróneas. Habla o escribe de lo que se te pregunta. Extensiones innecesarias pueden ser bastante inadecuadas si no están presentes de modo razonable (es decir, contextualiza lo necesario y evita informaciones no relacionadas).

- **Ley de hipérbole (necesaria en exposiciones orales).** Esta ley tiene relación con la cortesía. Si te has servido de cierta información procedente o relacionada con aquellos que han de evaluar tu trabajo, habrás de apuntarlo. Citar cuando se presenta un informe, agradecer –incluso efusivamente– la colaboración o reconocer aportaciones siempre viene muy bien y, si no se produce este hecho, puede redundar muy negativamente en nuestra contra.

- **Principio de cooperación.** Contribuye a la comunicación para que esta se produzca. En exposiciones orales o escritos, respeta las siguientes categorías:

    • **Categoría de cualidad.** Trata de que tu contribución sea verdadera. No digas lo que creas que es falso y, sobre todo, no digas aquello de lo cual carezcas de pruebas o de conocimiento adecuados. Una comunicación basada en mentiras o en hipótesis no probadas va en contra de su efectividad.

- **Categoría de relación** o **principio de relevancia.** Conforme se desarrolla tu escrito o exposición, trata de aportar informaciones pertinentes. Son **relevantes** o **pertinentes** las informaciones nuevas y **no son relevantes** o **pertinentes** las informaciones que no generan conocimientos nuevos, son innecesariamente redundantes o son incoherentes.

- **Categoría de modo.** Evita ser oscuro al expresarte; evita ser ambiguo al expresarte; sé escueto y procede con orden. Estructura del mejor modo posible tu texto. Ayúdate de epígrafes, títulos, pausas y, si es necesario, expresa claramente que vas a desarrollar otra cuestión.

■ **Principio de información.** No asumas la palabra para afirmar lo que es una evidencia o algo que es sabido que el receptor ya conoce. Si estás en un debate, la insistencia puede incluso llegar a hacer pensar al interlocutor lo contrario. Frecuentemente, es mejor ser breve pero contundente. Si estás apoyando tus palabras con un medio audiovisual, no te limites a leer lo que dice la presentación. Un uso inteligente de estos medios no sustituye el arte de la palabra.

■ **Principio de cortesía.** Ante todo, sé cortés. La cortesía académica es fundamental. Incluso al leer un texto, un lector académico presupone que se han respetado todas las condiciones anteriores, es decir, que se ha tratado de expresar una idea o conjunto de ideas de la forma más razonable y cortés posible, con idea de generar un conocimiento para el bien común. En este sentido, la **presentación** de tu texto es esencial:

- Si te es posible, presenta tu trabajo escrito en ordenador. El espaciado más habitual se sitúa entre los 1.15 y los 1.5 puntos.

- Numera las páginas.

- Cuida especialmente la ortografía y la gramática.

- Utiliza inteligentemente mayúsculas, negritas o cursivas para llamar la atención y romper la monotonía del texto.

- Respeta siempre los márgenes inferiores, superiores y laterales (2 cm suelen ser suficientes para no ahogar la página).

- Utiliza un lenguaje expositivo formal (no coloquial), conciso, claro y sencillo.

- La progresión de los contenidos ha de ser fácilmente entendible. Sigue esquemas tales como el siguiente: presentación (introducción) + desarrollo (parte expositiva, argumentos, citas…) + conclusión.

- Incorpora cuantos subtítulos o epígrafes sean necesarios para aclarar la estructura de tu texto. Debes incluir, si es necesario, el índice del trabajo.

- Si va dirigido a una persona en especial, habrás de incluir en la primera página:
  - Nombre y apellidos del alumno.
  - Curso y especialidad al que pertenece. Centro escolar.
  - Nombre del destinatario.

- En la segunda página habrás de incorporar el índice con el número de página de cada apartado.

- En la última página se hace constar la bibliografía utilizada.

Actividad

6. El fragmento que sigue ha sido escrito por un reconocido profesor universitario. Se trata de una conferencia. Comenta sus características como texto académico:

Razones para leer: razones para vivir

He de comenzar este recorrido, al que les invito, con una declaración profunda de gratitud al II Simposio Internacional de Universidades Lectoras, a las Universidades que forman parte de esta espléndida red, y en particular a mi Universidad de Sevilla (Universitas Litteraria Hispalensis), porque, al hacerme el honor de encomendarme esta ponencia de clausura (que prefiero sea verdaderamente lectio, acto de lectura en el que entretejeré, en polifonía, la mía con algunas grandes voces), me invitan a abrir mi corazón y mi mente desde los dos horizontes que mejor definen mi propia realidad, mi propia vocación: la Universidad y la lectura. He tenido la inmensa fortuna de poder convertir mi vocación (que es llamada imperativa) en profesión (la profesión por antonomasia, puesto que –no en vano– se nos llama «profesores»), y profeso con pasión el amor por el saber (que es conocimiento al servicio de la vida) y el amor por la lectura, que es una de las principales fuentes del saber. Bien es cierto que prefiero, al de profesor, el apelativo –en clave modesta y menor, sin pretensiones– de maestro, puesto que el magister es aquel que no solo contribuye a que sus discípulos (es decir, quienes se nutren de su saber) sepan más, sino a que sean más. Y que, al ser más, experimenten esa gaudium essendi, esa alegría o gozo de ser que nada ni nadie nos puede arrebatar, y que se experimenta con radicalidad en la lectura. Reivindicamos así, más que una cultura y una vida orientadas hacia el tener, la experiencia de una orientación hacia el ser concreto que somos, en la línea en su día planteada por Eric Fromm[1]. Porque si el libro puede ser cosificado, mercantilizado, convertido en objeto de comercio, en valor de cambio, la lectura, por ser personal e intransferible, se sustrae a la transacción económica y se experimenta como un valor de uso. Y es una vía extraordinaria para transitar los caminos de la vida en la búsqueda de sentido (V. Frankl[2]) que nos hace humanos.

En estos días he pensado mucho en el sentido de los veinticinco años de dedicación ininterrumpida a la Universidad, que cumplí en octubre de 2005. [...] He pensado mucho –digo– y encuentro que todo cuanto me justifica se resume en una voluntad constante de mantenerme fiel a una de las experiencias vitales que más feliz me hacen –la lectura– y procurar a los demás el único placer intenso que ni es pecado ni engorda, por más que la historia de la lectura haya sido también una historia de coartaciones y censuras, de control de la mente, puesto que leer nos hace libres, y nada hay más peligroso para los poderosos del mundo que tenérselas que ver con hombres y mujeres libres. Y aún hoy hay colectivos que siguen manteniendo índices de «libros prohibidos». Emilio Lledó –y me permito desde aquí rendirle gratitud y homenaje– lo ha dejado claramente expuesto con hermosas palabras: «Si nos acostumbramos a ser inconformistas con las palabras, acabaremos siendo inconformistas con los hechos. Ambas actitudes son, sin embargo, formas de libertad. Y la libertad no admite conformismo alguno. [...] Conformarse es perder, en parte, la forma propia para sumirse, liquidarse en la ajena». Frente al conformismo, Lledó postula que la única manera de ser personas, seres autónomos y reales, es a través de la posibilidad de desarrollar un pensamiento propio y autónomo por muy modesto que sea: «Un pensamiento que solo se nutre de libertad». Y una libertad que en nuestros días es imposible alcanzar sin el apoyo de los libros y la lectura:

«La lectura y los libros son el más asombroso principio de libertad y fraternidad. Un horizonte de alegría, de luz reflejada y escudriñadora, nos deja presentir la salvación, la ilustración, frente al trivial espacio de lo ya sabido, de las aberraciones mentales a las que acoplamos el inmenso andamiaje de noticias siempre las mismas, porque es siempre el mismo nuestro apelmazado cerebro. Los libros nos dan más, y nos dan otra cosa. En el silencio de la escritura cuyas líneas nos hablan, suena otra voz distinta y renovadora. En las letras de la literatura entra en nosotros un mundo que, sin su compañía, jamás habríamos llegado a descubrir. Uno de los prodigios más asombrosos de la vida humana, de la vida de la cultura, lo constituye esa posibilidad de vivir otros mundos, de sentir otros sentimientos, de pensar otros pensares que los reiterados esquemas que nuestra mente se ha ido haciendo en la inmediata compañía de la triturada experiencia social y sus, tantas veces, pobres y desrazonados saberes»[3].

La lectura, en efecto, nos permite tomar varios caminos en cada encrucijada, intuir vidas que nos han sido vedadas, implementar nuestra existencia con experiencias virtuales que nos conducen a lugares insospechados: podemos sentir *como una mujer, cuando leemos a Margueritte Duras, aunque seamos hombres; vibrar con la experiencia inefable de Juan de la Cruz, aunque seamos agnósticos; apreciar la belleza de los* Poemas para un cuerpo, *de Luis Cernuda, aunque seamos heterosexuales... Se trata de una experiencia radical de alteridad, de otredad, que nos invita a emplazarnos*[4]*, a ponernos en el lugar que otros nos sugieren, y en un juego de gratuidad prestar nuestra mente para representar en su* theatrum *experiencias insospechadas.*

En un momento en el que muchos proclaman el final del verbocentrismo, del logocentrismo, el tránsito del homo loquens, *del* homo simbollycus, *al* homo iconicus, *al dominio absoluto de lo icónico-visual, en detrimento de los otros sentidos de anclaje en el mundo, a la tiranía de la imagen, es más necesario que nunca reivindicar la importancia de la palabra: para los seres humanos «en arjé en o logos», en el principio era la palabra, que es acción (Goethe). Es la palabra la que nos ha hecho humanos y la que guarda nuestra humanidad, como «morada del ser» (Heidegger), como «casa de tiempo y de silencio que va al río de la vida» (Juan Ramón).*

Manuel Ángel Vázquez Medel
Conferencia de Clausura en el II Simposio Internacional de Universidades Lectoras (23 de noviembre de 2007)

1. Eric Fromm, *De tener al ser,* Barcelona, Paidós, 1991 y *¿Tener o ser?*, México, Fondo de Cultura Económica, 1998.
2. Víctor Frankl, *El hombre en busca de sentido,* Barcelona, Herder, 2004.
3. Emilio Lledó, «Necesidad de la literatura», *El País,* 21/12/2002.
4. Cf. Manuel Ángel Vázquez Medel (dir.), *Teoría del emplazamiento. Implicaciones y aplicaciones,* Sevilla, Alfar, 2003.

a) ¿Ante qué tipo de texto nos encontramos?
b) ¿En qué contexto tiene sentido este documento? ¿Es público? ¿Es privado? ¿Es oral? ¿Es escrito?
c) ¿Cuál es su intención (persuadir, convencer, informar, describir...)?
d) Analiza sus rasgos. ¿Es formal? Justifica tu respuesta. Analiza también la disposición de los contenidos: ¿es intencionada?
e) ¿Qué dificultad te han supuesto las citas de otros autores?
f) Trata de resumir el texto. Analiza los cambios que has incorporado. Presenta a tus compañeros la versión oral del mismo.

5 Inclusión del discurso ajeno en el propio

Con mucha frecuencia, nos servimos de ideas procedentes de otros autores, que inspiran nuestro texto y a los que es imprescindible comentar y citar, si queremos que este sea entendido correctamente y, también, si queremos presentar honradamente nuestro trabajo.

Por ejemplo, para lograr una buena argumentación será necesario, en muchas ocasiones, apoyar nuestras ideas sobre las afirmaciones que hubieran podido expresar otras personas, especialmente si se trata de autores o instituciones de reconocido prestigio. Es lo que se conoce como **argumento de autoridad**.

Para **incluir el discurso ajeno en el propio** disponemos, fundamentalmente, de dos modelos:

Cita textual	Es la reproducción tanto de ideas como de palabras de otros autores. Se trata de información relevante, cuya función es la de sustentar nuestras propias afirmaciones como testimonio. Mediante la cita textual transmitimos el conocimiento ajeno a la vez que aportamos pruebas que fundamenten nuestros argumentos. En este caso hemos de indicar cuáles son las fuentes que hemos utilizado. De este modo, el receptor de nuestros textos puede contrastar los datos aportados o, si fuera necesario, ampliar la información en dichas fuentes bibliográficas. Para aludir a un texto citado existen varios procedimientos: • Entrecomillando, en un párrafo sangrado, la cita textual e indicando con precisión su procedencia (autor, obra, página, etc.). Los textos citados se suelen sangrar, al menos, a la izquierda. También es habitual sangrar por la derecha. Podemos utilizar, en tales fragmentos, un tamaño de letra algo menor. Es recomendable si la cita es extensa. • Incorporando el texto ajeno, entrecomillado, en nuestro propio discurso. En tal caso, podemos citar a pie de página, indicando el número de nota o, para evitar un número excesivo de las mismas, podemos aportar, entre paréntesis, el apellido del autor, el año de edición y, si acaso, la página.
Citas encubiertas	Se trata de formas de citar indirectamente el enunciado de otros recurriendo a expresiones tales como *según* o *para*: *Según los hispanistas americanos, la obra de Góngora se caracteriza…*; *Para los científicos actuales…*

Las referencias bibliográficas se suelen presentar de distintas maneras:

■ Apellidos, nombre: título, ciudad, editorial, año, páginas.

Celdrán, Pancracio: *Historia de las cosas*, Ediciones del Prado, Madrid, 1995, pp. 124-145.

■ Apellidos, nombre (año de la publicación): título de la obra (en el caso de artículos, este irá entre comillas destacándose en cursiva la obra o revista que lo incluye); lugar de publicación, editorial; páginas.

Guzmán Guerra, Antonio (2000): *¿Cómo estudiar Filología?*; Madrid, Alianza Editorial, p. 71.

Riffaterre, Michael (1980): *Semiotics of poetry*; London, Methuen.

Actividades

7. Repasa el texto incluido en el apartado anterior, titulado «Razones para leer: razones para vivir». Localiza los textos o referencias que el autor ha incluido en su conferencia.

8. En el mismo texto, localiza una afirmación o idea que creas te podrían servir para un trabajo propio. Coméntalo ante tus compañeros y redacta correctamente la cita.

Texto A

INE

Encuesta sobre equipamiento y uso de Tecnologías de la Información y la Comunicación en los hogares. Año 2015

El 75,9 % de los hogares con al menos un miembro de 16 a 74 años dispone de ordenador en el año 2015. Este porcentaje es ligeramente superior (1,1 puntos) al del año pasado.

Del conjunto de productos TIC investigados en la encuesta este año, el lector de libros electrónicos es el que muestra mayor aumento (2,4 puntos). El resto de productos se mantiene en los niveles de 2014 o experimenta una bajada, como el vídeo y el DVD.

Equipamiento de las viviendas en algunos productos de TIC

Años 2014 y 2015 (% de hogares)

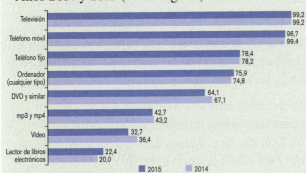

El uso de TIC por los menores

La proporción de uso de TIC por la población infantil (de 10 a 15 años) es, en general, muy elevada. Así, el uso de ordenador entre los menores es prácticamente universal (95,1 %), mientras que el 93,6 % utiliza Internet.

Por sexo, las diferencias de uso apenas son significativas. En cambio, la disponibilidad de teléfono móvil en las niñas supera en más de cinco puntos a la de los niños.

La evolución de los resultados según la edad sugiere que el uso de Internet y, sobre todo, del ordenador es una práctica mayoritaria en edades anteriores a los 10 años. Por su parte, la disposición de teléfono móvil se incrementa significativamente a partir de los 10 años hasta alcanzar el 90,9 % en la población de 15 años.

Porcentaje de menores usuarios de TIC por sexo y edad

Año 2015

	Uso de ordenador	Uso de Internet	Disposición de móvil
Total	95,1	93,6	67,0
Sexo			
Hombres	95,3	93,0	64,4
Mujeres	94,9	94,2	69,8
Edad			
10	90,8	88,0	29,7
11	93,9	94,5	42,2
12	96,6	92,0	69,5
13	96,1	96,2	78,4
14	96,5	95,8	90,4
15	96,3	94,8	90,9

http://www.ine.es/prensa/np933.pdf

---

1. ¿Ante qué tipo de texto nos hallamos? ¿Es argumentativo? ¿Es expositivo? Valora y comenta su eficacia.

2. ¿A qué tipo de público piensas que interesan básicamente los datos que contiene?

3. Analiza los rasgos lingüísticos en combinación con los rasgos no lingüísticos que contiene el texto.

4. Resume la información y realiza tu propio informe. Finaliza el mismo respondiendo a las siguientes preguntas:

   a) En el caso de lanzar un nuevo diseño de Smartphone, ¿sería conveniente pensar prioritariamente en un público femenino?

   b) ¿Si diseñáramos fundas de teléfonos móviles, qué diseños incorporaríamos preferentemente?

5. Imagina que vas a usar estos datos para iniciar un debate oral ante todos tus compañeros de la ESO, en el salón de actos del centro: compón un guion con las fórmulas adecuadas de saludo, inicio, presentaciones, etc. Exprésalo en voz alta en clase. A continuación, redacta un breve texto académico en torno a los beneficios de las TIC o sobre sus perjuicios.

Unidad 1 Propiedades de los textos

Texto B

Discurso de Steve Jobs en la Universidad de Stanford (2005)

Gracias.

Tengo el honor de estar hoy aquí con vosotros en vuestro comienzo en una de las mejores universidades del mundo. La verdad sea dicha, yo nunca me gradué.

A decir verdad, esto es lo más cerca que jamás he estado de una graduación universitaria.

Hoy os quiero contar tres historias de mi vida. Nada especial. Solo tres historias.

La primera historia versa sobre «conectar los puntos». Dejé la Universidad de Reed tras los seis primeros meses, pero después seguí vagando por allí otros 18 meses, más o menos, antes de dejarlo del todo. Entonces, ¿por qué lo dejé?

Comenzó antes de que yo naciera. Mi madre biológica era una estudiante joven y soltera, y decidió darme en adopción. Ella tenía muy claro que quienes me adoptaran tendrían que ser titulados universitarios, de modo que todo se preparó para que fuese adoptado al nacer por un abogado y su mujer. Solo que cuando yo nací decidieron en el último momento que lo que de verdad querían era una niña.

Así que mis padres, que estaban en lista de espera, recibieron una llamada a medianoche preguntando: «Tenemos un niño no esperado; ¿lo queréis?». «Por supuesto», dijeron ellos.

Mi madre biológica se enteró de que mi madre no tenía titulación universitaria, y que mi padre ni siquiera había terminado el bachillerato, así que se negó a firmar los documentos de adopción. Solo cedió, meses más tarde, cuando mis padres prometieron que algún día yo iría a la universidad.

Y 17 años más tarde fui a la universidad. Pero de forma descuidada elegí una universidad que era casi tan cara como Stanford, y todos los ahorros de mis padres, de clase trabajadora, los estaba gastando en mi matrícula. Después de seis meses, no le veía propósito alguno. No tenía idea de qué quería hacer con mi vida, y menos aún de cómo la universidad me iba a ayudar a averiguarlo. Y me estaba gastando todos los ahorros que mis padres habían conseguido a lo largo de su vida. Así que decidí dejarlo, y confiar en que las cosas saldrían bien.

En su momento me dio miedo, pero en retrospectiva fue una de las mejores decisiones que nunca haya tomado. En el momento en que lo dejé, ya no fui más a las clases obligatorias que no me interesaban y comencé a meterme en las que parecían interesantes. No era idílico. No tenía dormitorio, así que dormía en el suelo de las habitaciones de mis amigos, devolvía botellas de Coca Cola por los 5 céntimos del envase para conseguir dinero para comer, y caminaba más de 10 Km los domingos por la noche para comer bien una vez por semana en el templo de los Hare Krishna. Me encantaba.

Y muchas cosas con las que me fui topando al seguir mi curiosidad e intuición resultaron no tener precio más adelante. Os daré un ejemplo. En aquella época la Universidad de Reed ofrecía la que quizá fuese la mejor formación en caligrafía del país. En todas partes del campus, todos los posters, todas las etiquetas de todos los cajones, estaban bellamente caligrafiadas a mano.

Como ya no estaba matriculado y no tenía clases obligatorias, decidí atender al curso de caligrafía para aprender cómo se hacía. Aprendí cosas sobre el serif y tipografías sans serif, sobre los espacios variables entre letras, sobre qué hace realmente grande a una gran tipografía. Era sutilmente bello, histórica y artísticamente, de una forma que la ciencia no puede capturar, y lo encontré fascinante. Nada de esto tenía ni la más mínima esperanza de aplicación práctica en mi vida. Pero diez años más tarde, cuando estábamos diseñando el primer ordenador Macintosh, todo eso volvió a mí.

Y diseñamos el Mac con eso en su esencia. Fue el primer ordenador con tipografías bellas. Si nunca me hubiera dejado caer por aquel curso concreto en la universidad, el Mac jamás habría tenido múltiples tipografías, *ni caracteres con espaciado proporcional. Y como Windows no hizo más que copiar el Mac, es probable que ningún ordenador personal los tuviera ahora. Si nunca hubiera decidido dejarlo, no habría entrado en esa clase de caligrafía y los ordenadores personales no tendrían la maravillosa tipografía que poseen.*

Por supuesto, era imposible conectar los puntos mirando hacia el futuro cuando estaba en clase, pero fue muy, muy claro al mirar atrás diez años más tarde.

Lo diré otra vez: no puedes conectar los puntos hacia adelante, solo puedes hacerlo hacia atrás. Así que tenéis que confiar en que los puntos se conectarán alguna vez en el futuro. Tienes que confiar en algo, tu instinto, el destino, la vida, el karma, lo que sea.

Esta forma de actuar nunca me ha dejado tirado, y ha marcado la diferencia en mi vida [...].

Steve Jobs
Stanford Commencement Speech (12 de junio de 2005)

1. ¿Ante qué tipo de texto nos hallamos? ¿Es argumentativo? ¿Es expositivo? Valora y comenta su eficacia.

2. ¿A qué tipo de público piensas que se dirigen los emisores del texto? ¿A quiénes interesan las informaciones que contiene?

3. Analiza los rasgos lingüísticos del texto. Describe su estilo. ¿Crees que es oral? ¿Crees que es escrito? ¿Es formal? ¿Es coloquial? ¿Es subjetivo? ¿Qué piensas que lo hace tan cordial?

4. El discurso contiene dos partes fundamentales más. Búscalas en internet. Puedes leerlas o escucharlas. Resume la información y exponla oralmente en clase.

5. ¿Crees que el texto es efectivo? ¿Cumple con las máximas pragmáticas que hemos expuesto en el tema? Justifica tu respuesta.

6. Expresa por escrito tu opinión sobre los temas planteados por el autor. El texto ha de ser breve, semejante a una columna periodística.

Guía para el comentario crítico

Durante el primer curso del Bachillerato ya tuviste la oportunidad de realizar comentarios críticos sobre textos de distinto tipo. En este curso seguiremos practicando, afinando nuestro sentido crítico y perfeccionando –si cabe– nuestras posibilidades para desarrollar esta habilidad.

Conocer la estructura de un comentario crítico y aplicarla a un texto implica interpretar adecuadamente lo que el autor, a través de su texto, nos dice o nos quiere decir incluso más allá de sus palabras. Además, requiere de nuestra parte conocer el medio que nos rodea y en el que se producen dichos textos. Solo de este modo estaremos en condiciones de expresar nuestras ideas y opiniones de un modo razonable y fundamentado.

Considera, en cualquier caso, que lo que se nos pide cuando nos disponemos a realizar un comentario crítico no es explicar la estructura del texto o sus recursos, sino de las ideas contenidas en el mismo, es decir, se trata de exponer nuestras ideas a partir de lo que el texto propone, asintiendo, disintiendo o matizando su contenido.

PASOS PREVIOS

1. Lectura (subrayado y esquema)

- Previamente al comentario, es necesario **leer** el texto completo y asegurarnos de que lo comprendemos. No se puede comentar lo que no se entiende, y lo que se entiende mal se comentará mal. Enriquecer tu léxico resulta, pues, fundamental.

- Antes de comenzar, también es preciso **subrayar** o **esquematizar** las ideas fundamentales del texto.

2. Resumen del contenido del texto

- El resumen de un texto será breve, sin ser telegráfico. Debe estar correctamente redactado, no en forma de esquema.

- Considera que cada párrafo bien escrito encierra, al menos, una **idea principal.** Destaquémosla adecuadamente. No es suficiente con decir *El primer párrafo del texto analizado es una introducción.* Eso no aclara nada.

- Debemos evitar, siempre que sea posible, repetir frases textuales. Buscaremos, pues, sinónimos para todos los términos que lo requieran.

- No incluiremos ningún juicio personal. Ello nos obligará a usar la **tercera persona** en nuestra redacción: *en el texto se afirma…; el autor manifiesta…;* etc.

3. Tema y organización

En cuanto al **tema,** ten en cuenta lo siguiente:
- El tema debe **sintetizar** en una frase la idea central del texto.
- Si se desarrollan varios **núcleos temáticos,** hemos de saber cuál es el más importante (te ayudarán a reconocerlo el número de párrafos que lo desarrollan o la presencia de palabras de su campo semántico).
- Imaginemos que un texto habla de la globalización. Para desarrollar este tema central, pueden aparecer otros temas secundarios que debes delimitar: la colonización cultural, las diferencias económicas entre primer y tercer mundo, el hambre, la marginación, etc.

En cuanto a la **organización,** considera lo siguiente:
- Determina la **tipología** del texto: literario, científico, periodístico, humanístico, narrativo, descriptivo, argumentativo, etc. A lo largo de este curso estudiarás o repasarás todos estos tipos de textos.
- Divide el texto en sus **partes fundamentales,** sin perder la visión global. Una vez dividido, señala qué idea (principal y, en su caso, secundaria) corresponde a cada parte. Es muy aconsejable relacionar las diferentes ideas entre sí y opinar sobre la conexión entre las mismas.
- Comenta el **tipo de organización** y la **estructura:** de lo general a lo particular o viceversa; esquema deductivo o inductivo, lineal, circular, en espiral, etc. Recuerda que los textos de estructura analizante-deductiva plantean el tema general y, con posterioridad, concretan sus distintos aspectos. Por el contrario, los de estructura sintetizante-inductiva parten de hechos o temas concretos para enunciar al final la tesis general.

> - Estas consideraciones se aplicarán, lógicamente, a los **textos completos,** es decir, a aquellos que, por sus características, se presentan en su totalidad. Nos referimos con ello a artículos o ensayos periodísticos, textos publicitarios o administrativos.
> - Si lo que se nos pide es un comentario crítico de los contenidos de un **fragmento literario** (novela, poema o texto teatral) es muy posible que no podamos hallar una estructura completamente desarrollada (de tipo introducción, nudo y desenlace o planteamiento, desarrollo y conclusión). Ten en cuenta que, en este último caso, lo más normal (excepto en poemas que encierren una reflexión completa) es encontrar la exposición de una idea o tesis defendida por un narrador o personaje, en el transcurso de una acción más amplia.
> - Sé cuidadoso, por lo tanto, al aplicar estos conceptos. Hazlo solo cuando sea oportuno.

- Puedes señalar el **ámbito** en el que se ha expresado el texto: periodístico, publicitario, científico, etc. Si se trata de un texto literario –sobre todo si es narrativo o teatral–, haz constar esta circunstancia e incide sobre el hecho de que se trata de un fragmento inserto en un contexto mayor.

Unidad 1 Propiedades de los textos

Comentario crítico de los contenidos del texto

Un buen comentario, ordenado y fundamentado, necesita una planificación. Te proponemos considerar, al menos, los siguientes aspectos:

1 Interpretación de las ideas del texto

- Por comentario crítico se entiende la **valoración personal** de las ideas expresadas en un texto.
- Consiste, en primer lugar, en realizar un ejercicio de **interpretación** de lo que el texto nos quiere transmitir (en el que se incluye la apreciación de la intención del autor) y, a continuación, en emitir un conjunto de juicios valorativos basado en razones y argumentos convincentes.
- Si has realizado adecuadamente el resumen y has detectado el tema y la organización del texto, te será muy fácil proceder a interpretar lo que el autor nos quiere decir.

> - Considera que, con frecuencia, es necesario ir más allá de lo aparente; es el caso, por ejemplo, de los textos que incorporan recursos como la **ironía**, que nos pueden llevar a confundirnos.
> - De igual modo, conviene considerar **otros recursos** de los que se pueda valer el autor como, por ejemplo, el humor, la captatio benevolentiae, la apelación a la sensibilidad del destinatario, la persuasión, etc.

- Una vez captado el sentido –valorando toda la información de que dispongas sobre el tema–, puedes comenzar a **expresar tus ideas** sobre lo dicho en el texto. No debemos limitarnos a proponer impresiones subjetivas de alabanza o censura si no están acompañadas de argumentos y razones; al contrario, dar respuesta a los interrogantes que se pudieran plantear exige confrontar nuestras ideas con las del autor y fundamentar nuestras opiniones sobre argumentos eficaces.
- Para ello debemos **ser ecuánimes:** valorar lo positivo y censurar lo que creamos negativo en el texto a partir de los argumentos que emplee el autor, comentándolos, ampliándolos o rebatiéndolos con los nuestros propios.

> - Recuerda los diversos tipos de **argumentos** estudiados el curso pasado.

- Ten en cuenta que no en todos los textos han de aparecer muchos **argumentos.** Los textos literarios, por ejemplo, pueden plantear la opinión de un personaje o del narrador sobre una determinada idea o realidad, sin acudir a un gran número de argumentos.
- Incluso, es posible que debamos comentar únicamente las **acciones** de determinados personajes y su **actitud** ante hechos de muy distinta índole.

> - Piensa, por ejemplo, en un fragmento teatral como puede ser el correspondiente a *La casa de Bernarda Alba,* de Federico García Lorca, en el que la madre, Bernarda, obliga a sus hijas a guardar luto durante ocho años. La madre prácticamente no argumenta, solo impone (está presente en el fondo, eso sí, un argumento de tradición).
> - En este caso, eres tú quien debe reconocer el contexto y argumentar tus ideas.

Además de lo anterior, has de considerar que:

- Nuestro comentario ha de ser lo más abierto posible y, por ello, debemos ofrecer el mayor número de **perspectivas** (filosófica, económica, literaria, histórica…).
- Partiendo de las ideas fundamentales del texto, hemos de establecer **relaciones con otros elementos de la realidad:** lecturas, noticias de prensa, acontecimientos históricos, películas, etc.
- El **estudio del estilo** del texto habrá de supeditarse al análisis de los contenidos; es decir, trataremos de valorar, básicamente, el grado de adecuación entre el contenido del texto y el registro o estilo utilizado por el autor.

> - Es interesante hacer constar la presencia de **elementos emotivos** (signos de exclamación, preguntas retóricas dirigidas al lector, invitaciones a realizar alguna acción, lamentos o quejas) cuando estos hayan servido al autor para despertar o generar en el receptor alguna conducta.

2 Redacción del comentario

En el momento de la redacción del comentario ten presentes las siguientes recomendaciones:

- Traza un **esquema previo,** a modo de borrador, en el que vayas apuntando todo lo que nos sugiera el texto. De este modo evitarás olvidar alguna idea. Cuando llegue el momento de redactar, procederemos a ordenar todos nuestros apuntes y datos. Ten en cuenta que nuestro comentario sí debe presentar la siguiente estructura: **planteamiento, desarrollo** y **conclusión.**

- La **redacción** ha de ser clara y precisa, pero sin renunciar a la creatividad y a cierto grado de originalidad. Hay que huir de palabras que desconozcamos o nos planteen dudas ortográficas; procura emplear un vocabulario amplio y variado, y construir las oraciones y los párrafos cuidando hasta el más mínimo detalle. Utiliza los mecanismos de cohesión.

- En ocasiones, cuando deseamos evitar alusiones directas, es aconsejable emplear el **plural de modestia** o, incluso, el uso de preguntas retóricas (*¿No es acaso cierto que…?*), oraciones impersonales, pasivas (*Se suele comentar; Se considera que…*).

- **Debemos procurar,** además:
  - No emplear frases hechas, muletillas, expresiones coloquiales…
  - No reproducir un esquema predeterminado de comentario. Piensa que cada texto es único y que, frecuentemente, refleja la opinión personal de un autor. Por este motivo, hemos de enfrentarnos al mismo libres de prejuicios.

- No insistir en elementos lingüístico-textuales (tales como los elementos de coherencia o cohesión, o los niveles morfosintáctico o léxico-semántico) si ello no está al servicio del comentario de los contenidos.
- Volver a contar, de forma más extensa, el resumen del texto.

3 Conclusión

Al final de nuestro análisis presentaremos una conclusión, en la que se recogerá lo más significativo de nuestro comentario crítico y se incluirá una **valoración personal global.**

Recuerda

Un comentario crítico ES…

- ○ Comprender las ideas del texto en su totalidad.
- ○ Interpretar y explicar las ideas que contiene y la interrelación de las mismas.
- ○ Formarse un juicio personal razonable sobre las ideas expuestas y exponerlo con claridad.
- ○ Un comentario crítico es, por lo tanto, confrontar las ideas del autor con las nuestras propias.

Un comentario crítico NO ES…

- ○ Tomar el texto como pretexto para exponer todos los conocimientos que tengamos sobre el autor, la época o la obra a la que pertenece.
- ○ Expresar conocimientos generales que puedan aplicarse a cualquier texto.
- ○ Repetir un resumen ampliado.
- ○ Un comentario específicamente lingüístico o literario.
- ○ Censurar o alabar sin aportar razones convincentes.

Unidad 1 Propiedades de los textos

- **Ortografía.**
- **Corrección gramatical.**
- **Precisión léxica.**

Ortografía

Determinadas palabras solo llevan tilde en ciertas posiciones y en otras no. Esto provoca en muchas ocasiones errores a los usuarios del idioma. Es, por ejemplo, el caso de *qué, cómo, cuándo, cuánto, dónde, quién,* que solo llevarán tilde cuando funcionen como interrogativos o como exclamativos, y no en los demás casos (por ejemplo, como pronombre relativo o conjunción subordinante adverbial):

- *¿Cuánto cuesta?* Lleva tilde por ser una interrogativa directa.
- *Dime dónde vives.* Lleva tilde por ser una interrogativa indirecta.
- *¡Cómo me gusta!* Lleva tilde por ser exclamativa.
- *Como te pille, te enteras.* No lleva tilde por ser condicional.
- *Es tan guapa como su padre.* No lleva tilde por ser comparativa.

1. Elige en las siguientes oraciones el uso correcto y explica el porqué:
- **Cuando / cuándo** la conocí supe que era una chica muy capaz.
- No sé **cuantos / cuántos** años tienes.
- **Donde / dónde** las dan, las toman.
- Te he dicho cientos de veces **que / qué** no me gusta ir a esa discoteca.
- **Cuanto / cuánto** te he dicho es cierto.
- Dime **como / cómo** puedo solucionar ese problema.
- Lo terminé **como / cómo** pude.
- Esa es la tienda **donde / dónde** la conocí.
- Llegará **cuando / cuándo** pueda.
- **Como / cómo** no se lo digas se enfadará.

2. Escribe una oración con cada una de estas palabras tónicas: *cómo, cuándo, dónde, cuánto, qué, quién*. A continuación, escribe una oración con las palabras átonas *como, cuando, donde, cuanto, que, quien*.

Corrección gramatical

3. Completa los siguientes textos. Utiliza un conector que se ajuste al valor semántico que te indicamos o elige la opción más adecuada:
- *Luis tiene un carácter difícil…* + aclaración.
- *No me gusta el fútbol;* **por el contrario / por consiguiente,** *no veré el partido del lunes.*
- *Todas estas son mis razones…* + conclusión.
- *Maneja el ordenador con mucha destreza y* **además / por supuesto** *tiene gran habilidad con las bases de datos.*
- *El Renacimiento tiene, por una parte, influencias grecolatinas…* + ordenadores del discurso.
- *En aquel vivero había muchas clases de árboles,* **por ejemplo / o sea** *cítricos, coníferas, etc.*
- *Por una parte prefiero ir a Brasil…* + enumeración.
- *Algunos pidieron de postre arroz con leche; otros,* **al contrario / sin embargo,** *eligieron tocino de cielo.*
- *Aunque siempre estamos discutiendo,…* + valoración.
- *La mayoría de los españoles está interesado en las nuevas tecnologías…* + ejemplificación.

Propiedades de los textos **Unidad 1**

4. A continuación te ofrecemos diversos conectores oracionales. Clasifícalos según sus tipos (de ordenación, de reformulación, de oposición…) y construye un párrafo adecuado para cada uno de ellos: *en este sentido, en otro orden de cosas, del mismo modo, por el contrario, ni que decir tiene, de otro modo, en resumidas cuentas, en cambio, ahora bien, a propósito, por ejemplo.*

Precisión léxica

> Un error frecuente por falta de precisión lingüística es la **impropiedad,** que consiste en el empleo de una palabra con una acepción que no es la suya. Así, es impropiedad utilizar *asequible* ('que puede conseguirse o alcanzarse', 'barato') en lugar de *accesible* ('de fácil comprensión, inteligible', 'de fácil acceso').

5. Localiza las impropiedades de las siguientes oraciones y reescríbelas correctamente.
- *El curry es una mezcla india de especies.*
- *El sótano estaba infestado de ratas.*
- *Detenta el cargo de director de logística.*
- *Se leyó la orden del día.*
- *Este año me he puesto unas metas muy accesibles.*
- *Este asunto del que me hablas no me compite a mí.*
- *El presidente lo cesó de su cargo.*
- *Yo creo que adaptó la decisión correcta cuando decidió regresar a España.*
- *¿Qué significa la expresión «destornillarse de risa»?*
- *Han hecho obras para que la entrada a la casa sea más asequible.*

6. Te proponemos diversos verbos sinónimos de *opinar, pensar* y *decir.* Selecciona cinco de cada uno de ellos y elabora una frase coherente con ellos.

Opinar	valorar, considerar, exponer, estimar, creer, juzgar.
Pensar	presentir, idear, inventar, meditar, reflexionar, imaginar, entender, opinar, razonar, planear, concebir, discurrir, sospechar, suponer, recapacitar, considerar, estudiar, calcular.
Decir	mencionar, aseverar, exponer, declarar, manifestar, nombrar, expresar, articular, afirmar, proponer, observar, anunciar, asegurar, enunciar, sostener, hablar, enumerar, recitar, contar, formular.

Es bueno manejar sinónimos para mejorar nuestra expresión. Internet ofrece un diccionario de sinónimos (http://www.elmundo.es/diccionarios/) de gran utilidad.

7. Busca en el diccionario las siguientes palabras y, a continuación, construye oraciones correctas con ellas: *abigarrado, drástico, estereotipo, inculcar, intransigente, fundamentar, desvirtuar, lábil, obsoleto, reconsiderar.*

2 Exposición, argumentación, persuasión

Texto inicial y actividades previas
1. Los textos expositivos
2. Los textos argumentativos
3. La expresión de la subjetividad en los textos. La modalización
4. Información, opinión y persuasión en los medios de comunicación. Los textos periodísticos

Actividades finales de comprensión

Comentario crítico resuelto: «El bosque»

Ahora tú. Comentario guiado: «La dieta»

El escritorio: ortografía, corrección gramatical, precisión léxica

Texto inicial

El periodismo ha sido denominado en muchas ocasiones como «el cuarto poder». Esta expresión ha designado generalmente a la prensa, en alusión a la extraordinaria influencia que esta ha ejercido hasta la llegada de los nuevos medios de comunicación, es decir, televisión, radio e Internet.

En los tiempos actuales, está comúnmente aceptado que los medios de comunicación no solo ofrecen información, sino que crean la opinión pública mediante lo que se ha dado en llamar *mainstream* (en español, corriente generalizada o intereses comunes). Sin embargo, también existen periodistas que ponen en peligro su vida para salvaguardar la libertad de información y los derechos de los ciudadanos en todo el mundo.

RSF publica los perfiles de los «100 héroes de la información»

Entre los cien héroes se cuenta el periodista español Gorka Landáburu, a quien le estalló en 2001 un paquete bomba enviado por ETA

Por primera vez, Reporteros Sin Fronteras publica una lista de los perfiles de los «100 héroes de la información» con motivo del *Día Mundial de la Libertad de Prensa*, que se celebra el 3 de mayo.

A través de su valiente trabajo o por su activismo, estos «100 héroes» contribuyen a promover la libertad consagrada en el artículo 19 de la Declaración Universal de los Derechos Humanos, la libertad de «buscar, recibir y difundir informaciones e ideas por cualquier medio y sin consideración de fronteras». Ponen sus ideales al servicio del bien común y sirven de ejemplo.

«El Día Mundial de la Libertad de Prensa, que Reporteros Sin Fronteras ayudó a crear, debe ser una ocasión para rendir homenaje a la valentía de los periodistas y blogueros que constantemente sacrifican su seguridad y, a veces su vida, a su vocación», afirma el secretario general de Reporteros Sin Fronteras, Christophe Deloire.

«Estos "héroes de la información" son una fuente de inspiración para todos los hombres y mujeres que aspiran a la libertad. Sin su determinación y la determinación de todos los que son como ellos, sería simplemente imposible extender el dominio de la libertad».

«Esta lista no exhaustiva, obviamente, es un homenaje no solo a las 100 personalidades, célebres o menos conocidas, que se incluyen, sino también a todos los periodistas profesionales y no profesionales que constantemente ayudan a arrojar luz sobre el mundo y cubren todos los aspectos de su realidad. Esta iniciativa tiene como objetivo mostrar que la lucha por la libertad de información requiere no solo el apoyo activo a las víctimas de abusos, sino también la promoción de las personas que puedan servir de modelo».

www.rsf-es.org (29 de abril de 2014)

Actividades previas

A. ¿En qué contexto tiene sentido este documento? ¿Es público? ¿Es privado?

B. ¿Cuál es su intención (persuadir, convencer, informar, describir...)?

C. Analiza sus rasgos. ¿Es formal? Justifica tu respuesta. Analiza también la disposición de los contenidos: ¿es intencionada? ¿Lo encuentras dificultoso? ¿Existen conceptos difíciles de entender?

D. Trata de resumir el texto. Procura no pasar de las diez líneas. A continuación, propón una versión a modo de cartel (bastaría con un borrador del mismo).

E. Expresa tu opinión, brevemente, sobre la labor de los periodistas en nuestro país y, en general, en el mundo.

1 Los textos expositivos

1.1. Definición y tipología

Ya sabemos que la tipología de los textos es muy amplia y, a veces, difícil de delimitar. De ahí la riqueza expresiva que prestan a nuestro idioma.

Entre los tipos más significativos, nos centraremos a continuación en los llamados **textos expositivos**.

Recordemos que los textos expositivo-explicativos son aquellos mediante los que nos proponemos mostrar nuestras ideas o declarar nuestras intenciones. Por lo general, se trata de textos cuya intención es la de manifestar del modo más claro y efectivo posible la información que deseamos transmitir. Cuando redactamos exámenes, notas informativas, cartas comerciales, instancias o solicitudes o cuando escribimos o exponemos oralmente algún trabajo de clase hacemos uso del componente expositivo de nuestra lengua.

A diferencia de los textos argumentativos, no pretenden convencer ni emitir juicios de valor que expresen la opinión del emisor: se limitan a exponer, explicar y representar objetivamente conceptos o pensamientos. Los textos expositivos presentan ciertas similitudes con los preceptivos (jurídico-administrativos), ya que, como estos, necesitan de claridad y transparencia.

Recordemos que, formalmente, podemos clasificar los textos expositivos en dos grupos:

Textos expositivos según su presentación formal	
Textos continuos	Se organizan en oraciones incluidas en párrafos que se hallan dentro de estructuras más amplias (secciones, epígrafes, capítulos, etc.). Se trata de textos que presentan la información de forma secuenciada y progresiva. Sirvan como ejemplo los reportajes, los exámenes, las instancias…
Textos discontinuos	Se presentan en torno a gráficos, formularios, diagramas, imágenes, tablas, mapas, etc. En estos textos, la información se nos muestra de un modo organizado, si bien carecen de una estructura secuenciada y progresiva. Han de interpretarse, pues, de forma global ya que no es posible realizar una lectura lineal.

En cuanto a sus contenidos, los textos expositivos presentan dos tipos generales, que son:

Textos expositivos según su contenido

Científico-técnicos

El término **científico** lo emplearemos para aludir a los textos de las ciencias físico-naturales (botánica, geología, química, matemáticas…), mientras que el término **técnico** lo usaremos para referirnos a aquellas disciplinas que supongan aplicaciones prácticas de esas ciencias (informática, electrónica, mecánica…).

Los textos científicos y técnicos **se caracterizan por:**
- La **universalidad** y el deseo de generalidad de sus mensajes.
- La **objetividad:** deben evitar, siempre que sea posible, opiniones y valoraciones.
- El **lenguaje científico-técnico** debe ser denotativo y unívoco: los términos empleados habrán de aludir a un único referente y tratar de evitar la ambigüedad. Ello exige precisión y claridad tanto en el léxico elegido como en la disposición estructural del mensaje (párrafos, epígrafes, ilustraciones…).
- Según sea su destinatario (experto o principiante) estos textos, en su deseo de ser precisos y unívocos, pueden adquirir cierto **carácter críptico** que dificulte su comprensión o los restrinja a lectores ya iniciados en estas disciplinas.
- El estilo elegido debe tender a la **brevedad,** es decir, tiene que incluir únicamente aquella información que sea necesaria, empleando para ello el menor número posible de palabras.
- Finalmente, es frecuente que el código lingüístico vaya acompañado de **otros códigos** (fórmulas matemáticas, nomenclatura química, esquemas, gráficos, etc.).

Humanísticos

Con el término de ciencias humanísticas o humanas denominamos a las disciplinas que tratan la naturaleza no física del hombre y sus manifestaciones. De este modo, hacemos referencia a las materias que tienen por objeto de estudio al hombre de forma integral: su historia, su cultura, su idioma, su pensamiento, su comportamiento, sus actividades…

Los textos expositivo-humanísticos son escritos realizados por emisores cultos y suelen ir dirigidos a un destinatario minoritario y homogéneo que posee ciertos conocimientos previos. Además, **se caracterizan por:**
- **Diversidad de funciones** del lenguaje. La función del lenguaje que domina en los textos humanísticos es la *referencial* por la búsqueda de la objetividad. Del mismo modo, al ser textos especulativos, se apoyan en la opinión del emisor, por lo que puede encontrarse la función *expresiva*. Si un texto humanístico tiene como finalidad persuadir al receptor de una determinada tesis, aparecerá la función *apelativa*. Por último, en determinadas ocasiones, dado el grado de elaboración y riqueza de los mensajes, puede aparecer la función poética del lenguaje.
- Los textos humanísticos se caracterizan, al igual que los científicos, por la **universalidad** y **objetividad** de sus mensajes. Pero, a diferencia de los términos científicos, monosémicos, el emisor de un texto humanístico tiene que servirse de palabras que en muchos casos están cargadas de **significados culturales y afectivos,** producto de la tradición (educación, crisis, nacionalismo, fascismo, capitalista, huelga, Romanticismo, estrés…).
- El **carácter críptico** del lenguaje humanístico puede ser tan elevado como el de los textos científico-técnicos, según se atienda a un tipo de receptor u otro.
- El **ensayo humanístico** alcanza su mayor expresión en forma continua.

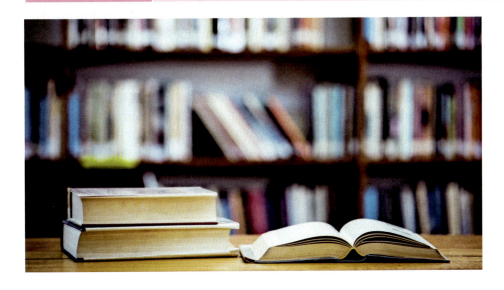

1.2. Formas de la exposición

La exposición, en función de la finalidad del texto y de los intereses del emisor, puede adoptar diferentes desarrollos formales. Estos son los más habituales:

- La exposición adopta una **forma descriptiva** si nuestra pretensión es la de mostrar las características de una determinada realidad. Estas exposiciones son especialmente útiles pues nos permiten crear categorías, establecer clasificaciones o, incluso, realizar comparaciones.

> El carbono es uno de los elementos químicos más importantes en la naturaleza. Se encuentra en todos los seres vivos y, según se distribuyan sus átomos, puede formar sustancias con distintas características. A partir del carbono se consigue el grafeno. Este material surge cuando pequeñísimas partículas de carbono se agrupan de forma muy densa en láminas de dos dimensiones muy finas (tienen el tamaño de un átomo), y en celdas hexagonales. Para que te hagas una idea, su estructura es similar a la que resulta de dibujar un panal de abejas en un folio. ¿Por qué en un folio? Porque es una superficie plana, de dos dimensiones, como el grafeno.
>
> http://www.infografeno.com

- La exposición presenta una **forma narrativa** si el contenido de la exposición depende de un desarrollo temporal. Pensemos, por ejemplo, en un texto humanístico de carácter histórico:

> La Guerra Larga (1868-1878), saldada con la Paz de Zanjón, había sido un primer aviso serio de las aspiraciones independentistas cubanas.
>
> La ausencia de reformas facilitó el que el anticolonialismo se desarrollara pese a la represión. José Rizal en Filipinas y José Martí en Cuba se configuraron con figuras claves del nacionalismo independentista filipino y cubano.
>
> En 1895 estallaron de nuevo insurrecciones independentistas en Filipinas y Cuba. Una dura y cruel guerra volvió a provocar que decenas de miles de soldados procedentes de las clases más humildes fueran embarcados hacia esas distantes islas.
>
> http://www.historiasiglo20.org/HE/11b-1.htm

- La exposición en **forma argumentativa** se utiliza fundamentalmente para establecer relaciones lógicas entre los enunciados del texto. Los más empleados son los de causa o consecuencia y los que platean un problema y su resolución.

> Se recomienda que los jóvenes dediquen a la actividad física al menos 60 minutos diarios cinco días por semana. En España solamente el 45 % de los adolescentes cumplen estas pautas. También se está comprobando, a través de las últimas investigaciones, que el tiempo consumido en conductas sedentarias (número de horas con bajo consumo energético) a lo largo del día tiene un efecto negativo sobre el riesgo cardiovascular de forma independiente de la actividad física realizada.
>
> http://www.iidca.net/noticias/170-el-sedentarismo-y-la-obesidad-potencian-el-riesgo-cardiovascular-en-los-adolescentes.html

Exposición, argumentación, persuasión **Unidad 2**

Actividades

Las **presentaciones audiovisuales** (*PowerPoint, Prezzi*), los **carteles** o las **infografías** son herramientas muy útiles que nos ayudan a generar nuestros textos expositivos de forma atractiva y ordenada. Recuerda que se trata de **formatos** o estructuras, multimedia, que nos permiten acceder a la información, incluso, de forma simultánea. No se trata, pues, de textos en sí mismos, sino de soportes que pueden expresar contenidos muy diversos, tanto de tono expositivo (objetivo) como argumentativo.

1. La infografía representa una modalidad textual muy común en nuestros días. Analiza la que sigue:

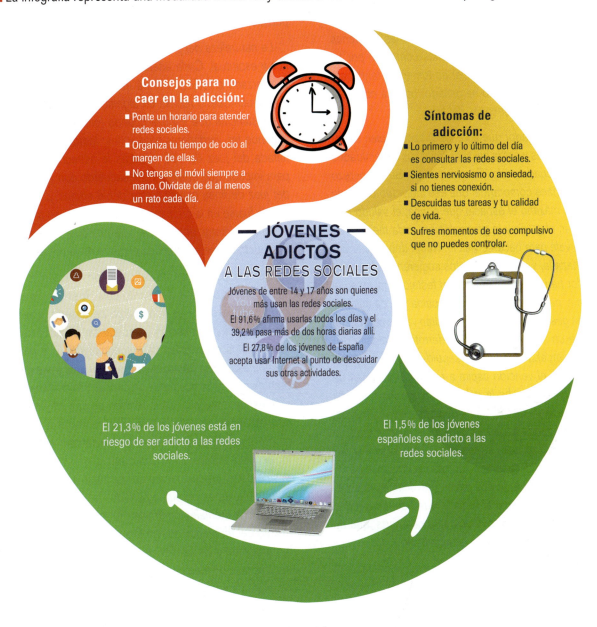

a) Analiza las características del texto en tanto texto expositivo.
b) Analiza la información que se nos aporta. ¿Contiene elementos argumentativos?
c) ¿Qué estructura presenta?
d) ¿Cuál puede ser el destinatario de este texto? ¿Existen términos o conceptos complejos, difíciles de entender para un lector medio?
e) Elabora un texto expositivo continuo en el que se recojan los contenidos fundamentales de la infografía anterior.

2. Lee el siguiente texto y responde a las cuestiones que te planteamos en torno al mismo. Se trata de un ensayo humanístico, de carácter –en este caso– psicológico-filosófico:

AUTOENGAÑO Y DEFENSA
El autoengaño como función psíquica: la defensa del yo

Las figuras del vencedor y del vencido hicieron su aparición la primera vez que algo se puso en juego. Desde aquellos lejanos días hasta los nuestros, su inconfundible perfil complementario y su característico esquema de conducta han experimentado tan solo las pequeñas variaciones de lo que ahora es más complejo; por tal motivo, no hace falta presenciar un torneo de tenis para saber en directo quién lo ha ganado: bastará con abrir los ojos un instante después del final.

Es ese. El jugador que abre los brazos. Quien se arquea hacia atrás y estira hasta el límite sus extremidades de antiguo cuadrúpedo. Es quien aúlla. Su desperezo brutal nos hace comprender que ese individuo pretende ampliar al máximo el espacio que ocupa; el saludo civil y el militar, el guiño y la gesticulación, cada medio a su alcance vale para hacerse visible. Nadie debe pasar por alto la hazaña, y sus movimientos sugieren que hasta el perdedor haría bien en sumarse al festejo; a tal fin se le aproxima, posa la raqueta en su espalda y le da ánimos. Pero los gestos de desagravio resultan vanos cuando se dirigen a un ser contraído por la derrota. Cualquier observador imparcial percibe enseguida que, al contrario que su rival, el vencido aspira a reducir el volumen de su organismo: agacha la cabeza, encoge los hombros y lima las aristas de los codos dejando caer los brazos; pese a la apariencia aerodinámica de su contorno, lo que en verdad quisiera es reducirse, asimilarse a la tierra de la pista o desaparecer, quizás hacerse más transparente a cada uno de sus pasos irrevocables hacia el centro de la pista. Solo al llegar a la red de los saludos comprobará que no ha podido irse a otra parte; que no surtieron efecto la lentitud ni el mimetismo.

La naturaleza del ganador es externa y corporal. A ello se debe que su actividad degenere con frecuencia en exhibicionismo. Así, sin caer en las pueriles ostentaciones del fútbol, donde el goleador ensaya pasos de samba o dibuja audaces ademanes (jeribeques con los dedos, piscinas a ras de césped, saltos gimnásticos puño en alto), también el tenista ganador ejecuta impúdicamente cada una de sus ocurrencias: se lleva las manos a las sienes para dar a entender lo increíble que le resulta haber logrado el trofeo; lanza una bola al público para mostrar su gratitud, expresa su simpatía por el perdedor con unas cariñosas palabras ante el micrófono, envía un beso a sus padres para agradecerles en público la existencia.

La naturaleza del perdedor es, por el contrario, interior y espiritual. Cada ademán de compromiso que se vea forzado a realizar vendrá modulado por una realidad oculta que lo rebasa en significado. La sonrisa de circunstancias que esboza cuando felicita al vencedor esconde las verdaderas emociones; también rehúye la mirada del juez de silla mientras le estrecha la mano para impedir que adivine su desacuerdo con aquel out del juez de línea que él nunca debió admitir y, por fin, simula fijarse en la cremallera de la funda de su raqueta mientras la cierra; ahora bien, su entrenador sabe hasta qué punto le trae sin cuidado el cierre de la cremallera.

Frente al puro presente del campeón –«acaso no tiene historia la alegría», ha escrito Luis Rosales–, la intimidad del perdedor se sobrecarga de pasado reciente y remoto, de planificación y esperanza. Su riqueza de movimientos espirituales (la autocompasión y la rebeldía, los esfuerzos para detener las lágrimas y las palabras de aliento, la búsqueda de causas y la conjetura de efectos) se manifiesta en la tensión de sus intenciones contrapuestas: detesta la sola idea de asistir a la ovación a su rival, pero también que pretendan consolarlo; necesita introvertirse cuanto antes, abismarse en sí mismo por el procedimiento de ducharse a solas con la mirada puesta en un punto perdido. Tal exuberancia de contenidos mentales contrasta con el conocido aturdimiento del triunfador, su «no tengo palabras», los saltos sin dirección y las interjecciones de incierto contenido, ese vaciarse de todo pensamiento en una orgía de gritos nimbada de admiradores. Nada más impensable que un vencedor solitario, pues entonces, ¿a quién iba a contar lo sucedido?

Siendo el autoengaño un fenómeno reflexivo por naturaleza, la figura centrífuga del vencedor, quien a menudo se declara «en una nube», es decir, muy alto y fuera de sí, ha de sernos por fuerza indiferente. La figura del vencido, en cambio, nos incumbe de manera tan integral que la línea medular de estas páginas –allí adonde *habría de volver el lector si se perdiera en alguna de sus extremidades, sea cuando se hable de la tradición profética, de los voyages exotiques de la Ilustración o de la propia utopía– la traza el conflicto interno librado por aquel individuo que ha de afrontar una realidad inaceptablemente penosa. Pensemos para hacernos una idea provisional en el paso de los años sobre una actriz que debía sus papeles a la belleza de su juventud, en la condena al ostracismo de un joven político colmado de ambiciones o, simplemente, en la pérdida de un ser querido.*

A fin de hacer frente a este tipo de sufrimientos pertinaces, el aristotelismo, con su ideal del hombre magnánimo y su doctrina de la creación voluntaria de hábitos, ya propuso en su tiempo una táctica en tres pasos que podríamos denominar exterior. En un primer paso el afectado habría de reconocer intelectualmente la existencia de la realidad penosa; en el segundo la afrontaría con su presencia de ánimo; en el tercero intentaría cambiarla por medio de la acción. La seguridad en sí mismo se une al sentimiento de poder en esta primera táctica que luego han recomendado también los filósofos vitalistas, pragmatistas o utilitaristas. No obstante, ya desde la fabulística de Esopo nos resulta familiar un atajo emocional que permite encarar sin tanta laboriosidad ni incertidumbre las realidades más dolorosas. Este atajo nos lleva a poner en práctica la técnica interior de la zorra hambrienta ante las uvas inalcanzables: a veces, cuando el sufrimiento o la frustración nos sobrepasan, se cae en la tentación de eludir la costosa tarea de modificar la realidad y se opta a cambio por la de transfigurarla, valiéndonos de la imaginación, en una realidad psicológica más placentera. Al pensar «no importa, aún no estaban maduras», estamos ya poniendo en marcha la función (interna, espiritual) que desempeñará la operación del autoengaño en la economía afectiva del individuo; el afectado se defiende mediante esta operación mental de aquellos aspectos empequeñecedores o agresivos de la realidad que no se siente con ánimo de afrontar con sus actos...

Miguel Catalán González
http://www.ensayistas.org/antologia/XXE/catalan/defensa.htm

a) Analiza las características del texto en tanto texto expositivo.

b) Analiza la información que se nos aporta. Resume su contenido. Procura no pasar de las 12 líneas.

c) ¿Qué estructura presenta?

d) ¿Cuál puede ser el destinatario de este texto? ¿Existen términos o conceptos complejos, difíciles de entender para un lector medio?

Estructura de los textos expositivos

Los textos expositivos –bien sean para expertos, formativos o divulgativos– tienden a presentar estructuras claras y lógicas, a fin de facilitar la comprensión del contenido (claro está, dependiendo del tipo de receptor y su nivel de conocimiento del tema). Por ello, ha de seguir una organización y desarrollo de las ideas lo más coherente y cohesionada posible (progresión temática clara, uso adecuado de los conectores oracionales y supraoracionales, presentación y secuencia de elementos gráficos o audiovisuales pertinente).

Os ofrecemos un esquema de posibles estructuras, normalmente seguido en los textos expositivos continuos. Lo podéis aplicar a los propios textos expositivos y, en su caso, a otros como los argumentativos o los literarios. Estas son las estructuras más utilizadas:

- La idea principal se presenta al comienzo y a continuación se procede a su demostración mediante ejemplos, datos y razonamientos (**estructura deductiva o analizante**).

- Se parte de ejemplos particulares para alcanzar una idea general (**estructura inductiva o sintetizante**).

- El texto está construido por varias ideas fundamentales que no dependen unas de las otras (**estructura paralela**).

- Se sigue un orden deductivo pero, a diferencia de este, se termina presentando la idea principal a modo de conclusión (**estructura encuadrada o mixta**).

- Los hechos expuestos siguen un orden temporal (**estructura lineal**).

- Las ideas, conceptos, acontecimientos, etc. establecen relaciones de **comparación, oposición o contraste.**
- El discurso se sustenta en relaciones de **causa-efecto** o viceversa.

En cuanto al propio texto, existen algunos recursos estructurales que nos permiten asegurar su comprensión: el uso de paréntesis explicativos, los epígrafes, las aposiciones y, por supuesto, la utilización correcta de la puntuación y los procedimientos tipográficos (en el texto oral, sustituidos por la entonación y el ritmo).

2 Los textos argumentativos

Al igual que en el curso anterior, en este vamos a prestar una atención especial a los textos argumentativos. Ello se debe a que este tipo de textos fomentan de modo significativo el desarrollo del espíritu crítico e inciden de forma muy directa en nuestro estado de opinión. Por ello los estudiamos el curso anterior y volvemos sobre los mismos en el curso actual. Os recordamos sus principales características:

Los textos argumentativos	
Definición	Los textos argumentativos son aquellos que mantienen determinadas ideas o principios basándose en el razonamiento.
Finalidad	Tratan de influir sobre el receptor (función apelativa del lenguaje), de manera que llegue a aceptar nuestras ideas y, en su caso, desarrollar determinados comportamientos. No solo muestran información, sino que tratan de **demostrar** y **convencer.** En este sentido, es fundamental cumplir con las adecuadas fórmulas de **cortesía.**
Estructura	Los textos argumentativos comparten con los expositivos algunos rasgos: suelen contener una parte explicativa (**introducción**), sobre la que construir la argumentación (**tesis** o **cuerpo argumentativo**). A veces, la **conclusión** es determinante. En cuanto a la disposición (sobre todo del cuerpo argumentativo), los textos argumentativos se ajustan a la ya propuesta para los textos expositivos (puedes consultarla en el apartado anterior de este mismo tema): deductiva, inductiva, lineal, encuadrada, etc.
Tipología textual	La argumentación se utiliza en una amplia variedad de textos, especialmente en los científicos, filosóficos, en el ensayo o en la oratoria política y judicial. Es muy frecuente, también, en los textos periodísticos de opinión y en algunos mensajes publicitarios. En la lengua oral, además de aparecer con frecuencia en la conversación cotidiana, es inherente a los debates, coloquios o mesas redondas.
Recursos discursivos y lingüísticos	Los textos argumentativos suelen hacer uso de definiciones, tecnicismos, comparaciones, enumeraciones, citas, interrogaciones o ejemplos. La **coherencia** y la **cohesión textual** son esenciales ya que hay que asegurar la correcta recepción de las ideas defendidas.
La argumentación	Científicos, juristas, periodistas, ensayistas hacen uso de argumentos diversos para tratar de convencernos. En el anexo incluido en este volumen puedes consultar la lista de los tipos de argumentos más habituales. Su conocimiento te puede ayudar decisivamente en el momento de articular tus propios textos argumentativos.

2.1. Cómo argumentar adecuadamente

Cuando argumentamos, intentamos generar convencimiento en nuestros interlocutores y que asuman sin cortapisas nuestra postura en torno a la realidad. Este mecanismo, bien empleado, genera una cultura de diálogo entre personas responsables y coherentes y elimina cualquier posibilidad de imposición de nuestras propias ideas: si algo está bien argumentado, se acepta su validez de manera natural (siempre y cuando los participantes en el debate tengan voluntad de llevar a buen término sus disputas).

Para argumentar adecuadamente, podemos tener en cuenta una serie de recomendaciones que nos ayudarán a ser persuasivos:

- En primer lugar, debemos preparar adecuadamente el tema o estar versados sobre el mismo: es complicado convencer a alguien sobre un asunto que no dominamos, y el desconocimiento provoca nerviosismo y falta de credibilidad, muchas veces por el camino de la incoherencia. La sensación de convicción personal es, en cambio, una inmejorable carta de presentación.

- Generaremos sensación de libertad en el debate mediante la aceptación parcial de las opiniones del interlocutor y la expresión abierta de pequeñas dudas o reservas que dichas opiniones hagan surgir en nuestra postura. Estas concesiones parciales eliminarán las barreras defensivas de los demás.

- Nos centraremos en la tesis que pretendemos defender y huiremos de la divagación: esto nos permitirá fundamentar nuestras aportaciones sin distracciones innecesarias.

- Emplearemos argumentos válidos y adaptados a la mentalidad del contrario. En algún caso, podremos acudir a argumentos afectivos. Estos suelen ser, bien empleados, muy persuasivos.

- Realizaremos formulaciones claras y las estructuraremos de manera lógica, si caer en repeticiones innecesarias ni lagunas de pensamiento.

> **VOCABULARIO**
>
> **Contraargumento:** argumento que se emplea para oponerlo a otro anterior.
>
> **Premisa:** señal o indicio por donde se infiere algo o se viene en conocimiento de ello.
>
> **Refutación:** argumento o prueba cuyo objeto es destruir las razones del contrario.
>
> **Silogismo:** argumento que consta de tres proposiciones, la última de las cuales se deduce necesariamente de las otras dos.

2.2. Recursos lingüísticos de la argumentación

Al margen de la adecuada construcción textual, basada por buena lógica en una coherencia impecable y un uso delicado de los mecanismos de cohesión, comentaremos algunos recursos característicos en los tres niveles lingüísticos:

Nivel fónico

- Modalidad enunciativa cuando se pretenda transmitir sensación de solidez y objetividad.
- Empleo de modalidad interrogativa y exclamativa en los momentos de persuasión (interrogaciones retóricas, exclamaciones moderadas…).
- Elementos ortográficos de aclaración, como los paréntesis.

Nivel morfosintáctico

- Sintaxis compuesta. Oraciones subordinadas de implicación lógica (condicionales, causales, consecutivas…).
- Empleo de la primera persona gramatical en los momentos de opinión y la segunda en los de interlocución (adecuándola en sus variedades de cortesía y respeto según nuestro interlocutor).
- Primera persona del plural para hacer partícipe al contrario.
- Conectores morfosintácticos de opinión.

Nivel léxico-semántico

- Léxico preciso y monosémico para evitar divagaciones y malas interpretaciones.
- Repeticiones enfáticas (moderadamente).
- Léxico valorativo en el sentido de la defensa o desacuerdo con las ideas expuestas.
- Recursos retóricos: apóstrofes, metáforas, símiles.
- Empleo moderado del humor o la ironía.
- Redes léxicas cuidadas con el empleo de los tecnicismos adecuados al asunto que se esté tratando.
- Ajuste del registro tanto al tema como a nuestro interlocutor.

Unidad 2 Exposición, argumentación, persuasión

Actividades

Como ya hemos comentado en el apartado dedicado a los textos expositivos, los carteles, infografías o presentaciones contienen información muy diversa, a veces con intención puramente expositiva, a veces con carácter argumentativo.

3. Compara los dos siguientes carteles y comenta sus diferencias en cuanto a lo dicho líneas arriba:

a) Localiza en Internet diversos ejemplos de carteles de turismo. Comenta sus características.

b) Propón oralmente la lista de argumentos que usarías para convencer a un hipotético auditorio de las bondades de tu localidad y la conveniencia de visitarla.

4. Como ya hemos comprobado, podemos presentar textos argumentativos de forma gráfica y visual. También podemos hacerlo de forma continua, mediante un texto escrito. El artículo o ensayo científico es una muestra interesante. Lee el siguiente y responde a las cuestiones que te planteamos:

¿Se acabará la miel?

Poco, o nada, supera a la miel en componentes básicos para una alimentación sana y completa. Poco, o nada, supera a las abejas como auxiliares insustituibles a la hora de proceder a lo más necesario: fertilizar casi todo lo que comemos. Es más, las abejas despliegan tan asombrosos repertorios de conducta y capacidades que –aparte de obsequiarnos con algo todavía mejor que la dulcedumbre de sus cosechas de polen y néctar– han generado algunas de las más fascinantes investigaciones científicas de todos los tiempos. Tampoco podemos olvidar que han sido incorporadas miles de veces a la creación artística en todas sus variantes. Solo por lo escrito por Maeterlinck merecen lugar destacado en la historia de la literatura.

Con todo, suele pasar inadvertido el hecho de que también deben figurar a la cabeza de los animales mejor alimentados. Y su alimento, además, se convierte en nuestro alimento. Algo que resulta singular en medio de nuestra incesante y acaparadora búsqueda de nutrientes. Nos comemos a los demás –animales y plantas– y muy poco de lo que estos comen. Otra excepción sería el considerado mejor café del mundo que se consigue, grano a grano, tras pasar por la digestión de ovejas y cabras. Algo así como comer algo casi digerido por otro animal. Excrementos en nuestra dieta, en fin. La miel también lo es en alguna medida porque ha sido regurgitada por las afanosas pecoreadoras, es decir, las obreras de la colmena. En cualquier caso, ninguno de nuestros alimentos conlleva un proceso de elaboración tan complejo como el que supone la miel. Con el superior añadido de que, en no poca medida, son ellas mismas, con las enzimas de

su propio organismo, las que contribuyen decididamente a la elaboración de su sustento. La colmena fue, pues, la primera superficie, por supuesto no comercial, con alimento procesado y empaquetado.

No se ha insistido suficiente, de ahí estas palabras, sobre el hecho de que algo más del 70 % de los alimentos que ingerimos dependen de la polinización llevada a cabo por las abejas. Aunque ninguna contabilidad reflejará correctamente la trama vital que se despliega en torno a cada colmena, se afirma que son unos 265 000 los millones de dólares que las abejas del mundo aportan, directa e indirectamente, a la economía mundial.

Queda bien sabido que este panorama se está desmoronando. Miles, millones de colmenas pierden parte de, o toda, su población, que puede alcanzar incluso los 100 000 insectos por colonia.

Las mermas se están dando en la totalidad del planeta y han desatado alarma generalizada porque, aunque en algunos lugares de China se fecunda a las plantas a mano y por humanos, nada puede sustituir al gratuito, eficiente y eficaz trabajo de las abejas.

Las causas no están del todo dilucidadas, pero sabemos que a ciertos virus se suma la contaminación masiva con biocidas que ha generalizado la agricultura dominante y que está masacrando a las abejas.

Recuperar la dulcedumbre más sana y más natural, asegurar la polinización de buena parte de nuestros cultivos es tarea infinitamente más crucial que cualquiera de los reflejados en los titulares de la prensa. Pero ya saben.

Gracias y que la miel siga atalantándonos.

Joaquín Araújo
www.elmundo.es (29 de enero de 2016) (adaptación)

a) Resume la información contenida en el artículo (máximo, seis líneas).

b) Comenta su estructura (introducción, cuerpo, conclusión). Atiende también a los elementos que lo hacen coherente y bien cohesionado.

c) ¿De qué tipo son los argumentos presentados?

d) ¿Cuál puede ser el destinatario de este texto? ¿Existen términos o conceptos complejos, difíciles de entender para un lector medio? A pesar de ello, ¿es posible entender la esencia del mensaje?

e) Interpreta tanto el título del artículo como su finalización. ¿Con qué relacionamos frecuentemente la miel?

f) Investiga sobre la figura de M. Maeterlinck y su obra *La vida de las abejas*. Elabora un pequeño informe sobre el autor y el libro, que incluya una sinopsis del mismo.

g) Toma como modelo el artículo anterior y redacta tu propio texto argumentativo continuo, basándote en las informaciones de la infografía de la actividad precedente.

3. La expresión de la subjetividad en los textos. La modalización

Ya sabemos que cada texto es único y puede estar sujeto a las preferencias o estilo de su autor. Es cierto que los textos científicos y humanísticos (especialmente los periodísticos) suelen presentar sus ideas mediante la exposición, la argumentación, o incluso ambas. Se emplean pruebas argumentativas tanto para mantener las afirmaciones (tesis) y convencer, como para refutarlas (antítesis).

A veces, los autores intentan persuadirnos para que aceptemos sus ideas de forma más o menos encubierta, para convencernos de forma disimulada o abiertamente. Se emplean, para ello, los llamados mecanismos de **modalización**, mediante los que el emisor deja entrever su opinión en cuanto a lo expuesto en el texto, es decir, su **subjetividad**.

Los principales mecanismos de modalización son los siguientes:

■ **Uso de la primera persona,** a través de verbos, pronombres personales o determinantes posesivos. De esta manera, el autor deja ver su adhesión a lo que escribe.

■ **Empleo de determinadas modalidades oracionales:**

- **Enunciativas** o **asertivas:** presentan una idea con presunta objetividad y a veces con especial rotundidad: *Resulta innegable que la situación es caótica.*

- **Exclamativas:** muestran sorpresa o admiración: *¡Cómo poder mantener este estado de cosas!*

- **Exhortativas:** implican mandato: *Hagamos que nos escuchen. Gritemos si es necesario.* En este mismo sentido funcionan a veces las **interrogativas,** especialmente las preguntas retóricas: *¿No piensas hacer nada para evitarlo?*

- **Desiderativas:** expresan deseo: *Ojalá aún estemos a tiempo.*

- **Dubitativas:** plantean posibilidades o dudas. *Quizás si todos arrimásemos el hombro…*

■ **Uso de léxico valorativo y connotativo.** Las palabras seleccionadas son significativas y orientadoras de la opinión del emisor y muestran su sentir ante lo expuesto: *Asistimos a un espectáculo grandioso.* El léxico valorativo puede pertenecer a distintas categorías gramaticales:

- **Adjetivos:** *lamentable, indigno, estupendo, magnífico…*

- **Adverbios** y locuciones adverbiales: *posiblemente, sin duda, angustiosamente, por supuesto, a lo mejor, evidentemente.*

- **Sustantivos** de carácter afectivo o ideológico: *amor, odio, desprecio, indignación, entusiasmo.* El empleo del diminutivos, aumentativos o despectivos puede darle un valor subjetivo a cualquier sustantivo: *cafecito, cochazo, casucha.*

- **Verbos** de pensamiento, dicción y sentimiento y **perífrasis verbales de obligación o posibilidad:** *pensar, creer, sentir, experimentar, decir, hablar, lograr, vivir, morir, amar, odiar, avergonzar; tener que, haber de, poder + infinitivo…*

- **Conectores oracionales de opinión:** *A mi modo de ver, en mi opinión, según yo creo...*

■ **Empleo de los modos verbales.** El indicativo es el modo de la realidad y la objetividad; el subjuntivo, de la irrealidad y la subjetividad. Es frecuente, pues, que el empleo del subjuntivo pueda tener valor modalizador. *Quisiera poder hacer algo...* El imperativo, por su parte, indica mandato, que es otra forma de modalización.

■ **Tematización.** Para resaltar determinadas ideas, el emisor puede alterar el orden de las frases, de manera que la idea que se desea destacar ocupe un lugar principal: *Anteponer el bien común al propio: eso es lo que necesitamos para salir de esta situación.*

■ **Figuras retóricas:**

- **Metáforas** y **símiles.** *El equipo jugó como pollo sin cabeza.*
- **Ironías.** *La película la protagoniza Mario Casas, tan feísimo como de costumbre.*
- **Hipérboles** o exageraciones: *Fue una jugada monumental, digna de figurar en los libros de Historia.*
- **Personificaciones.** *El móvil me pidió un descanso.*

■ **Los signos de puntuación.**

- Los **puntos suspensivos** sirven para dejar sugerida una idea y que el receptor la complete: *Si no te gusta cómo he cocinado, ya sabes lo que tienes que hacer...*
- Los **paréntesis** se usan para interrumpir una frase con una idea sin conexión sintáctica. Se aprovechan en muchas ocasiones para plantear un inciso valorativo: *La actriz (que aquella noche iba guapísima) llegó acompañada por el productor de la película.* Con el mismo sentido se emplean las **rayas** o, en ocasiones, las comas.
- Las **exclamaciones** suelen reforzar las oraciones exhortativas, exclamativas o desiderativas, todas ellas con una fuerte presencia del emisor: *¡Ojalá me equivoque!*
- Las **comillas** pueden servir para destacar una palabra o introducir una ironía: *El nuevo «cochecito» de Fernando Alonso ha sido presentado esta mañana a la prensa internacional.*
- Determinadas **tipografías** (letra en negrita o cursiva; empleo de mayúsculas; cambio de tipo de letra) puede servir, asimismo, para destacar determinadas palabras o expresiones que al emisor le interesen.

■ **Cambio de registro.** Cuando en un texto formal aparece un coloquialismo, suele ser para llamar nuestra atención y evidenciar la opinión del autor: *Ante las próximas elecciones ya sabemos lo que tenemos que hacer con los políticos corruptos: que les zurzan.*

La ausencia de estos rasgos, por lo general, evidencia la **objetividad** de un texto: predominio de la modalidad enunciativa, el modo indicativo, léxico denotativo, uso de frases impersonales o pasivas y pasivas reflejas; empleo de la tercera persona del singular (o, a veces con el mismo valor, la primera persona del plural) suelen denotar un tratamiento objetivo.

Unidad 2 — Exposición, argumentación, persuasión

Lee con atención el siguiente texto. Resaltamos algunos de los numerosos rasgos de modalización que aparecen en el mismo. Tú mismo puedes señalar otros.

Cervantes, esquina a León

Me gusta la calle Cervantes de Madrid. No porque sea *especialmente bonita, que no lo es,* sino porque cada vez que la *piso tengo* la impresión de cruzarme con *amistosos* fantasmas que por allí transitan. En la esquina con la calle Quevedo, uno se encuentra *exactamente* entre la casa de Lope de Vega y la calle donde vivió Francisco de Quevedo, pudiendo ver, al fondo, el muro de ladrillo del convento de las Trinitarias, donde enterraron a Cervantes. A veces me cruzo por allí con estudiantes acompañados de su profesor. Eso ocurrió el otro día, frente al lugar donde estuvo la casa del autor del Quijote, recordado por dos *humildes* placas en la fachada *–en Londres o París esa calle sería un museo espectacular* con colas de visitantes, librerías e instalaciones culturales, pero estamos en Madrid, España–. La estampa del grupo era la que *pueden imaginar*: una veintena de chicos *aburridos*, la profesora contando lo de la casa cervantina, cuatro o cinco atendiendo realmente interesados, y el resto hablando de sus cosas o echando un vistazo al escaparate de un par de tiendas cercanas. Cervantes *les importa un carajo*, me dije una vez más. Algo comprensible, por otra parte. En el mundo que les hemos dispuesto, poca falta les hace. *Mejor, quizás, que ignoren a que sufran.*

Pasaba junto a ellos cuando la profesora me reconoció. «Es un escritor», les dijo a los chicos. Autor de tal y cual. Cuando pronunció el nombre del capitán Alatriste, alguno me miró con *vago* interés. Les sonaba, *supongo*, por Viggo Mortensen. Saludé, todo lo cortés que pude, e hice ademán de seguir camino. Entonces la profesora dijo que yo conocía ese barrio, y que les contase algo sobre él. «Cualquier cosa que *pueda interesarles*», pidió.

La docencia no es mi vocación. Además, albergo *serias* reservas sobre el interés que un grupo de quinceañeros puede tener, a las doce de la mañana de un día de invierno frío y gris, en que *un fulano con canas en la barba* les cuente algo sobre el barrio de las Letras. Pero no tenía escapatoria. Así que recurrí a los viejos trucos de mi lejano oficio. *Plantéatelo* como una crónica de telediario, *me dije*. Algo que durante minuto y medio *trinque* a la audiencia. Una entradilla con gancho, y son tuyos. Luego te largas. «*Se odiaban a muerte*», empecé, viendo cómo la profesora abría mucho los ojos, *horrorizada*. «Eran tan españoles que no podían verse unos a otros. Se *envidiaban* los éxitos, la fama y el dinero. Se *despreciaban y zaherían* cuanto les era posible. Se escribían versos *mordaces*, *insultándose*. Hasta se denunciaban entre sí. Eran unos *hijos de la grandísima puta,* casi todos. Pero eran unos *genios inmensos, inteligentes*. Los más grandes. Ellos forjaron la lengua *magnífica* en la que hablamos ahora.»

Me reía por los adentros, porque ahora todos los chicos me miraban atentos. *Hasta los de los escaparates* se habían acercado. Y proseguí: «Tenéis suerte de estar aquí –dije–, más o menos–. *Nunca en la historia de la cultura universal se dio tanta concentración de talento en cuatro o cinco calles.* Se cruzaban cada día unos y otros, *odiándose y admirándose al mismo tiempo*, como os digo. Ahí está la casa de Lope, donde alojó a su amigo el capitán Contreras, a pocos metros de la casa que Quevedo compró para poder echar a su *enemigo* Góngora. Por esta esquina se paseaban el jorobado Ruiz de

---

Anotaciones (márgen):

- 1ª persona. Verbo valorativo. Adverbio valorativo.
- Inciso valorativo entre comas. 1ª persona.
- Adjetivo valorativo.
- Adverbio valorativo.
- Adjetivo valorativo. Inciso entre rayas.
- Adjetivo valorativo.
- Perífrasis de posibilidad. Adjetivo valorativo.
- Cambio de registro. Modalidad asertiva.
- Modalidad dubitativa.
- Verbo de pensamiento. 1ª persona.
- Perífrasis de posibilidad.
- Modalidad asertiva. Adjetivo valorativo.
- Cambio de registro.
- Imperativo.
- Primera persona. Cambio de registro.
- Tematización.
- Léxico valorativo reiterado.
- Cambio de registro. Léxico valorativo.
- Tematización.
- Modalidad asertiva.

Alarcón, que vino de México, y el joven Calderón de la Barca, que había sido soldado en Flandes. En el convento que hay detrás enterraron a Cervantes, tan fracasado y pobre que ni siquiera se conservan sus huesos. Lo dejaron morir casi en la miseria, y a su entierro fueron cuatro gatos. Mientras que al de su vecino Lope, que triunfó en vida, acudió todo Madrid. Son las paradojas de nuestra triste, ingrata, maldita España».

No se oía una mosca. Solo mi voz. Los chicos, todos, estaban agrupados y escuchaban respetuosos. No a mí, claro, sino el eco de las gentes de las que les hablaba. No las palabras de un escritor coñazo cuyas novelas les traían sin cuidado, sino la historia fascinante de un trocito de su propia cultura. De su lengua y de su vieja y pobre patria. Y qué bien reaccionan estos cabroncetes, pensé, cuando les das cosas adecuadas. Cuando les hacen atisbar, aunque sea un instante, que hay aventuras tan apasionantes como el Paris-Dakar o Mira quien baila, y que es posible acceder a ellas cuando se camina prevenido, lúcido, con alguien que deje miguitas de pan en el camino. Le sonreí a la profesora, y ella a mí. «Bonito trabajo el suyo, maestra», dije. «Y difícil», respondió. «Pero siempre hay algún justo en Sodoma», apunté señalando al grupo. Mientras me alejaba, oí a algunos chicos preguntar qué era Sodoma. Me reía a solas por la calle del León, camino de Huertas. Desde unos azulejos en la puerta de un bar, Francisco de Quevedo me guiñó un ojo, guasón. Le devolví el guiño. La mañana se había vuelto menos gris y menos fría.

Arturo Pérez-Reverte
El País, 1 de marzo de 2009

Cambio de registro.

Hipérbole.

Diminutivo.
Modalidad exclamativa. Cambio de registro, léxico valorativo.

Metáfora.
Tematización.
Metáfora.

Personificación.

Actividad

5. Lee con atención el siguiente texto. Analiza sus rasgos argumentativos (estructura, tipos de argumentos…) y lingüísticos.

En contra de… los emoticonos

Las emociones han suplantado a las razones en un mundo de sentimientos peliculeros y prefabricados y lo que es peor, son emociones light, de baja calidad expresiva. Con ellos nos adentramos en un estúpido lugar, un bosque chato y uniforme de signos + carácter (eso es lo que significa la palabra emojis en origen) que amenaza con devolvernos a la infancia, pero no para recuperar la inocencia y la vivacidad imaginativa, sino para suministrarnos una complaciente realidad homogénea y ¿feliz? del presente supersónico relatado y hasta enlatado por una en multitud de mensajitos planos. ¿Es para llevarse las manos a la cabeza? Yo creo que sí.

El lenguaje, leer y escribir con un estilo único y propio, del tipo que sea, popular, culto, científico, técnico, paranoico, nos hace libres y constituye el mayor aprendizaje y adelanto en la vida de un niño y en su percepción del mundo. Los emoticonos no son los misteriosos dibujos de la niñez, ni la sofisticada lengua de los adultos. Son una maquinaria de simplificación verbal, y por tanto mental, llena de trampas; una gansada más, ¡vaya! de ese mundo nuestro, –no sé si existe la palabra pero soy adicta a los neologismos–, aconversacional. He repasado este sistema de idiotización y comunicación y he percibido su fondo no únicamente ñoño, sino hasta vagamente furioso o al menos, en su primitivismo, violento. En el bloque de dibujos que engloba «ropa» aparece ¡una corona real! En el que representa la «amistad sincera y el amor» hay un emoticono que es ¡un anillo de pedida con un solitario diamante! Algo que ninguna mujer puede perderse. En el apartado de «caritas» se incluyen dos manos alzadas de dedos abiertos de los que salen chispas azules: ¿es que la cienciología ha inundado también este alfabeto blanco? En la sección de «animales», la verdad, me sobra tanto gato y echo de menos a los unicornios, el ave fénix y los lémures; mientras que en el dedicado a la «alimentación» hay explosión de golosinas y no distingo ni angulas, ni chorizos; eso sí, hay una copita de dry Martini, imprescindible para una cita caliente. Y lo peor de todo, en la sección de «transportes» no encuentro el funambulismo. Vamos hacia la catástrofe, os lo juro.

María Vela Zanetti
www.elmundo.es (6 de noviembre de 2015)

Unidad 2 Exposición, argumentación, persuasión

4 Información, opinión y persuasión en los medios de comunicación. Los textos periodísticos

En el tema anterior ya tuvimos ocasión de analizar las principales características de los textos propios del ámbito empresarial y académico. Ahora nos dedicamos a aquellos relacionados con el ámbito periodístico.

Ya sabes de la importancia del periodismo en la sociedad actual. Los medios de comunicación, sean cuales sean los medios mediante los que se distribuyen, no solo nos informan, sino que influyen en nuestro modo de pensar. Para ello se sirven permanentemente de textos, bien expositivos, bien argumentativos.

El mundo del periodismo nos nutre, diariamente, de multitud de ejemplos. Hablamos de la política nacional, de la economía internacional, de cultura (cine, teatro, literatura...), de entretenimiento, del mundo «rosa», de todo tipo de deportes... y lo hacemos, lo hacen los periodistas, desde los ámbitos más diversos: prensa escrita, digital, blogs, redes sociales, radio, televisión, Internet... Hoy en día, una sociedad civilizada no puede prescindir ni de sus periodistas ni de su entramado empresarial-periodístico.

Los periodistas, en efecto, cumplen con misiones fundamentales en la vida actual: nos informan, crean opinión, debate y, si acaso, nos persuaden para realizar, o no, determinadas acciones (consulta el anexo sobre medios de comunicación).

Para ello, los periodistas se sirven de diversos géneros textuales, que te recordamos seguidamente:

Géneros periodísticos	
Información	
Noticia	Es el principal subgénero informativo. Expone objetivamente hechos actuales de interés social. Se reconoce por su inmediatez, es decir, su actualidad. Además, ha de ser breve, clara y objetiva. La noticia consta, habitualmente, de la siguiente estructura: – Titulares (antetítulo, título y subtítulo). En ellos se ofrece una visión inicial del hecho relatado, que tratará de atraer la atención. Solo el título es obligatorio. – Entradilla (*lead*) o sumario. Corresponde habitualmente al primer párrafo de la noticia en sí. En ella se acumulan los elementos más relevantes de la información. Aparece en ocasiones con letra de diferente tipo o en negrita. – Cuerpo o desarrollo de la noticia. Se expresan los detalles, en orden decreciente de importancia.
Reportaje	Es un trabajo periodístico de carácter informativo que necesita de una intensa labor de documentación e investigación por parte del periodista, que desea ofrecernos la visión de un hecho en profundidad.
Entrevista	La entrevista plasma la conversación mantenida entre un periodista y una persona que vierte sus opiniones sobre un asunto de actualidad o sobre las actividades por las que es conocida.
Opinión	
Artículo	Sirve para transmitir la opinión de un especialista sobre un determinado hecho de actualidad.
Columna	Texto similar al artículo, pero más concentrado, ya que solo se dispone de una cantidad fija de espacio. Los columnistas suelen ser intelectuales de reconocido prestigio.
Editorial	Artículo sin firma en el que se expresa la opinión del periódico sobre un tema actual.

Exposición, argumentación, persuasión — Unidad 2

Híbridos	
Noticia-comentario	Presenta la apariencia de una noticia, pero alterna la información objetiva con valoraciones de la misma; no solo pretende informar sino orientar la opinión del lector.
Crítica	El autor informa y valora algún tipo de actividad cultural o artística (pintura, escultura, fotografía, cine, teatro, etc.).
Crónica	Es otra variedad de información reflexiva en la que se mezcla la valoración del periodista con la exposición objetiva de los hechos: crónicas deportivas, taurinas, parlamentarias…

En el periodismo, por tanto, se reúnen significativamente multitud de textos que responden a todo tipo de intenciones, públicos, géneros o medios (algunos ya habituales entre los internautas de todo el mundo, como *blog*, *site* o *minisite*, *Facebook*…).

Actividades

6. La **noticia** es, sin duda, el subgénero periodístico de información más relevante. Lee el texto que te ofrecemos a continuación y responde a las cuestiones que te planteamos:

Fascinación egipcia. La mirada de Cleopatra

La nueva exposición de la sala Arte Canal pone de relieve la figura de la soberana y la cultura egipcia en una muestra con más de 400 piezas

Con la figura de Cleopatra VII como hilo conductor, la muestra *Cleopatra y la fascinación de Egipto* busca el acercamiento entre la figura de la soberana y el visitante. La nueva exposición del **Centro de Exposiciones Arte Canal** propone un recorrido por la cultura egipcia a través de más de 400 piezas arqueológicas procedentes de 80 museos y colecciones, tanto españolas como internacionales.

Esfinge de granito de la época ptolemaica.

La experiencia comienza incluso antes de entrar en la sala, en la explanada exterior del recinto. En ella, un **enorme gato** (animal sagrado en la cultura egipcia y el favorito de Cleopatra) recibe al visitante. Una vez dentro, la muestra se divide en ocho ámbitos que muestran la influencia de la reina en distintas representaciones artísticas como el cine, la pintura o la escultura, además de recalcar la imagen de Egipto como cuna civilizadora.

Un sarcófago antropomorfo de principios del siglo IV a. C., procedente del Museo de Antropología de la Universidad de Padua, o un retrato de Cleopatra de John William Waterhouse, de 1887, son algunas de las piezas estrella que conforman la exhibición. Además, la cabeza retrato de Cleopatra VII, de mitad del siglo I a. C., cedida por el Museo del Louvre, o el vestuario utilizado por Elizabeth Taylor en la película *Cleopatra* (Joseph L. Mankiewicz, 1963) podrán admirarse en primera persona.

La exposición estará abierta todos los días de la semana, hasta el próximo 8 mayo, en el Centro de Exposiciones Arte Canal, en horario de 10:00 a 21:00. Las entradas tendrán un precio de 7 euros (general), 3,5 euros (reducida) y gratuita para niños menores de 6 años, desempleados y personas con discapacidad. Para los más pequeños, talleres gratuitos de viernes a domingo en los que podrán acercarse a la cultura egipcia mediante la arqueología, la arquitectura y el arte.

Una amplia visita que nos transporta y acerca a los distintos períodos de una civilización que, extinguida hace cientos de años, nos sigue cautivando.

Patricia Navarro
www.metropoli.com (13 de diciembre de 2015)

a) ¿Ante qué tipo de texto nos encontramos? ¿Es argumentativo?
b) ¿Es breve? ¿Es claro? ¿Es objetivo?
c) Describe su estructura, conforme a lo expuesto anteriormente de forma teórica.

7. En cuanto a la opinión, el **editorial** constituye, junto al artículo o la columna periodística, un subgénero significativo. Los editoriales de los grandes medios (prensa escrita o radio) influyen decisivamente en lectores, oyentes y, lo que es más, sirven de punto de partida para numerosos debates entre los propios periodistas, que los toman como referencia en debates, coloquios o para sus propias columnas. Por ejemplo:

Crisis demográfica

Por primera vez desde 1944, España tendrá este año más defunciones que nacimientos. Y eso ocurre mientras continúa la salida de jóvenes –en el primer semestre, algo más de 50 000 españoles se fueron del país– que buscan un modo de ganarse la vida fuera, ante las escasas perspectivas de encontrar trabajo aquí o bien porque, afortunadamente, les atraen más las oportunidades globales y están mejor preparados para afrontarlas.

El estancamiento demográfico estuvo a punto de producirse hace veinte años, pero la bonanza económica atrajo a inmigrantes que además de aumentar la población, permitieron un repunte de la natalidad. La crisis, sin embargo, no solo ha facilitado el retorno de inmigrantes jóvenes a sus países, sino que hay españolas en edad de procrear que abandonan el país, lo que ha llevado la tasa de fertilidad a mínimos históricos.

La proyección de estos datos lleva a un escenario complicado, en el que es previsible que en 2050 la población mayor de 65 años duplique a la de menos de 15 años.

La caída demográfica está siendo más rápida de lo que se había calculado, lo que debe llevar al Gobierno que surja de las urnas en diciembre a plantear con urgencia políticas destinadas a retener la población y aumentar la natalidad. Para ello, es imprescindible que el mercado de trabajo se recupere y descienda la tasa de paro entre los menores de 25 años, que ahora se sitúa en el 46 %. Además de las condiciones económicas, en la natalidad influyen las facilidades que tengan las mujeres para ser ma-

dres y poder desarrollar al mismo tiempo una actividad profesional.

Con una tasa de fertilidad de 1,3 hijos por mujer en 2012, España tiene un largo camino por recorrer. Para ello puede inspirarse en las políticas aplicadas por los países nórdicos, que han logrado aumentar su natalidad, y también por la vecina Francia, que gracias a las ayudas públicas mantiene una tasa de 1,99 hijos por mujer.

El País (6 de diciembre de 2015)

a) Caracteriza el texto según su tema y estructura.
b) Comenta los elementos valorativos que encuentres en el texto.
c) Expresa tu opinión sobre el asunto en forma de columna periodística.

8. La **persuasión** consiste, según la Real Academia Española, en inducir, mover o, incluso, obligar a alguien a creer o hacer algo mediante una serie de razones. Los periodistas tienen tal capacidad de comunicación que pueden apoyar o sustituir las voces de otros personajes más expertos para hacernos tomar decisiones que, de otro modo, no tomaríamos. Lee la siguiente **columna** y responde después a las preguntas que te planteamos:

¿Por qué el 2015 es decisivo para el cambio climático?

En diciembre de este año todos los países miembros de la Convención Marco sobre Cambio Climático, incluido Chile, se juntarán en París en la Conferencia de las Partes (COP-21) que tiene como objetivo lograr un acuerdo vinculante global sobre reducciones de gases de efecto invernadero, post Protocolo de Kyoto, que caducó en 2012.

En 2009, durante la COP-15 que se realizó en Copenhague, se intentó lograr un nuevo acuerdo mundial, pero las negociaciones fracasaron. En este contexto, cabe preguntarse: ¿cuáles serían las diferencias entre 2009 y 2015? ¿Es posible tener esperanza en que se logre un acuerdo mundial?

Desde una mirada positiva, a la cual me adscribo, en estos momentos tenemos, en primer lugar, un conocimiento científico mucho más acabado sobre las metas de mitigación a las que debemos llegar para limitar el calentamiento global a los 2 grados Celsius, por sobre la temperatura del periodo preindustrial (este es el objetivo de la Convención Marco sobre Cambio Climático). De hecho, uno de los resultados más importantes del Quinto Informe del Panel Intergubernamental de Cambio Climático (IPCC, por sus siglas en inglés), dado a conocer el 2013, fue establecer el «presupuesto» de carbono para poder cumplir el objetivo de los 2 grados: «No podemos emitir más de 790 gigatoneladas de carbono a la atmósfera».

Considerando que, entre el año 1970 y el 2011, ya hemos emitidos 515 gigatoneladas, nos quedan, después de una simple resta, 275 gigatoneladas de carbono por emitir (WG1-IPCC, 2013). No hay que ser un gran experto para darse cuenta que esos números obligan a cambiar radicalmente el modelo de desarrollo de todos los países, incluido Chile.

Con la sólida evidencia entregada por la comunidad científica internacional, se podría pensar que el tema debería resolverse. Pero el aspecto científico es solo uno de los ámbitos, y la decisión política es crucial para poder hacer frente al cambio climático. Y es en este punto donde encontramos otra señal positiva con respecto al escenario que teníamos el 2009: hoy grandes potencias han mostrando avances concretos, entre ellos la comunidad europea; y, además, es posible el acuerdo en este tema entre Estados Unidos y China.

Pero, sin embargo, no debemos dejar solo a la ciencia y a los grandes tomadores de decisiones las responsabilidades y acciones referentes al cambio climático, sino que –desde la ciudadanía– es nuestro deber informarnos y participar. Justamente, en estos momentos el Ministerio de Medio Ambiente está realizando la etapa de consulta pública para la elaboración de lo que será nuestra «Contribución Nacional» para ser presentada ante el resto de las naciones en Paris (COP-21) durante el mes de diciembre. Este año es clave, y es necesario que todos seamos partícipes de las decisiones que se impulsarán para mitigar y adaptarnos al cambio climático.

Maisa Rojas
www.eldinamo.cl
(11 de febrero de 2015)

Para limitar el calentamiento del planeta a 2°C sobre la temperatura pre-industrial, éstas son las emisiones de CO_2 que se pueden alcanzar:

- Presupuesto total de Carbono: 790 GtC
- Cantidad restante: 275 GtC (35 %)
- Cantidad gastada 1870-2011: 515 GtC (65 %)

a) ¿Qué diferencia existe entre opinar y persuadir?
b) ¿Qué partes del texto son expositivas? ¿Cuáles argumentativas?
c) ¿Qué se nos insta a hacer? ¿Qué has hecho tú personalmente?
d) Comenta oralmente en clase las circunstancias actuales del problema del cambio climático.

Unidad 2 Exposición, argumentación, persuasión

9. La **persuasión** constituye, según lo dicho, el fundamento de la **publicidad.** En los medios de comunicación es habitual encontrar numerosos textos publicitarios. Los publicistas aprovechan el alto número de receptores que tienen los medios de comunicación de masas para informar de sus productos. Los segundos, por su parte, pueden obtener de los primeros una importante fuente de ingresos. Hay que agradecer a las empresas, pues, que sostengan económicamente tan importante fuente de información. La publicidad es, en definitiva, una forma de comunicación persuasiva que pretende informar y, sobre todo, convencer a los destinatarios para que actúen de una forma determinada. Los publicistas se valen de todo tipo de recursos (verbales, como las comparaciones, metáforas, ironías, efectos fonéticos, juegos de palabras), o audiovisuales (tales como la música, los efectos visuales, la capacidad narrativa de la imagen, etc.). La intertextualidad también es un recurso habitual. Se suele distinguir entre **publicidad** (procedente de empresas, con interés económico) y **propaganda** (procedente de instituciones y, en principio, con interés social). Teniendo en cuenta todo esto, vamos a programar una campaña publicitaria. Podemos elegir un asunto ficticio, de vuestra invención, o bien, podemos publicitar algún acontecimiento del centro escolar o de la clase. Nos dividiremos en grupos, de manera que planteemos tanto una campaña tradicional (un anuncio en papel, con imágenes, un eslogan y un texto persuasivo) como una campaña usando las nuevas tecnologías (anuncio multimedia, presencia en las redes sociales, etc.). Pensad el producto, las comisiones de trabajo necesarias y… mucho ánimo.

10. Analiza las características de los siguientes textos publicitarios:

TEXTO A

TEXTO B

Texto A

La **noticia**, por sus características, es básicamente un texto expositivo. Atiende al siguiente ejemplo:

EL PAÍS

La venta de casas sube un 14 % en el segundo trimestre, su mayor nivel en cinco años

El Ministerio de Fomento contabiliza 104 530 transacciones, de las que apenas 13 000 son viviendas nuevas y 4590 son protegidas

Hasta junio se vendieron en España 104 530 viviendas, lo que supone un aumento del 13,9 % en comparación con el mismo periodo del año anterior, según los datos publicados este jueves por el Ministerio de Fomento. Para encontrar un segundo trimestre tan bueno hay que remontarse al año 2010, cuando se vendieron 153 164 casas.

En cuanto a la tipología, 13 031 transacciones fueron de vivienda nueva, lo que representa un 12,5 % del total; y 91 499 de segunda mano, esto es, el 87,5 %. Fomento ratifica los datos del INE, que apunta que las compraventas se sostienen gracias al mercado de viviendas usadas.

También choca cada vez más la distancia entre las compraventas de vivienda libre y protegida. Las transacciones de las primeras durante el segundo trimestre de 2015 ascendieron a 99 940, lo que representa un 95,6 %. Por su parte, apenas se compraron 4590 protegidas, un 4,4 % del total.

En los últimos doce meses las transacciones inmobiliarias de casas realizadas ante notario ascendieron a 382 471, lo que supone un incremento del 13,3 %. Si se compara el segundo trimestre de 2015 con el mismo periodo de 2014, un total de 15 comunidades autónomas registran incrementos en el número de compraventas y en tres disminuyen.

Las mayores subidas se dieron en La Rioja (+44,2 %), Ceuta y Melilla (+33,9 %), Islas Baleares (+30,1 %), Cantabria (+29,4 %) y Murcia (+25,7 %). Por el contrario, solo en Navarra, Extremadura y País Vasco se produjeron descensos, en concreto, del 14,7 %, 1,5 % y 0,6 %, respectivamente. Por municipios, los que registraron un mayor número de compraventas en el segundo trimestre fueron Madrid (8252), Barcelona (3590), Valencia (1975), Zaragoza (1393), Sevilla (1480), Torrevieja (1323), Málaga (1239) y Marbella (1205).

En relación a la nacionalidad del comprador, las transacciones realizadas por extranjeros residentes en España experimentaron un crecimiento interanual por decimosexto trimestre consecutivo, en concreto un 17,2 % frente al segundo trimestre de 2014, con un total de 17 307 compraventas. Las realizadas por extranjeros no residentes fueron 1244 en el trimestre, un 5 % más.

En su conjunto, las compraventas realizas por foráneos (residentes y no residentes) supusieron 18 551, es decir, el 17,7 % del total. Por provincias, las que registran mayor número de compraventas por extranjeros residentes, corresponden a Alicante (4141), Málaga (2517), Barcelona (1470), Madrid (1173) y Tenerife (1099).

El País (24 de septiembre de 2015)

---

1. Analiza los rasgos lingüísticos presentes en el texto.
2. Justifica el subgénero periodístico al que pertenece el texto y analiza las diferencias que presenta respecto de otros que aparecen en este mismo tema.
3. En el texto subyace la problemática de la crisis económica. Comenta este asunto en relación con la importancia que la construcción y compraventa de inmuebles tiene para un país.
4. Elaborad tablas y elementos gráficos que ilustren el texto presentado.

Texto B

Lee con atención el siguiente texto. Se trata de una **columna periodística.** El ámbito periodístico es una fuente inagotable de textos de todo tipo. En este caso, la autora del mismo nos plantea algunas claves relacionadas con la función social de estos profesionales:

EL PAÍS

Cada día

Con un arrojo ejemplar muchos lectores de periódico lo primero que hacen es asomarse al balcón de la primera página, por el que se suele divisar un paisaje erizado de titulares que dan la voz de alarma sobre guerras, epidemias, sobornos y cohechos. Otros, en cambio, prefieren empezar por la última, tal vez en busca de un hueco por el que se cuele algún rayo de luz que les ayude a soportar el resto de las imágenes de esa ración diaria de actualidad. Cada espacio en cada página de un diario es una ventana. Una ventana abierta al diálogo y al intercambio de ideas. Muchos desde sus saeteras denuncian. Protestan contra el curso de los acontecimientos. Contra las injusticias. Y así debe ser. Pero los hay que, convencidos también de que el suelo bajo nuestros pies no tiene nada de firme, de que no hace más que abrirse, tragándose unas veces a unos y otras a otros, procuran que el ventanuco del que disponen tenga algo de vidriera de colores. Un marco en el que se pueda hablar de la entereza, de la ternura y hasta de la risa, que también forman parte de la realidad. Una risa como la del editor Jaume Vallcorba, que tantos han recordado estos días desde estas mismas páginas o desde otros periódicos, a raíz de su muerte hace hoy una semana. Cuando contaba una anécdota, espiaba a su interlocutor. Y si al final se reía, él, feliz, lo hacía también y parecía que hubiera cometido una gran travesura. «¿Y para qué estamos aquí, si no es para servirnos los unos a los otros?» Es una frase con la que me he tropezado hace poco. Me la dijo Antonio, un hombre sencillo, al que conocí de forma fugaz en un pueblo del sur. Tenía razón. Estamos aquí para servirnos los unos a los otros. Y para recordarnos. Y eso es precisamente lo que hace la prensa. Cada día.

Berta Vias Mahou
El País (30 de agosto de 2014)

---

1. Resume el contenido y explica la intención del texto. Usa, para esto último, tus propias palabras.
2. Comenta su estructura. ¿Es coherente?
3. El texto es periodístico, pero se basa en un conocido recurso retórico para hablarnos de los distintos tipos de periodistas, de sus funciones o de los diversos tipos de lectores y de aquello que esperan leer. Coméntalo y valora su pertinencia.
4. ¿Te ha parecido claro el texto? Comenta, por ejemplo, el léxico empleado y valora a qué tipo de lector va dirigido.
5. En la columna se puede observar la presencia de diversos conectores. Clasifícalos y opina en cuanto a su efectividad.

Artículo de opinión

EL PAÍS

El bosque

El terror suele constituir el elemento esencial en los clásicos cuentos infantiles. En esos relatos los niños siempre corren el peligro de perderse, de ser raptados, maltratados o devorados por algún ogro. En las noches de invierno, alrededor de la chimenea, nos contaban unas historias en las que el bosque era el espacio más fértil para la imaginación. Allí habitaban enanitos risueños, nomos y elfos que eran criaturas de gran belleza, duendes inmortales, pero el bosque también estaba lleno de lobos disfrazados de torvos leñadores que querían comerse a Caperucita. Allí solía haber una gruta inaccesible donde una princesa encantada se hallaba bajo el poder del dragón, aunque al final siempre llegaba a rescatarla un príncipe a caballo. El bosque era una línea oscura entre el terror y la fantasía. En el lugar donde una doncella había sido violada brotaba un manantial. Ningún bosque medieval puede compararse a la intrincada selva de Internet. En ella está toda la magia de la inteligencia humana y también su más sucia perversión. El beso con que el príncipe despertaba a la Bella Durmiente ha derivado en el porno más duro. El bosque digital se ha convertido en un laberinto lúbrico, que rezuma sexo tórrido por todo el teclado. Caperucita ha decidido quedarse el sábado en casa y su abuelita está muy contenta porque la cree a salvo de los malos.

La abuelita no sabe el peligro que corre su nieta adolescente en su cuarto si comienza a adentrarse en el bosque de Internet con la tableta. Puede que, de repente, a altas horas de la noche se vea con terror a sí misma posando de forma obscena en la pantalla. ¿Quién le robó esa foto? Bajo su imagen aparece un mensaje de amor que le manda un desconocido. Así comienza un lobo digital a comerse a Caperucita.

Manuel VICENT
El País (5 de octubre de 2014)

1 Introducción

Nos encontramos ante un texto de opinión, obra de un reconocido columnista español. El periódico en el que fue publicado es, a su vez, uno de los más representativos de nuestro panorama periodístico, tanto en su versión impresa como en la digital. Vamos a comentar sus características y a expresar nuestra opinión sobre los contenidos planteados.

2 Estructura del contenido

Aunque el texto se nos presenta visualmente escrito en un único párrafo, el análisis de la estructura del contenido muestra dos partes claras: la primera se centra sobre los cuentos infantiles y su función social y apela temporalmente a un tiempo pasado; la segunda se centra, a través de la metáfora del bosque, en el mundo de Internet y el influjo que ejerce en la actualidad sobre los jóvenes.

El bosque, en efecto, une las dos partes: está presente en los cuentos maravillosos y constituye, al mismo tiempo, un símil respecto al mundo, intrincado y tenebroso que, más veces de las esperables, representa Internet. En ambos casos implica un peligro, del que nos avisaban antiguamente los cuentos a través de nuestros mayores y frente al que, ahora, los jóvenes parecen indefensos, al no contar con nadie que les avise del mismo.

Si tuviéramos que reflejar esta estructura en forma de esquema propondríamos el siguiente:

Exposición, argumentación, persuasión | Unidad 2

Estructura: Paralelismo entre las partes 1.ª y 2.ª, con transición intermedia.	**Parte 1.ª:** «El terror… manantial». Esta parte alude a los cuentos infantiles tradicionales y su valor en tanto instrumento de aprendizaje frente a los peligros del mundo. Eje temporal: pasado. Tiempos verbales: pasado. Actores: abuelos (transmisores del cuento) y niños/jóvenes (receptores del mensaje). Contenido: los cuentos avisaban de los peligros que nos pueden acechar, encarnados, casi siempre, en la figura del lobo feroz.
	Transición: ningún bosque medieval puede compararse a la intrincada selva de Internet.
	Parte 2.ª: «En ella está… Caperucita». Esta parte alude a Internet, al que se compara con los peligrosos bosques de los cuentos infantiles tradicionales. Eje temporal: actual. Tiempos verbales: presente. Actores: abuelos (en la actualidad no ejercen como transmisores de los peligros existentes de Internet, debido a su desconocimiento del medio de comunicación) y niños/jóvenes (indefensos ante los peligros de las redes y los contenidos de Internet). Contenido: los abuelos (o padres) desconocen los peligros de Internet y, por lo tanto, no pueden, como se hacía mediante los cuentos, avisar de los peligros de la Red. Los jóvenes se encuentran sin defensa frente al lobo feroz.

3 Tema y resumen del texto

- **Tema:** indefensión de los jóvenes ante los peligros de Internet.
- **Resumen:** Manuel Vicent, usando la metáfora del bosque como lugar lleno de peligros, nos avisa en torno a la necesidad de estar alerta frente a los mismos. Para ello, alude a la función tradicional de los cuentos folclóricos, en los que el lobo representaba tales peligros y frente al cual nos avisaban nuestros abuelos y mayores; en contraposición, estos últimos no son conscientes de que Internet puede representar un bosque, en la actualidad, incluso más peligroso que aquellos en que se desarrollaban los cuentos antiguos. La intrincada selva que, hoy, es Internet puede contener muchos y peligrosos «lobos» que se nos cuelan en casa sin que nos demos la menor cuenta.

4 Comentario crítico

Es el momento de expresar nuestra opinión. A estas alturas ya hemos comprendido el texto y podemos organizar nuestras ideas. Un comentario crítico aceptable tendría, en este sentido, que comentar los siguientes contenidos:

- **La función de los padres y los abuelos como agentes educativos frente a los peligros de la sociedad.** Los padres y los abuelos han cumplido desde siempre la labor de alertar a los jóvenes frente a los inconvenientes, riesgos o dificultades que nos pueden sobrevenir durante el crecimiento. Niños y jóvenes han sido, así, objeto de especial atención e instrucción. Para ello contaban con instrumentos diversos, como la instrucción moral y religiosa, charlas y comentarios directos y, sobre todo, del uso de historias (fábulas, parábolas, cuentos) en los que se ejemplificaba, a veces de forma simbólica e indirecta, la existencia de tales peligros. El cuento folclórico era en este sentido, una herramienta extraordinaria. Nos avisaba de los riesgos de la oscuridad, de las desventuras a que nos llevaba la mentira o la holgazanería y, entre otros, de la conveniencia de desconfiar de los desconocidos.

- **Internet y sus peligros.** En la vida actual, cumplir las funciones antes mencionadas puede ser algo más delicado. Si los peligros a los que aludían los cuentos tradicionales se encontraban en el exterior, ahora el lobo se ha colado en casa y puede aparecer tras la pantalla del ordenador o la tableta en cualquier momento. Internet nos permite pasear por el bosque sin salir de casa y las consecuencias de hacerlo sin las precauciones necesarias pueden ser tan fatales como las descritas en los cuentos antiguos. Los lobos abundan y pueden ser tanto o más seductores que antaño.

- **El papel de los medios de comunicación y la escuela.** Si bien es cierto que muchos abuelos o padres desconocen los peligros de la Red, la escuela y los medios de comunicación pueden asumir la responsabilidad de concienciar a niños y jóvenes ante el problema planteado. Las denuncias expresadas en la prensa, así como la difusión de mensajes en torno al mismo son de importancia vital. Al mismo tiempo, la labor de los maestros se antoja indispensable: Internet se usa tanto en casa como en los centros escolares y es obligación de los docentes explicar tanto los beneficios de la Red como los posibles perjuicios que nos pueda ocasionar. Si a ello unimos charlas de profesionales expertos en el tema, tales como policías o psicólogos, posiblemente evitaremos muchas situaciones de riesgo.

Artículo de opinión

EL PAÍS

La dieta

Al final de una buena comilona siempre hay alguien que lanza ritualmente este mantra: mañana sin falta me pongo a dieta. A continuación el glotón de turno, que acaba de zamparse un codillo o una fabada, en señal de arrepentimiento, pide el café con sacarina. En las copiosas y pesadas sobremesas se suele hablar mucho de dietas. Cada comensal aporta la suya: la de semillas de calabaza, la del melocotón, la del astronauta. Ante el firme propósito de adelgazar, alguien decide comer de todo y ayunar por completo un día a la semana, otro piensa en hacerse vegetariano. Estar gordo o flaco es solo cuestión de metabolismo, sentencia el sabiondo. En medio de la discusión dietética hay un punto de acuerdo: el único enemigo es la grasa del colesterol malo. Ahora bien, si este saludable deseo de limpieza se traslada de la barriga a la mente, es evidente que en este caso la grasa más perniciosa para el cerebro es esa sensación de que la política está podrida hasta la médula, el ambiente irrespirable creado por un escándalo diario, la asfixia moral que genera la corrupción. Mañana sin falta me pongo a dieta: esta necesidad de higiene mental se produce por hartazgo de la sobrecarga mediática repleta de titulares agobiantes, declaraciones estúpidas y chismorreo inane. Para limpiar el cerebro de esa basura también existen dietas muy variadas. Es recomendable pasar al menos un día a la semana sin periódicos, la radio y televisión apagadas, con la idea de que eres tú el único dueño de tu vida y elegir la dieta más conveniente, por ejemplo, unos versos de Safo, una sonata de Bach, un ensayo de Montaigne, el silencio en una playa desierta, el aire puro de alta montaña. Ese día descubrirás que el futuro no es tan negro, que no todo está perdido. Se trata, como la nave *Rosetta*, de salir a la caza de cualquier cometa que pase por delante de casa.

Manuel Vicent
El País (16 de noviembre de 2014)

1 Introducción

- Señala el tipo de texto ante el que nos encontramos (información, opinión, crítica…).
- Si el autor o el medio son muy conocidos, coméntalo. Darás la impresión o, mejor, confirmarás que eres un lector habitual de prensa.
- Anuncia tus intenciones con una frase del tipo: *Vamos a comentar las características del texto y a expresar nuestra opinión sobre los contenidos planteados.*

2 Tema y resumen del texto

- Determina el tema. Una vez hayas leído el texto, has de reconocer de qué se nos está hablando. ¿Se trata de un asunto puntual? ¿Es un tema de actualidad? ¿Está sujeto a alguna coyuntura? El tema ha de ser exacto, es decir, ni demasiado general, ni demasiado parcial. Procura no usar más de 10 palabras.
- Te proponemos dos posibles respuestas. Elige una y justifica tu elección:
  - La importancia de la dieta.
  - Uso y abuso de la información en los medios de comunicación.
- Tu resumen ha de recoger lo esencial del texto. Procura hacerlo mentalmente en primer lugar, para luego apoyarte en el texto. Seguramente, lo que recuerdes sea lo más importante. No olvides incluir todos los conectores necesarios.

3 Estructura del contenido

- Antes de comenzar a comentar, hemos de determinar la tipología del texto y su posible ámbito de difusión: ¿es una columna?, ¿un editorial?, ¿una entrevista?, ¿un artículo?, ¿un reportaje? Justifica tu respuesta.
- Adelanta la intención general del autor al escribir el texto.
- La estructura externa (el número de párrafos) nos puede resultar de utilidad, pero no es ni mucho menos decisiva. El texto que te proponemos es del mismo autor y se ha publicado en el mismo medio que el precedente. Además, en este caso, la estructura guarda similitudes evidentes:
  - Cuantas partes adviertes en relación con las ideas expuestas.
  - Si detectas dos partes, será posible organizar las ideas que haya en cada una de ellas. Por ejemplo: el autor propone la dieta mental… ¿Cómo? ¿Hay ejemplos? ¿Tienen algo en común? ¿Qué beneficios obtendremos?
  - Comprueba si el texto concluye de algún modo especial.
  - Finalmente, realiza un esquema basándote en lo que has descubierto. En cuanto a la estructura, no olvides que se trata de jerarquizar las ideas, no de contarlas según las relata su autor, párrafo a párrafo. Considera lo que hemos propuesto en el apartado anterior y trata de analizar si se trata de una estructura lineal, circular, paralelística, inductiva, deductiva, etc.

4 Comentario crítico

Es el momento de expresar tu opinión. A estas alturas ya has debido comprender el texto en su totalidad y es hora de plantearse algunos interrogantes a partir de los cuales organizar nuestro propio discurso.

Ya habrás comprobado que las referencias a la dieta física constituyen una excusa y un ejemplo, al mismo tiempo. Lo importante aquí es la saturación de información. No te centres, pues, en detalles relacionados con la obesidad o las enfermedades metabólicas.

Te sugerimos algunas líneas:

- ¿Crees que los medios de comunicación cumplen una labor esencial al comunicar todos los eventos que ocurren diariamente?
- ¿Estamos saturados de información?
- ¿Es conveniente cerrar los ojos a la realidad, aunque sea temporalmente?
- ¿Es compatible estar informado con la lectura de buena literatura, la escucha de buena música o el estar simplemente en silencio?
- ¿Sería aconsejable no atender, en absoluto, a la información diaria?
- ¿En qué grupo de lectores estás? ¿Crees que la juventud escucha diariamente las noticias en la radio o las lee en la prensa?

Termina tu comentario con una reflexión acerca de todo lo comentado. Trata de reunir tus ideas en una afirmación final que sintetice tu pensamiento.

Unidad 2 — Exposición, argumentación, persuasión

- Ortografía.
- Corrección gramatical.
- Precisión léxica.

Ortografía

Se escriben con *ll*:
- Las palabras terminadas en *-illo* e *-illa*.
- La mayor parte de los verbos terminados en *-illar*, *-ullar* y *-ullir*.

Se escriben con *y*:
- Las palabras que terminan con el sonido correspondiente a *i* precedido de vocales con las que forma triptongo o diptongo.
- La conjunción copulativa *y*.
- Las palabras que tienen el sonido consonántico /j/ ante vocal. Especialmente: después de los prefijos *ad-*, *dis-* y *sub-*; algunas formas de los verbos *caer*, *leer*, *creer*, *poseer*, *proveer*, *sobreseer*; y de los verbos acabados en *–oir* y *-uir* como *atribuir*, *distribuir*; las palabras que contienen la sílaba *-yec-*; los plurales de los nombres que terminan en *–y*; y el gerundio del verbo *ir*.

1. Escribe la grafía correcta (*ll / y*) en cada hueco de las siguientes oraciones:
- Me gustaría que le…eras en voz alta el cuenteci…o que te regaló papá.
- Chi…ó tan fuerte que creí que iba a esta…ar la bote…a de cristal.
- Las le…es están para cumplirlas.
- Se quitó el jerse… para ponerse la in…ección en el brazo.
- O…e, no te va…as sin la …ave.
- Estoy …endo para a…á ahora mismo.
- Te do… la meda…a de honor que solo pose…eron los mejores en la historia.

Corrección gramatical

Existen en español determinadas secuencias fónicas que adquieren significado y funcionamiento diferentes según aparezcan juntas o separadas. La posibilidad de unión solo se da en determinadas locuciones. En cambio, serían incorrectas construcciones como **deacuerdo*, **aveces*. Recuerda, por otra parte, la correcta escritura de ciertas expresiones muy comunes: *o sea* (separado), *acerca* (junto)

2. En las siguientes oraciones aparecen parejas de palabras. ¿En qué caso debes unirlas para que el resultado de su combinación sea el correcto?
- ¿Viene tu abuela a verte (a / menudo)?
- Me gustan mucho los pasteles, (sobre / todo) las (mil / hojas).
- (A / veces) vamos a jugar al fútbol a ese parque.
- Me dio la (bien / venida).
- Tiene un (sin / fin) de razones para no acudir a tu fiesta.
- Esa es precisamente la (sin / razón) del terrorismo.
- Un (ex / ministro) fue condecorado con la Gran Cruz.
- Lo supo (a / posteriori).
- Llegará a (media / oche).

– *Este año celebraremos la (noche/buena) por todo lo alto.*
– *Tenemos que conversar (a/cerca) de tu actitud.*
– *El casco es obligatorio (o/sea) no puedes montar en moto sin él.*

Precisión léxica

> Hay **préstamos léxicos** (vocablos que el español adopta de palabras extranjeras) que hoy se sienten plenamente integrados en nuestra lengua, hasta tal punto que la Real Academia los recoge en su *Diccionario.* Así, por ejemplo, galicismos como *silueta, control* o *neceser;* italianismos como *fachada, batuta* o *alerta;* anglicismos como *túnel, bar* o *gol;* o germanismos como *blanco, rico* o *níquel.*
>
> Existen también, sin embargo, barbarismos léxicos rechazables (también llamados *extranjerismos* o *xenismos*), pues nuestro idioma cuenta con palabras equivalentes.

3. Localiza palabras extranjeras en estas oraciones y sustitúyelas por el término correcto en español. Explica su origen.
  – *En esa empresa pagan muy bien y disponen de un cuantioso cash.*
  – *Han puesto un container para basura orgánica en mi plaza.*
  – *A pesar del frío, Luisa se puso su top rojo para mostrar su piercing.*
  – *Me he comprado un equipo wireless.*
  – *Mi hermano conocía al chef del restaurante.*
  – *Mete los sandwiches en el tupperware que nos vamos de lunch, brother.*
  – *Aunque soy sólo un amateur, la pesca no se me da mal.*
  – *Hay un gran desbarajuste en el backstage del auditorio porque están preparando un casting.*
  – *Crackear software está penado por la ley.*

> Existen morfemas, palabras o construcciones incorrectas que se asemejan semántica y fonéticamente a otras que sí son correctas. Por ello, los hablantes con escasa competencia lingüística las asocian de modo involuntario y eliminan las fronteras entre ellas. A este fenómeno lo denominamos **etimología popular.**

4. Busca y explica en las siguientes oraciones las incorrecciones idiomáticas.
  – **Me ha salido un anzuelo en el ojo derecho.*
  – **La profesión va por dentro.*
  – **La indiosincrasia española es muy particular.*
  – **Sujetó el manillar con esparatrapo.*
  – **Ruega decir que no me gustó nada su actitud.*
  – **Se ha soltado el pelo para ocultar el sordotone.*
  – **Me gusta echarle bayonesa al pescado.*
  – **Me destornillo de risa con tu hermana Pilar.*
  – **El Dolotil es un buen analgésico tras las operaciones.*
  – **Tu madre dice que pareces un vagamundo.*
  – **Con ese dinero deberías comprarte una buena fregoneta.*
  – **Luis García gana mucho dinero: está nadando en la ambulancia.*

5. Trataremos de incorporar a nuestro vocabulario palabras que nos ayuden a desarrollar la competencia comunicativa. En este caso, te proponemos que busques en el diccionario las siguientes voces y construyas con cada una de ellas una oración en la que se estén empleando con su sentido preciso: *elocución, esparcimiento, remitir, vislumbrar, viso, pulla, sedición, melindre, licencioso, culminar.*

3 El nivel léxico-semántico

Texto inicial y actividades previas
1. Mecanismos de formación de palabras
2. Los campos semánticos y asociativos
3. Los fenómenos semánticos
4. Los cambios de sentido

Actividades finales de comprensión

Comentario crítico resuelto: «A la maestra»

Ahora tú. Comentario guiado: «Honor»

El escritorio: ortografía, corrección gramatical, precisión léxica

El nivel léxico-semántico — Unidad 3

Texto inicial

A continuación, os ofrecemos un juego introductorio al tema. Se trata de una actividad en relación con la formación de palabras en español.

Antes de comenzar la actividad os proponemos jugar con algunas palabras compuestas del español o algunas voces en las que haya prefijos o sufijos. Recuerda que encontramos algunos prefijos en palabras como *in-útil*, **ultra-***ligero* o ***super****-mercado*; algunos sufijos en los ejemplos *deport-****ista****, cristian-****ismo*** o *perr-****azo***; y algunos casos de composición en ***abre-botellas, lava-platos*** o ***roji-blanco***. Escribiremos estos ejemplos en la pizarra, en tres columnas diferentes (prefijación, sufijación, composición) y después aportaremos otras palabras para completar esa tabla.

A continuación, leed atentamente y en silencio el siguiente texto. Se trata de una receta muy especial:

El palabrista creapalabras: palabras a la española

1. Elija algunas palabritas (no palabrotas) que te resulten requetesimpáticas y extraordinarias; por ejemplo: limpiar, valorar, rojo, plano, cristal, pelo, nación, pan, rayar, día, agudo, perro, niebla, chulo, pastel, besar, medio o calentar.

2. Compre en el supermercado más próximo algunos prefijos y sufijos. Elíjalos pacientemente. Pueden ser, por ejemplo: extra-, sobre-, anti-, sub-; -miento, -uquear, -izar, -al, -ero, -ería, -ificar, -azo.

3. Al llegar a su casa, ponga en el fuego una cazuela con medio litro de buen humor (de color rojo) y un puñado de sal (blanquecina).

4. Cuando el líquido rojiblanco empiece a burbujear, meta en él progresivamente las palabras, los prefijos y los sufijos. Puede añadir unas gotas de aguardiente y un poco de hierbabuena.

5. Como no es un plato precocinado, tendrá que dejarlo sobre el fuego por lo menos media horita. No se olvide de remover con la cuchara cada diez minutos, hasta que surja un olorcillo agridulce.

6. Vierta todo en un escurridor semitransparente de color amarillento.

7. Coja con unas pinzas las palabras que se han formado y póngalas a secar sobre un paño verdoso.

8. Espere cinco minutos y verá que han surgido nuevas palabras al unirse algunas de las que usted eligió con algunos de los prefijos y los sufijos que había comprado. Seguro que le han salido extraplano, perrazo o besuquear, y muchas otras más.

David Serrano-Dolader
http://cvc.cervantes.es/aula/didactired

Actividades previas

A. Subrayad todas aquellas palabras derivadas (con prefijos o con sufijos) y compuestas que existan en el texto.

B. Incorporad en la pizarra –en tres columnas– las palabras formadas por prefijación, sufijación y composición.

C. Por parejas, vais a cocinar unos platos un tanto especiales. Para ello tenéis que encontrar la mayor cantidad de nuevas palabras derivadas y compuestas que hayan podido surgir uniendo las palabras y los prefijos y los sufijos que han aparecido en el primer y en el segundo paso de la receta de cocina (atención al paso 8 de la receta).

D. Apuntad en la pizarra, en las tres columnas de antes, las palabras que hayáis descubierto. Si es necesario, incluid una cuarta columna para anotar palabras que no existen o que no son usuales en español.

Unidad 3 El nivel léxico-semántico

1 Mecanismos de formación de palabras

Junto al léxico patrimonial de una lengua, hay términos que se han incorporado al idioma en virtud de distintos procedimientos: fundamentalmente **derivación, composición, parasíntesis, acronimia y acortamiento.**

Los tres primeros (derivación, composición y parasíntesis) son los fundamentales para la formación de palabras en español. Estos tres procedimientos dan lugar a las llamadas **familias léxicas,** concepto que designa a todas las palabras que tienen un mismo lexema (*casa, casita, casero, caserío…*).

Antes de analizar estos procedimientos, recordaremos los tipos de monemas y el concepto de flexión, para evitar confusiones con los mecanismos de formación de palabras ya citados.

1.1. Tipos de monemas: morfemas y lexemas

Las palabras se suelen componer de elementos más pequeños con significado, denominados **monemas** (en ocasiones la palabra coincide con un solo monema, como es el caso de *pan*). Es esta la unidad lingüística mínima dotada de significante y significado (es decir, el signo lingüístico mínimo) y puede ser de dos tipos:

- El **lexema** es el monema que contiene el significado léxico, esto es, el que remite a la realidad extralingüística (solo lo tienen los sustantivos, los adjetivos, los verbos y los adverbios).

- El **morfema** es el monema con significado gramatical, es decir, aquel significado que remite a la propia lengua. Según esto, hablaremos de morfemas de género, número, persona, tiempo, etc.

En esquema:

Monemas					
Lexema			– Sustantivos: *pan, águila* – Adjetivos: *blanc-o*	– Verbos: *cant-ar* – Adverbios: *ahí*	
Morfemas	**Independientes**		– Determinante: *el, un…* – Conjunción: *que, pues…* – Preposición: *en, para…*	– Interjecciones: *ah, ojalá…* – Pronombres: *estas…*	
	Dependientes	**Flexivos o constitutivos**	– Nominales	– Género – Número	
			– Verbales	– Modo – Tiempo – Aspecto – Persona	– Número – Género (participio) – Voz – Vocal temática
			– Adjetivales	– Género – Número – Grado	
		Derivativos o facultativos (afijos)	– Prefijos: *a-; an-; anti-; archi-; co-; con-; des-; dis-; extra-; in-; re(quete)-; super-…*: **in**-*visible* – Infijos: *-an-; -al-; -ec-; -er-…*: *pie*-**cec**-*ito* – Sufijos: *-aje; -ancia; -dad; -dero; -era; -ería; -ible; -ismo; -miento; -ura;…*: *pre-vis-***ible**		

Como observamos, los morfemas pueden ser dependientes o independientes.

Los **morfemas independientes** no necesitan asociarse a ningún otro; son los determinantes, las preposiciones, las conjunciones, los pronombres y las interjecciones. Los **morfemas dependientes**, en cambio, sí necesitan asociarse a otro monema, y se clasifican en:

- **Flexivos,** también llamados **constitutivos.** Indican el género, número, aspecto, modo, etc., según se trate de un sustantivo, adjetivo, verbo o de cualquier otra categoría.

- **Derivativos,** también llamados **facultativos** o **afijos,** se clasifican dependiendo de su posición con respecto al lexema. En este sentido, distinguimos *prefijos, infijos y sufijos.* Los sufijos dan origen, junto con los prefijos, a las *palabras derivadas.*

1.2. Flexión

La flexión implica cambios en las palabras sin que estas varíen su significado léxico o su categoría gramatical. El **género** y el **número** de los sustantivos y adjetivos, el **tiempo**, el **modo**, el **número**, el **aspecto** y la **persona** de los verbos o el grado de los adjetivos y adverbios, se obtienen por flexión:

- El adverbio no admite más flexión que, a veces, la de grado: *lejísimos, cerquísima…*
- El adjetivo tiene morfema de género, número y grado: *blanco, blanca, blancos, blancas, blanquísimo.*
- El sustantivo, de número y, ocasionalmente, de género: *hermano, hermana, hermanos, hermanas; mesa, mesas.*
- El verbo admite una gran variedad de morfemas (tiempo, aspecto, persona, número, modo…), condensados en las desinencias (o en las formas auxiliares de las perífrasis verbales): *canto, cantabais, cantarán, habían cantado, se puso a cantar.*

Con la flexión construimos todas las formas posibles de una misma palabra.

1.3. Derivación

La derivación es un procedimiento mediante el cual podemos crear nuevas palabras uniendo al lexema un **morfema facultativo** (también llamado, por ello, *derivativo*). Los morfemas facultativos pueden ser de tres tipos:

- **Prefijos,** situados delante del lexema: *pre**cocinado; re**cubrir…*
- **Sufijos,** colocados tras el lexema: *cocin**ero**, cubri**miento**…* Pueden ser:
  - **Sufijos apreciativos.** Incorporan una valoración personal al valor expresado por el lexema. Este tipo de sufijos no altera la categoría gramatical del lexema base: *abuelo/abuelete.*
  - **Sufijos no apreciativos.** Alteran el significado de la base léxica y con frecuencia también producen un trasvase de categorías: *nación/nacional/nacionalismo/nacionalista.* De este modo, los sufijos no apreciativos pueden nominalizar, adjetivar, verbalizar o adverbializar el lexema base.

Unidad 3 El nivel léxico-semántico

Normalmente, los infijos no aportan significado pero, ocasionalmente, pueden servir para diferenciar palabras. Así, el diminutivo de *hombre* (*hombrecito*) solo se diferencia del diminutivo de *hombro* (*hombrito*) por la presencia o no del infijo.

■ **Infijos**, situados entre el prefijo y el lexema, o entre el lexema y el sufijo: *panecito*, *hombrecillo*… Son meros elementos de apoyo estructural, ya que no aportan prácticamente nada al significado de las palabras.

A continuación te presentamos un cuadro con los principales prefijos, sufijos y formantes del léxico español.

Formantes latinos					
Antepuestos al lexema			Pospuestos al lexema		
Formante	Significado	Ejemplo	Formante	Significado	Ejemplo
a-, ad-	proximidad	*adosado*	-aceo	pertenencia	*crustáceo*
ab-	separación	*abstemio*	-al, -ar	pertenencia	*familiar*
ante-	anterior	*antepalco*	-ario	relación con	*secretario*
bi-, bis-	dos (veces)	*binomio*	-ble	posibilidad pasiva	*bebible*
circum-	alrededor	*circunvalación*	-cida	que mata	*homicida*
co-	con	*colaborar*	-ción	acción y efecto	*dirección*
ex-	que ya no es	*excéntrico*	-cola	que cultiva	*oleícola*
extra-	fuera de	*extramuros*	-cultura	cultivo	*piscicultura*
infra-	por debajo	*infravalorar*	-ducción	que conduce	*deducción*
inter-	entre	*intermedio*	-fero	que lleva	*mamífero*
intra-	dentro	*intravenoso*	-forme	en forma de	*cuneiforme*
multi-	mucho	*multiforme*	-fugo, -a	ahuyenta	*ignífugo*
omni-	totalmente	*omnipotente*	-or	agente	*actor*
post-, pos-	después de	*posmodernismo*	-oso	abundancia	*lluvioso*
pre-	antecede	*predicción*	-paro	que pare	*ovíparo*
pro-	en lugar de	*procónsul*	-pedo	con pies	*cuadrúpedo*
retro-	hacia atrás	*retrotraer*	-peto	que se dirige a	*centrípeto*
sub-	bajo	*subcontrata*	-sono	sonido	*unísono*
super-	sobre	*superávit*	-tad, -dad	cualidad	*bondad*
trans-, tras-	mas allá de	*trasatlántico*	-ura	cualidad	*frescura*
ultra-	más allá de	*ultraísmo*	-tor, -sor	agente	*progenitor*
viz-, vice-	en lugar de	*vicedirector*	-triz	agente	*actriz*
yuxta-	al lado de	*yuxtaposición*	-voro	que come	*herbívoro*

Formantes griegos

Antepuestos al lexema			Pospuestos al lexema		
Formante	Significado	Ejemplo	Formante	Significado	Ejemplo
an-, a-	sin, falto de	*anestesia*	-algia	dolor	*neuralgia*
anti-	contra	*antiglobalización*	-arquía	poder	*oligarquía*
dis-, di-	dificultad	*dislexia*	-atra, -atría	curación	*pediatría*
endo-	dentro	*endodoncia*	-céfalo	cabeza	*bicéfalo*
epi-	sobre	*epidermis*	-cracia	poder	*democracia*
eu-	bien	*eufemismo*	-fago	que come	*antropófago*
hiper-	muy	*hipérbole*	-filia	afición	*bibliofilia*
hipo-	escasez de	*hipoglucemia*	-fobia	temor	*hidrofobia*
meta-	más allá de	*metalingüística*	-fonía	voz, sonido	*polifonía*
para-	junto a	*paralelo*	-geno	que crea	*patógeno*
peri-	alrededor	*pericardio*	-grafía	representación	*ortografía*
sim-, sin-	unión (con)	*sinestesia*	-itis	inflamación	*otitis*
geo-	tierra	*geólogo*	-logía	ciencia	*biología*
tele-	lejos	*telescopio*	-patía	afección	*sociopatía*
exo-	fuera	*exocéntrico*	-scopio	visión	*caleidoscopio*
cefalo-	cabeza	*cefalópodo*	-teca	lugar para guardar	*ludoteca*
termo-	con temperatura	*termodinámico*	-tecnia	arte o ciencia	*pirotecnia*
topo-	lugar	*topógrafo*	-terapia	tratamiento	*fitoterapia*
xeno-	extranjero	*xenofobia*	-termo	con temperatura	*isotermo*

1.4. Composición

La composición supone la unión de dos o más lexemas para formar una nueva palabra: *catalejos, parabrisas*… La composición admite numerosas variantes: sustantivo con sustantivo, adjetivo o verbo (*aguanieve, mediodía, abrelatas*), dos adjetivos (*sordomudo*), dos verbos (*quitaipón*), adverbio con verbo o adjetivos (*bienvenido, siempreviva*), dos cardinales (*veintidós*), cardinal con sustantivo (*milhojas*), etc.

Por otra parte, diferenciamos cuatro tipos de composición, según el grado de unión de las palabras:

- **Sinapsia.** Consiste en la unión de dos sustantivos mediante una preposición: se trata del procedimiento habitual de complementación del nombre, solo que en los casos en que se ha producido una cierta lexicalización del compuesto *conejillo de Indias, estrella de mar*…

- **Disyunción.** Se dan los procedimientos sintácticos de la aposición o de la complementación directa mediante un adjetivo. La lexicalización del compuesto parece superior a la de la sinapsia, pero aún no se han soldado gráficamente en la escritura los dos términos: *cama nido, guerra civil, pájaro carpintero, cuento chino*.

- **Contraposición.** Representa un grado más elevado de unión gráfica que la disyunción, pues los dos elementos que participan en ella se escriben unidos por un guion: *franco-prusiano, falda-pantalón, físico-químico*.

- **Yuxtaposición.** Consiste en la fusión gráfica total de los elementos participantes en el compuesto, así como su lexicalización: *correveidile, tiovivo, robaperas*.

1.5. Parasíntesis

Se trata de un procedimiento de creación de palabras mediante la adición a un lexema de, al menos, otros dos componentes. Existen dos tipos de palabras parasintéticas:

a) Parasíntesis por composición (lexema + lexema + sufijo)

Consiste en la unión de composición y derivación en un mismo término: *sietemesino, altisonancia*… En un sentido estricto, solo son parasintéticas si las correspondientes derivada o compuesta no existiesen de forma independiente: así, *sietemesino* es parasintética porque no existen ni **sietemés* ni **mesino*. En cambio, *paracaidista* no sería parasintética, porque la correspondiente compuesta (*paracaídas*) sí existe. Así, *paracaidista* sería, sencillamente, la derivada de una compuesta.

b) Parasíntesis por derivación (prefijo + lexema + sufijo)

También hablamos de parasíntesis cuando se crea una palabra mediante la adición simultánea a un lexema de un prefijo y un sufijo, siempre que las correspondientes derivadas previas no existan (de existir, se trataría –simplemente– de palabras doblemente derivadas): *desalmado* (no existen los derivados **almado* o **desalma*), *aniñado, enterrar, atontado*, etcétera.

1.6. Acrónimos y siglas

La acronimia es el procedimiento por el que creamos palabras a partir de las letras o de las sílabas iniciales (excepcionalmente, también las finales, como en el caso de *BANESTO*, **B**anco **E**spañol de **Cré**dito) de otras palabras. Es conveniente distinguir los acrónimos de las siglas:

- **Acrónimos.** Aquellas palabras formadas a partir de distintas iniciales que leemos sin recurrir a deletrearlas: *Renfe, láser, radar, inri*…
- **Siglas.** Implican la necesidad de deletrear el conjunto (pueden escribirse separadas por puntos): *ONG, TVE, FBI, DNI*…

1.7. Acortamiento

El acortamiento consiste en reducir una palabra mediante la pérdida de alguna de sus letras o sílabas: *cine* (*cinematógrafo*), *moto* (*motocicleta*), *profe* (*profesora*). Con frecuencia, se trata de un recurso propio del registro coloquial. En algunas ocasiones, sin embargo, la palabra acortada desplaza a la completa, de manera que se amplía su uso también al registro formal (tal es el caso, por ejemplo, de *cine*).

Podemos distinguir tres tipos de acortamiento:

- Por **aféresis**: pérdida al principio de la palabra: *psicología > sicología*.
- Por **síncopa**: en el interior de la palabra: *Natividad > Navidad*.
- Por **apócope**: al final de la palabra. Es el más frecuente: *grande > gran*.

El plural de las siglas

Según afirma la RAE, aunque en la lengua oral tienden a tomar marca de plural (suele escucharse, para el plural de ONG, «las oenegés»), las siglas son invariables en la escritura: *las ONG*. Por ello, cuando se quiere aludir a varios referentes es recomendable introducir la sigla con determinantes que indiquen pluralidad: *Representantes de algunas / varias / numerosas ONG se reunieron en Madrid*. Debe evitarse el uso, copiado del inglés, de realizar el plural de las siglas añadiendo al final una *s* minúscula, precedida o no de apóstrofo: **CD's, *ONGs*.

1.8. Locuciones

Las locuciones son expresiones formadas por una combinación de dos o más palabras lexicalizadas, y cuyo sentido no equivale a la suma de los significados parciales de sus componentes (así, el sentido de la locución de *tomo y lomo* no equivale a la suma de los significados de sus palabras). Las locuciones pueden ser lexías complejas y lexías textuales (también denominadas *expresiones fraseológicas*):

Locuciones		
Lexías complejas	Varias palabras que, a pesar de hallarse separadas gráficamente, constituyen un sólido grupo fónico.	*Fuera de juego, por consiguiente, llave maestra, piso piloto.*
Lexías textuales	Originadas por la lexicalización de una oración o enunciado que ha sido memorizado.	*Más vale pájaro en mano que ciento volando; Pasarse de rosca.*

Actividades

1. Elabora una lista con cinco ejemplos de cada uno de los distintos tipos de palabras según su forma.

2. En los chats y mensajes de *WhatsApp* se emplean acortamientos con mucha frecuencia. Confecciona una lista con los que uses o leas habitualmente.

3. Lee el siguiente texto y contesta las preguntas:

Barbarie

Acudí a la presentación de la nueva edición de los ensayos de Ferlosio para poder contárselo a mis bisnietos. Pocas veces la imagen del león en invierno ha sido más apropiada. Habló con Tomás Pollán de altos estudios eclesiásticos: el índice escatológico, la palinsquemia, la haplosquemia, el Calila e Dimna. Rozando los 90 años, Ferlosio sigue tan pendiente del sentido de las palabras como cuando pasó 15 años estudiando gramática.

Creo que la irritación que sentimos contra esta campaña electoral tan rematadamente sosa obedece a que los partidos han dejado de pensar y se dedican a mover el trasero por si alguien pica. Da lo mismo que juren ser de derechas, de izquierdas, de centro o de subsuelo porque lo cierto es que no son de nada y bailan para la muchedumbre goyesca del entierro de la sardina.

En una reciente entrevista el profesor Benito Arruñada, uno de los talentos de este país, decía que el problema no son los políticos, sino los votantes. Y lo razonaba: los políticos, aunque deseen ser racionales, acaban disparatando porque es lo que suma votos. La causa, como todos sabemos, es la nula educación española y la vagancia que conduce a no informarse, a desconocer, a no comprobar, a no exigir.

Cuando oía a Ferlosio discurrir con Pollán sobre el individuo como pura repetición indolora, creí estar ante el último representante de una augusta tradición que se extingue, la de los sabios por afición. Y entonces sonó el célebre verso: «Vinieron los sarracenos / y nos molieron a palos / que Dios ayuda a los malos / cuando son más que los buenos». Así es, vienen los bárbaros por las cloacas de Internet. Nos van a moler a palos. Y ni Dios nos va a salvar. ¡Pero no prevalecerán!

Felix DE AZÚA
El País (15 de diciembre de 2015)

a) Analiza los mecanismos de formación de palabras presentes en el texto.

b) Busca en el texto palabras simples y conviértelas en derivadas y compuestas. Elabora una relación de los morfemas derivativos que hayas empleado.

2 Los campos semánticos y asociativos

Hasta ahora hemos estudiado las palabras por su forma. En este apartado las estudiaremos desde un punto de vista puramente semántico, es decir, atendiendo a su significación. En primer lugar, atenderemos a las agrupaciones de palabras por su significado; a continuación, analizaremos los principales fenómenos semánticos.

Un **campo semántico** es un grupo de palabras que se relacionan por tener semas comunes. Si consideramos conjuntos cerrados de palabras (por ejemplo, nombres de asiento), establecer un campo semántico no es demasiado complejo (así, tendríamos *silla, sofá, sillón, taburete, banco*, etc.). En cambio, hay campos casi inabarcables. Pensemos, por ejemplo, en el relativo a los sentimientos humanos: *dolor, alegría, placer, angustia, miedo*… En cualquier caso, sí es posible establecer campos semánticos dentro de un texto concreto.

La relación entre los elementos que constituyen un **campo asociativo** (o *red léxica*) es diferente ya que se define como un grupo de palabras que tienen relaciones significativas que no aparecen claramente en su definición, por ejemplo: *locutor, radio, cadena, anuncio, programa*… son realidades relacionadas por el hecho de su vinculación a los medios de comunicación.

Actividades

La mosca que soñaba que era un águila

Había una vez una mosca que todas las noches soñaba que era un águila y que se encontraba volando por los Alpes y por los Andes.

En los primeros momentos esto la volvía loca de felicidad; pero pasado un tiempo le causaba una sensación de angustia, pues hallaba las alas demasiado grandes, el cuerpo demasiado pesado, el pico demasiado duro y las garras demasiado fuertes; bueno, que todo ese gran aparato le impedía posarse a gusto sobre los ricos pasteles o sobre las inmundicias humanas, así como sufrir a conciencia dándose topes contra los vidrios de su cuarto.

En realidad no quería andar en las grandes alturas, o en los espacios libres, ni mucho menos.

Pero cuando volvía en sí lamentaba con toda el alma no ser un águila para remontar montañas, y se sentía tristísima de ser una mosca, y por eso volaba tanto, y estaba tan inquieta, y daba tantas vueltas, hasta que lentamente, por la noche, volvía a poner las sienes en la almohada.

Augusto Monterroso
Cuentos y fábulas, Círculo de Lectores

4. Elabora los campos semánticos presentes en el relato.

5. Busca en un periódico una noticia cultural o económica y establece los campos semánticos que en ella aparezcan.

3 Los fenómenos semánticos

Las palabras, en cuanto unidades portadoras de significado, establecen entre sí distintos tipos de relaciones. Las más destacadas son:

3.1. Hiponimia e hiperonimia

Se produce una relación de hiperonimia cuando en el significado de una palabra (hiperónimo) se incluye la totalidad de los semas de otra (hipónimo). Así, la palabra *verdura* es hiperónimo de *calabacín* o *cebolla*. Ambos términos serían cohipónimos entre sí.

Algunos hipónimos pueden ser hiperónimos de otras palabras. Así, *fruta* es hipónimo de *alimento* e hiperónimo de *manzana, plátano*… De esta manera, podemos jerarquizar los significados.

3.2. Sinonimia

Consiste en la similitud de significado entre dos palabras con significantes diferentes: *burro, asno, jumento; almanaque, calendario*… La sinonimia **total** aparece en muy pocas ocasiones, ya que contradice el principio de economía del lenguaje. En cambio, sí es más abundante la sinonimia **parcial** o contextual: pensemos en la pareja *balón/pelota*; en muchas ocasiones son intercambiables (*El jugador golpeó el balón/la pelota*), pero en otras no (*Fulanito es un pelota/*balón*).

Un caso especial de sinonimia es la **correferencia** (sinonimia textual). Dentro de un texto, nombramos con frecuencia los mismos conceptos con palabras o giros distintos, para no caer en la reiteración. Así, si leemos un libro sobre Juan Ramón Jiménez, podemos encontrar correferencias del tipo *el moguereño, el poeta español, el nobel andaluz, el creador de* Platero y yo, etc.

significante A ≠ significante B	almanaque / calendario
significado A = significado B	Catálogo que comprende los días del año, distribuidos por meses.

El lenguaje tiende, por su naturaleza, a ser económico, es decir, a no plantear soluciones absolutamente equivalentes en una determinada situación. Por este motivo, los sinónimos totales son muy escasos; siempre hay algún matiz diferenciador, bien puramente significativo, bien regional, cultural o situacional. En el caso de una sinonimia total sin matices, la lengua tendería a eliminar uno de los dos sinónimos.

3.3. Antonimia

Es la oposición de significados entre palabras: *bueno/malo; más/menos; comprar/vender; sano/insano*. Podemos clasificar los antónimos según dos criterios: formal y conceptual.

■ Formalmente, distinguimos dos tipos de antónimos:

- **Gramaticales:** aquellos que se construyen mediante afijación: *moral/inmoral; simétrico/asimétrico*.

- **Léxicos:** aquellos cuya antonimia se consigue mediante lexemas distintos: *grande/pequeño; padre/hijo*.

■ Conceptualmente, hablamos de distintos tipos de antonimia, según la clase de relación semántica entre los antónimos:

- **Antónimos graduales.** Entre los antónimos hay términos intermedios: *frío/calor; blanco/negro*.

- **Antónimos complementarios.** No existe término intermedio: *soltero/casado; vivo/muerto*.

- **Antónimos recíprocos.** Los antónimos se necesitan mutuamente; para que exista uno debe existir el otro: *comprar/vender; padre/hijo.*

significante A ≠ significante B
significado A *opuesto a* significado B

3.4. Homonimia

Se trata de un fenómeno frecuentísimo, que consiste en la coincidencia fonética de dos palabras distintas. Formalmente, los homónimos pueden ser:

■ **Homófonos.** Tienen el mismo sonido: *baca/vaca; de/dé; halla/haya,* si se es yeísta.

■ **Homógrafos.** Suenan y se escriben igual: *vino* (sustantivo)/*vino* (verbo *venir*); *para* (preposición)/*para* (verbo *parar*).

significante A = significante B	*vino*	*vino*
significado A ≠ significado B	verbo *venir*	sustantivo (bebida)

3.5. Polisemia

La polisemia se produce cuando un significante posee varios significados, que comparten algún sema. Es el fruto de un proceso histórico por el cual una palabra va adquiriendo nuevos valores significativos. Así, son polisémicas palabras como *marco, gato, pico, picar, cerdo, hacer*…

significante A	*Echar*
significados	
A1	Hacer que una cosa vaya a parar a alguna parte.
A2	Deponer a uno de su empleo o dignidad.
A3	Brotar y arrojar las plantas sus raíces.
A4	Salirle a una persona o a un ser irracional cualquier complemento natural de su cuerpo.
A5	Juntar los animales machos con las hembras para su generación.
A6	Inclinar, reclinar o recostar.
A7	Dar, repartir.
A8	Suponer o conjeturar el precio, distancia, edad, etc. que nos son desconocidos.

Las palabras polisémicas abundan en el idioma, debido a la tendencia a la economía lingüística; cuando redactamos textos, especialmente formales o académicos, debemos evitar el empleo de palabras excesivamente polisémicas y buscar alternativas más precisas.

Actividades

Antigualla

Curiosa expresión esa de «alivio de luto», tan en desuso en estos tiempos, tanto la expresión en sí como lo que esta indica. Todavía, en algunos lugares, se mantiene a duras penas esa manifestación de duelo que consistía en vestir de negro riguroso durante meses o años para honrar a los muertos, sobre todo por parte de las mujeres. Con esa vestimenta encima, las viudas tempranamente maduras, o solteras «en edad de merecer», enviaban a los demás varones una señal de «no disponibilidad».

Los hombres se acompañaban de una cinta negra en la manga de la chaqueta, o un botón del mismo color en la solapa, como muestra de respeto hacia el difunto.

El «alivio de luto» consistía en cambiar, meses o años después, y según el grado de parentesco con el finado, ese negro riguroso y seco por una limitada paleta de colores en los vestidos: un gris marengo, un azul marino, un marrón oscuro, un violeta apagado…

Y ya se podía intentar un acercamiento a esas mujeres aunque, todo hay que decirlo, con pocas, cuando no nulas, posibilidades de éxito.

Elías Moro
El juego de la taba, Calambur

6. Analiza los fenómenos semánticos en el texto anterior.

7. Propón sinónimos textuales para, al menos, cinco palabras o expresiones del texto.

8. Analiza el valor polisémico de las siguientes palabras: *penas, duelo, manga, grado, seco* y *gris*.

9. ¿Qué redes léxicas podemos encontrar en este texto?

10. Localiza las locuciones del texto y sustitúyelas por palabras unitarias.

11. Hemos comentado que la homonimia es un fenómeno muy frecuente. Piensa en la relación de las preposiciones en español, y busca homónimos para ellas. No siempre será posible, pero seguro que hay más de las que imaginas.

Unidad 3 · El nivel léxico-semántico

4 Los cambios de sentido

Las palabras, como los seres vivos, pueden sufrir modificaciones tanto en su forma como respecto a su significado en el transcurso de su existencia. A ello nos referiremos en este apartado.

4.1. Denotación y connotación

Hablamos de **denotación** cuando una palabra o expresión posee un significado en el que coincide toda la comunidad lingüística.

Junto a la denotación hablamos de **connotación,** o acción de conllevar la palabra, además de su significado propio o específico, otro u otros por asociación.

Podemos distinguir tres tipos de connotación:

- **Generalizada.** En estos casos, el significado connotativo es conocido y aceptado por la casi totalidad de los hablantes. En ocasiones puede llegar a ser más habitual que el propio significado denotativo. Así ocurre con el término *siniestro,* que se emplea fundamentalmente con el sentido de *malintencionado* o *funesto,* antes que con el de *izquierdo.* Este tipo de connotación aparece marcada en el diccionario con la abreviatura «*fig.*».

- **De grupo.** Un mismo término puede sugerir diversos significados connotativos dependiendo del grupo al que pertenezcan emisor y receptor. Las palabras *sindicalista, banquero, obrero, sindicato* o *madridista* pueden tener una carga semántica añadida en función de la ideología de los interlocutores o del contexto en que aparezcan.

- **Individuales.** Son aquellos aportados por un individuo concreto. Son fundamentales en el ámbito literario.

4.2. Cambio semántico y cambio lexicológico

Los cambios léxico-semánticos pueden afectar al significado de las palabras (cambio semántico) o a su significante (cambio lexicológico).

- Entendemos por **cambio semántico** todo desplazamiento permanente de significado en las palabras. Este cambio puede deberse a muchas razones, la mayoría de carácter extralingüístico (sociológicas, psicológicas o históricas).

    Si hablamos, por ejemplo de una *pluma* hace cien años, tendremos como referente un objeto para escribir fabricado con la pluma de un ave. Está claro que el **referente** ha cambiado hoy día y, por tanto, también lo ha hecho el **significado** de la palabra. Lo mismo sucede con palabras como *armario, mechero o nevera.*

- En otras ocasiones los cambios semánticos se producen debido a mecanismos como la metáfora y la metonimia.

    - La **metáfora** es la transposición de significados entre dos palabras que tienen alguna semejanza significativa. El *ratón* del ordenador se llama así, por ejemplo, por su semejanza con el roedor. La mesa tiene patas por analogía con las de los animales.

74

- La **metonimia** es la transposición semántica basada en la contigüidad o cercanía. Se fundamenta en los mecanismos de causa-efecto, continente-contenido, parte-todo, etc. Un ejemplo claro lo tenemos en expresiones como las siguientes:

  – *Me tomé todo el vaso* (cuando nos referimos, en realidad, al contenido de dicho vaso).

  – *El ganadero posee cien cabezas de ganado* (no solo posee las cabezas, sino las reses completas).

■ Un **cambio lexicológico** consiste en la alteración de un significante (sin que se modifique su significado), por diversas razones: tabú, eufemismo o etimología popular.

- **Tabú** es toda palabra cuyo uso es poco recomendable –sobre todo cuando empleamos el registro formal– por estar socialmente mal vista y tener connotaciones negativas. En su lugar suele recurrirse a los llamados **eufemismos,** mediante los que evitamos el término desprestigiado. La sustitución eufemística afecta, básicamente, a cuatro grupos de palabras:

  – Las que aluden al sexo, a las zonas íntimas del cuerpo y a sus funciones: *hacer pis, cuarto de baño, trasero…*

  – Las que se refieren a razas y creencias: *hombre de color, magrebí, romaní…*

  – Las que designan profesiones socialmente poco valoradas: *asistenta, personal de limpieza, trabajador de la construcción…*

  – Las que se refieren a enfermedades o a la muerte: *pasar a mejor vida, estar en el cielo, enfermedad incurable…*

  Con mucha frecuencia, un eufemismo acaba por acoger las mismas connotaciones negativas que contenía el tabú. En tales casos se hace necesario un nuevo eufemismo que lo sustituya. Pensemos en los sucesivos modos de llamar a las empleadas del hogar: *criada, muchacha, chica, asistenta…*

- La **etimología popular** es una forma de confusión habitual en personas con poca competencia lingüística, que atribuyen a una palabra un origen equivocado. El hablante asocia dos lexemas porque sus significantes se asemejan: ocurre con la secuencia mal construida **destornillarse de risa* (en lugar de la correcta *desternillarse de risa*), por asociación mental con el verbo *destornillar*.

Actividades

Lee el texto y contesta las preguntas que se formulan tras él:

Mientras me afeito oigo la radio. El locutor informa de que han encontrado el cuerpo de una persona no viva entre los escombros de un edificio no apto para la habitabilidad. La policía ha detenido en un barrio residencial periférico a tres ciudadanos psíquicamente diferentes como presuntos sospechosos de la carencia de vitalidad del cuerpo hallado. Los familiares de la persona no viva han dado muestras de su estado psicológico no sereno. Apago la radio y salgo a la calle. Un hombre de visión no operativa vende cupones. Una madre arrastra a un niño no adaptado al colegio. El niño ha debido de sufrir algún tipo de shock cultural y ha tenido calificaciones no satisfactorias. Como el niño se resiste a recorrer de manera voluntaria el camino que lleva al colegio, la madre tiene que recurrir a elementos de disuasión no pedagógicos. Un anciano verticalmente desajustado solicita con la mano extendida la colaboración de los ciudadanos en la normalización de su economía. En un bar, un grupo de funcionarios municipales expertos en limpieza pública hablan de cine: «Anoche pusieron una película de comanches y "comanchas" en la que todos y todas huían al final en sus caballos y yeguas por culpa del asedio étnico del séptimo de caballería».

Felipe BENÍTEZ REYES
El ocaso y el oriente, Arguval

12. Busca y comenta los casos de sinonimia, antonimia, homonimia y polisemia.

13. En el texto aparece la palabra *madre*. ¿Existe algún cohipónimo de esta palabra en el texto? ¿Cuál es su hiperónimo? Completa este campo semántico. Busca otra palabra con la que puedas construir el campo semántico y explica las relaciones de hiperonimia e hiponimia.

14. Observa las expresiones eufemísticas y comenta por qué se han producido tales eufemismos.

15. Prueba a construir eufemismos humorísticos siguiendo este modelo: *perito portador de cubos mezcláticos* (*albañil*).

16. Explica qué cambio semántico se ha producido en las palabras destacadas en las frases que siguen:
- *El **espada** cortó dos orejas y salió por la puerta grande.*
- *El segundo **plato** del almuerzo estaba buenísimo.*
- *El pívot de ese equipo es una auténtica **muralla**.*
- *Vengo a pedirle la **mano** de su hija.*
- *Tienes descosido el **cuello** de la camisa.*
- *Si agarras la botella por el **cuello** se te puede caer.*

17. Con la ayuda de un diccionario, explica el cambio de significado que se ha producido en las siguientes palabras: *mechero, nevera, retrete, hortera, tío, burro*.

18. Te ofrecemos una lista de palabras formadas por etimología popular. Analízala y propón otras etimologías populares que conozcas: **antismatismo, *expectador, *indiosincracia, *sanjuán, *mondarina, *desmerluzar, *agriculares*.

19. Por parejas, imaginad que tenéis que decidir el nombre para un niño o niña que va a nacer. En este contexto, las connotaciones (positivas o negativas) que sugieren los nombres propios son múltiples. Elaborad un diálogo en el que se baraje distintos nombres y se acepten o rechacen según sus connotaciones.

Texto A

EL PAÍS

El pueblo que no quiere olvidar sus palabras

Apenas 10 000 personas hablan todavía el moken en las costas del mar de Andamán. Un grupo de expertos universitarios lucha por salvar esta cultura milenaria

Las palabras se mueren. Un día, de pronto, ya no significan nada. O ya nadie es capaz de descifrar sus sonidos. Hoy, en la aldea de Au Bon Yai, en la isla tailandesa de Surin, ha muerto una palabra. Lo ha hecho de madrugada, en silencio, como mueren siempre las palabras. Lo ha hecho al amparo de la *Lau Gai*, la estrella que nunca desaparece. Ante la mirada de *Aboom, Abaa* y *JoJo*. Los espíritus. Lo ha hecho después de que Sabai, la última rapsoda, consumiese sus versos. Lo ha hecho después de que ningún joven moken pudiese atrapar palomas de humo.

«Quizá dentro de diez años ya nadie hable moken en esta isla». Aun así, Ngoey, el jefe de la comunidad, no está preocupado. Quizá porque los moken no entienden de preocupaciones. Desde que llegaron a las islas del archipiélago Mergui, en la costa del mar de Andamán, entre Tailandia y Birmania, hace 3500 años, los moken no conjugan futuros. Aquí solo hay tiempo para el hoy y el ayer. «Los moken nacemos cada día. Hoy es una nueva vida», explica Phi Utet.

Durante siglos, este pueblo de raíces austronesias ha vivido en el mar. Sus barcos, los kabang, surcaban las costas de corales turquesas hasta desvanecerse en las profundidades del Índico. Guiados por la Estrella Polar, *Lau Gai*, los moken permanecían en altamar durante buena parte del año: allí encontraban comida, refugio y la protección de los espíritus. Ni siquiera atracaban para dar a luz. Los hijos de los moken aprenden a nadar antes que a caminar. Solo la ira del monzón les obligaba a buscar cobijo en los arrecifes selváticos que trufan la costa de Andamán.

Hoy los moken permanecen amarrados en tierra firme. En una geografía de paisajes dorados de los que no pueden huir. Ya no hay estrellas que les guíen, cegadas por las luces de los centenares de barcos pesqueros que faenan en sus aguas.

Un idioma para sobrevivir al tsunami

Los moken no tienen palabras para decir *hola* ni *adiós*. Tampoco hay un vocablo que signifique *cuando* y, menos aún, *desear*. Los moken no desean, simplemente usan lo que necesitan: comida, medicinas, refugio… todo está a su alrededor. Por eso no necesitan acumular. No hay espacio para la idea de riqueza en su concepción nómada del mundo. No hay más mañana que el hoy.

Los Moken le deben su vida al mar. Los niños aprenden a nadar antes que a caminar.

En su idioma, los moken sí tienen palabras para el peligro. Así ha sido como durante años se han protegido unos a otros. Alertándose de los piratas (*jon*), las guerras (*lang*), los bancos de barracudas (*tumin*) y tiburones blancos (*kayai putiat*), o los venenos del pez piedra (*pook ot*). Fue su lengua lo que les salvó también del tsunami de 2004. Del *laboon*. «Se suponía que estábamos en pleamar, pero aquel día la marea estaba muy baja. Era extraño. Entonces los ancianos de la aldea empezaron a gritar diciendo que vendría el *laboon*, que nos teníamos que refugiar. Así que lo hicimos, corrimos hacia la selva, a un alto», relata Min Ie. Aquella mañana del 26 de diciembre de 2004, el tsunami devastó 14 países, dejando tras de sí 230 000 muertos. Ninguno de ellos fue un moken.

Desde niños, los moken escuchan historias sobre el *laboon*. Alrededor del fuego, los ancianos hablan de playas sin aguas y animales desbocados. Entonces, insisten, hay que buscar refugio.

Texto A

EL PAÍS

Esconderse en las alturas de la ola gigante que los ancestros han enviado para librar al mundo de demonios. «Volverá a pasar, dentro de 20 o 30 años, pero yo ya habré muerto para entonces», asegura Phi Utet sentado en el interior de la cabaña de madera que comparte con su mujer, Min Ie, y sus cuatro hijos.

Nadie sabe qué ocurrirá cuando el tsunami vuelva a levantarse en el mar de Andamán. Es posible que por entonces ya no quede ni un solo moken en las islas, o que los que lo hagan no hayan oído hablar del *laboon*. «Su idioma está en peligro y si lo pierden estarán acabando con su propia cultura. El idioma y la cultura van de la mano», advierte Chang, lingüista de la Universidad de Mahidol.

http://elpais.com/elpais/2015/09/01/planeta_futuro/1441109902_835262.html

1. Resume el contenido del texto en un máximo de diez líneas.
2. ¿Ante qué clase de texto nos encontramos? ¿Es subjetivo? ¿Es objetivo? ¿Es argumentativo? ¿Es expositivo? Justifica tus respuestas.
3. Atiende a los fenómenos léxicos. Busca ejemplos de palabras diferentes por su origen. Localiza procedimientos de formación de palabras en el texto. ¿Localizas alguna expresión fraseológica?
4. Explica en qué medida nos hallamos ante un texto coherente.

Texto B

EL PAÍS

El cadáver estaba muerto

Lo publicó un diario madrileño el 1 de junio: «Ayer por la mañana se practicó la autopsia al cadáver del fallecido».

Realmente nos dejaba ya muy tranquilos saber por esa frase que las autopsias se les practican a los cadáveres, pero todavía nos quedamos más a gusto cuando supimos que esos cadáveres están muertos.

El genio del idioma no quiere que se diga con dos palabras (o más) lo que se expresa a la perfección con una. Y eso encuentra una explicación en la máxima de relevancia que definió el filósofo de la lengua inglés Paul Herbert Grice (1913-1988).

La máxima de relevancia (cantidad de información) constituye una de las reglas de cualquier conversación en la que dos interlocutores intentan entenderse. Y consiste en que todo lo que cuentan ha de ser relevante (adecuado, pertinente) para la idea que desean transmitir. Lo superfluo queda eliminado antes de pronunciarse, y así se añade significado a la individualidad de cada término.

Si una palabra está presente, será por algo: tendrá un sentido propio, igual que las demás.

Y como el buen estilo y la buena comprensión tienden a la economía de vocablos, ningún término puede resultar gratuito. El receptor entenderá siempre que si una palabra figura en una oración, es porque añade significado. Y si no lo añade, dificulta el entendimiento o engaña (a menudo sin que exista esa intención).

EL PAÍS

Por ejemplo, el 28 de junio a las 8:42 se pudo oír en una emisora española que narraba el encarcelamiento de Luis Bárcenas: «Le tomaron las huellas dactilares de los dedos de sus manos». Lo cual da a entender que a veces las huellas dactilares se toman de algún otro lugar del cuerpo.

Y si contásemos que las calles de la ciudad se hallaban cubiertas de «nieve blanca», entonces la máxima de relevancia nos invitaría a pensar que existe nieve de cualquier otro color. Ahora bien, supongamos que estamos escribiendo un cuento infantil en el que deseamos transmitir la idea de que la acción se desarrolla en un mundo irreal: los trigales serían azules, los mares amarillos, el carbón rosa y los renuevos negros. En ese caso sí podríamos narrar a continuación que, una vez ocurrido determinado fenómeno (el beso de un príncipe, sin ir más lejos), todo se tornó real, y nos volvimos a ver rodeados de carbón negro, mares azules, trigales amarillos, nieve blanca y brotes verdes.

La redundancia de significado no relevante (es decir, con palabras prescindibles) se denomina *pleonasmo,* vocablo procedente del griego *pleonasmós* ('sobreabundancia' o 'exageración'). Como sucede con el colesterol y con las amistades, hay pleonasmos buenos y pleonasmos poco recomendables. Los buenos añaden expresividad, ironía… algo: «Cállate la boca», por ejemplo. Y los pleonasmos malos no suelen añadir nada: «El estadio estaba completamente abarrotado», «Es totalmente gratis», «Vio un falso espejismo», «Se aprobó con la unanimidad de todos los grupos» (ejemplos extraídos de los periódicos).

La política y el periodismo abundan en pleonasmos malos. Y queríamos llegar hasta aquí para preguntarnos si la abundancia de pleonasmos no implicará que algunas personas están dejando de creer en la fuerza de muchas palabras y en sus significados redondos; y si eso explicará tal vez el desmedido uso del adverbio *absolutamente* entre quienes hablan en público: estamos absolutamente felices, absolutamente decididos, absolutamente seguros. Quienes se expresan así imaginan acaso fisuras en las palabras más sólidas; o quizás esos vocablos se les han desgastado por su desempeño falso y artificial. Un político que dice «Vamos a resolver este difícil reto» está dejando de creer en la palabra *reto,* de tanto manosearla. Quizás él tenga la impresión de que un reto puede ya parecernos fácil; pero en tal caso nos encontraremos todos dentro de un cuento donde nacen brotes por cualquier parte y donde la crisis se presenta como un desafío que se resuelve en un periquete. Dentro de un cuento infantil o dentro de algún que otro programa electoral.

Álex Grijelmo
El País (27 de octubre de 2013)

---

1. Resume el contenido del texto en un máximo de siete líneas.

2. ¿Ante qué clase de texto nos encontramos? ¿Es subjetivo? ¿Es objetivo? ¿Es argumentativo? ¿Es expositivo? ¿Corresponde a algún género o subgénero? Justifica tus respuestas.

3. ¿Localizas alguna expresión fraseológica?

4. Repasa los fenómenos semánticos estudiados en el tema y propón como ejemplos aquellos casos que encuentres.

Artículo de opinión

EL PAÍS

A la maestra

El lenguaje se infecta. Lo infectan a menudo los políticos y lo infectamos quienes hablamos o escribimos en los medios. Nuestro vicio por una jerga que encubre a menudo un rechazo por la claridad acaba trufando el lenguaje común. Como resultado, a veces hablamos de asuntos cotidianos como si estuviéramos en una tertulia televisiva o haciendo declaraciones en el telediario. En una esquina del periódico, no tan a la vista como a mi juicio debiera estar, me encuentro con que en Granada una madre ha agredido a la maestra de su niña porque las normas del centro no permitían la impuntualidad para una jornada musical. La madre, fuera de sí, agarró del pelo a la maestra, la pateó y la insultó. Todo esto delante de la cría. Dios nos libre de madres que nos quieran tanto. La maestra acabó en el hospital: las magulladuras se curan antes que los sustos y que el trauma que provoca una agresión.

Leo que la directora del centro ha declarado que a la paz se llega con el diálogo, y que la consejera de Educación se solidariza con su caso y rechaza cualquier tipo de violencia.

Supongo que estas expresiones provienen de cuando los telediarios abrían con los políticos condenando un atentado, pero francamente esas palabras suenan poco convincentes si se trata de hablar de algo ocurrido en una escuela. Todo es más simple: el profesorado es la autoridad que los padres deben reconocer. En casa nuestra madre solía decirnos: «A la maestra se la trata con respeto». Por lo que se ve urge abrir una escuela de padres y madres para que aprendan a comportarse. Primera lección: a la maestra no se la pega (permítanme el laísmo).

Elvira L<small>INDO</small>
El País (14 de octubre de 2015)

1 Organización de las ideas

Nos hallamos ante un texto periodístico de opinión que, al ir firmado y presentar una extensión no excesivamente amplia, nos hace pensar que se trata de una columna. La autora, en este caso Elvira Lindo, es una escritora de reconocido prestigio literario que con frecuencia suele ofrecer sus reflexiones en el ámbito periodístico.

En cuanto a la estructura del texto, podemos reconocer un orden deductivo, es decir, la idea principal se expresa al inicio y a continuación se aportan los ejemplos y explicaciones pertinentes que justifican su punto de vista. En este caso, las ideas se presentan siguiendo esta disposición textual:

- **Enunciación** de la tesis y explicación de la misma (las primeras líneas).
- **Ejemplificación** de la tesis a partir de la agresión a una profesora por parte de una madre (mitad final del primer párrafo):
  - **Respuesta inapropiada** de la directora del centro y de la consejera de Educación en la que se verifica la tesis inicial (primera parte del segundo párrafo).
  - **Respuesta adecuada** en palabras de la madre de la autora (segunda parte del párrafo final).
- El **título** pone de manifiesto la idea inicial de la autora: la necesidad de claridad en el lenguaje.

La estructura elegida es muy frecuente en los textos de tipología expositiva y argumentativa, si bien llama la atención en esta columna la función que adopta el título. Como podemos observar, la autora concede un gran valor al comportamiento intachable que se debe adoptar con respecto al profesorado. Ello parece justificar en apariencia el título elegido, aunque tal vez habremos de interpretarlo como una forma de poner en práctica la necesidad de utilizar un lenguaje claro y directo: *A la maestra*. Sería, pues, un ejemplo explícito (también reivindicativo) de lo expresado en la tesis y que evitaría cualquier atisbo de ambigüedad.

2 Tema y resumen

El texto que analizamos desarrolla la siguiente idea: el lenguaje cotidiano se ha contaminado de la falta de claridad del lenguaje periodístico y político. Dicho tema se ve complementado con el de la necesidad de respetar al profesorado.

La autora considera que nuestra forma de hablar carece de la claridad necesaria como consecuencia de la influencia de los lenguajes periodístico y político. Por ello, al comunicarnos, convertimos situaciones cotidianas en actos cercanos a los televisivos. Para demostrar su opinión, nos ofrece un ejemplo concreto: el de madre de una alumna que agrede a una profesora por un desacuerdo en cuanto a la impuntualidad de su hija a una actividad musical del colegio. A continuación, se nos pone de manifiesto su punto de vista al mostrarnos cómo la directora del centro educativo y la consejera de Educación expresan su rechazo con la falta de sencillez y claridad antes aludida. El ejemplo se complementa, a continuación, con la postura que la madre de la autora le enseñó cuando esta era niña: el profesorado es una autoridad que se debe respetar.

3 Comentario crítico

Elvira Lindo es una escritora acostumbrada a expresar sus opiniones sobre los usos inadecuados de nuestro idioma. Es, en este sentido, como hemos de interpretar el texto. Se trata, por consiguiente, de una reflexión que procede tanto de la observación de la realidad cotidiana, como del compromiso con el mundo de la educación, uno de los pilares donde se asienta la sociedad y el individuo.

Su opinión se sustenta en razonamientos de diversa índole, aunque es en la ejemplificación donde la argumentación posee mayor presencia (alusión a tertulias y telediarios, la agresión a una maestra y las consiguientes reacciones). La misma estructura deductiva se articula en función de dichos ejemplos. Del mismo modo, el argumento moral es utilizado para mostrarnos un modelo de conducta indeseable, puesto que se apoya en la violencia. Finalmente, los argumentos de tradición y de progreso se relacionan con el propósito de subrayar su opinión: las palabras de su madre fueron válidas antes y lo serán en el futuro.

La reflexión de Elvira Lindo, por tanto, está bien fundamentada y resulta difícil de contradecir. Aun así, podemos ofrecer otras perspectivas de la misma.

Como sabemos, la economía de lenguaje, es decir, la necesidad de expresar lo máximo con el menor número posible de palabras, es uno de los principios básicos de la comunicación humana. Por este motivo, los lenguajes político y periodístico contradicen dicha tendencia natural, pues generan ruido, confusión y, en definitiva, oscuridad. Es, tal vez, una forma de ocultar la realidad, de maquillarla. Sirva, como ejemplo, la paulatina incorporación a nuestros usos diarios de numerosos eufemismos con el fin de «dulcificar» ciertas realidades que nos resultan desagradables o incómodas (cuestiones raciales, físicas, sexuales, ideológicas, etc.).

Por otra parte, en nuestro deseo de ser objetivos y precisos, podemos conseguir un efecto contrario al deseado. Es el caso de los lenguajes administrativo y jurídico. ¿Quién no se ha frustrado alguna vez tras leer una convocatoria de becas de estudio o una sentencia?

También hemos de considerar que mostrarnos excesivamente sencillos y directos al comunicarnos podría acarrearnos ciertos problemas, ya que en ocasiones se podría percibir como ejemplo de falta de cortesía ante nuestros interlocutores.

Por otra parte, los medios de comunicación han adquirido en la actualidad tanta repercusión en la sociedad que han acabado condicionando la percepción de lo que realmente sucede: existe lo que nos ofrecen los medios de comunicación; si no es así, carece de valor social. Recordemos, en este sentido, películas como *El show de Truman* (1998), y la proliferación de programas televisivos en donde la telerrealidad (*reality shows*) se confunde con la realidad. Por ello, es lógico que acabemos comunicándonos siguiendo el lenguaje periodístico.

En conclusión, lenguaje y comportamiento humanos se infectan por el contexto que nos rodea. Conviene vigilar tanto nuestra expresión como nuestra conducta en sociedad para no acabar perdiendo valores como la claridad y eficacia del idioma ni, por añadidura, el respeto al prójimo.

Artículo de opinión

EL PAÍS

Honor

Una lectora, A., me cuenta que hace un año encontró vagando por un parque de una ciudad española a una muchacha, desorientada y casi calva, que le preguntó si sabía dónde había un albergue para pasar la noche. Era B., una marroquí de 18 años, que acababa de huir de su familia cuando iban a desposarla por la fuerza. Llevaba dos años encerrada en su casa y le habían arrancado el pelo a tirones, además de recibir otros maltratos desde niña. B. está amenazada de muerte por un *crimen de honor*. Según la ONG suiza SURGIR, en el mundo se cometen al menos 5000 crímenes de honor al año, aunque la cifra real puede ser cuatro veces mayor (disfrazan las muertes de suicidios). Este horror va en aumento y cada vez hay más casos en Europa: las musulmanas europeas se niegan a aceptar los matrimonios forzosos y entonces las matan. El crimen de honor es una variante especialmente brutal de la violencia de género, porque participa toda la colectividad y es ejecutado por la familia: por los tíos, los padres, los hermanos. Las queman con ácido, las estrangulan. En Occidente no prestamos la menor atención a esta atrocidad: todo sucede en el hermético infierno doméstico. A. y su marido acogieron a B. durante meses hasta que las amenazas les hicieron buscar ayuda pública. Durante un año, A. luchó desesperadamente para que las instituciones españolas comprendieran la gravedad del caso, para que la atendieran como víctima de género o le concedieran una orden de protección. Nadie les entendía. Ahora, por fin, gracias a la tenaz heroicidad de A., la chica está acogida, el pelo le ha crecido y está bien. Todo esto sucede en España, ante nuestras narices, porque B. vive aquí desde los cinco años. Y no es la única víctima, aunque nos empeñemos en mirar hacia otro lado.

Rosa Montero
El País (30 de septiembre de 2014)

El nivel léxico-semántico — Unidad 3

Ahora tú: comentario guiado

1 Fase previa

- Aunque el texto no presenta excesivas dificultades en cuanto al léxico utilizado, es conveniente conocer el sentido de algunas expresiones como, por ejemplo, *crimen de honor*.
- Recopila información relevante sobre la problemática de la mujer en los matrimonios de otras culturas, especialmente en el mundo musulmán. Te recomendamos, por ejemplo, la lectura de este enlace: http://msur.es/sexos/asesinato/.
- Para conocer la dimensión social de la ONG SURGIR aludida en el texto, busca información sobre ella en Internet.
- Si deseamos, en cambio, conocer información sobre la autora del texto, podemos acceder a esta página: http://escritoras.com/escritoras/Rosa-Montero.

2 Organización de las ideas

- En este apartado debes transmitir con claridad de qué forma se estructuran las ideas del texto.
- Las estructuras inductiva y deductiva son muy frecuentes en los textos argumentativos. ¿En qué se diferencian? ¿Crees que alguna de ellas está presente? Para ello, identifica previamente la tesis principal del texto.
- Representa esquemáticamente el modo como se jerarquizan las ideas transmitidas.

3 Tema y resumen

- Expresa con la mayor brevedad, precisión y claridad posibles cuál es la tesis que defiende Rosa Montero.
- Si lo crees oportuno, aclara si la tesis principal se ve complementada por otras ideas secundarias.
- Elabora un resumen del texto. En este caso, debes priorizar el contenido principal y sintetizar los ejemplos que se nos ofrecen, como el de la joven marroquí.

4 Comentario crítico

- Al iniciar el comentario crítico, justifica brevemente a qué subgénero periodístico de opinión pertenece. Del mismo modo, con la intención de contextualizar el análisis, señala los aspectos más relevantes tanto de la autora, como del contenido del texto (*crímenes de honor*).
- Continúa tu análisis valorando la opinión vertida por Rosa Montero. Para ello toma como punto de partida la tesis del texto. ¿Compartes la reflexión de la autora acerca de la violencia de género en los matrimonios impuestos?
- Juzga tanto la validez de los argumentos esgrimidos, como la intención última de la escritora.
- ¿Conocías los hechos que Rosa Montero denuncia? ¿Cuál es tu punto de vista al respecto? Recuerda que tu opinión debe fundamentarse en argumentos de diversa índole y que han de mantener la coherencia textual.
- Ilustra el comentario con datos procedentes de lecturas, de tu experiencia personal y de tu labor de investigación. Recuerda que, al ofrecer otras perspectivas, enriquecemos en gran medida nuestra interpretación.

5 Conclusión

- Realiza un breve recorrido por los aspectos más destacados del comentario.

Unidad 3 El nivel léxico-semántico

- **Ortografía.**
- **Corrección gramatical.**
- **Precisión léxica.**

Ortografía

1. Observa las siguientes oraciones y emplea *a* o *ha* cuando sea necesario. Presta especial atención porque el corrector ortográfico de tu procesador no te ayudará.

- Voy **a/ha** explicarte lo que me **a/ha** ocurrido.
- Vamos **a/ha** salir esta noche.
- **A/Ha** venido **a/ha** que le prestes tu mochila.
- Mi abuelo me **a/ha** dicho: **a/ha** caballo regalado no le mires el diente.
- **A/Ha** raíz de su accidente **ha/a** cambiado mucho.
- **Ha/A** veces la prudencia **a/ha** de ser, si cabe, mayor.
- María **a/ha** conocido **a/ha** un chico que le **ha/a** cambiado el carácter.
- Es elegante y **a/ha** la vez discreta.
- Vamos **a/ha** salir con nuestros amigos **a/ha** la discoteca.
- Hoy va **ha/a** hacer buen tiempo e iremos **a/ha** coger caracoles al campo.
- Me **a/ha** planteado una serie de dudas que no le voy **a/ha** resolver.
- **A/ha** Pepe no se le **a/ha** perdido nada aquí.
- **A/ha** buenas horas, mangas verdes.
- Pedro **a/ha** de venir mañana de negro.
- ¿**A/Ha** que no sabes dónde he estado?.

> Un buen número de usuarios del idioma suele confundir en la escritura la tercera persona del singular del presente de indicativo del verbo *haber*, *ha* (escrita con *h*) y la preposición homónima: *a* (escrita sin *h*). Un truco que podría resultarte de gran utilidad es el de sustituir (*h*)*a* por *había*. Si el resultado es gramatical, es evidentemente una forma del verbo *haber* y, por tanto, llevará *h* (*ha*).

2. Selecciona cinco palabras que acaben en *-aje*, cinco en *-ger*, *-gir* y otras cinco que comiencen por *eje-*. A continuación, escribe oraciones correctas e interesantes con cada una de esas palabras.

> A veces nos sirve de gran ayuda recordar ciertas reglas ortográficas. Así, se escriben con «j» las terminaciones en *-aje* y las palabras que comienzan por *eje-*, mientras que los verbos acabados en *-ger*, *-gir* se escriben con «g», a excepción de *tejer*, *crujir* (y sus derivados).

Corrección gramatical

3. Localiza incorrecciones en las siguientes frases, explícalas y reescribe correctamente las oraciones:

- *No sé cuál es el examen que hablas.
- *Manolito es el chaval más inteligentísimo de los que conozco.
- *Vaya rollo de fiesta: ni siquiera han acudido una parte de tus amigos.
- *No me he acordado que teníamos un examen hoy.
- *A tu hermano no pienso mirarlo la cara.
- *Bajo mi punto de vista, el asunto se te está yendo de las manos.
- *Yo no ha sido el que ha roto las porterías del campo de fútbol.
- *La mujer que su hijo ha ganado el premio se llama Inés.
- *Mi hermano es más mayor que tú.
- *Te se olvida que me quieres a pesar de lo que dices.
- *María se encontró más mejor y se fue de excursión, volviendo al día siguiente.
- *Su antiguo novio se sentó detrás suya en el cine para fastidiarla la película.
- *Este aula es tan mínima que no podremos utilizarla de cara al examen.
- *Desen cuenta que la situación es muy dificilísima.
- *Las autoridades sanitarias advierten que el tabaco perjudica seriamente la salud.

> Como vimos el curso pasado, dentro de nuestro idioma podemos distinguir diversas variedades culturales o diastráticas. El **registro** culto se caracteriza por la adecuada construcción de las oraciones y sintagmas así como por el respeto de la norma gramatical. Si no somos cuidadosos con estos aspectos estaremos empleando un **registro vulgar,** es decir, incurriremos en vulgarismos.

4. Construye una oración correcta con cada uno de estos términos. Busca en el diccionario aquellos que desconozcas: *omitido/omiso; presumido/presunto; confundido/confuso; infundida/infusa; freído/frito; injerido/injerto; corregido/correcto; impreso/imprimido; expresado/expreso; nacido/nato.*

> Algunos verbos españoles poseen dos participios (*hartado/harto; incluido/incluso*) que se emplean en numerosas ocasiones como adjetivos. El hecho de que provengan de un mismo verbo no implica que se puedan intercambiar en todos los casos.

Precisión léxica

5. Busca en el diccionario el significado de las siguientes palabras y construye con cada una de ellas una oración que tenga sentido: *adolecer, álgido, enervar, acendrado, relanzar, singladura, vergonzante, explosionar, visualizar.* ¿Cuáles de estas palabras tienen un significado distinto del que presuponías?

> Muchas de las palabras que se emplean a menudo tienen un significado completamente distinto del que habitualmente les damos. Esto se aprecia, sobre todo, en personas que no poseen una elevada competencia comunicativa y pretenden hablar especialmente bien. Es el caso del adjetivo **pírrico,** que se emplea equivocadamente con el significado de 'ridículo, escaso'. Los comentaristas deportivos suelen hablar de una victoria *pírrica* cuando los partidos de fútbol acaban en 1-0… Pero su significado real es 'referido a una victoria inútil, que no sirve para nada' (por continuar con el mismo ejemplo futbolístico: si un equipo gana por 3-0 un partido de vuelta en una eliminatoria y el partido de ida lo había perdido por 4-0, esa victoria es *pírrica,* no sirve para nada).

4 Fundamentos de sintaxis

Texto inicial y actividades previas
1. Enunciado, oración y frase
2. La oración simple
3. Los complementos del verbo
4. Complementos oracionales
5. Otros complementos
6. Clasificación de la oración simple
7. Valores de *se*
8. Valores de *que/qué*

Actividades finales de comprensión

Comentario crítico resuelto: «El lugar de la felicidad»

Ahora tú. Comentario guiado: «Orgullo hispano en EE. UU.»

El escritorio: ortografía, corrección gramatical, precisión léxica

Texto inicial

Comunicación electrónica y relaciones adolescentes

Las herramientas de la comunicación en línea se han popularizado y la mayor parte de las evidencias parecen mostrar asociaciones positivas con el bienestar cuando los jóvenes las usan para interactuar con amigos y compañeros del mundo fuera de la Red. Sin embargo, estas herramientas no pueden reemplazar a la comunicación cara a cara a corto plazo. Por ejemplo, un estudio experimental averiguó que mujeres de 18 a 21 años afirmaban sentirse conectadas con sus amigas tanto en las interacciones en línea como fuera de línea. Aunque se sintieron conectadas comunicándose por medio del chat de vídeo, el audio chat y la mensajería instantánea, en este orden, sintieron la mayor conectividad durante la interacción en persona (Sherman, Michikyan y Greenfield, 2013). Los resultados sugieren que, si bien la comunicación en persona proporciona el contexto ideal para relacionarse con amigos, algunos tipos de comunicación mediada (por ejemplo, el chat de vídeo) pueden proporcionar una experiencia de unión más intensa que otros mecanismos electrónicos. Es importante notar que los participantes sintieron la menor conectividad cuando usaban la comunicación basada en texto, el medio que actualmente es el más popular entre los jóvenes.

Del mismo modo, en su encuesta en línea a 3461 jóvenes de 8 a 12 años de edad de Norteamérica, Pea et al. (2012) concluyeron que la comunicación cara a cara se asociaba positivamente con el bienestar, mientras que la comunicación mediada (como el teléfono y la comunicación en línea) y el uso de vídeo se asociaban negativamente con el bienestar social.

Al igual que los jóvenes utilizan herramientas de comunicación en la Red de una manera positiva, también usan las tecnologías electrónicas (como teléfonos móviles, mensajes de texto, mensajes instantáneos, correo electrónico y redes sociales) para intimidar y victimizar a sus compañeros. El acoso cibernético se ha definido como «el uso de Internet o de otros dispositivos de comunicación digitales para insultar o amenazar a alguien» (Juvonen y Gross, 2008). Las estimaciones de la prevalencia del acoso cibernético pueden variar. En EE. UU., las investigaciones han arrojado tasas de entre el 11 por ciento (Kowalski y Limber, 2007) y el 72 por ciento (Juvonen y Gross, 2008) entre los adolescentes. Una tasa del 20 por ciento se encontró en una encuesta en el Reino Unido en 2005 (NCH 2005), y entre el 16 y el 20 por ciento de los jóvenes de la República Checa ha declarado haber sido ciberacosado en alguna ocasión (Sevcikova y Šmahel, 2009). El acoso cibernético ilustra cómo los problemas tradicionales de los adolescentes están trasladándose a la Red. La investigación sobre el acoso cibernético ha creado perfiles de jóvenes que tienen probabilidades de ser delincuentes y víctimas, y ha identificado el riesgo de las actividades en línea asociadas con la intimidación. En un estudio donde se encuestaron a 84 jóvenes de entre 13 y 18 años de edad, los adolescentes sugirieron que el papel de los estudiantes como víctima y autor de la intimidación en el mundo fuera de la Red predicen su papel en la intimidación electrónica. Aunque una parte de los acosadores tradicionales fueron víctimas en el mundo virtual, no había indicios de que las víctimas de la intimidación en el mundo real tomaran represalias por ser acosadores en Internet o a través de los mensajes de texto.

Kaveri Subrahmanyam, Patricia Greenfield y Minas Michikyan
Infoamérica: Iberoamerican Communication Review, Vol. 9, N.º 0 (*20 años que cambiaron el mundo*)

Actividades previas

A. ¿Qué opinas sobre lo que se afirma en el texto? Exprésalo en pocas líneas.

B. Localiza ejemplos de varios grupos (nominales, adjetivos, verbales, adverbiales).

C. Toma una oración del texto y explica sobre ella los conceptos de sujeto y predicado.

1 Enunciado, oración y frase

El **enunciado** es la unidad mínima de comunicación (frente al texto que es la unidad máxima). Esta unidad comunicativa puede ser de dos tipos: **oración** (enunciado oracional) y **frase** (enunciado que carece de sujeto y predicado).

El enunciado, pues, tiene **sentido concreto y completo** dentro de la situación comunicativa.

Puede estar compuesto por un solo signo o por muchos, y queda delimitado por pausas con una determinada curva de entonación.

1.1. Clases de enunciados según su constitución

Clases de enunciados			
Unimembres			**Ejemplos**
Frase unimembre	Enunciados que carecen de verbo.		*¡Ay! ¡Socorro! ¡Silencio!*
Oración impersonal	No poseen sujeto ni lo pueden tener. En todos los casos, el verbo de la oración ha de conjugarse en tercera persona del singular. De lo contrario, la oración deja de ser impersonal: *Le llovieron **las críticas** (sujeto).* *Hacen unas buenas tostadas aquí (sujeto elíptico: ellos).*	Oraciones con verbos meteorológicos: *nevar, llover, granizar, tronar...*	***Está nevando** en la sierra.* **Lucas nieva.*
		Oraciones con las formas verbales *hay* y *hace*.	***Hay** cuatro rebanadas en la encimera.*
		Oración con *se*.	*Aquí **se** vive bien.*
		Atributivas impersonales.	*Es tarde. Parece mediodía.*
Bimembres			**Ejemplos**
Frase bimembre	Enunciados que carecen de verbo, pero en los que se aprecia una relación predicativa («algo se dice de algo») parecida a la de los enunciados oracionales. Por eso, parecen oraciones a las que les faltara el verbo.		*Prohibido el paso.* *A mal tiempo, buena cara.* *Perro ladrador, poco mordedor.*
		Presencia del sujeto	**Ejemplos**
Oración bimembre	Poseen los componentes esenciales de la oración, esto es, sujeto y predicado.	**Sujeto léxico** (presente en la oración).	<u>Luisa</u> *tiene un hermano cineasta.* GN sujeto
		Sujeto gramatical (elíptico, no está presente en la oración, pero se sobreentiende a partir de las desinencias verbales).	*Comeremos en casa (nosotros).*
		Sujeto lógico. En determinadas estructuras (pasiva y pasiva-refleja) el sujeto lógico no coincide con el gramatical.	*El puente fue diseñado **por un famoso arquitecto**.*

1.2. Clases de enunciados según la actitud del hablante

Al hablar de **modalidad oracional** nos referimos a la actitud que adopta el hablante ante su mensaje. Una misma idea puede enunciarse (*Vienes mañana*), preguntarse (*¿Vienes mañana?*) o exclamarse (*¡Vienes mañana!*). Podemos ordenar o rogar al receptor (*Ven mañana*), expresar deseo (*Ojalá vengas mañana*), duda (*Quizás vengas mañana*) o dar cuenta de la probabilidad de que algo suceda (*Mañana vendrás, digo yo*).

Según esto, podemos hablar de siete modalidades distintas: enunciativa, interrogativa, exclamativa, exhortativa, dubitativa, desiderativa y de posibilidad.

Modalidad	Ejemplos	Definición y características
Enunciativa	Enunciativa afirmativa: *Vive en Huelva*. Enunciativa negativa: *No conoce a nadie*.	Las oraciones enunciativas aseguran algo, afirmando o negando. El verbo se conjuga en indicativo.
Interrogativa	*¿Sales conmigo?* *¿Quién te lo ha dicho?* *Desconozco qué pretendes.* *Me preguntó qué quería.* *¿Qué dices?* *¿De dónde sales?*	El emisor hace una pregunta y espera una respuesta lingüística. Las interrogativas pueden ser: **Totales**. Se pregunta por la falsedad o veracidad de un juicio y la respuesta esperada es *sí* o *no*: *¿Recibió mi postal?* **Parciales**. Estas oraciones llevan alguno de los determinantes, pronombres o adverbios interrogativos siguientes: *qué, quién, cuál, cuándo, dónde, cuánto, cómo*. Puede formularse directamente: *¿Qué hora es?* (interrogativa directa) o haciéndola depender de un verbo de habla o pensamiento: *Me pregunto qué hora será* (interrogativa indirecta).
Exclamativa	*¡Qué escándalo!* *¡Estás genial!* *¡Se acabó lo que se daba!*	Manifiestan una emoción. Suponen una modificación sobre los tonos de la enunciativa y se corresponden con sentimientos muy variados (ironía, alegría, humor, ilusión, sorpresa, ternura, dolor, miedo…). Las matizaciones dependen de la situación comunicativa.
Exhortativa	*¡Ven!* *Le pido que no alce la voz.* *¿Podrían respetar el turno de palabra?*	Expresan un ruego, una prohibición, una petición o una orden. No se espera del receptor una respuesta lingüística, sino un cambio de actitud o que realice alguna acción.
Dubitativa	*Tal vez no la hayamos hecho bien.* *Quizás me acerque a su casa.*	Declaran la duda del hablante ante el cumplimiento de lo dicho. El verbo puede ir en indicativo o en subjuntivo; en este caso, la duda suele ser mayor.
Desiderativa	*¡Ojalá dure muchos años!* *Me gustaría que leyeses más.*	Dan cuenta de los deseos del emisor. En ocasiones aparece un verbo volitivo (*desear, querer, gustar*…). La subordinada va en subjuntivo.
De posibilidad	*Habrá publicado veinte libros.* *Puede que sea así.* *Serían las ocho cuando llegué.*	Indican la probabilidad de que ocurra la acción o manifiestan una suposición. El verbo va en futuro de indicativo o subjuntivo, o en condicional; pueden emplearse perífrasis verbales.

Actividades

1. Construye tres oraciones de cada una de las modalidades estudiadas.

2. Crea una oración enunciativa y modifícala para que se ajuste a las distintas modalidades oracionales.

3. Lee este texto y analiza las modalidades oracionales que aparecen en él:

Apuntes

«Pero nosotros queremos ser sofistas, en el mejor sentido de la palabra, o, digámoslo más modestamente, en uno de los buenos sentidos de la palabra: queremos ser librepensadores. No os estrepitéis. Nosotros no hemos de pretender que se nos consienta decir todo lo malo que pensamos del monarca, de los Gobiernos, de los obispos, del Parlamento, etc. La libre emisión del pensamiento es un problema importante, pero secundario, y supeditado al nuestro, que es el de la libertad del pensamiento mismo. Por de pronto, nosotros nos preguntamos si el pensamiento, nuestro pensamiento, el de cada uno de nosotros, puede producirse con entera libertad, independientemente de que, luego, se nos permita o no emitirlo. Digámoslo retóricamente: ¿De qué nos serviría la libre emisión de un pensamiento esclavo? De aquí nuestros ejercicios de clase, que unos parecen de lógica y otros de sofística, en el mal sentido de la palabra, pero que, en el fondo, son siempre Retórica, y de la buena. [...] Nosotros pretendemos fortalecer y agilitar nuestro pensar para aprender de él mismo cuáles son sus posibilidades, cuáles sus limitaciones; hasta qué punto se produce de un modo libre, original, con propia iniciativa, y hasta qué punto nos aparece limitado por normas rígidas, por hábitos mentales inmodificables, por imposibilidades de pensar de otro modo. ¡Ojo a esto, que es muy grave!...»

Estas palabras fueron tomadas al oído por el oyente de la clase de Mairena, el alumno especializado en la función de oír, y al cual Mairena no preguntaba nunca. Del estilo de estos apuntes parece inferirse que su autor era, más que un estudiante de Retórica, un aprendiz de taquigrafía. Esta sospecha tuvo Mairena durante varios cursos; pero lo que él decía: ¡Un hombre que escucha!... Todos mis respetos.

Antonio Machado
Juan de Mairena, Cátedra

4. Continúa el texto, añadiendo oraciones de las distintas modalidades.

2 La oración simple

2.1. Concepto de oración

Definimos la **oración** como un conjunto de palabras que posee **sentido completo**; se trata de una estructura sintáctica constituida, en su forma más habitual, por un **sujeto** y un **predicado**. Si consta de un solo predicado, decimos que la oración es simple; en caso de presentar dos o más predicados, se trata de una oración compuesta.

La oración puede definirse desde varios puntos de vista:

- **Fonéticamente,** una oración posee independencia con respecto a otras oraciones. Presenta una **entonación diferenciada** y marcada por pausas.

- **Sintácticamente,** se trata de una **estructura** que posee un **sujeto** y un predicado. En ocasiones, basta con la presencia de un grupo verbal **predicado** para que exista la oración (así ocurre con las oraciones impersonales: *Hace calor*).

- **Semánticamente,** la oración posee un **sentido completo** y una determinada finalidad comunicativa (solicitar, interrogar, enunciar, etc.: son las llamadas modalidades oracionales). Desde este punto de vista, el sujeto se define como el soporte de la comunicación (aquello de lo que se habla) y el predicado como el aporte (lo que se dice del sujeto).

2.2. Constituyentes inmediatos de la oración

2.2.1. El sujeto

El sujeto es el soporte de la comunicación, es decir, la parte de la oración de la que expresamos algo: *Ángela* (sujeto) *es muy bondadosa*. El sujeto suele ser un grupo nominal que indica quién realiza (**sujeto activo**) o sufre (**sujeto paciente**) la acción.

El núcleo del grupo nominal sujeto impone la concordancia sobre el verbo en número y persona (y género, en el caso de las oraciones pasivas).

Recordemos que un grupo nominal (GN) es un conjunto de palabras agrupadas en torno a un núcleo sustantivo. Su estructura puede resumirse así:

Grupo adjetivo (adjetival)
Cuantificador
No es imprescindible. Se trata de un adverbio: *Tu arriate está **muy** frondoso*.
Núcleo
Adjetivo: *Es **hermoso** haber venido*.
Adyacente
No es imprescindible. Suele tratarse de: – Un grupo preposicional: *Está pletórico **de fuerza**.* – Un adjetivo: *Su jersey es verde **claro**.*

Grupo adverbial
Cuantificador
No es imprescindible. Se trata de un adverbio: *Te conozco **bastante** poco*.
Núcleo
Adverbio: *Llegó a su casa **temprano***.
Adyacente
No es imprescindible. Suele tratarse de: – Un grupo preposicional: *Nos veremos a las ocho detrás **de la casa**.* – Otro adverbio: *Mañana **temprano** te veo.*

Grupo preposicional
Cualquier grupo nominal, adjetival o adverbial puede ir encabezado por una preposición. En este caso, podemos hablar de grupo preposicional.

Grupo nominal		
Determinantes	**Núcleo**	**Adyacentes**
Pueden ser hasta tres: ***Mi** entrenador acudió al partido*; ***Mi otro** entrenador acudió al partido*; ***Aquellos dos** entrenadores **míos** acudieron al partido*. Algunas gramáticas consideran ciertos determinantes como adjetivos determinativos.	– Sustantivo: ***Luisa** fue al gimnasio.* – Pronombre: ***Ella** es la mejor persona del mundo.* – Palabra sustantivada: *Lo **correcto** es que te disculpes.* – Proposición subordinada sustantiva: *Invita a **quien quieras**.* El núcleo es el único elemento imprescindible del grupo.	– Grupos adjetivos (adyacentes): *Una soledad **sonora**.* – Grupos nominales sin preposición (aposiciones): *El río **Guadalquivir**.* – Grupos preposicionales (complementos del nombre): *Cierta cantidad **de dinero**.* Un sustantivo puede ir acompañado por diversos complementos: *La cara oculta de la luna*, en el que el sustantivo *cara* aparece completado mediante un adyacente (*oculta*) y un complemento del nombre (*de la luna*).

Actividades

5. Localiza en el siguiente texto distintos tipos de grupos nominales y determina su estructura.

La confesión

En la primavera de 1232, cerca de Aviñón, el caballero Gontran D'Orville mató por la espalda al odiado conde Geoffroy, señor del lugar. Inmediatamente confesó que había vengado una ofensa, pues su mujer lo engañaba con el conde.

Lo sentenciaron a morir decapitado, y diez minutos antes de la ejecución le permitieron recibir a su mujer, en la celda.

—¿Por qué mentiste? —preguntó Giselle D'Orville—. ¿Por qué me llenas de vergüenza?

—Porque soy débil —repuso—. De este modo simplemente me cortarán la cabeza. Si hubiera confesado que lo maté porque era un tirano, primero me torturarían.

Manuel Peyrou
Cuentos breves y extraordinarios, Losada

6. Clasifica los siguientes sustantivos del texto según su significación: *primavera, Aviñón, caballero, ofensa, minutos, celda, vergüenza, cabeza.*

7. Localiza complementos del nombre, adyacentes, aposiciones y complementos del adjetivo en las siguientes oraciones:
- *Mi primo Juan nunca acude a tiempo a las reuniones.*
- *Es un regalo que nunca olvidarás: una estilográfica alemana.*
- *Celia, no te enfades conmigo.*
- *Noté a Rafael preocupado por la bolsa.*
- *En aquella época de su vida no renunciaba a las actividades deportivas.*
- *Mi situación es tan simple como clara.*
- *Mi próximo libro se publicará en la cercana primavera.*
- *¡Qué bonito eres!*
- *Sus posesiones han aumentado exponencialmente.*

8. Construye en tu cuaderno cinco oraciones en las que haya complementos del nombre, otras tantas con adyacentes adjetivos y cuatro más con aposiciones.

Ejemplo: *Se sentó en el sofá nuevo. Nuevo:* G Adj, adyacente de *sofá.*

9. Determina en las siguientes frases si las palabras destacadas funcionan como sustantivos o adjetivos:
- *Hemos contratado a un **joven** profesor.*
- ***Joven**, ¿podría ayudarme?*
- *Al partido acudieron muchos **españoles**.*
- *Con la llegada de **inmigrantes**, la sociedad española ha experimentado un fuerte cambio.*
- *Los **chicos** del barrio han creado una asociación cultural.*
- *¿Has escuchado esa canción **croata**?*

2.2.2. El predicado

El predicado es el elemento de la oración que aporta información sobre el sujeto. Está constituido por un grupo verbal, cuyo núcleo es un verbo.

Tipos de predicado

Los predicados pueden ser de dos tipos:

- **Predicado nominal (PN).** El núcleo del grupo verbal es un verbo copulativo –*ser, estar, parecer*– acompañado por un atributo, que expresa una cualidad del sujeto. Por ejemplo, *Los sobrinos de Juan son simpatiquísimos*.

  El predicado nominal puede llevar otros complementos además del atributo: *Los sobrinos de Juan son muy traviesos en la escuela*.

  Si los verbos *ser, estar* y *parecer* no van acompañados por un atributo, dejan de ser copulativos para ser predicativos. Así, en *Estoy en Madrid*, no hay predicado nominal sino verbal, ya que no hay atributo.

- **Predicado verbal (PV).** El núcleo del grupo verbal es un verbo predicativo (cualquiera distinto a *ser, estar, parecer*).

Los verbos semicopulativos

Existen determinados verbos muy parecidos a los copulativos: *hallarse, ponerse, volverse, quedarse...* Los grupos adjetivales que acompañan a estos verbos pueden considerarse bien atributos (así los considera la última Gramática de la RAE), bien complementos predicativos.

Estructura del grupo verbal

Núcleo	Se trata de un **verbo** (en forma simple o compuesta) o de una **perífrasis verbal**.					
Complementos	Grupos adverbiales	*Volveremos*	*mañana*	*Volveremos*	*mañana*	*aquí.*
		N	G Adv (compl)	N	G Adv (compl 1)	G Adv (compl 2)
	Grupos nominales o preposicionales	*Vimos*	*a tu tía*	*en el parque.*	*Te*	*buscaré.*
		N	GN (compl 1)	GN (compl 2)	GN	N
	Grupos adjetivos	*Vive*	*feliz.*			
		N	G Adj (compl)			

En el caso de las oraciones intransitivas, un grupo verbal puede estar constituido exclusivamente por un núcleo verbal: *Jaime sueña*.

Actividades

10. Señala los predicados de las siguientes oraciones, di si son nominales o verbales e identifica sus complementos. Indica en cada caso si se trata de grupos adverbiales, nominales, preposicionales o adjetivos.

- *La exposición de pintura cubista acabó ayer muy temprano.*
- *Resulta más beneficiosa la comida baja en grasas.*
- *Mándame rápido los papeles.*
- *Os considero unos buenos amigos.*
- *Me siento muy animado.*
- *¡Qué bonita es Lisboa!*
- *Los amigos se acompañan siempre en el camino de la vida.*
- *Cada mañana leo dos horas.*
- *Mi mejor tesoro son mis amigos.*
- *Dinos ya dónde estás.*

Unidad 4 Fundamentos de sintaxis

11. Construye tres oraciones con verbo predicativo y distintos tipos de complementos (grupos nominales, adverbiales y adjetivos), tres con predicado nominal y tres con los verbos *ser* o *estar* con valor predicativo (esto es, sin atributo).

12. Añade complementos a las siguientes oraciones e indica de qué tipo son (grupos nominales, adjetivos o adverbiales):

- *Los corredores llegaron…*
- *La borrasca se situó en…*
- *Las flores crecen…*
- *Miraron…*
- *Ciertas personas desconocidas…*
- *Guillermo se dirigió…*
- *Todos discuten…*
- *Necesitamos…*

13. El núcleo de un grupo verbal puede ser una perífrasis. Tras leer el siguiente texto, halla y clasifica las perífrasis existentes.

La montaña

El niño empezó a treparse por el corpachón de su padre, que estaba amodorrado en la butaca, en medio de la gran siesta, en medio del gran patio. Al sentirlo, el padre, sin abrir los ojos y sotorriéndose, se puso todo duro para ofrecer al juego del hijo una solidez de montaña. Y el niño lo fue escalando: se apoyaba en las estribaciones de las piernas, en el talud del pecho, en los brazos, en los hombros, inmóviles como rocas. Cuando llegó a la cima nevada de la cabeza, el niño no vio a nadie.

—¡Papá, papá! —llamó a punto de llorar.

Un viento frío soplaba allá en lo alto, y el niño, hundido en la nieve, quería caminar y no podía.

—¡Papá, papá!

El niño se echó a llorar, solo sobre el desolado pico de la montaña.

Enrique ANDERSON IMBERT

3 Los complementos del verbo

3.1. Los complementos argumentales y adjuntos

Presta atención a las siguientes oraciones: *Tienes mucha gracia*; *Es implacable*; *Se deshizo de las pruebas*.

En estos casos, los complementos destacados (directo, atributo y suplemento, respectivamente) son necesarios para que la oración tenga sentido. Sin ellos, las construcciones serían agramaticales. A estos complementos se les denomina complementos argumentales.

Así pues, denominamos **complementos argumentales** a aquellos exigidos o regidos por el verbo. En el ejemplo anterior, el verbo *deshacerse* precisa de un suplemento para que la oración tenga sentido.

Son complementos argumentales los directos, atributos y suplementos. En ocasiones, los indirectos (*Le peiné el cabello*), los complementos agentes (*El examen fue convocado **por el tutor***) y los circunstanciales (*Fueron **a la casa de Arancha***) también pueden ser complementos argumentales, pero no lo son por definición.

Algunos de los verbos que pueden regir complemento argumental cambian de sentido cuando aparecen sin él: *Se deshizo el bloque de hielo*.

Los demás complementos se denominan **no argumentales o adjuntos**.

Complementos argumentales		
Función	**Valor**	**Reconocimiento**
Complemento directo (CD)	Concreta la acción verbal y completa su significado: *Ayer vimos **a Raúl**.* *Siempre dice **la verdad**.* Semánticamente, el CD indica la realidad sobre la que recae la acción (*Me he comido **el queso***).	El CD se puede sustituir por los pronombres *lo, la, los, las*; aparece solo con verbos predicativos y va sin preposición o precedido exclusivamente por la preposición *a*. Al transformar la oración a pasiva, se convierte en sujeto paciente.
Atributo (At)	Complemento exclusivo de las estructuras copulativas. Grupo (nominal, adjetivo, preposicional –materia, propiedad o procedencia del sujeto– o adverbial –en este caso, solo con adverbios de modo–) mediante el que se expresa una facultad del sujeto o se destaca una cualidad o apariencia del mismo: *Lucía es **deportista**.* *El profe parece **distraído**.*	El atributo concuerda con el sujeto en género y número, y solo aparece con verbos copulativos; además, es sustituible por *lo*, sea cual sea el género o el número del atributo: *Mi tía es **brillante**. Mis tías son **brillantes**.* Ambas son intercambiables por ***lo son***.
Suplemento (Supl) o Complemento de régimen (C Rég)	Es siempre un grupo preposicional que concreta el significado del verbo. La preposición es seleccionada por el verbo: – *Me advirtió **de los peligros del tabaco**.* – *Ese asunto no depende **de nuestro departamento**.*	El suplemento, al ser sustituido por pronombres, deja como referente la preposición más un pronombre tónico: *él, esto, eso, ello…* *Dudo **de ello**; Te arrepentirás **de eso**.*

Complementos adjuntos		
Función	**Valor**	**Reconocimiento**
Complemento indirecto (CI)	Indica quién se beneficia o perjudica de la acción del verbo: – *Escribiremos un mensaje **a tus amigas**.*	El CI puede sustituirse por ***le**, **les*** y va precedido por la preposición ***a***.
Complemento agente (C Ag)	En las oraciones pasivas es el ejecutor de la acción del verbo (es el sujeto lógico de la oración): – *Fuimos recibidos **por la familia**.* – ***De todos** es sabida tu honradez.*	El C Ag es un grupo exclusivo de las oraciones pasivas. En la transformación a activa se convierte en sujeto.
Complemento circunstancial (CC)	Grupos nominales, preposicionales o adverbiales que señalan las diversas circunstancias que inciden sobre la acción: – *Llegaron **tranquilamente** a su destino* (CCM). – *Manuel vive **en el cuarto*** (CCL). – *Va al gimnasio **por la tarde*** (CCT). – *Me gusta Córdoba **por sus gentes*** (CC causa). – *Se prepara **para unas oposiciones*** (CC finalidad). – *Te lo he dicho **varias veces*** (CC cantidad). – *Va a pasear **con sus amigos*** (CC compañía). – *Abre la puerta **con tus llaves*** (CC instrumento).	Para reconocer los CC suele ser de ayuda preguntar al verbo ¿*cómo*? (modo), ¿*dónde*? (lugar), ¿*cuándo*? (tiempo), ¿*por qué*? (causa), ¿*para qué o para quién*? (finalidad o destinatario), ¿*cuánto*? (cantidad), ¿*con quién*? (compañía), ¿*con qué*? (instrumento).
Complemento predicativo (C Pvo)	Grupos nominales o adjetivos que expresan una cualidad del sujeto o del CD. Aparecen solo en oraciones predicativas: *Nombraron **alcaldesa** a Isabel* (*alcaldesa* es el C Pvo, que va en femenino singular porque concuerda con el CD, *Isabel*). Algunas gramáticas consideran que los verbos que aparecen acompañados por adjetivos en función de C Pvo son verbos semicopulativos: *Me vuelvo **loco** de alegría cuando te veo*; *Permaneció **sentado** toda la tarde*. Estos adjetivos se comportan sintácticamente como si fueran atributos, aunque no son conmutables por el pronombre *lo*: *Me lo volví; *Lo permaneció. Si estos verbos no llevan C Pvo, dejan de ser semicopulativos para ser predicativos; en este caso, poseen una significación distinta: *Me volví de espaldas*.	El C Pvo concuerda en género y número con el sujeto o con el CD y solo puede aparecer en oraciones predicativas, no en las copulativas.

4 Complementos oracionales

Determinados complementos no se asocian a un sustantivo o un verbo concretos, sino que afectan a toda una oración. Nos referimos a los complementos oracionales:

Afortunadamente, hemos logrado nuestras metas.

En mi opinión, no tendríamos que haber ido.

Por supuesto, estás invitado.

En muchas ocasiones, estos complementos oracionales funcionan como conectores textuales.

5 Otros complementos

Además de los estudiados a lo largo de este tema, existen otros complementos:

- **Vocativo (Voc).** Se emplea para llamar o nombrar a alguien. Es una función extraoracional: *Chicos, voy a acompañaros.*

- **Complemento del adjetivo o del adverbio (C Adj o C Adv).** Se trata de grupos que matizan, respectivamente, a un adjetivo o a un adverbio: *Acabó harto de castañas; Vive cerca de tu casa.*

Actividades

14. Señala los complementos del verbo que aparecen en las siguientes oraciones y di de qué tipo son:
- *El portero fue premiado por su brillante trayectoria.*
- *No vuelvas a repetírmelo.*
- *A mí no me gustan las bebidas azucaradas.*
- *Chicos, acompañadme al partido.*
- *Este año nos entregarán la parcela.*
- *Me saludó con la mano extendida.*
- *Me avergüenzo de tu comportamiento.*
- *Encárgate de los preparativos, Rosario.*
- *Los ladrones fueron sorprendidos por la policía local.*
- *Vinieron a su casa temprano.*
- *Los jugadores llegaron cansados al partido.*
- *¿Has tenido suficiente suerte?*
- *La entrega consta de cuatro bultos.*

15. Construye tres oraciones con cada uno de los tipos de complementos estudiados.

16. Localiza y analiza los grupos nominales y preposicionales que no dependan del núcleo verbal:
- *Ha llegado el nuevo jefe de grupo.*
- *¡Qué hermosa es tu pamela, Raquel!*
- *Visitamos el museo, la cumbre de la cultura.*
- *Camarero, una de mero.*
- *Viajaremos a París, la capital de Francia.*
- *De estos asuntos se encarga Rita, la hermana de Juan López.*
- *¿En esta urbanización se venden pisos?*
- *Te avisé a tiempo de sus intenciones.*

17. Diferencia, en las siguientes oraciones, los complementos argumentales de los no argumentales:
- *¿Habéis comprado suficiente pan?*
- *Lo noté animado en mi última visita.*
- *Olvidó la compra en el súper.*
- *Me gusta tu actitud positiva.*
- *Luisa me ha dado su dirección de correo electrónico.*
- *Hizo una maceta con una vieja lata de tomate frito.*

18. Elabora una tabla en la que se recojan los diversos complementos verbales y las preposiciones que precisan.

6 Clasificación de la oración simple

6.1. Según la voz verbal del predicado

- **Activas**. Se trata de oraciones en las que el sujeto realiza la acción del verbo. Entre el sujeto y el verbo se establece una relación de concordancia de número y persona. En estos casos, el sujeto se denomina **sujeto agente**: *Mi padre cocinó una paella magnífica; Mis hermanos van a la universidad.*

- **Pasivas**. Son oraciones en las que el sujeto lógico no coincide con el sujeto gramatical. Entre el **sujeto paciente**, que así se denomina, y el verbo se establece una relación de número, persona y género. Recordemos además que el verbo ha de conjugarse necesariamente en **voz pasiva**: *El premio será entregado por un escritor; las tasas han sido impuestas por Industria.*

  En este tipo de oraciones al sujeto lógico de la oración se le denomina **complemento agente** (*escritor, Industria*).

  En español únicamente admiten una estructura pasiva las oraciones que emplean **verbos transitivos**.

- **Pasivas reflejas**. Se trata de una estructura que mezcla elementos de las oraciones anteriores. De un lado, un **verbo transitivo** que está **en activa** y siempre en **3.ª persona**; de otro, un sujeto paciente ya que no es habitual que el complemento agente se halle presente. La pasividad de la oración viene marcada tanto por la presencia de un **pronombre *se*** como por llevar un sujeto paciente: *Se arreglan móviles; Se venden coches eléctricos.*

A continuación podemos comprobar las diferencias sintácticas de las estructuras anteriores:

Clasificación de la oración según la voz verbal del predicado			
Activa	*Las empresas*	*realizarán*	*nuevos lanzamientos.*
	Sujeto agente (GN)	Verbo activo	CD (GN)
Pasiva	*Nuevos lanzamientos*	*serán realizados*	*por las empresas.*
	Sujeto paciente (GN)	Verbo pasivo	C Ag (GN)
Pasiva refleja	*Se realizarán*	*nuevos lanzamientos*	*(por las empresas).*
	Verbo activo	Sujeto paciente (GN)	C Ag (GN)

6.2. Según el tipo de predicado

- **Atributivas o copulativas**. Son aquellas que poseen como núcleo del predicado un verbo copulativo (*ser, estar* o *parecer*) y van acompañadas por un atributo. Este tipo de predicado se denomina **predicado nominal**.

  Los verbos atributivos se caracterizan por no tener un significado semántico pleno, de ahí que necesiten de la presencia de un atributo que informa de una cualidad, estado o apariencia del sujeto: *Los productos están caros; La tarde parece lluviosa.*

Consideramos dos tipos de estructuras atributivas:

Estructuras atributivas	
Propias	El atributo indica la clase a la que pertenece el sujeto o una cualidad del mismo: *Cecilia es estudiante*; *Cecilia es amable*.
Ecuativas	Identifican el sujeto con el atributo: *María es mi jefa*. En este caso, sujeto y atributo pueden intercambiarse: *Mi jefa es María*.

■ **Predicativas**. Son aquellas que poseen como núcleo del predicado un verbo predicativo (todos salvo los copulativos). Estos verbos, a diferencia de los copulativos, tienen significado pleno y pueden ir acompañados de otros complementos verbales.

Estructuras predicativas		
Transitivas	Oraciones con un verbo con significación léxica que necesitan de la presencia de un CD (argumental) que complete su significado: *decir, dar, hacer…*	*El camión llevaba gambas blancas de Huelva.*
Intransitivas	Oraciones predicativas cuyo verbo no necesita ser complementado por un complemento directo.	*Me dirijo a Madrid.* *Duda mucho.*
De suplemento	Oraciones cuyo verbo precisa un complemento argumental suplemento: *desistir de, mofarse de, insistir en…*	*Se deshizo de la basura en el contenedor correspondiente.*

Entre las **estructuras predicativas** podemos distinguir las siguientes:

• **Reflexivas**. Son oraciones activas, predicativas y transitivas en las que el sujeto realiza y recibe a la vez la acción verbal. Para ello precisan de un pronombre personal átono que funciona como CD o CI.

Reflexiva directa:

Santiago	se	afeita.
	CD (GN)	

Reflexiva indirecta:

Santiago	se	afeita	la barba.
	CI (GN)		CD (GN)

• **Recíprocas**. Son oraciones predicativas activas y transitivas en las que la acción es realizada y recibida mutuamente por dos o más sujetos. A diferencia de las reflexivas, las recíprocas se caracterizan por tener un sujeto plural (en ocasiones también puede ser colectivo) o varios sujetos.

Del mismo modo, las recíprocas precisan de un pronombre personal átono.

Recíproca directa:

María y Paco	se	quieren.
S (GN)	CD (GN)	

Recíproca indirecta:

María y Paco	se	dieron	un abrazo.
S (GN)	CI (GN)		CD (GN)

• **Pronominales**. Son oraciones que necesitan de un pronombre personal átono con el mismo número y persona que el verbo: *Yo me río; ellos se alegran.*

En este caso, el pronombre átono no realiza ninguna función sintáctica; se trata de un morfema verbal.

Actividad

19. Clasifica las siguientes oraciones:
– *Los exámenes serán corregidos por un grupo de expertos.*
– *Se venden espárragos trigueros.*
– *¿Vendrás mañana?*
– *Mi abuela se dedica a la cría de pollos.*
– *Te quiero más cada día.*
– *El atril es muy elegante.*
– *¿Dudas de mi sinceridad?*
– *Tras la tormenta, llega la calma.*
– *¿Está el balón en tu cuarto?*
– *Déjame tranquilo, hombre.*
– *Pensaron en mí para ese gran proyecto.*
– *Se vive muy bien en esta ciudad.*
– *Se quieren mucho esos dos.*
– *Te vendo una maleta.*
– *Es muy tarde ya.*
– *¿Aún no lo sabes?*
– *El éxito de nuestro proyecto depende de ti.*

Valores de se

- Sustituto de *le*
- Marca de impersonalidad
- Marca de pasiva refleja
- Reflexivo (directo o indirecto) o pseudo-reflexivo
- Recíproco (directo o indirecto)
- Pronominal
- Enfático o dativo ético

7 Valores de *se*

El pronombre personal *se* es una de las palabras españolas más complejas, puesto que funciona de modo diferente según el contexto en el que aparezca. Además la forma *se* coincide con las formas homónimas de los verbos *ser* y *saber* (*sé*) de la que se diferencia por el empleo de la tilde: *No sé ir*.

Detallamos a continuación sus principales valores:

- ***Se* pronombre personal de 3.ª persona** (singular o plural), sustituto de *le/les*: *Envió un regalo a sus abuelos/Se lo envió*. En este caso el pronombre es el núcleo de un complemento indirecto.

- ***Se* impersonal**. Aparece en determinadas oraciones unimembres que carecen de sujeto gramatical: *Se atenderá a los pacientes en la consulta 3*.

  Tanto en este caso como en el anterior, la forma *se* funciona como una marca encubridora del agente (sujeto).

- ***Se* pasivo reflejo**. Se trata de una mezcla entre oraciones pasivas (ya que se construyen con sujeto paciente) y activas (el verbo no es pasivo, sino activo). La pasividad se marca con la presencia de *se*: *Se venden melones*.

- ***Se* reflexivo**. Se utiliza en estructuras reflexivas de 3.ª persona (singular o plural) en las que el sujeto realiza la acción verbal y al mismo tiempo la recibe: *Juan se peina* (a sí mismo), *Ellas se maquillan* (a sí mismas).

  El pronombre *se* funciona como CD cuando en la oración no existe ningún grupo nominal susceptible de realizar dicha función. En caso contrario, el pronombre actúa como un CI: *Ángela se* (CI) *lava las manos* (CD) / *Ángela se* (CD) *lava*.

- ***Se* pseudorreflexivo**. Sintácticamente es igual al reflexivo. Se diferencia semánticamente, ya que el sujeto no realiza la acción: *Juan se hizo una casa* (equivale a *Juan contrató a alguien para que le hiciese una casa*).

- ***Se* recíproco**. Se emplea cuando la acción se realiza mutuamente entre los componentes del sujeto: *Ángela e Inés se entregaron sus regalos*. Al igual que el *se* reflexivo, puede ser directo o indirecto, en circunstancias similares.

- ***Se* en los verbos pronominales**. En ocasiones, los verbos, al conjugarse, necesitan de la presencia de un pronombre personal: *Su hermana se alegró mucho de tu ascenso* (verbo *alegrarse*); *Tus amigas se avergonzaron de su rencoroso comportamiento* (verbo *avergonzarse*).

  Una variante es el *se* **enfático o dativo ético**: un elemento de carácter estilístico o expresivo que pueden suprimirse sin que la oración pierda sentido: *Juan se tomó un refresco*.

8 Valores de *que/qué*

Resulta especialmente útil recordar todos los valores que las palabras *que/qué* desempeñan en nuestro idioma:

- ***Que* pronombre relativo**. Ofrece dos posibilidades:

  • **Cuando posee antecedente**. En este caso, se puede sustituir por *el cual, la cual*… Introduce una subordinada adjetiva. *El libro **que** me prestaste es* *interesantísimo*. El *que* desempeña una función dentro de la subordinada (en el caso analizado, *que* es el complemento directo del verbo *prestaste*).

- Cuando no posee antecedente. Como quedó dicho, introduce una subordinada sustantiva (en propiedad, se trata de oraciones adjetivas que, al perder el antecedente, se han sustantivado): Dales este recado a los que yo te indique (sustantiva de complemento indirecto).

■ *Que* conjunción:

- **Introduce subordinadas sustantivas** (*Me agrada que vengas conmigo*, sustantiva de sujeto; *Creo que ya me he enterado*, sustantiva de complemento directo; *Confío en que regreses pronto*, sustantiva de suplemento; *Estoy segura de que vendrá*, sustantiva de complemento del adjetivo; etc). En estos casos, *que* funciona simplemente como nexo.

- **Introduce subordinadas adverbiales**. A veces va antecedido por alguna preposición: *Te lo dije para que me ayudaras* (adverbial final). Una variante es el *que* correlativo de *tan, tanto* (en las oraciones consecutivas) o de *más, menos…* (en las oraciones comparativas): *Esperó tanto que se le pasó el plazo* (adverbial consecutiva).

- En determinadas frases hechas, *que* funciona como **conjunción coordinante copulativa**: *Erre que erre; Dale que dale*.

■ *Qué* **pronombre interrogativo o exclamativo**. Puede aparecer tanto en oraciones simples (*¿Qué has leído este verano? ¡Por qué no te callas!*) como en oraciones subordinadas sustantivas (*No sé qué me contó*, sustantiva de complemento directo). Hay que recordar que estos *qué* pueden aparecer en interrogativas directas (*¿Qué vas diciendo de mí por ahí?*) o indirectas (*Me gustaría saber qué vas diciendo de mí por ahí*).

■ *Qué* **adverbio**: *Qué lista eres. Qué bonita está la playa hoy*. Lo reconocemos porque antecede a un adjetivo y se puede conmutar por otros adverbios (*Eres muy lista*).

■ *Qué* **determinante exclamativo o interrogativo**: *¿Qué hora es? ¡Qué película más interesante hemos visto!* En este caso, antecede a un sustantivo y se puede conmutar por otros determinantes (*Hemos visto una película…*).

Valores de *que/qué*
Que pronombre relativo
Que conjunción
Qué pronombre interrogativo o exclamativo
Qué adverbio
Qué determinante exclamativo o interrogativo

Actividad

20. Analiza los valores de *que/qué* en las siguientes oraciones:

- *¿Qué hora es, Ana?*
- *Creo que mañana van a repartir las entradas.*
- *¡Qué bonitas son los atardeceres en esta playa!*
- *Cualquier persona que visite el museo dispondrá de un guía especializado.*
- *Utilizaba tanto el ratón que acabó estropeándolo.*
- *Se levantó de su asiento para que los demás pudieran pasar.*
- *Estoy seguro de que el museo cierra los lunes.*
- *Andrés no supo qué decir.*
- *Asegúrate de que han instalado un buen antivirus.*
- *¡Qué buena película vimos ayer!*
- *Tantas veces la llamó que se acabó cansando.*
- *¿La casa que compraste tiene placas solares?*
- *Los que fueron a la piscina pública llegaron tarde a clase.*
- *Es perjudicial para la salud que consumas en exceso grasa animal.*

Texto A

La promesa

Vine a Comala porque me dijeron que acá vivía mi padre, un tal Pedro Páramo. Mi madre **me lo** dijo. Y yo le prometí que vendría a ver**lo** en cuanto ella muriera. Le apreté sus manos en señal de que lo haría, pues ella estaba por morirse y yo en un plan de prometerlo todo. «No dejes de ir a visitarlo —**me** recomendó—. **Se** llama de este modo y de este otro. Estoy segura de que le dará gusto conocerte». Entonces no pude hacer otra cosa sino decir**le** que así lo haría, y de tanto decírselo se lo seguí diciendo aun después de que a mis manos **les** costó trabajo zafarse de sus manos muertas.

Todavía antes me había dicho:

—No vayas a pedirle nada. Exígele lo nuestro. Lo que estuvo obligado a darme y nunca me dio... El olvido en que **nos** tuvo, mi hijo, cóbraselo caro.

—Así lo haré, madre.

Pero no pensé cumplir mi promesa. Hasta que ahora pronto comencé a llenarme de sueños, a darle vuelo a las ilusiones. Y de este modo se me fue formando un mundo alrededor de la esperanza que era aquel señor Páramo, el marido de madre. Por eso vine a Comala.

Juan Rulfo
Pedro Páramo, Planeta

1. Analiza la función sintáctica de los pronombres destacados en negrita en el texto.

2. Analiza los valores del pronombre *se* en el texto. Aporta ejemplos de otros valores que no aparezcan.

3. Clasifica los predicados presentes en el texto. Indica cuáles de los complementos de estos predicados son argumentales y justifícalo.

4. Analiza la función sintáctica de los grupos subrayados.

5. Localiza en el texto una oración exhortativa y transfórmala para convertirla en enunciativa, exclamativa, interrogativa y dubitativa.

Texto B

El libro, silencioso mensajero

Si hay una obra del hombre por la que siento, desde siempre, la más profunda admiración y la más entrañable ternura, es el libro. Comprendo la magnificencia de las catedrales, el meticuloso enjambre de las fábricas, el complicado entresijo de los aviones y de los barcos y de los automóviles, la elaborada y asombrosa red de las ciencias y de las artes. Pero, con un libro en las manos, me embarga la seguridad de ser un hombre comprometido con muchos otros hombres; con la sencillez de un libro entre las manos comprendo mejor aquella magnificencia, aquella complicación, aquel asombro. Un libro, cualquier libro, es el producto de un amor y de muchos amores. No de quien lo escribió solo, sino de quien lo diseñó y lo planteó y lo configuró y lo hizo llegar, muy poco a poco, hasta nosotros. Numerosas generaciones han leído acaso las páginas que, al azar, hoy leemos. Y existe y crece una comunidad de los lectores, por encima del espacio y del tiempo, que me enorgullece y me emociona.

La vida del ser humano, de la humanidad entera, no es sino una larga carrera de relevos: entramos y salimos de la pista, pero continúan la carrera y la pista y el testigo. La mano que escribió un libro nos alarga la antorcha que hemos de traspasar a quien nos siga. Tan importante como el que escribe es el que lee: la voz no es nada sin quien la oye. ¿Quién escribiría si no previese una mirada atenta? ¿De qué valdría su esfuerzo solitario sin nuestro deseo que abre el libro, sin nuestros ojos que lo leen? El libro es el silencioso mensajero que va, de siglo en siglo, de país en país y de hombre en hombre. El libro guarda la memoria del mundo y también la profecía del mundo: el pasado y el porvenir.

Evocar la casi infinita continuidad e inabarcable herencia de los libros —en cuyo regazo se apacienta toda la sabiduría, toda la inquietud, todo el desastre y el amor de los hombres— me enaltece y conmueve. Nunca me imagino a mí mismo sin la compañía generosa de un libro.

Antonio GALA
El libro: su aventura, Fundación Germán Sánchez Ruipérez

1. Señala las oraciones simples de este texto y su tipo.
2. Analiza sintácticamente las oraciones resultantes de la actividad anterior.
3. Emplea ejemplos del texto para explicar los diversos valores del nexo *que*.
4. Haz un esquema con los complementos del verbo y ejemplifícalos siempre que sea posible sobre este texto.

Artículo de opinión

GRANADA HOY

El lugar de la felicidad

Con ocasión del funeral de una persona querida recordé, hace poco, el sentencioso dictamen de Albert Camus: «Los hombres mueren sin saber por qué no han podido ser felices». A veces tiendo a pensar que no han podido ser felices porque han perdido demasiado tiempo y derrochado demasiadas energías buscando... la felicidad. Precisamente.

No comparto la moraleja del cuento aquel en que el rey encontró por fin a un hombre feliz, uno solo, y resultaba que no tenía camisa. Es un mito construido para consolar a los pobres y que no hagan la revolución. No se puede ser feliz cuando las necesidades básicas no están cubiertas, eso está claro. Pero es verdad que los seres humanos, una vez satisfecho el mínimo vital –que también es variable, porque mientras más se tiene, más se quiere–, nos empecinamos en definir la felicidad como el logro de una meta, y a ella supeditamos toda nuestra actividad.

Hay quien sitúa esa meta en la conquista del poder, quien anhela la acumulación de riqueza, quien pugna por el prestigio social y quien persigue la fama. Ocurre lo siguiente: o no se consigue el objetivo propuesto, con lo cual se acumula frustración y, por tanto, infelicidad, o se conquista lo deseado, y entonces uno se da cuenta de que no le llena del todo, que lo que parecía el no va más apenas satisface las expectativas, que lo que se soñó maravilloso acaba pareciéndonos ramplón y minúsculo. Eso, sin contar con que todo resulta pasajero y circunstancial, y nunca dura tanto como nuestras ensoñaciones alimentaron.

Quizás todo es más simple y el destino de los sueños es deshacerse como azucarillos, sea porque no se consiguen o porque siempre necesitamos inventarnos quimeras nuevas. A todo esto, los años pasan y llegamos a alcanzar la sabiduría cuando ya no nos sirve para nada. Suele ser tarde, en efecto, cuando descubrimos –y muchos, ni eso– que la auténtica felicidad está en el camino y no en un destino concreto. Es en el camino, que inexorablemente conduce a la desaparición, tarde o temprano, donde se encuentran las cosas y las personas que podrían hacernos felices si supiéramos valorarlos en el momento en que los tenemos a nuestra disposición. Cualquier momento es feliz... con tal de que ya haya pasado, dijo no sé qué poeta.

¿Estamos condenados, pues? No necesariamente. Solo hace falta para librarse de esta maldición una buena dosis de sentido común que nos libre de las tentaciones de la ambición y el inconformismo. Horacio lo recomendaba: «Actúa sabiamente. Destila las uvas para el vino y, para tan breve tiempo, suprime las largas aspiraciones (...) Goza el día que vives, confiando lo menos que puedas en el que ha de venir». Amén. En cambio, Sinhué el egipcio lo entendió, como digo, demasiado tarde: «No sé lo que quiero, pero sea lo que fuere, he estado buscándolo en lugares equivocados». La vida es tan corta que conviene no equivocarse sobre el lugar de la felicidad, que no está en ninguna parte, sino dentro de cada cual.

José Aguilar
Granada hoy (1 de noviembre de 2004)

1 Organización de ideas

El texto gira en torno a un eje temático fundamental: la necesidad de saber hallar dónde se encuentra la felicidad. Dicho tema viene integrado por otros de importancia menor pero que, en conjunto, resultan eficaces para expresar su punto de vista. Son estos: el desconocimiento de qué es la felicidad; la felicidad concebida como una meta concreta; la insatisfacción que produce tanto la búsqueda de la felicidad como la consecución de una meta que nunca satisface las expectativas creadas; la felicidad concebida como algo interior; la felicidad entendida como camino, como proceso; y la brevedad de la vida y la necesidad de aprovecharla (*carpe diem*).

El autor selecciona una estructura textual que parte de ejemplos e ideas secundarias para finalmente llegar a la tesis (estructura sintetizante-inductiva). Así se organiza:

- Planteamiento del tema (párrafo 1).
- Precisiones y errores en la consideración habitual del significado de la felicidad (2).
- Consecuencias e inconvenientes de esta visión de felicidad (3).
- Definición y caracterización de la tesis del autor: la verdadera felicidad (4).
- Valoración e invitación a la búsqueda de la felicidad en nuestro interior (5).

2 Tema y resumen

El tema del texto es claramente el de la búsqueda de la felicidad.

A partir de una cita del escritor Albert Camus, se reflexiona sobre la imposibilidad de los hombres para encontrar la felicidad. La felicidad se asocia a la consecución de determinado objetivo en la vida. Tal consideración conlleva, a su vez, dos consecuencias negativas. De un lado, la frustración, caso de no lograrse; de otro, la insatisfacción, cuando tal meta se ha alcanzado, pues necesitamos crear otra que nos consuele. Además, se abunda en la idea de la felicidad asociada a lo transitorio, bien porque nuestras metas jamás se terminan de alcanzar, bien porque, una vez logradas, necesitamos de otras nuevas que alimenten nuestro espíritu.

En cualquier caso, nos percatamos demasiado tarde de que la verdadera felicidad no está en un objetivo concreto sino «en el camino». Ello le sirve para afirmar que la felicidad es un concepto fugaz que se disfruta momentáneamente. Por ello, dado lo breve de nuestra existencia, hemos de saber dónde buscarla: en nuestro interior.

3 Comentario crítico

Nos hallamos ante un texto periodístico de opinión en el que se reflexiona sobre la consideración que socialmente posee la felicidad.

Para ello se utilizan argumentos diversos: argumento de autoridad (citas de escritores de épocas distintas: Albert Camus, Horacio y Mika Waltari), de experiencia personal (consecuencias de no saber elegir el camino adecuado, párrafo 2), de tradición (para contraargumentar respecto a las consideraciones que de la felicidad se hacían: es un mito construido para consolar a los pobres y que no hagan la revolución) y de utilidad (para sustentar su tesis principal: conviene no equivocarse sobre el lugar de la felicidad).

Según nuestro punto de vista, el escritor acierta en el desarrollo de sus ideas ya que son –o, tal vez, somos– muchos los que centran sus actuaciones y formas de vida en la consecución de metas difícilmente realizables. Otros, en cambio, se sumergen en una espiral de metas cercanas que una vez superadas los dejan en la mayor de las insatisfacciones por lo que necesariamente han de buscar otras.

Tal vez, nuestra limitación visual esté propiciada por las formas de vida que la civilización occidental está imponiendo. Como es de esperar, la sociedad consumista nos educa desde pequeños en el hábito de desear elementos materiales (juegos de ordenador, videoconsolas…) que con el tiempo caen en nuestras manos sin demasiado esfuerzo. Luego crecemos y nuestras exigencias –sinónimo de felicidad– se transforman en un deseo de riqueza (viviendas, coches, calidad de vida…) o de apariencia (operaciones de estética, obsesión por la moda…), etc.

En este caso, la fecha de publicación del artículo influye en gran medida en su carácter reflexivo. Se trata de un momento del año en el que se recuerda la idea de la muerte, la ausencia de personas que dejaron en nosotros recuerdos que aún sobreviven. Por ello, Aguilar defiende un concepto de felicidad –y a la vez de vida– asociada tanto a la interioridad como a los placeres cotidianos. Parece defender una forma de vida que apuesta por el placer del proceso, de lo momentáneo, en lugar de grandes metas a veces inalcanzables. En este sentido, parecen escucharse ecos medievales en sus palabras en forma de viejos tópicos literarios: *Tempus fugit*, *homo viator*, *vita flumen*…

Artículo de opinión

EL PAÍS

Orgullo hispano en EE. UU.

La presencia hispana es garantía de que una sociedad de éxito, libre e integradora perdurará largo tiempo

Hoy, 12 de octubre, cuando se conmemora la llegada de Colón al continente americano, es un buen momento para celebrar la pujanza hispana en la democracia más poderosa de la tierra. Una energía que, al contrario de lo que predica el populismo xenófobo de personajes como Donald Trump, no solo no amenaza con destruir Estados Unidos, sino que es garantía de que su historia de sociedad de éxito, libre e integradora perdurará largo tiempo.

El nacionalismo excluyente y demagógico que recorre Europa también ha irrumpido en el discurso político estadounidense, especialmente de la mano de Trump, que con sus exabruptos e insultos racistas y machistas se ha instalado cómodamente en el papel de *enfant* terrible de la precampaña para las presidenciales de 2016. Pero el problema no es solo Trump (que tiene el mérito de haber concitado la condena de Julio Iglesias y de Hillary Clinton). El que las encuestas le den, por el momento, la mayor preferencia de votos en el Partido Republicano constata el efecto contagioso del populismo. Experiencias previas —incluyendo la del propio Trump hace cuatro años— auguran que será una fiebre pasajera, aunque sus secuelas se dejarán sentir en el discurso de rivales más moderados, pero igualmente vulnerables al efecto a corto plazo en los sondeos.

Nada de todo ello debe llevar al pesimismo, sobre todo cuando este discurso vacío de la exclusión y del pasado se compara con los ejemplos del trabajo serio, riguroso y esforzado en favor de uno mismo, de su comunidad de origen y de su sociedad de acogida que realizan a diario millones de hispanos en EE. UU. Unos valores encarnados por dos estadounidenses atacados por Trump: el cocinero José Andrés y el periodista Jorge Ramos, nacidos en lugares lejanos entre sí en el mapa –España y México–, pero cercanos en la defensa de una comunidad, la hispana, que tiene mucho que celebrar.

http://elpais.com/ (12 de octubre de 2015)

Donald Trump, precandidato presidencial para las elecciones de 2016.

Fundamentos de sintaxis | Unidad 4

1 Fase previa
- Lee atentamente el texto y resuelve todas las dudas que tengas en relación con el significado de algunas palabras o el contenido que el texto pretende transmitir.

2 Estructura
- Parece que lo más importante del texto se encuentra al final. ¿A qué obedece esta estructura?
- Relaciona la estructura con la tipología del texto. Ten presente que se trata de un editorial.
- Las informaciones se distribuyen de forma significativa. Es el momento de comentar la intención de dicha distribución.

3 Tema y resumen
- Para resumir adecuadamente un texto es necesario, en ocasiones, contextualizarlo. ¿A qué circunstancias obedece?
- Jerarquiza las ideas. ¿Es importante la postura de los xenófobos, o la pujanza de la presencia hispana en Estados Unidos?

4 Comentario crítico
Para comentar críticamente el texto podemos elegir algunos de los asuntos a que hace referencia. Te proponemos algunas ideas:
- Comienza con una introducción en la que vuelvas a recordar el tema y la tipología del texto.
- Lo hispano está de moda en el mundo. Comenta su importancia.
- ¿Son admisibles las posturas de exceso nacionalista o xenófobas?
- Relaciona tus respuestas a las cuestiones anteriores con tu ámbito inmediato y con el momento histórico que estamos viviendo en el que se camina a la globalización.
- Localiza información en torno a la polémica que para ciertos sectores de la población suscita la celebración del 12 de octubre. Manifiesta tu opinión.
- ¿De qué elementos se sirve el autor para argumentar su optimismo? Opina sobre su validez.
- Concluye de forma adecuada tu comentario crítico. Resume tus opiniones y expón una frase concluyente y contundente al final del mismo.

- **Ortografía.**
- **Corrección gramatical.**
- **Precisión léxica.**

Ortografía

1. En tu cuaderno, completa los huecos, cuando sea necesario, con la letra que falte:

- *Es una chica e...elente: siempre está dispuesta ...a ayudarnos.*
- *Vamos ...a ver esta tarde una película de aventuras e...traterrestres.*
- *Se conocieron en el e...ilio mexicano.*
- *No sé cómo, pero lo haré ...a pesar de lo que me digáis.*
- *Miró al cielo y e...piró.*
- *La paella esta me ...a sentado mal.*
- *...a veces el é...ito se ...ace esperar. Date ...a valer y lo sa...orearás.*
- *Hombre de poca fe: vete ...a casa y te darás cuenta de que digo la verdad.*
- *Yo también sé de un lugar donde co...er castañas.*

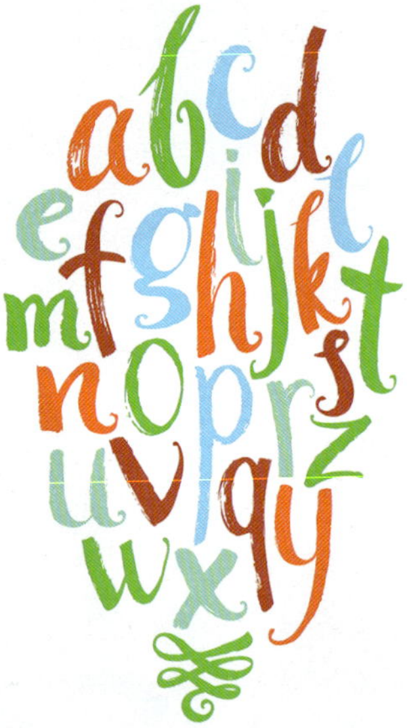

2. Justifica el empleo de la tilde en las palabras del ejercicio anterior.

Corrección gramatical

3. Tomando como base los siguientes sufijos, prefijos y palabras, construye nuevos vocablos.

Palabra		Prefijo	Sufijo
Aceptar	*Legítimo*	*a-*	*-able*
Acceder	*Moral*	*i-*	*-dor*
Alentar	*Oír*	*in-*	*-ible*
Coherente	*Percibir*	*des-*	*-do*
Cierto	*Refutar*	*di-*	*-ina*
Congruente	*Sentir*	●●●	*-ito*
Debatir	*Significar*	●●●	*-ante*
Discutir	●●●	●●●	●●●

A continuación, construye una oración con cada uno de los vocablos resultantes.

En la lista de palabras que te hemos ofrecido aparecen algunas que podrían servirte en un comentario crítico para manifestar opiniones, puntos de vista o valoraciones sobre la realidad. Observa cómo el empleo de prefijos o sufijos puede aportarles diversos sentidos y ayudarte a ampliar ocasionalmente tu vocabulario.

4. En algunas de las siguientes oraciones se han deslizado errores: detéctalos.

- *Es por eso que te quiero tanto, cariño.*
- *Estoy seguro que tú a mí también.*
- *Es una chica sobretodo bastante guapa.*
- *Mucho gusto de conocerle, señora.*

- Las fuerzas de orden público colaboraron a la resolución del conflicto.
- Programaremos la excursión en base a la información que aporte el INM.
- Dale la bien venida y se pondrá contento.
- Sean pacientes: volvemos en una hora.
- A parte del pan me gustaría tomar jamón.
- Nos veremos mañana en la noche en el chalé de Encarni.
- Me han dicho de que no eres trigo limpio.
- Juega golf en ese prestigioso club.
- Actitudes como esa atentan a la democracia.
- La hemos visto de pasar por la cafetería.
- Según se ha expreso en las líneas anteriores…

Precisión léxica

5. Sustituye las palabras destacadas en las siguientes oraciones por otras sinónimas:

- Elaboró un **listado** de sus alumnos.
- Daniel es un ejecutivo **agresivo**.
- Lo detuvo la policía en un registro **rutinario**.
- Tu comportamiento no es **políticamente correcto**.
- Si llego a tiempo **abordaré** el avión para Canarias.
- Me voy a comprar un coche de **altas** prestaciones.
- Vive en una **exclusiva** residencia en Barcelona.
- **Ordena** dos bocadillos de queso, por favor.
- El final del partido resultó muy **excitante**.
- Esta es una situación **puntual**.
- El tabaco perjudica **seriamente** la salud.

La influencia de la lengua inglesa no solo se deja sentir en la incorporación directa de vocablos, sino en la traducción inadecuada al español de algunas palabras o construcciones. Son los denominados *falsos amigos* (*false friends*). Por cierto, la propia secuencia es en sí misma un falso amigo.

6. Busca las siguientes palabras en el diccionario y escribe una oración correcta con cada una de ellas: *hendido, generar, ubicuidad, grotesco, bifurcación, sobrevalorar, inusitado, ocioso, obstinado, desenvuelto, inferir.* Recuerda que el hecho de aprender nuevas palabras puede resultarte tremendamente útil para tus exámenes.

7. Localiza sinónimos para las palabras destacadas en las siguientes frases. A continuación, construye con cada una de ellas una nueva oración que tenga sentido.

- Tu actitud ante mi familia resulta **abominable**.
- Llevo mucho tiempo haciendo **cábalas** con respecto a ese asunto del partido.
- Ven aquí con la mayor **celeridad** posible.
- Vive **ensimismado**.
- Le practicaron una **incisión** en el brazo derecho.
- Es una chica francamente **medrosa**.
- Quevedo practicaba el **medro** cortesano.
- No entremos en discusiones **bizantinas**.
- Todas estas medidas persiguen la **inserción** de los ciudadanos en la política.
- No te **expongas** a partirte una pierna.
- Los coetáneos de Bécquer se **decantaron** por la estética realista.
- Los pronombres demostrativos solo deben llevar tilde en caso de **anfibología**.

La sinonimia consiste en la relativa identidad de significado de determinadas palabras en ciertas situaciones. Incluso cuando pensamos en palabras que podrían tener idéntico significado, las mismas nos pueden ofrecer alguna sorpresa, por ejemplo: *sacar* y *extraer* son sinónimos. Sin embargo, observa atentamente esta pareja de oraciones: *Me voy a sacar el carné de identidad/*Me voy a extraer el carné de identidad.*

Texto 1

El deporte es una actividad que el ser humano realiza principalmente con objetivos recreativos aunque en algunos casos puede convertirse en la profesión de una persona si la misma se dedica de manera intensiva a ella y perfecciona su técnica y sus resultados de manera permanente. El deporte es básicamente una actividad física que hace entrar al cuerpo en funcionamiento y que lo saca de su estado de reposo frente al cual se encuentra normalmente. La importancia del deporte es que permite que la persona ejercite su organismo para mantenerlo en un buen nivel físico así como también le permite relajarse, distenderse, despreocuparse de la rutina, liberar tensión y, además, divertirse.

Analizamos los beneficios que expresa el deporte no solo en el individuo sino en la sociedad como un todo:

Mejora la salud

De acuerdo a la Organización Mundial de la Salud, el 6% de las muertes en todo el mundo se deben a la falta de actividad física, la cual también ocasiona padecimientos como el cáncer de mama y colon, la diabetes y enfermedades cardiovasculares. Hacer ejercicio de manera regular ayuda a prevenir enfermedades y a controlar el sobrepeso y el porcentaje de grasa corporal. Además fortalece los huesos, aumentando la densidad ósea y mejora la capacidad para hacer esfuerzos sin fatigarse. Por si fuera poco fomenta la maduración del sistema nervioso motor y aumenta las destrezas motrices.

Mente sana en cuerpo sano

De manera psicológica, mejora el estado de ánimo y reduce los niveles de estrés, ansiedad y depresión. Nos hace sentir bien emocionalmente, pues al hacer ejercicio liberamos endorfinas, más conocidas como las hormonas de la felicidad.

Nos brinda la oportunidad de socializar sanamente

Los expertos aseguran que los niños y adolescentes que practican algún deporte son menos propensos a caer en adicciones como drogas o alcohol y, en el caso de las mujeres, las posibilidades de un embarazo a temprana edad son mucho menores. Los niños que hacen deporte pueden hacer amigos centrados en actividades sanas, seguras y agradables. Lo mismo sucede con los adultos, quienes tienen la posibilidad de desarrollar amistades en torno a un estilo de vida activo. El ejercicio y la competencia sana proporcionan alternativas de socialización que son más saludables y activos en comparación con otras actividades más sedentarias.

http://www.importancia.org/deporte.php

Texto 2

El racismo constituye una de las principales amenazas para el funcionamiento democrático de las sociedades occidentales. En la medida que un colectivo no goza de la libertad y de la igualdad de derechos del resto, se produce una disfunción en las instituciones y una contradicción peligrosa entre los principios de la democracia y la realidad sociopolítica. Expresado simplemente, el racismo sería el prejuicio contra personas de otras razas. Pero sabemos que el concepto de raza no tiene fundamento científico: las razas no existen, salvo como concepto imaginario. Por consiguiente, no podemos definir el racismo como la acción realizada contra una raza; lo definiremos mejor como la inferiorización de cualquier grupo social sobre el que la sociedad ha construido una imagen racial. Es decir, la acción negativa de la sociedad hacia los grupos que ha racializado. Reglas estereotipadas son aplicadas consciente o inconscientemente para rebajar a los individuos. Estas reglas permiten una infundada presunción de superioridad sobre el individuo y justifican cualquier sentimiento de indiferencia hacia ellos. Todas estas actitudes, normalmente, están basadas en el miedo, la ignorancia y la incomprensión. El racismo se aprende con la socialización, no es una disposición innata. Los prejuicios se aprenden de los padres, compañeros y medios de comunicación, que, muchas veces, contribuyen a marcar las líneas de separación entre los grupos étnicos y a vehicular los prejuicios, eligiendo los rasgos (reales o imaginarios) que constituyen las diferencias.

Antonio MÉNDEZ RODRÍGUEZ
La piel del alma, una reflexión sobre la discriminación y el racismo, http://www.mecd.gob.es/

Unidades 1-4

1. Relaciona correctamente en tu cuaderno los siguientes tipos de textos y sus definiciones:

Nos sirven para representar a alguien o algo por medio del lenguaje, refiriendo o explicando sus distintas partes, cualidades o circunstancias.	Textos narrativos
Se usan para referir acciones, historias o hechos, bien reales o ficticios.	Textos instructivos-preceptivos
Se usan para presentar o aclarar el sentido real o verdadero de una palabra, texto o doctrina.	Textos argumentativos
Mediante este tipo de textos defendemos o rechazamos, aportando razones diversas, alguna idea, proyecto o pensamiento.	Textos expositivo-explicativos
Nos sirven para conocer las normas de funcionamiento de un objeto o sociedad.	Textos descriptivos

2. Indica a cuál de los tipos anteriores corresponde el texto 1. Razona tu respuesta.

3. Crea un texto oral en el que reflexiones sobre el tema del racismo. Utiliza el texto 2 como modelo.

4. Localiza las expresiones de subjetividad que se empleen en el texto 2.

5. ¿Encuentras elementos propios de algún campo semántico en el texto 1?

6. Haz corresponder en tu cuaderno las columnas de la siguiente tabla:

Noticia	El autor informa y valora algún tipo de actividad cultural o artística.
Reportaje	Plasma la conversación mantenida entre un periodista y otra persona.
Entrevista	Necesita de una intensa labor de documentación.
Artículo	Artículo sin firma en el que se expresa la opinión del periódico sobre un tema actual.
Columna	Suelen redactarla intelectuales de reconocido prestigio.
Editorial	Principal subgénero informativo.
Crítica	Mezcla la valoración del periodista con la exposición objetiva de los hechos.
Crónica	Transmite opiniones de un especialista.

7. ¿Qué modalidad oracional predomina en el texto 1? Razona tu respuesta.

8. Las oraciones enunciativas:

a) Manifiestan una emoción.

b) Expresan un ruego, una prohibición, una petición o una orden.

c) Declaran la duda del hablante ante el cumplimiento de lo dicho.

d) Dan cuenta de los deseos del emisor.

9. Las oraciones dubitativas:

a) Manifiestan una emoción.

b) Expresan un ruego, una prohibición, una petición o una orden.

c) Declaran la duda del hablante ante el cumplimiento de lo dicho.

d) Dan cuenta de los deseos del emisor.

10. Completa en tu cuaderno las siguientes afirmaciones:

   a) Se produce una relación de ●●● cuando en el significado de una palabra (●●●) se incluye la totalidad de los semas de otra (●●●).

   b) La sinonimia consiste en la ●●● de significado entre dos palabras con significantes diferentes.

   c) La ●●● es la oposición de significados entre palabras.

11. Completa las siguientes oraciones:

   a) La ●●● es un procedimiento mediante el cual podemos crear nuevas palabras uniendo al lexema un morfema derivativo.

   b) Los sufijos ●●● incorporan una valoración personal al valor expresado por el lexema.

   c) Los sufijos ●●● alteran el significado de la base léxica y con frecuencia también producen un trasvase de categorías.

   d) Los ●●● son meros elementos de apoyo estructural, ya que no aportan prácticamente nada al significado de las palabras.

12. Indica si son verdaderas o falsas las siguientes afirmaciones:

   a) La composición se realiza con un solo lexema.

   b) Existen dos tipos de parasíntesis.

   c) Los acrónimos son lo mismo que las siglas.

   d) Los acortamientos pueden llegar al registro formal.

13. El complemento directo:

   a) En las oraciones pasivas es el ejecutor de la acción del verbo.

   b) Indica quién se beneficia o perjudica de la acción del verbo.

   c) Concuerda en género y número con el sujeto o con el CD y solo puede aparecer en oraciones predicativas.

   d) Señala las diversas circunstancias que inciden sobre la acción.

14. En la oración *María ha comprado una casa en la playa,* el predicado contiene:

   a) G Adj + GN
   b) GN+ G Adv
   c) GN+ GN
   d) G Adj + GAdv

15. En la oración **Me gusta el pan,** *el pan* es:

   a) CD
   b) SUJ
   c) CC
   d) C Ag

5 Estructuras oracionales complejas

Texto inicial y actividades previas
1. La oración compuesta
2. La coordinación
3. La subordinación

Actividades finales de comprensión

Comentario crítico resuelto: «El tesoro dentro del tesoro del galeón San José»

Ahora tú. Comentario guiado: «*Professional kids*»

El escritorio: ortografía, corrección gramatical, precisión léxica

Texto inicial

Pitágoras, el sabio que hizo del cálculo su religión

Este genio fue admirado ya desde poco después de su muerte (475 a. C.) y, transcurrido apenas un siglo, era un personaje mitificado entre los griegos, del que se contaban todo tipo de hazañas intelectuales.

Pero nada de todo esto hubiera sido posible de no haber contado con un maestro de excepción, su tío materno Ferécides, uno de los primeros en tender puentes entre el pensamiento mítico y la filosofía. Además de él, **resultó fundamental en su formación el gran Tales de Mileto, que al parecer le causó una viva impresión** y fue el responsable de darle profundos conocimientos de matemáticas y astronomía, de los que también participó el principal discípulo de Tales, Anaximandro, otro de los grandes sabios de la época. Todos estos maestros marcaron a nuestro personaje, al que no tenemos que reducir solo a la condición de matemático (que es por lo que hoy es más recordado), ya que su pensamiento filosófico tuvo también una enorme influencia.

Viajero impenitente

En la adquisición de sus conocimientos también tuvieron importancia fundamental los viajes. Pitágoras había nacido en 569 a. C. en la isla de Samos, que mantenía intensas relaciones con Egipto, adonde él se desplazaría urgido por Tales, que le habló de los conocimientos de esta civilización en materia matemática (sobre todo en sus aplicaciones y fórmulas prácticas, ya que los egipcios no brillaron como teóricos). **Allí el azar le jugó una aparente mala pasada, ya que durante su estancia se produjo la invasión del rey persa Cambises** y Pitágoras fue llevado como prisionero a Babilonia. Sin embargo, este forzoso traslado acabaría por serle muy útil, ya que se relacionó con los magos babilónicos, que eran los sabios de este pueblo, brillantes en las matemáticas pero también muy dados a los conocimientos ocultos y mistéricos.

La secta de los matematikoi

Al ser liberado, Pitágoras no regresó a su isla natal sino que se estableció en Crotona, al sureste de Italia. Es posible que se viera obligado a ello por causas políticas, ya que Samos estaba controlada por el tirano Polícrates. En Crotona, sus enseñanzas fueron muy influyentes, ya que allí Pitágoras fundó nada menos que una secta, entendida esta como un grupo reducido de pupilos, auténticos elegidos, a los que explicaba sus saberes bajo la condición inexcusable del secreto, una idea muy característica tanto del Antiguo Egipto como de Babilonia. **Pitágoras obligaba a todos sus pupilos –llamados matematikoi o también pitagóricos–** a guardar un riguroso hermetismo sobre lo que aprendían. «No todo debe ser enseñado a todos» era una de sus principales máximas. Este grupo buscaba conocer los principios absolutos de las matemáticas: las relaciones entre los números y asimismo entre las distintas partes de una figura geométrica.

José Ángel Martos
www.muyhistoria.es

Actividades previas

A. ¿Qué te parece que las matemáticas siguiesen una dinámica de religión o secta?

B. Intenta explicar de qué clase son las oraciones destacadas en negrita.

1 La oración compuesta

La **oración compuesta** es aquella que está formada por más de un predicado (frente a la oración simple, en la que solo aparece uno): *Ana se mudará a Las Palmas porque su empresa le ha ofrecido un trabajo allí.*

En el ejemplo observamos dos predicados, cuyos núcleos son *se mudará* y *ha ofrecido*. Cada uno de ellos concuerda con su correspondiente sujeto (*Ana* y *su empresa*) y contiene sus propios complementos.

Llamamos **proposición** a cada una de las estructuras oracionales que forman una oración compuesta. Dos o más proposiciones se combinan para formar una **oración compuesta**, que es la unidad sintáctica superior con sentido completo.

Como vimos en cursos anteriores, la relación entre las proposiciones puede ser de independencia sintáctica (con lo cual hablaríamos de **coordinación**) o de pérdida de la dependencia para desempeñar una función sintáctica (es el caso de la **subordinación**).

1.1. Coordinación y subordinación. La yuxtaposición

Las proposiciones pueden establecer entre sí varias formas de relación:

■ **Coordinación.** Las proposiciones mantienen su independencia sintáctica: *Alicia trabaja por las mañanas; Alicia estudia por las tardes* son dos oraciones simples independientes que se pueden unir en una sola oración compuesta, formada por dos proposiciones coordinadas en relación de igualdad: *Alicia trabaja por las mañanas y estudia por las tardes.* Es habitual que en estos casos se omita el segundo de los sujetos cuando es el mismo para los dos verbos. Incluso es posible que se omita alguno de los verbos (*Mi hermano limpió el salón y yo el dormitorio*). En cualquier caso, siempre existen, al menos, dos predicados, condición indispensable para hablar de oración compuesta.

■ **Subordinación.** Una proposición deja de ser sintácticamente independiente para desempeñar una función sintáctica concreta, propia de un sintagma o grupo sintáctico (sujeto, complemento, adyacente…) dentro de otra proposición, a la que llamamos principal: *Eva es muy buena estudiante; Eva ha conseguido una beca Erasmus* se pueden unir en una oración compuesta *Eva, que es muy buena estudiante, ha conseguido una beca Erasmus* en la que la proposición *que es muy buena estudiante* desempeña la función de adyacente del núcleo del sujeto, *Eva*.

Propongamos un nuevo ejemplo. En la oración simple *Dime tu nombre* puedo sustituir el grupo nominal complemento directo *tu nombre* por una estructura oracional, con su predicado correspondiente: *Dime cómo te llamas*. En este caso, la función de complemento directo la realiza la proposición subordinada *cómo te llamas*.

■ **Yuxtaposición.** Las proposiciones (coordinadas o subordinadas) se unen sin nexo explícito: *Iré al parque; allí nos veremos; Marisa vendrá a la ópera: es una apasionada del bel canto*. En el primer caso, la relación entre las proposiciones es de coordinación (podría incluirse la conjunción *y*); en el segundo, nos hallamos ante dos proposiciones subordinadas (*Marisa vendrá… porque…*); en cada contexto comunicativo serán los hablantes los encargados de dar un sentido definido a estas oraciones.

Algunas gramáticas distinguen entre oraciones **compuestas** (por coordinación) y **complejas** (se reserva este nombre para las compuestas por subordinación). Según acabamos de ver, una oración yuxtapuesta puede ser compuesta o compleja.

Representación de la ópera *Otelo*, de Verdi.

Actividades

1. Explica razonadamente si las siguientes oraciones están compuestas por coordinación o por subordinación:
   - *Nos dimos mucha prisa pero no llegamos a tiempo.*
   - *Este verano he ido a Londres para perfeccionar mi inglés.*
   - *Ni me cogió el teléfono ni me contestó el correo electrónico.*
   - *El libro del que te hablé ha obtenido el premio de la crítica.*
   - *¿Vendrás conmigo o te quedarás como siempre jugando con la consola?*

2. A partir de las siguientes oraciones simples, construye oraciones compuestas, sustituyendo sintagmas por proposiciones:
   - *La instalación eléctrica del piso resultó muy afectada por los temporales del invierno.*
   - *El presidente de la comunidad llevó el agua de la piscina a un laboratorio privado para su análisis.*
   - *La repoblación de las márgenes del río Corbones ha resultado un auténtico éxito.*
   - *Un equipo de expertos granadinos ha descubierto una nueva especie botánica en Sierra Nevada.*

3. Realiza el mismo ejercicio a partir de cuatro oraciones simples que tú construyas.

4. Las siguientes oraciones son yuxtapuestas. Indica si lo son por coordinación, subordinación o caben ambas interpretaciones:
   - *Luchamos, sufrimos, ganamos.*
   - *Organizamos una fiesta; hemos de solicitar una autorización en el Ayuntamiento.*
   - *Francisca es una mujer muy humana: siempre se entrega a los demás.*
   - *El amor es un juego; el casamiento un negocio. (Alberto Moravia).*
   - *Protege el monte: ten cuidado con el fuego.*
   - *Jacinto Benavente dijo: La cultura es la buena educación del entendimiento.*
   - *La poesía no quiere adeptos, quiere amantes. (Federico García Lorca).*

5. La yuxtaposición es un recurso habitual en la prensa y la publicidad. Encuentra algún ejemplo y analiza si se trata de proposiciones coordinadas o subordinadas.

2 La coordinación

La coordinación implica una relación de igualdad e independencia sintáctica entre dos o más proposiciones. El siguiente cuadro recoge los tipos de oraciones coordinadas, sus nexos más habituales y algunos ejemplos.

Oraciones coordinadas			
Tipo	**Relación**	**Nexos**	**Ejemplos**
Copulativas	Adición o suma	y, e, ni	*Salí del gimnasio **y** me dirigí al instituto.*
Disyuntivas	Exclusión	o, u	*¿Vienes **o** prefieres quedarte en casa?*
Adversativas	Oposición	pero, mas, sino (que), sin embargo	*Fuimos a buscarte, **pero** no estabas allí.*
Explicativas	Explicación	esto es, es decir, o sea	*Es taciturno, **esto es,** no habla mucho.*
Distributivas	Alternancia o paralelismo	ya... ya; bien... bien; unos... otros; cerca... lejos	***Bien** vamos de excursión, **bien** nos quedamos leyendo.*

Dado que las **proposiciones distributivas** se enlazan habitualmente mediante palabras que desempeñan una función sintáctica determinada (En la oración *Unas comen verduras; otras, frutas*, *unas* y *otras* son los sujetos de sus respectivas proposiciones), podemos considerar que no hay nexo y que, por lo tanto, son oraciones yuxtapuestas. En cualquier caso, se trata de yuxtapuestas por coordinación, dada la independencia sintáctica entre las proposiciones. Otro posible análisis consiste en ofrecer a ambos pronombres el valor de nexos.

Actividades

6. Construye tres oraciones compuestas por coordinación de cada uno de los tipos estudiados. Emplea un léxico culto.

7. Indica de qué tipo son las siguientes oraciones coordinadas:

– *Unos estudiaron mucho, otros hicieron el vago.*

– *Me lo preguntaste muchas veces, mas nunca contesté.*

– *Fuimos de viaje, pero no lo pasamos muy bien.*

– *Ya salgo con los amigos, ya me quedo en casa, ya visito a mi abuelo.*

– *Unos recogían fresas; los otros, setas.*

– *Descubrieron una mina aurífera, esto es, de oro.*

– *No lo sé ni me importa.*

– *¿Cenamos una tortilla o una pieza de fruta?*

– *Me dejas obnubilado, es decir, completamente alucinado.*

– *Unas veces te saluda, otras veces te ignora.*

3. La subordinación

Las proposiciones subordinadas son aquellas que desempeñan una función sintáctica **dependiente de otra** dentro de una oración compleja. De este modo, las proposiciones funcionan como un grupo nominal, adjetivo o adverbial, es decir, se convierten en proposiciones sustantivas, adjetivas o adverbiales.

Observa los siguientes casos:

■ *Nos gusta tu comportamiento.* El grupo nominal *tu comportamiento* se puede sustituir por una proposición: *Nos gusta cómo te comportas.* Se trata de una proposición sustantiva, ya que desempeña la función propia de un grupo nominal (en ese caso, la proposición subordinada es el sujeto de la oración).

■ *Vivía en una casa grande.* El grupo adjetivo *grande* se puede sustituir por una proposición: *Vivía en una casa que era grande.* Se trata de una proposición subordinada adjetiva, ya que funciona como un adjetivo adyacente de un núcleo nominal.

■ *Nos encontraremos mañana.* El grupo adverbial *mañana* es sustituible por una proposición: *Nos encontraremos cuando tú quieras.* Por lo tanto, estamos ante una proposición subordinada adverbial que funciona como complemento circunstancial de tiempo del verbo principal de la oración compleja.

3.1. Subordinadas sustantivas

Como queda dicho, las **proposiciones subordinadas sustantivas** son aquellas que desempeñan, dentro de una oración compleja, una función propia de un **grupo nominal**: *Me pidió que lo escuchase atentamente.*

Los **nexos** posibles en estas subordinadas son las conjunciones *que* y *si*, aunque pueden construirse sin nexo en las siguientes ocasiones:

■ Cuando el verbo de la subordinada va en infinitivo: *Quiero decirte muchas cosas.*

■ Al reproducir, en estilo directo, lo dicho por alguien: *El entrenador dijo: «Venceremos».*

■ Si la subordinada va encabezada por un interrogativo (pronombre, determinante o adverbio): *qué, cómo, cuándo, por qué...*: *Desconocía cómo solucionar este asunto.*

■ Si se trata de una subordinada adjetiva que aparece sustantivada; en este caso, va encabezada por el pronombre relativo correspondiente: *Ha venido quien tú ya sabes.*

Unidad 5 — Estructuras oracionales complejas

Funciones de las subordinadas sustantivas	
Sujeto	– *Renunciar a los principios* es absurdo. – Me apetece *salir con mis amigos*.
Vocativo	– *Los que os sentáis al fondo*, guardad silencio.
Complemento del nombre	– La idea *de que me ignores* me pone nervioso. – Tengo la seguridad *de que estoy actuando correctamente*.
Aposición	– Ricardo, *el que os acompañó ayer*, es de Menorca. – Te presentaré a María, *la que ha ganado el premio de poesía*.
Complemento directo	– No saben *si podrán venir mañana*. – Indícame *cómo tengo que hacerlo*. – Recogieron *lo que sembraron*. – Les indicó: *«Nunca subáis por esas escaleras»*. – ¿Quieres *que te diga la verdad*?
Suplemento o complemento de régimen	– Confiamos *en que hayáis entendido las instrucciones*. – Dudo *de que te haya impresionado*.
Atributo	– Es hermoso *que nos llevemos tan bien*. – Hoy estás *que no te aguantas*.
Complemento predicativo	– Mi madre ha vuelto *que no hay quien le tosa*. – Te considero *el que podrá ayudarme*.
Complemento indirecto	– Entregaron un premio *a quienes llegaron los primeros*. – Enviaremos alimentos *a quienes les haga falta*.
Complemento agente	– El descubrimiento fue realizado *por quienes investigan*. – Ese cuadro habría sido destruido *por quienes asaltaron la galería*.
Complemento preposicional de un adjetivo o de un adverbio	– Estoy harto *de aguantar impertinencias*. – Estaba muy lejos *de ser el número uno*.

Proponemos el siguiente modelo de análisis para las subordinadas sustantivas:

Ignoro	si	has tendido	la	ropa.
N	Nexo	N	Det	N
			GN (CD)	
		GV (PV)		
	Prop. subordinada sustantiva (CD)			
GV (PV)				

Por supuesto, en una misma oración pueden aparecer distintas subordinadas combinadas:

Quien	quiera	salir	de	casa	deberá	tener	una	llave	siempre.
N	N	N	Enl	N	V aux	V princ	Det	N	N
			GN (CCL)						
		GV (PV)							
		Prop. subordinada sustantiva (CD)							
GN (S)	GV (PV)				N		GN (CD)		G Adv (CCT)
Prop. subordinada sustantiva (Sujeto)					GV (PV)				

Actividad

8. Analiza las siguientes oraciones subordinadas, siguiendo el modelo de análisis que acabamos de explicar:
- A Rosa le molesta mucho que te olvides de su cumpleaños.
- Se dice que la situación ha mejorado.
- ¿Te han explicado cómo se monta el ropero?
- Eloísa tenía ganas de salir con sus amigas.
- Resulta ridículo que te comportes de ese modo.
- Se informa que los vuelos vienen con retraso.
- No supisteis decidir cuál era la mejor opción.
- No sé cómo viven de esa manera.
- Les compré el bocadillo a quienes me lo dijeron.
- Que me mires así me pone nervioso.
- Estuvieron mirando cómo se acercaban los barcos al puerto.
- El hecho de que no vengan no es significativo.
- ¿Te has olvidado de recoger los libros de la mesa?
- Estoy cansado de tener que estudiar tanto.
- Dígame cuándo nos reuniremos.

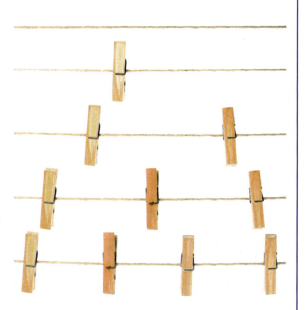

3.2. Subordinadas adjetivas

Llamamos **proposiciones subordinadas adjetivas** a aquellas que desempeñan la función de **adyacente** de un núcleo de un grupo nominal.

Las subordinadas adjetivas, en cuanto a su forma de construcción, pueden ser de dos tipos:

- **Adjetivas de relativo,** cuando las introduce un nexo relativo.

- **Adjetivas de participio o de gerundio,** en el caso de que el núcleo de la proposición subordinada sea esta forma no personal: *Vimos a Rafael **sentado junto a su casa**; Encontraron a Daniel **saliendo de clase**.* En estos casos, podríamos decir que son equivalentes a proposiciones adjetivas que han perdido el nexo: *Vimos a Rafael, **estaba sentado junto a su casa**; Encontraron a Daniel, **que estaba saliendo de clase**.*

3.2.1. Los nexos relativos

Los nexos relativos presentan una complejidad mayor que otros, ya que no se limitan a unir la proposición subordinada, sino que desempeñan, además, determinada función sintáctica dentro de la misma. Esto es así porque todo nexo relativo sustituye, para no repetirlo, a un sustantivo aparecido con anterioridad, que se denomina **antecedente**. Así, en *La casa **que se ha comprado** es muy grande,* el sustantivo *casa* es el antecedente del relativo *que.*

Los nexos relativos pueden ser de tres tipos:

- **Pronombres relativos:** *que; el cual, la cual, lo cual, las cuales, los cuales; quien, quienes.*

    *El chico con **quien** salgo se llama Raúl.*
    *Las cosas **que** me has dicho me han agradado mucho.*

- **Adverbios relativos:** *donde, cuando, como.* Si no llevan antecedente, se trataría de conjunciones que introducen una proposición subordinada adverbial, como estudiaremos más adelante.

    *La pizzería **donde** nos encontraremos está en el centro.*

- **Determinantes relativos:** *cuyo, cuya, cuyos, cuyas.* Se trata de determinantes porque concuerdan con el sustantivo al que presentan, no con su antecedente.

    *El libro **cuya** portada has diseñado será un éxito.*

En esta oración *cuya* está en femenino porque determina a *portada,* aunque su antecedente sea *libro.*

3.2.2. Las subordinadas adjetivas según su significación

En cuanto a su relación significativa con el antecedente, las proposiciones subordinadas adjetivas se clasifican en dos tipos:

- **Especificativas:** reducen la extensión del antecedente. Así, en la oración *Los alumnos que fueron al concurso disfrutaron,* entendemos que disfrutaron solo los alumnos que fueron de excursión.

- **Explicativas:** destacan una cualidad del nombre al que acompañan, sin limitar su extensión. Van obligatoriamente entre comas: *Los alumnos, que fueron de excursión, disfrutaron* (en este caso, todos los alumnos fueron de excursión y disfrutaron).

Proponemos el siguiente modelo de análisis de las proposiciones subordinadas adjetivas:

La	receta	que	probamos	el	pasado	domingo	nos	encantó.
Det	N	GN (CD)	N	Det	N	N	GN (CI)	N
					G Adj (ady)			
					GN (CCT)			
			GV (PV)					
		Prop sub adjetiva (adyacente)						
GN (S)							GV (PV)	

Por supuesto, una misma oración puede incluir proposiciones subordinadas sustantivas y adjetivas:

Les	insinuó	que	se	verían	en	la	sala	que	han abierto	en	el	centro.
N	N	Nx	N	N	Enl	Det	N	N	N	Enl	Det	N
								GN (CD)		GPrep (CCL)		
								SV (PV)				
								Prop sub adjetiva (ady)				
			GN (CD)		GPrep (CCL)							
					GV (PV)							
		Prop sub sust (CD)										
GN (CI)												
GV (PV)												

Actividades

9. Localiza los antecedentes de las proposiciones subordinadas adjetivas y analízalas:

- *Las toallas que compramos en el centro comercial producen alergias en la piel.*
- *Las autopistas que no son de peaje suelen tener problemas en el pavimento.*
- *Jamás supo el lugar donde escondía sus pequeños tesoros.*
- *Los mazapanes de las monjas forman sugerentes figuras que atraen a niños y a mayores.*
- *En el aeropuerto nos informaron del día cuando regresarán los compañeros del intercambio.*
- *La cantera de cuyas piedras se extrae el mármol está situada en Macael.*
- *El plan que elaboró la Consejería de Medio Ambiente para la regeneración de las dunas presenta grandes obstáculos.*
- *Los albañiles sustituyeron los azulejos que presentaban daños en su esmalte.*
- *El narrador eliminó el cuento cuyo final era trágico.*
- *Explícame la manera como he de resolver la ecuación.*

10. Introduce todas las proposiciones de relativo que puedas en cada una de las siguientes oraciones simples:

- *El oso está dormido en la cueva con sus oseznos.*
- *Las autoridades estudian un plan de regeneración hídrica del Coto de Doñana.*
- *La abuela ha traído a sus nietos una nueva caja de bombones de licor.*
- *El apartamento de Bilbao está situado en una calle de las afueras.*

3.3. Subordinadas adverbiales

Son proposiciones subordinadas adverbiales aquellas que desempeñan la función de complemento circunstancial, propia de los adverbios. También son adverbiales otras proposiciones de similar naturaleza que, sin embargo, no se corresponden con ningún complemento circunstancial en la oración simple. Estas se conocen como **adverbiales impropias** o **de implicación lógica**.

De lugar	Sitúan espacialmente la acción expresada por el verbo principal.	– Nos encontraremos **donde habíamos acordado**. – Atravesamos la sierra **por donde era más complicado**.
De tiempo	Precisan cuándo se realiza la acción principal.	– **Cuando te veo** me pongo muy nervioso. – Nos encontraremos **al salir el sol**.
De modo	Expresan la manera en que se desarrolla la acción principal.	– Montamos el dispositivo **según nos habían indicado**. – Pronunció el discurso **como solo ella sabe**.
Comparativas	Contrastan algún elemento de la proposición principal con otro de la subordinada. Con frecuencia presentan elipsis del verbo (el término de la comparación es sujeto de un verbo implícito).	– María es tan alta **como su madre**. – Este ejercicio será más fácil **que el otro**.
Causales	Explican las razones por las que se produce la acción principal.	– **Ya que no me saludas**, me voy. – Vendrá **porque me lo ha prometido**.
Consecutivas	Expresan la consecuencia que se desprende de la acción principal. En sentido lógico, suponen una inversión de las causales.	– Es muy trabajadora; **por lo tanto, le irá bien en la vida**. – Se nos ha hecho tarde, **por ello, no podremos acompañarte**. – Me cae muy bien, **luego, lo invitaré a la fiesta**.
Condicionales	Formulan una condición para que se cumpla la acción principal.	– Te ayudo **si te apetece**. – **Como no estemos a tiempo**, no podremos entrar. – **De haberlo sabido**, no te lo habría dicho.
Concesivas	Oponen una dificultad a la acción principal que no impide su cumplimiento.	– **Por más que se lo avisé**, no me hizo caso. – Siempre viene **aunque esté muy ocupada**. – **A pesar de tus desplantes**, te quiero con locura.
Finales	Expresan la intención por la que se realiza la acción principal.	– Se reunirán **para preparar el congreso**. – Me esforzaré **con la idea de sacar buenas notas**.

Así analizamos las subordinadas adverbiales:

Tus	primas	vinieron	a	Madrid	cuando	los	abuelos	celebraron	el	aniversario.
Det	N	N	Enl	N	Nexo	Det	N	Núcleo	Det	N
									GN (CD)	
						GN (S)		GV (PV)		
			GPrep (CCL)		Proposición subordinada adverbial temporal					
GN (S)		GV (PV)								
Oración compuesta										

Por supuesto, en una misma oración se pueden combinar distintos tipos de subordinadas, adjetivas, sustantivas y adverbiales:

Esa	comisión	trabajó	mucho	porque	quería	transformar	el	instituto.
Det	N	N	Adv	Nexo	N	N	Det	Núcleo
							GN (CD)	
						GV (PV)		
						Proposición sub. sustantiva (CD)		
					GV (PV)			
			G Adv (CC Cant)	Proposición subordinada adverbial causal				
GN (S)	GV (PV)							
Oración compuesta								

Actividades

11. Analiza las siguientes oraciones compuestas y construye, a continuación, otras que sigan los mismos esquemas sintácticos:

- Para salvar la empresa hay que trabajar muy duramente.
- Si te vistes así, no causarás buena impresión.
- Manuela es tan lista como tú.
- Aunque cantas muy mal, me gustas.
- Hemos preparado buenos materiales para realizar el trabajo.
- Marta se puso a estudiar ya que no le gustaba su trabajo.
- Mientras que haces la comida, yo plancharé, Maribel.
- Como no habla con nadie, resulta un tipo extraño.
- Aunque es bajito, Antonio juega muy bien al baloncesto.
- Tu mirada transmite más que tus palabras.
- No podré ir, por tanto, no insistas.
- Tan pronto como cobre, te haré un regalo.
- Como no me lo expliques, me enfadaré.
- A pesar de que comía mucho, no engordaba.
- Ven, que pueda verte.

12. Clasifica las siguientes proposiciones en sustantivas, adjetivas o adverbiales. Justifica tu respuesta.

- ¿Sabes dónde nos conocimos tu madre y yo?
- Como te pases, se enfadará.
- Nos encontraremos donde rompen las olas.
- No seas tan impaciente como yo.
- No encuentro la cajita donde guardamos el libro.
- No sé dónde vives.
- Cuanto más trabajo, menos dinero gano.
- Se vieron donde estaba el trabajo de Guillermo.
- Cuando queráis nos vamos.
- ¿Sabes cómo ha podido ser?

13. Analiza las relaciones sintácticas producidas en el siguiente texto:

Maleficios

Según Sara Hermann, cualquier avión puede venirse abajo si contiene un equipo deportivo completo, aunque sea de ajedrez. También constituye grave amenaza la exaltación patriótica en cualquiera de sus formas, desde la ostentación de escarapelas o banderitas hasta la entonación de himnos.

Eric Nepomuceno tiene la convicción de que ningún avión puede sostenerse en el aire si contiene más de tres monjas o más de seis niños con orejas del ratón Mickey.

Sara y Eric saben que nadie muere en la víspera, salvo el pavo de Navidad, y que cada persona tiene su día marcado para morir, a ras de tierra o en los altos aires. Pero cuando suben a un avión, sudan la gota gorda pensando: «Yo no sé si ha llegado mi día». Pero ¿y si ha llegado el día del piloto?

Eduardo Galeano
www.lafogata.org

Unidad 5. Estructuras oracionales complejas

Texto A

El ángel de mis sueños

A lo largo de la vida crecemos con tópicos como que todos tenemos una media naranja, un alma gemela, ese alguien predestinado para cada uno de nosotros. Crecemos cultivando, sembrando y recogiendo, siendo esto una de nuestras propuestas o nuestras metas. **Siempre creí que esa alma gemela que me correspondía andaba por ahí,** a veces incluso podía sentirlo, solo tenía que buscar hasta encontrar o sentarme a esperar que llegase. Opté por buscar, buscar esa mitad, ese cachito que faltaba por habitar en mi corazón sin encontrar resultado alguno. Entonces me senté a esperar con la esperanza mínima, con el pensamiento cambiado, pensando que ese alguien no existía, con miedo y pánico a la soledad. Hace unos meses, cuando lo daba todo por perdido, cuando dejé de creer en todo eso, un ángel apareció, era mi otra mitad, no podía creerlo, todo por cuanto luché, todo cuanto busqué, todo cuanto soñé, era el ángel de mis sueños. **La vida me brindaba una oportunidad que no dudé en aprovechar.** Era lo más bonito que me había sucedido nunca, un sentimiento con tanta fuerza que parecía irreal, el amor empezaba a entrar en mi vida. Ese famoso gusanillo revoloteaba mi estómago con intención de anidar en él, rasgando una sonrisa constante en mi rostro. Me había enamorado a la velocidad que deja la estela de una estrella fugaz. Y en ese preciso momento una carta reflejaba el peor de mis temores, mi ángel abandonaba, no creía ser suficiente ángel para mí, y suplicándole que se quedara decidió alejarse sin más. Los intentos para su regreso fueron nulos: nada podía hacer ya. Una nube me envolvía entre la confusión de lo real y lo irreal ¿había sido un sueño? **Decidí retomar mi vida cargando día a día con la duda de si aquello tan bonito y especial había sido realidad o tan solo había sido producto de mi imaginación.** Cuando creía haber resuelto mis dudas, la nube poco a poco iba desapareciendo y dejaba tras ella al descubierto una imagen que apenas se reconocía... ¡regresaba el ángel de mis sueños! confesando que el motivo de su marcha solo había sido por miedo a la fuerza de ese sentimiento que nos unía y prometiendo que nunca más se volvería a alejar. El gusanillo volvió a salir del nido, y mientras me pintaba una nueva sonrisa, mis ojos se encargaban de recuperar el brillo que habían perdido. Era genial, había vuelto, todo volvía a ser especial, lo más feo se convertía en lo más bello, lo más pequeño tomaba toda la grandeza, lo más simple era lo más complejo, lo imposible era posible, había vuelto por mí, solo por mí. Pero lo dulce comenzaba a ser amargo, lo sucedido creó en mí un gran sentimiento de desconfianza, el miedo a volver a perderlo se apoderaba de mí. Aun así aposté por ello, creía en ello, en ese dulce sentimiento que antes no había experimentado. Me embarcaba en una aventura difícil y compleja, con más baches que planas superficies. Pero eso no me preocupaba, confiaba en que podíamos con todo ello. A pesar de las dificultades sentía en mí una fuerza extraordinaria. **Contaba con buscar o crear ese mundo en el que pudiéramos ser felices,** en darnos una nueva oportunidad sin permitir que se volviera a escapar. Me dijo que aún le faltaban las alas, que era un ángel sin alas. Tenía que conseguirlas: todo ángel debe tener sus alas. Y prometí conseguirle unas. No sabía dónde buscar, ni qué hacer para dárselas.

Blanca CABALGANTE
www.poesi.as (adaptación)

1. En el texto aparecen varias oraciones destacadas en negrita. Analiza por qué proposiciones están constituidas y de qué clase son.

2. Analiza el valor de los nexos *que* subrayados en el texto.

3. El fragmento se ha construido con oraciones de modalidad enunciativa. Toma tres de ellas y cambia su modalidad.

4. Analiza los mecanismos semánticos de cohesión del relato.

Texto B

La ventana indiscreta

Llegué a Barcelona a comienzos de 1979. Tarradellas había vuelto y la ciudad respiraba entonces una mezcla de esperanza e ilusión. **Recuerdo las grandes fiestas del PSUC en Montjuic, las noches en los bares del Borne y el paisaje móvil de Ramblas, donde alquilaban unas sillas verdes para sentarse y contemplar el espectáculo.** Yo vivía en la calle Conde Borrell, a unos pasos del mercado de San Antonio, en el <u>que</u> había un rastro de libros de segunda mano los domingos por la mañana. Mi casa tenía las características de las viviendas del Ensanche, construidas hace un siglo. Carecía de ascensor y me veía obligado a subir andando al sexto piso. Pero a cambio no tenía problemas de espacio porque disponía de casi 200 metros cuadrados para mí solo. Era un piso de techos altos, con mucha luz y porticones en los enormes ventanales. Había un comedor con una pared acristalada <u>que</u> daba a un patio interior. **Sentado en la mesa, podía ver con absoluta precisión lo que sucedía en la habitación del quinto que tenía enfrente, ya que ni siquiera tenía cortinas.** Me sentía un poco como James Stewart en La ventana indiscreta, cuando, inmovilizado tras romperse una pierna, mira todo lo que sucede en la casa de enfrente. Yo no pude ser testigo de ningún crimen ni de nada excepcional, pero desde mi privilegiada posición observaba la vida cotidiana de las tres chicas <u>que</u> compartían la vivienda de abajo. Creo <u>que</u> tenían unos 25 años, tal vez un poco más. Una era enfermera, la otra profesora y la tercera no me acuerdo. Las veía hablar, leer, bailar, deambular por la habitación y, a veces, hacerse confidencias que yo no podía escuchar salvo cuando la ventana estaba abierta. **Nos saludábamos cortésmente en la escalera, pero jamás me invitaron a su casa.** Una de ellas tenía el pelo blanco y era muy atractiva. **Creo que daba clases de literatura.** Y yo sentía <u>que</u> un misterioso vínculo nos unía. Un día la vi con La educación sentimental de Flaubert en las manos. El lazo se intensificó todavía más. Pero apenas nos salían las palabras cuando nos cruzábamos en el portal o en el café de la esquina. **Habían pasado cinco o seis meses cuando una tarde, al abrir el buzón, encontré un sobre sin sello a mi nombre.** Contenía una larga carta en la que, además de una serie de desahogos sentimentales, me anunciaba que las tres dejaban el piso y me preguntaba si yo tenía espacio para que ella pudiera mudarse a mi casa durante un tiempo. Lo estuve pensando varios días y al final mi respuesta fue negativa. Era consciente de <u>que</u> no quería perder mi intimidad y que al final esa relación podía complicarse. Me atraía la posibilidad de poner fin a mi solitaria existencia, pero también me daban miedo las consecuencias. Le dejé otro sobre en su buzón y me inventé algunas excusas <u>que</u> ya no recuerdo para reforzar mis razones. Ella desapareció y jamás nos volvimos a ver. Ni siquiera en el portal o en la escalera. **Lo peor de todo es que he olvidado cómo se llamaba.** A todos los que no creen en el azar y piensan que nuestro destino está escrito por la necesidad, yo les aseguro que lo que hemos visto en una ventana por pura casualidad puede cambiar nuestra vida.

Pedro G. Cuartango
El Mundo (7 de marzo de 2016)

1. Distingue en el texto las oraciones simples de las compuestas.
2. Extrae del texto un ejemplo de coordinación y uno de subordinación. Señala de qué tipo de coordinada y subordinada se trata en cada caso.
3. Analiza el valor de los nexos subrayados en el texto.
4. Realiza el análisis sintáctico de las oraciones destacadas en negrita.

Artículo de opinión

EL PAÍS

El tesoro dentro del tesoro del galeón San José
El desafío no debe plantearse en los tribunales sino en la mejor manera de abordar la exploración científica

Ya se está armando la batalla jurídica que va a librarse en los próximos meses para quedarse con el tesoro que llevaba en sus entrañas el galeón San José cuando fue hundido en 1708. Cuentan que cuando zarpó de Cartagena de Indias rumbo a Cádiz iba cargado con unas 200 toneladas de oro, plata, esmeraldas y otras riquezas, y dicen que su valor actual andaría entre los 5000 y los 10 000 millones de dólares. Se apunta a que hay colombianos que han celebrado el hallazgo porque dan por hecho que lo que llevaba dentro el pecio servirá para pagar la deuda externa de su país.

Habrá que ver si esta nueva batalla en los tribunales dura más y es más sangrienta que la de Barú, aquella que en el contexto de la Guerra de Sucesión condujo al enfrentamiento entre británicos y españoles y en la que el almirante Charles Wagner consiguió hundir el San José en los mares del Caribe. Evitó así que Felipe V aprovechara los fondos que le iban a llegar desde las colonias para alimentar ese conflicto donde los suyos, los Borbones, se batían por la corona española contra los partidarios de los Habsburgo. Eran otros tiempos y otros mundos. Por eso el viejo galeón es, como afirmó el presidente colombiano, Juan Manuel Santos, el sábado al explicar un descubrimiento que se había hecho público un día antes en Twitter, «uno de los yacimientos más importantes de la historia de la arqueología».

Tratándose de un tesoro de semejante valor científico resulta inquietante que la tarea de encontrar el San José se haya convertido en secreto de Estado. Muy poco se ha dicho sobre la exploración, que ha sido conducida por el Instituto Colombiano de Antropología e Historia (ICANH), y quedan demasiados cabos sueltos: qué empresas privadas han participado gracias a la Ley de protección de patrimonio sumergido de 2013, dónde apareció el galeón, cómo se armó el proyecto, de qué manera se ha financiado y qué puede significar exactamente, entre otros muchos detalles, esa afirmación de Santos que sostiene que «este patrimonio es de todos los colombianos».

Fue en 1982 cuando una empresa estadounidense de cazatesoros, Glocco Morra, anunció a las autoridades colombianas que había encontrado el San José. Esta compañía cedió sus derechos a la firma Sea Search Armada (SSA), que ha sido la que desde hace mucho lleva batallando sobre las valiosas toneladas que transportaba el galeón español. A esta pelea pueden incorporarse nuevos actores: España (la dueña del galeón), Perú (de donde procedía buena parte del tesoro), Panamá (que también puso algo) y algunos descendientes de aquellas 600 víctimas del desastre.

Lo verdaderamente importante tendrán que buscarlo al fondo del mar los científicos y es el tesoro que está dentro del tesoro: el conocimiento. La mayor fortuna está ahí, y la persecución de esos saberes debería ser la tarea más importante. Pero ya han sonado las espadas en los tribunales. El pasado vuelve así a ser motivo para la disputa. La ciencia queda postergada. O no: ese es el desafío.

José Andrés Rojo
El País (8 de diciembre de 2015)

1 Resumen

El hallazgo del galeón San José debe ser un asunto científico, no un proceso jurídico sembrado de polémica. El gobierno de Colombia ha actuado en la sombra con un interés económico oculto. No debemos olvidar el interés científico de la cuestión, que es el primordial.

2 Tema y estructura

El tema del presente texto es el del futuro del hallazgo del galeón San José.

Desde el punto de vista de la estructura externa, se trata de un texto periodístico constituido por un título, un subtítulo y cinco párrafos.

Si analizamos su estructura interna, apreciaremos cómo el autor ha comenzado planteando una idea clara: el hallazgo del galeón hundido debe ser un asunto científico, no judicial. Estamos ante la **introducción** y un primer **planteamiento** de la tesis.

En el segundo y tercer párrafo, se ofrece un **desarrollo** pormenorizado de la cuestión que culmina con mensaje directo sobre la propiedad del galeón por parte del presidente de Colombia.

En el siguiente párrafo, se realiza un recorrido histórico en torno al hallazgo.

Acaba el autor, ya en el párrafo final, **concluyendo** abiertamente con su tesis: estamos ante un hito científico y deben olvidarse cualesquiera otras consideraciones (sobre todo, las históricas, que están de fondo).

3 Comentario crítico

El autor del presente texto periodístico es de una claridad meridiana cuando plantea el tema que nos ocupa: el hallazgo de unos antiguos restos arqueológicos marinos que están acompañados de su correspondiente tesoro, de una cuantía tal que servirá para pagar la deuda externa, como indica el autor, del país que lo ha encontrado.

En el texto se plantea la necesidad de que las diferentes partes interesadas (gobierno colombiano, gobierno español, descendientes de las víctimas…) no focalicen sus esfuerzos en el valor económico, sino en el historiográfico y científico que las piezas puedan presentar. Este extremo se presenta como muy complicado, ya que el presidente colombiano ya se ha adjudicado el valor económico como patrimonio nacional. Esta decisión es complicada desde el punto de vista moral, ya que nos hace formularnos distintas preguntas: si el barco es español, ¿no serán españolas las riquezas?; si los españoles se llevaron el oro, la plata y las esmeraldas de Colombia, ¿no serán suyos? Todo un dilema, sin duda. Por otra parte, si solo nos centramos en la idea de que Colombia es la propietaria por el simple hecho de haberse encontrado el galeón, ¿no estamos convirtiendo el escenario de la política internacional en un patio de colegio?

Consideramos que la postura del autor es, aunque correcta intelectualmente (y en absoluto emocional), poco realista, ya que, desgraciadamente, la única salida que suelen presentar estas situaciones es la judicial. Al fin y al cabo, ninguna de las partes interesadas renunciará previsiblemente a sus derechos (si es que las autoridades consideran que los tienen). La controversia planteada nos recuerda a otra que ya protagonizó el gobierno español con la fragata Nuestra Señora de las Mercedes, recuperada en la bahía de Cádiz por una empresa buscatesoros extranjera. En aquel caso, el Tribunal Supremo de Estados Unidos decidió que el tesoro debía ser devuelto a España.

Como conclusión, podemos aventurar que gane quien gane, perderá la ciencia, como suele ocurrir.

Artículo de opinión

Diario de León

Professional kids

Han tomado la parrilla televisiva con sus mohínes y sus gestos copiados de los adultos, y sus tensiones y desesperos. Los miras y remiras y, en efecto, son o parecen niños, pero solo por tamaño y proporciones, porque todo lo demás ha sido cogerlos e intentar embutirles la camisa de fuerza de los mayores, empujarlos a copiar nuestras labores o, más bien, a cumplir nuestros sueños frustrados.

Desde chefs de asombrosa técnica cortando las verduras en juliana (pero si tienen ocho años, ¿cuándo demonios han aprendido? ¿Es que sus progenitores los guardan en mazmorras y no los sacan hasta dominar la Vichyssoise?), y que usan palabras antes desconocidas por todos («emplatar»), hasta cantantes melódicos cuyo único objetivo vital (¿pero suyo o de sus padres?) no es otro que triunfar en las radiofórmulas. Y bailarines, deportistas, actores, volatineros… todos en miniatura. La tele se ha poblado de críos competentes (*professional kids, oh yeah!*) que meten miedo porque parecen haberse saltado de golpe algunas etapas intermedias y aun así ríen al saberse encuadrados por la cámara, gozo entre los gozos modernos.

Para una patria indivisible e indiscutible que tenemos, que es la infancia, para unos años de magia que se nos conceden, carentes de preocupaciones, horarios, presiones, jefes y balances por cuadrar, unos años que recordaremos toda la vida y a los que echaremos mano cuando la cosa pinte mala —como cuando nos metíamos bajo las sábanas en noche de truenos—, pues hay quienes se empeñan en suprimirlos de un limpio tajo, miren ustedes qué bien. Y en echar a los pequeños en brazos de la más salvaje competitividad, de la búsqueda de una única meta por encima de cualquier cosa, en enseñarles que no hay como los aplausos y la nota más alta, y que quien no los alcance… cacafuti. De ahí esos nervios y esas lágrimas inaceptables mientras el respetable se harta de aplaudir.

Me dicen que el lema de un cole es «Forjando los líderes del mañana». ¿Y por qué no forjar personas? ¿Y por qué no dejar que los niños sean… eso, niños?

Emilio Gancedo
www.diariodeleon.es (7 de diciembre de 2015)

Estructuras oracionales complejas Unidad 5

1 Resumen

Sintetiza el contenido del texto. Recuerda que debes quedarte solo con aquella información que sea relevante:
- Las familias llevan a sus hijos a programas de talento infantil.
- Los niños son como personas mayores en miniatura.
- Estamos privando a nuestros niños de una verdadera infancia.

2 Tema

- En el texto se barajan diversos temas como la niñez, el éxito o la actitud egoísta de las familias. Valora cuál es el principal y cuáles los secundarios.
- Intenta redactar el tema en una sola línea, dos a lo sumo.

3 Estructura

- ¿Cómo se organizan las ideas? ¿En qué parte se halla la tesis acerca de la cuestión central planteada?
- ¿Qué datos se exponen para sostener la opinión que se expresa? ¿Poseen todos estos datos la misma entidad? ¿Dónde se sitúan? ¿Influye la distribución de los mismos en el sentido final del texto?
- Observa la distribución de la información en los distintos párrafos: en el primero se presenta el tema que se ampliará y desarrollará en el segundo; en el tercero, el autor ofrece una serie de argumentos para sostener sus ideas en torno a la cuestión; en el cuarto, se ofrece una conclusión bien clara rematada por una pregunta retórica que aporta mucha fuerza al escrito.

4 Comentario crítico

- Contrasta tu opinión con la de la publicación en torno al trato que se dispensa a los jóvenes talentos televisivos. Ofrece argumentos sólidos.
- ¿Te parece apropiado el planteamiento de Emilio Gancedo? Valora su punto de vista: atrevido, conservador, necesario, arbitrario, poco o muy fundamentado…
- ¿Protegen eficazmente las instituciones públicas españolas a los niños?
- ¿Crees realmente nocivo que los más pequeños acudan a estos programas de televisión?
- ¿La televisión funciona así en otros países?
- Justifica la actualidad o vigencia de las ideas expuestas, así como su posible interés según los potenciales destinatarios.
- Acaba realizando una reflexión sobre la lapidaria frase final del autor.

Unidad 5 Estructuras oracionales complejas

- **Ortografía.**
- **Corrección gramatical.**
- **Precisión léxica.**

Ortografía

1. Completa las siguientes oraciones con la consonante (s/x) que falte:
- En el e…tremo de la habitación había un cuadro de Picasso.
- En Andalucía hay costumbre de acoger muy bien a los e…tranjeros.
- Pilar es e…perta en e…tinción de incendios.
- Se produjo una e…plosión en la mina.
- Sé cuidadoso con los signos de e…clamación.
- Vinieron todos, e…cepto tu primo Curro.
- Es tan gaditano como todos los de su e…tirpe.
- El huracán produjo tremendos e…tragos.
- Juan Enrique dio el e…pectáculo, como de costumbre.
- Déjate ya de e…peculaciones, Alberto.
- Siempre anda con e…cusas para no estudiar en los e…ámenes.

> Es un error muy frecuente en el uso de nuestra lengua la confusión entre palabras que comienzan por dos prefijos con estructura fónica similar (*es-/ex-*). Así, por ejemplo, no es extraño encontrar mal escritas palabras tan usuales como *escaso, excelente, excusa, espléndido, expediente, extraño, espectáculo,* etc.

Corrección gramatical

2. A continuación te ofrecemos una serie de oraciones. Intenta localizar los **extranjerismos** sintácticos y construirlas correctamente.

- *Me dijo con la mano en mi mano: es por eso que te quiero.
- *Manolo dio cuenta de un grandísimo bocadillo de calamares.
- *Mi padre se ha comprado una buena plancha a vapor.
- *Esta clase es muy buena a nivel de notas.
- *Nos veremos no importa cuándo.
- *Realizó un informe en base a sus averiguaciones.
- *Nos veremos mañana a la noche.
- *Borja juega tenis.
- *Te quiero ver trabajando desde ya.
- *Había viajado en la noche.
- *En breves instantes estaremos con ustedes.
- *Por último decir que Juan Ramón Jiménez es uno de los andaluces universales.

Como sabemos, las diversas lenguas se relacionan de modo tan estrecho que a veces pueden contagiarse algunas estructuras lingüísticas (palabras, construcciones, etc.). Ello enriquece, sin duda, el idioma, pero hay que evitar emplear elementos de otras lenguas si la palabra o construcción correspondiente ya existe en la lengua de destino, o si el resultado vulnera la estructura gramatical propia. En español son abundantes los **barbarismos gramaticales,** procedentes, sobre todo, **del inglés y del francés:**

- *Es por esto que decimos… en vez de *es por esto por lo que decimos…*
- *Bajo el punto de vista* en vez de *desde el punto de vista.*
- *De cara a* por *ante, con vistas a.*
- *En base a* en vez de *sobre la base o basándose.*
- *Avión a reacción* por *avión de reacción.*
- *Jugar un papel* por *desempeñar un papel.*
- *De acuerdo a* en vez de *de acuerdo con.*
- *El tema a debatir, el asunto a tratar…* (preposición *a* con valor final, a veces admitida por la Academia) por *el tema que se va a debatir, el asunto que se va a tratar…*

Estructuras oracionales complejas Unidad 5

3. Señala los posibles errores gramaticales en las siguientes oraciones:
- *La dije que la quería.
- *Lo he llamado esta mañana.
- *Tu coche nuevo le vi ayer por la tarde.
- *Lo enviaba cartas de amor cuando estuvo trabajando en África.
- *A la niña dila tres cosas.
- *¿Enrique y tú fueron a la fiesta?
- *A mis padres le he enviado un regalo por su aniversario.
- *Dámele, anda, bonito.
- *Yo y mi hermano salimos de paseo ayer.
- *A Rosa le echo de menos.

4. Elige la preposición correcta en las oraciones que se ofrecen a continuación. Si albergas dudas, consulta un buen diccionario (te sugerimos un diccionario de dudas):
- Esas manifestaciones atentan **a/contra** la democracia.
- Las tropas españolas colaboraron **en/a** la reconstrucción de un puente en Bosnia.
- La cena culminó **con/en** el discurso del ministro.
- Se sintió honrado **por/con** el premio que le concedieron.
- El presentador hizo mención **de/a** los méritos del cantante.
- Tengo mucho gusto **de/en** conocerla.
- La Cruz Roja abasteció a los inmigrantes **con/de** mantas.
- Juan siempre está abogando **a/por** la paz.
- Tienes mucha habilidad para escapar **a/de** tus responsabilidades.
- Siempre confío **de/en** los buenos amigos.

> En español, como ocurre en otros idiomas, existe un buen número de verbos que rigen ciertas preposiciones, es decir, que las necesitan para que el resultado de su construcción sea gramatical. Si utilizamos mal este **régimen preposicional**, estaremos vulnerando las reglas de la lengua. Lo mismo ocurre con ciertas frases hechas, que exigen determinadas preposiciones.

Precisión léxica

5. En las oraciones siguientes aparecen destacados algunos adjetivos. De nuevo, puedes emplearlos para manifestar tu opinión en un comentario crítico. Localiza su significado con ayuda del diccionario y construye una frase alternativa con cada uno de los mismos.
- Tu actitud ante las notas resulta bastante **llamativa.**
- Es, sin duda, el más **singular** de nuestros amigos.
- Creo que Elisa es una chica excesivamente **contradictoria:** no comprendo su carácter.
- El autor de este texto se muestra **desinhibido.**
- ¿Crees que lo que te he dicho es **irrelevante**?
- Si te comportas así, tu postura será sin duda **loable.**
- A menudo me acusan de ser **superficial:** pero se equivocan.
- María suele ser **comedida** en asuntos como este.

6 Historia y actualidad del español

Texto inicial y actividades previas

1. Las lenguas de España
2. El español en la actualidad
3. El español en el mundo. El español de América
4. El español en la Red

Actividades finales de comprensión

Comentario crítico resuelto: «Los primeros días del "invierno demográfico"»

Ahora tú. Comentario guiado: «*I like your moño*»

El escritorio: ortografía, corrección gramatical, precisión léxica

Texto inicial

Las Naciones Unidas y el multilingüismo

Siendo un factor esencial de la comunicación armoniosa entre los pueblos, el multilingüismo reviste especial importancia para las Naciones Unidas. Al tiempo que favorece la tolerancia, asegura una participación más amplia y efectiva de todos en el trabajo de la Organización, así como una mayor eficacia, mejores resultados y una implicación mayor. **El multilingüismo debe ser preservado y fomentado con diferentes medidas dentro del sistema de las Naciones Unidas, con un espíritu de intercambio y comunicación.**

El equilibrio entre los seis idiomas oficiales (árabe, chino, español, francés, inglés y ruso, de los que el francés y el inglés sirven para el intercambio profesional cotidiano) ha sido una preocupación constante de todos los secretarios generales. Desde 1946 hasta la actualidad se han emprendido numerosas iniciativas para promover la utilización de los idiomas oficiales con el fin de que las Naciones Unidas, sus objetivos y sus actividades, sean comprendidos por el público más amplio posible.

El árabe, el chino, el español, el francés, el inglés y el ruso son los seis idiomas oficiales de las Naciones Unidas. El francés y el inglés son los idiomas de trabajo de la Secretaría de las Naciones Unidas (resolución 2, I, de 1 de febrero de 1946).

En su resolución 54/64, de 6 de diciembre de 1999, la Asamblea General pidió al secretario general que, entre los altos funcionarios de la Secretaría, designase un coordinador de las cuestiones relativas al multilingüismo en toda la Secretaría. Esa medida fundamental demuestra la importancia que atribuye la Secretaría a estas cuestiones. [...] La tarea del coordinador consiste en armonizar las medidas adoptadas y proponer estrategias para asegurar que las prácticas lingüísticas de la Organización respondan a las recomendaciones y disposiciones de las diferentes resoluciones relativas al multilingüismo.

La problemática del multilingüismo debe examinarse desde diversas perspectivas, en especial las de la comunicación interna y externa. La comunicación interna es la que se efectúa dentro de la Organización, ya sea la comunicación oficial entre los Estados miembros y las distintas partes que intervienen en la labor de las Naciones Unidas o la comunicación entre los Estados miembros y la Secretaría de las Naciones Unidas. En este ámbito hay que distinguir entre los idiomas de trabajo y los idiomas oficiales. La comunicación externa, dirigida a un público más amplio, puede comprender idiomas distintos de los idiomas oficiales, e incluir la cuestión de los medios de información utilizados para difundir los mensajes de la Organización. [...] La finalidad del Departamento de Información Pública es, entre otras cosas, dar a conocer y hacer comprender en el mundo entero los ideales y los planteamientos de las Naciones Unidas, con el fin de movilizar el apoyo a la Organización, pasando por los intermediarios decisivos que son la prensa, las organizaciones no gubernamentales y las instituciones de docentes.

http://www.un.org/

Actividades previas

A. En el texto se indica que el multilingüismo debe ser preservado. Explica por qué y aplícalo al caso concreto de la sociedad española.

B. ¿Cómo se explica el hecho de que existan seis idiomas oficiales en la ONU? ¿Por qué son estos en concreto?

Unidad 6 — Historia y actualidad del español

1 Las lenguas de España

El concepto de **lengua** implica un uso homogéneo del sistema lingüístico por parte de una comunidad de hablantes. Tal sistema lingüístico debe estar, por una parte, fuertemente diferenciado de otros, hasta el punto de que sea necesaria una traducción para los que desconozcan la lengua. Además, se suele considerar como criterio para medir la existencia de lenguas distintas una tradición cultural de peso, es decir, una tradición literaria reconocida.

En España coexisten con el **castellano o español**, lengua común para todos, cuatro lenguas cooficiales. Una de ellas, el **vasco**, es de origen prerromano; las cuatro restantes son lenguas romances, esto es, proceden del latín: el castellano o español, el **catalán**, el **valenciano** y el **gallego**. Cada una de estas lenguas tiene, en mayor o menor medida, diferentes hablas según la zona geográfica donde se emplee. Nos referimos entonces a dialectos o modalidades regionales (no poseen ya el rango de lengua). Algunos de ellos son de origen latino (el bable leonés y la fabla aragonesa) y otros son variedades del español: andaluz, murciano, extremeño, etc.

Conceptos de dialecto y modalidad

Frente al concepto de lengua, el de **dialecto** se define como un sistema lingüístico de menor homogeneidad, que no se diferencia totalmente de otros sistemas y que no suele ser empleado para uso literario. En la actualidad, se usan en su lugar las denominaciones **hablas** o **modalidades**.

Los hablantes de las distintas modalidades de una lengua pueden entenderse perfectamente. Los andaluces, por ejemplo, podemos hablar con los canarios, argentinos o gallegos –cuando hablan castellano– sin necesidad de un traductor.

Para resumir todo lo visto hasta ahora, recogemos en el siguiente esquema la situación lingüística de España y del castellano o español:

Lenguas	
Prerromana	Vasco
Romances	Gallego
	Catalán
	Valenciano
	Castellano o español

Variedades del español	
Derivados del latín	Astur-leonés
	Aragonés
	Judeo-español
Derivadas del español	Andaluz
	Español de América
Hablas de tránsito	Riojano
	Murciano
	Extremeño
	Canario

Hablas de tránsito

Se trata de modalidades de español que participan, a su vez, de rasgos de otras modalidades colindantes. Así, por ejemplo, algunas variedades del extremeño son hablas de tránsito entre el castellano y el leonés (como las hablas murcianas lo son entre el castellano y el catalán).

1.1. El catalán

El catalán surge de la evolución del latín en el nordeste de la península. En el Estado español se extiende por Cataluña, las islas Baleares y parte de Aragón. Fuera del Estado español se habla en Andorra, en casi todo el departamento francés de los Pirineos Orientales y en la ciudad de Alguer (Cerdeña).

El catalán no se habla de manera completamente uniforme en todos los territorios; presenta diferencias fonéticas, gramaticales o léxicas. Tiene dos variedades dialectales, la **oriental** y la **occidental**, que se distinguen, fundamentalmente, por su fonética: las vocales *a* y *e* átonas llegan a confundirse en el catalán oriental con un solo sonido neutro, mientras que en el occidental se distinguen.

El catalán tuvo una época de esplendor durante la Edad Media. Después, apenas existe producción en catalán hasta el período conocido con el nombre de *Renaixença* (siglo XIX). A partir de entonces son muchos los autores que escriben su obra en lengua catalana.

1.2. El valenciano

El Estatuto de Autonomía de la Comunidad Valenciana establece que el **valenciano,** junto con el castellano, es la lengua oficial de la comunidad. Se habla fundamentalmente en las siguientes comarcas: Els Ports, el Baix Maestrat, l'Alt Maestrat, l'Alcalatén, la Plana Alta, la Plana Baixa, el Camp de Morvedre, el Camp de Túria, l'Horta, la Ribera Alta, la Ribera Baixa, la Safor, la Costera, el Comtat, la Marina Alta, la Marina Baixa, l'Alcoià, l'Alacantí, los Valls del Vinalopó y el Baix Vinalopó.

Una clasificación clásica distingue las siguientes variantes del valenciano: **valenciano septentrional, valenciano «apixat»** y **valenciano meridional.** Esta clasificación es precisada por otros autores que añaden el **castellonense** y el **alicantino.**

Un rasgo específico del valenciano es su sistema vocálico tónico constituido por siete vocales con cuatro grados de abertura. Su sistema vocálico átono diferencia las vocales *a/e* y *o/u*.

Aquest mar que sabem

Aquest mar...

¿Quantes cándides criatures s'enduu
de la ciutat, a l'hora més tenue del capvespre?
¿Quants nins clamen al bosc llunyaníssim del mar?

Es perderen al mar i ploren, jo ho sé bé.   5

(Jo sé bé que hi ha dones
en la platja, que prenen amb els dits cada ona
i l'alcen, com si fos un cobertor promíssim
i poguessen trobar el goig intim del fill).

El mar és com el pati d'un col.legi, un solar,   10
el cel ample que es veu damunt de la placeta,
sense motos ni guàrdies i sense voravies.
El mar és l'ombra humida del Paradís. El mar...

(Tornarem altre vespre i tot serà distint.
Veuràs tu com Dèu fa que tot siga com vols).   15

Vicent Andrés Estellés
Llibre de meravelles, Tres i Quatre

1.3. El vasco

También denominado *euskera*, es una lengua que no procede del latín y, por tanto, no tiene relación con las otras lenguas del Estado. Se ha relacionado con el finougrio, los idiomas uralo-altaicos, las lenguas camíticas y las lenguas caucásicas, pero su origen sigue siendo desconocido.

En nuestro país se habla en la Comunidad Autónoma Vasca y en parte de la Comunidad Foral de Navarra. Fuera de España se habla en el País Vasco francés.

Los dialectos del euskera en territorio español son: el **vizcaíno,** el **guipuzcoano,** el **alto navarro septentrional** y el **alto navarro meridional.** En territorio francés: el **labortano,** el **suletino** y el **bajo navarro oriental** y **occidental.**

El vasco tiene una estructura gramatical **aglutinante** (los morfemas de las palabras informan de todo: del género, del número, del modo, de la función gramatical, etc., de modo que no importa mucho el orden de las palabras en la oración) y hace uso de la construcción **ergativa** (utiliza el sufijo -k como marca de sujeto en los verbos transitivos), propia de la lengua caucásica.

Fue el lingüista Luis Michelena quien propuso crear un euskera uniforme, basándose en los dialectos centrales, guipuzcoano y labortano, llamado **euskera batua.** Los acuerdos adoptados por la Academia Vasca (*Euskaltzaindia*) en 1968 contribuyeron a esta unificación.

Aurtxo txikia negarrez dago,
amak erasanaz lo aiteko. [...]
Aurtxo txikia nik zuretzat
opilla sutan da aurratzak
bere erdia emango dizut
beste erdiatneretzat.

Este niño pequeño está llorando,
la madre va a dormirlo. [...]
Para el niño pequeño y para mí
tengo una torta,
una mitad será para ti
y la otra mitad para mí.

Lengua viva 1, Ediciones Octaedro

1.4. El gallego

La evolución del latín vulgar en el noroeste de la península ibérica dio lugar al **gallego-portugués.** La independencia de Portugal en el siglo XIII provoca la progresiva escisión del gallego-portugués, y ya en el siglo XV podemos hablar de dos lenguas diferenciadas: el **gallego** y el **portugués,** aunque siguen manteniendo muchos rasgos comunes.

Se extiende por Galicia, por Asturias hasta el río Navia, por la región leonesa del Bierzo hasta Ponferrada y por Zamora hasta el Padornelo.

Cuatro son las zonas dialectales del gallego: la **suroccidental,** que se extiende por el oeste de Pontevedra y el sur de La Coruña; la **noroccidental,** situada entre las Rías Altas y la meseta de Lugo; la zona **oriental,** que abarca las comarcas zamoranas, leonesas y asturianas, y la zona **central.**

Algunas de las características distintivas del gallego son:

■ Consta de siete vocales.

■ Al igual que el castellano, unifica la pronunciación *b* y *v* latinas.

El gallego es una lengua de carácter conservador y arcaico. Tuvo gran importancia durante los siglos XII y XIII, ya que en ella se escribió una hermosa lírica popular –cantigas de amor, de amigo y de escarnio–. Volvió a tener importancia en el siglo XIX con el movimiento cultural llamado *Rexurdimento,* que reivindica el uso del gallego como lengua literaria. Este hecho propició la aparición de autores de gran relevancia que usaron el gallego en sus escritos literarios, como **Rosalía de Castro.** En la actualidad son la Real Academia Gallega y el Instituto de la Lengua Gallega quienes intentan llevar a cabo la creación de una norma unificadora.

Lee el siguiente texto de Rosalía de Castro y observa las similitudes entre el gallego y el resto de las lenguas de España que proceden del latín.

Adiós, ríos; adiós, fontes

Adiós, ríos; adiós, fontes;
adiós, regatos[1] pequeños;
adiós, vista d' os meus ollos[2];
non sei cándo nos veremos.

Miña terra, miña terra
terra donde m' eu criei,
hortiña[3] que quero tanto,
figueiriñas[4] que prantei.

Prados, ríos, arboredas,
pinares que move o vento,
paxariños piadores,
casiña d' o meu contento.

Muiño[5] d' os castañares,
noites craras d' o luar,
campaniñas timbradoiras
d' a igrexiña d' o lugar. [...]

¡Adiós, groria! ¡Adiós, contento!
¡Deixo a casa onde nascín,
deixo a aldea que conoço,
por un mundo que non vin!

Deixo amigos por extraños,
deixo a veiga pol-o mar;
deixo, en fin, canto ben quero...
¡Quién puidera non deixar!...

Rosalía de Castro
Obra poética, Espasa-Calpe

Rosalía de Castro (1837-1885).

1. **Regatos:** ríos.
2. **Ollos:** ojos.
3. **Hortiña:** huertecita.
4. **Figueriñas:** higueritas.
5. **Muiño:** molino.

1.5. Modalidades de origen latino

En la península ibérica se conservan dos dialectos procedentes del latín: el astur-leonés y el aragonés.

El astur-leonés

Las hablas pertenecientes al dialecto astur-leonés se extienden por Asturias –de donde surge el nombre de **bable** para este dialecto–, oeste de Cantabria y noroeste de León –esta es la variedad más próxima al castellano– y zonas restringidas de Zamora –Sanabria– y Salamanca, sin una delimitación precisa entre ellas.

Se trata de variedades arcaicas, habladas en zonas rurales, sin unidad entre ellas y muy influenciadas por el gallego y el portugués.

En la actualidad se ha intentado crear un sistema de normas para unificar las diferentes variedades.

El aragonés

La zona geográfica por la que se extiende es el Pirineo central: Valle de Ansó, Hecho, Lanuza, Bisecas, Sobrarbre, Aragüés y Ribagorza.

Las diferentes manifestaciones de este dialecto presentan muchas diferencias y escasa uniformidad.

Se trata de una variedad lingüística que procede del dialecto romance medieval navarro-aragonés. Tiene muchas concomitancias en las características lingüísticas con el astur-leonés y, como este, también tuvo su importancia en la época medieval y quedó relegado por el auge del castellano. Igualmente es una lengua que se ciñe al ámbito rural.

Variedades de la lengua

El empleo de la lengua es diverso si atendemos a factores formativos, geográficos o de situación. Así, podemos hablar de distintos tipos de variedades:

- **Diastráticas:** relacionadas con el grado de instrucción de los hablantes.
- **Diatópicas:** condicionadas por la precedencia y el marco espacial de uso.
- **Diafásicas:** relacionadas con las diferentes situaciones en las que el hablante se pueda encontrar.

2 El español en la actualidad

La lengua española constituye, por su extensión en el mundo (más de 400 millones), la **segunda más hablada del mundo.** Asimismo, es una de las lenguas más influyentes de la red Internet y está adquiriendo un desarrollo cada vez mayor gracias al interés que suscita en multitud de países.

Así las cosas, se estima que en 2050 habrá cerca de 540 millones de hablantes de español. Ejemplos claros de esta vitalidad se producen –según el Instituto Cervantes– en las Universidades norteamericanas y australianas, en las que la demanda de cursos de español se ha multiplicado en los últimos años hasta límites insospechados. Señalemos, del mismo modo, que muchos medios de comunicación extranjeros ya disponen de ediciones en español.

El dinamismo comentado contrasta, paradójicamente, con la poca implantación de nuestro idioma en la Unión Europea, donde solo un 7 % de europeos habla español.

Actividades

1. Con la ayuda de la página web del instituto Cervantes (http://www.cervantes.es/portada_b.htm), investiga el número de hablantes del español en los distintos lugares del mundo, especialmente en los países hispanoamericanos.

2. Localiza en esa misma página web el Centro Virtual Cervantes (sección de «El Español en el mundo»), e investiga acerca de las principales características lingüísticas del español de América.

2.1. El español en las instituciones

En la actualidad, existen dos instituciones que tienen como objetivo fundamentar la defensa del español y de la cultura hispana:

- **Real Academia Española de la Lengua** (auxiliada por las academias de los países hispanohablantes). Fundada por el Marqués de Villena en el siglo XVIII, su lema fue *Limpia, fija y da esplendor*. En efecto, la misión de la RAE es la de velar por la pureza y fijación de nuestra lengua. Para ello cuenta con un especializado equipo profesional y los más avanzados procedimientos tecnológicos para, día a día, ir analizando los textos orales y escritos producidos por los medios de comunicación en español, y registrar las posibles novedades e incidencias. Además, establecen los criterios de control del léxico, la gramática y la ortografía. Publican el diccionario oficial, así como la ortografía y la gramática periódicamente, y cuenta con un departamento de *español al día* en el que se recogen las sugerencias de los usuarios de nuestra lengua.

- **Instituto Cervantes.** Fundado en 1991, tiene como objetivo «la difusión de la lengua española y la cultura en español en el mundo». Para ello dispone de una amplia red de centros propios y asociados en más de veinte países de todo el mundo. Se dedican a la organización de cursos y actos culturales, y a la formación de profesores de español como lengua extranjera. Su gran biblioteca alberga más de 700 000 volúmenes, parte de los cuales están vertidos en Internet a través del Centro Virtual Cervantes.

Sede central en Madrid del Instituto Cervantes.

2.2. Dos variedades marcadas: andaluz y canario

2.2.1. Las hablas andaluzas

Desde la llegada de la Reconquista a Andalucía en 1212, comienza a configurarse el andaluz como modalidad específica del castellano, tanto es así que, en la actualidad, representa la variante más rica e innovadora del español. Podemos afirmar que en el Renacimiento la modalidad andaluza ya contaba con una serie de características plenamente establecidas, y, por lo tanto, constituía una variante dialectal clara respecto del castellano, aunque polimórfica en sí misma.

Consonantismo del andaluz
- Ceceo/seseo.
- Yeísmo.
- /s/ andaluza.
- Tendencia a la aspiración de las consonantes implosivas.
- Aspiración de la *h-* inicial procedente de *f-* latina.
- Aspiración de la consonante velar *j*, que se pronuncia como una *h* aspirada.
- Igualación de las consonantes *l* y *r* a final de sílaba.

Vocalismo del andaluz

La modalidad andaluza presenta una diferencia sustancial entre las zonas oriental y occidental.

El fenómeno más característico del vocalismo es el desdoblamiento de timbre, que afecta a los cinco fonemas vocálicos: la aspiración y, en su caso, la pérdida de la /-s/ final provoca la abertura de la vocal precedente. Esta aspiración puede llegar a perderse y el desdoblamiento vocálico queda como único elemento distintivo de la oposición singular/plural en Andalucía oriental. En zonas del andaluz occidental puede perderse hasta la abertura vocálica, produciéndose la igualación singular/plural.

Rasgos morfológicos y sintácticos del andaluz

El sistema gramatical del andaluz es el mismo que el del español, aunque pueden señalarse algunas variedades dialectales muy características. Los rasgos más evidentes son de naturaleza morfológica:

Características lingüísticas del canario

Rasgos fónicos

- Seseo y empleo de la *s* predorsodental.
- Aspiración de la *s* final de sílaba.
- Relajación o aspiración de la *j*.
- Yeísmo.
- Sonorización de la *ch* que alcanza una articulación similar a la de la *y*.

Rasgos morfológicos y sintácticos

- Empleo de *ustedes* en lugar de *vosotros*.
- Uso de *su* en lugar de *tu*.
- Gusto por el pretérito perfecto simple.
- Presente de indicativo para las órdenes.

El vocabulario canario

En general, presenta una gran riqueza y cuenta con un rico caudal léxico: andalucismos, americanismos, arcaísmos, portuguesismos y voces guanches.

El español en el mundo

Se habla español en Argentina, Belice, Bolivia, Chile, Colombia, Costa Rica, Cuba, Ecuador, El Salvador, España, Guatemala, Guinea Ecuatorial, Honduras, México, Nicaragua, Panamá, Paraguay, Perú, Puerto Rico, República Dominicana, Uruguay y Venezuela.

De manera minoritaria también se habla español en Andorra, Canadá, Estados Unidos, Filipinas, Gibraltar, Marruecos, Sahara Occidental, y entre los refugiados saharauis en Argelia.

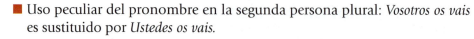

■ Uso peculiar del pronombre en la segunda persona plural: *Vosotros os vais* es sustituido por *Ustedes os vais*.

■ Conservación en el habla rústica o vulgar de ciertos arcaísmos morfológicos: *trujo* por *trajo*, *habemos* por *hemos*, etcétera.

El vocabulario andaluz

No existe un vocabulario específicamente andaluz, pero sí se dan ciertas peculiaridades, que se manifiestan del modo siguiente:

■ **Preferencias léxicas.** En el andaluz occidental dominan los leonesismos, portuguesismos, etc.; en cambio, en la Alta Andalucía son numerosos los términos de procedencia aragonesa y, en menor medida, catalana y levantina: *hermanico*.

■ **Préstamos** que ha recibido el andaluz (principalmente **arabismos**) y que no se han generalizado en español: *alcancía* por *hucha*; *aljofifa* por *bayeta*, etc.

■ **Creaciones espontáneas,** que se manifiestan en la incorporación de algunas palabras jergales o en ciertos cambios de significado. También es destacable la riqueza de sinónimos, sobre todo manifiesta en frecuentes cambios de significado que dependen casi siempre del contexto.

2.2.2. El canario

Se constituye en un habla de tránsito entre el andaluz y el español de América, modalidades de las que participa ampliamente. Cuando Castilla, en los albores del Renacimiento, ocupa las Islas, se exporta la lengua española y paulatinamente va superponiéndose a la lengua guanche, que sigue permaneciendo como sustrato en topónimos y antropónimos.

> **Actividad**
>
> **3.** Como habrás observado, el andaluz y el canario poseen rasgos semejantes como el seseo y la aspiración de algunas consonantes. Busca información al respecto y explícalo a tus compañeros empleando un buen número de ejemplos.

3 El español en el mundo. El español de América

El español es la segunda lengua materna del mundo por número de hablantes, por debajo del chino. Recientes estudios afirman que son ya 470 millones los hablantes de español como primera lengua en el mundo. Además, si a esta cifra le sumamos los hablantes como segunda lengua y lengua extranjera, rondamos los 540 millones. Los hablantes de español se hallan en torno al 6,7 % de la población mundial. Es una de las seis lenguas oficiales de la ONU.

Para hacernos una idea de la expansión del español, baste decir que, hoy por hoy, en Estados Unidos, con 52 millones de hispanohablantes, la mayoría de los nuevos medios de comunicación (prensa, televisión) hacen uso de nuestra lengua.

Por otra parte, solo 46 millones de los hablantes del español residen en España. El resto de los usuarios de la lengua son hispanoamericanos.

La comunidad hispanohablante, además, posee una cohesión lingüística mayor que la de las demás lenguas oficiales de la ONU, en gran medida gracias a la labor de la Real Academia de la Lengua, con filiales en toda Hispanoamérica.

3.1. El español de América

América constituye un vasto territorio lingüístico que incluye a más de 300 millones de hispanohablantes distribuidos en tres subcontinentes: América del Norte, América Central y América del Sur. A pesar de que presenta una gran unidad en relación con el español peninsular, posee **rasgos propios** diferenciados:

- Entonaciones variadas.
- Algunos usos gramaticales. Por ejemplo, el empleo del pronombre *vos* en lugar de *tú* o la reducción de algunos diptongos en formas verbales, así como cambios acentuales: *tenés* en lugar de *tienes*.
- Léxico influido, tanto por las respectivas lenguas indígenas (guaraní, náhuatl, quechua, etc.) como por otras procedentes de las sucesivas culturas que fueron poblando el continente: inglés, italiano, portugués y lenguas negroafricanas. Por ello, en muchas zonas, el español convive con lenguas indígenas en situación de bilingüismo.
- Están presentes, igualmente, fenómenos fonéticos de origen andaluz, como el seseo, el yeísmo o la aspiración o neutralización *r/l*.

Aunque el español de América presenta una fuerte unidad interna, se han establecido **cinco zonas,** según el influjo de las lenguas precolombinas:

1. México y Centroamérica (influida por el náuhatl).
2. Caribe (arahuaco).
3. Tierras altas continentales (quechua).
4. Centro y sur de Chile (araucano y mapuche).
5. Río de la Plata (guaraní).

4 El español en la Red

Internet tiene unos 2500 millones de usuarios, de los cuales un 7,8 % navega en español. Así las cosas, podemos afirmar que es la tercera lengua más empleada, tras el inglés y el chino. Entre los años 2000 y 2011 el español presentó una expansión verdaderamente espectacular, en torno al 810 %, favorecido sobre todo por la incorporación de muchos internautas latinoamericanos.

En el caso particular de la Unión Europea, el español solo ocupa el cuarto puesto.

En cuanto a las dos redes sociales más utilizadas en el mundo (*Facebook* y *Twitter*), los datos revelan que nuestra lengua es la segunda más utilizada, tras el inglés.

Actividad

4. Atendiendo a lo que ya hemos estudiado sobre el lenguaje periodístico en la unidad 2, vamos a elaborar un pequeño periódico panhispánico. Nos organizaremos en comisiones de trabajo y cada uno seleccionará un país de habla hispana, investigará algunos usos peculiares del español de América en ese país (especialmente, usos distintos del léxico) y redactará una noticia relacionada con el país seleccionado donde empleará esos términos. Asimismo, elaboraremos un glosario donde aparezcan palabras y expresiones que poseen distintos significados u otras peculiaridades según el país hispano del que se trate. Podéis partir de algún estudio como el que encontramos en http://www.tremedica.org/panacea/IndiceGeneral/n7_G_Haensch7.pdf y usar también el Diccionario de la Real Academia (http://dle.rae.es/) para saber los usos exactos por países.

La palabra *canoa* es el primer americanismo incorporado al idioma español en 1492.

Unidad 6 Historia y actualidad del español

Texto A

Español y castellano

La polémica en torno a los términos español y castellano estriba en si resulta más apropiado denominar a la lengua hablada en Hispanoamérica, en España y en otras zonas hispanoparlantes «español» o «castellano», o bien si ambas son formas perfectamente sinónimas y aceptables, que es actualmente el criterio académico.

Como muchas de las controversias relacionadas con la denominación de una lengua identificable con un determinado territorio (español con España, y castellano con Castilla), o que lleva aparejada una ideología o un pasado histórico que provoca rechazo, o que implica una lucha en favor de una denominación única para facilitar su identificación internacional y la localización de las producciones en dicha lengua (por ejemplo, en redes informáticas), **la controversia es de raíz ideológica, política y económica.**

Desde el **punto de vista estrictamente lingüístico,** no hay preferencias por una denominación u otra. La ciencia lingüística, siempre que no actúe ideológicamente, se limita a estudiar y caracterizar la complejidad de los sistemas lingüísticos interrelacionados que componen un diasistema o lengua histórica (como conjunto más o menos complejos de variedades geolectales, sociolectales y funcionales, variables a su vez en el tiempo), y, terminológicamente, a recoger los diversos usos denominativos de una lengua o familia de variedades. Para la ciencia lingüística, pues, ambos términos son válidos a la hora de designar el diasistema de la lengua histórica llamada popular y oficialmente castellana o española.

En el **ámbito normativo prescriptivo,** según la normativa establecida por los principales organismos de política lingüística del área hispanohablante en lo relativo a la codificación del estándar idiomático (Real Academia Española y Asociación de Academias de la Lengua Española), castellano y español son términos sinónimos, aunque el Diccionario panhispánico de dudas, obra de carácter normativo actualmente vigente recomienda no obstante la denominación de «idioma español» por ser la utilizada generalmente en otros idiomas nacionales (spanish, espanhol, espagnol, spanisch, spagnolo, etc.).

http://es.wikipedia.org/wiki/Castellano

1. Explica las razones que se exponen en el texto para denominar a nuestro idioma castellano o español.
2. Investiga qué dice la Constitución española al respecto del nombre de nuestra lengua.
3. ¿Ante qué tipo de texto nos encontramos? Razona tu respuesta.
4. Analiza los procedimientos de cohesión textual.

Texto B

A finales del siglo XIX el andaluz Diego Terrero y el asturiano Teodoro Cuesta entablaron una polémica sobre qué dialecto era mejor: el bable o el andaluz. El debate no se limitó a asuntos lingüísticos, sino que se extendió a modelos de vida.

Bable

Pensatiple… plasmáu… silenciosu
com'l pitu a la vista del raposu
cuando menos barrunta, quietu, atentu,
non perdí nin migaya del to cuentu.
Y cuentu llamo yo a lo que falaste   5
por más que llinguateru diprecianste
esta tierra del mundo maravilla
llevantando hasta'l cielu a tó Sevilla.
Pos ye bono uqe sépiais, compañeru,
que'l primu de Pachón el llagareru   10
q'a tierra de Castiella foi más veces
que pares por un rial te dan de nueces,
estuvo'n esi pueblu tan nombrau
y por i nesti sitiu ponderau,
comiendo cinco meses…. ¡probe Pachu!   15
lo que comen los páxaros… ¡gazpachu!

Castellano

Pensativo… atontado… silencioso
como el pollo a la vista del zorro
cuando menos se lo espera, quieto, atento,
no perdí ni una migaja de tu cuento.
Y cuento llamo yo a lo que has hablado   5
por mucho que parlanchín despreciaras
esta tierra del mundo maravilla
elevando hasta el cielo a tu Sevilla.
Pues es bueno que sepas, compañero,
que el primo de Pachón, el lagarero   10
que a tierra de Castilla fue más veces
que pares por un real te dan de nueces,
estuvo en ese pueblo tan nombrado
y por ti en este sitio ponderado,
comiendo cinco meses… ¡pobre Pachu!   15
lo que comen los pájaros… ¡gazpacho!

Diego TERRERO **y Teodoro C**UESTA
Andalucía y Asturias

1. Investiga con cuál de los dialectos estudiados se identifica el bable.
2. Investiga en Internet sobre el bable y su extensión en la actualidad.
3. ¿Qué otros dialectos peninsulares conoces? Enuméralos.
4. ¿Los modelos dialectales deben constituirse en motivos de separación entre los pueblos o bien en motores de integración cultural? Justifica tu respuesta.

Artículo de opinión

DIARIO DE SEVILLA

Los primeros días del «invierno demográfico»

El último informe del Instituto Nacional de Estadística (INE) sobre el movimiento natural de la población da razones de sobra para la preocupación. Como ya se venía vaticinando por parte de los expertos, el crecimiento vegetativo (nacimientos menos muertes) de la población española fue negativo durante el primer semestre de 2015, algo que no sucedía desde 1999. En concreto, en España nacieron 206 656 niños y fallecieron 225 924 personas, lo que arroja un saldo de -19 268. En principio, es un número reducido que no debería alarmarnos, pero el verdadero problema es que podemos encontrarnos ante el inicio de un ciclo de franco decrecimiento de nuestra población.

Desde hace años, algunos estudiosos de la demografía vienen advirtiendo de la inminencia de lo que denominan el invierno demográfico. Tras el *baby boom* de los años sesenta, España habría entrado en un lento pero inexorable decrecimiento de la población que, durante años, quedó camuflado por la masiva afluencia de inmigrantes que buscaban trabajo en la España del milagro económico. Sin embargo, una vez que la crisis hizo acto de presencia y la inmigración decidió marchar a mercados laborales más prósperos, el problema volvería a manifestarse en toda su crudeza. Los nuevos datos del INE apuntarían en esta dirección. El decrecimiento de la población no es una cuestión menor, entre otras cosas porque pilares tan básicos de nuestro Estado de bienestar como el sistema de pensiones dependen de que exista una estructura demográfica piramidal en la que los jóvenes deben superar ampliamente a los ancianos.

Cierto es que también hay teóricos que quitan importancia al decrecimiento vegetativo de la población y confían en que, cuando las cosas vuelvan a mejorar económicamente en España, la inmigración volverá a afluir en grandes cantidades. Pero no se puede esperar que factores externos y que no dominamos nos resuelvan la papeleta. España se debe tomar, por tanto, muy en serio el fomento de la natalidad. ¿Cómo? Desde luego no con políticas derrochadoras e inútiles como el *cheque-bebé,* y sí con una batería de medidas que van desde ampliar la red pública de guarderías, primar fiscalmente los nacimientos y adopciones (algo en lo que ya se ha dado algún tímido paso), fomentar vía legislación laboral la conciliación familiar, etcétera. No estamos ante un problema coyuntural, sino frente a una tendencia estructural cuya corrección no será fácil. Cuanto antes nos pongamos a la tarea, mejor que mejor.

Diario de Sevilla (7 de diciembre de 2015)

1 Resumen

Los datos en torno al crecimiento de nuestra población son estremecedores: tras el repunte provocado por el llamado *baby boom,* España ha entrado en caída libre amortiguada por la entrada de inmigrantes en los años de bonanza. Desde la irrupción de la crisis se aprecia de nuevo el decrecimiento. Hay que tomar, pues, medidas urgentes que se encaminen al fomento de la natalidad, solución sólida al problema.

2 Tema y estructura

El tema del presente texto es el de la crisis demográfica y sus posibles soluciones.

Como ya sabemos, los textos periodísticos de opinión suelen presentar una introducción expositiva, un cuerpo argumentativo y una conclusión. Desde el punto de vista de la estructura externa, se trata, como hemos comentado, de un texto periodístico constituido por tres párrafos simétricos.

Si analizamos su estructura interna, apreciaremos cómo el autor ha comenzado planteando el problema demográfico basándose en datos gubernamentales. Estamos ante la **introducción.**

En el segundo párrafo, ha planteado una **reflexión** basada en lo que la evolución histórica nos ha deparado, y en lo cambiante de los movimientos migratorios en razón de la situación económica del país.

Acaba proponiendo su **tesis:** en España hay que tomarse en serio el fomento de la natalidad como única solución al problema, y a prisa.

Como hemos visto, la estructura es inductiva, ya que el fomento de la natalidad, solución al problema planteado en el texto, se encuentra al final.

3 Comentario crítico

La publicación responsable del siguiente texto, un editorial, presenta una actitud muy clara y directa ante un problema que preocupa actualmente en la sociedad española: la crisis demográfica. Como afirman, es obvio que no nos hallamos ante una cuestión menor, ya que nuestro sistema de bienestar peligra. De todos es sabido que la estructura triangular basada en que una mayoría de población activa joven mantenga a la población anciana es de justicia, pues los mayores ya cumplieron con creces su misión de trabajar para mantener a la sociedad. Por tanto, en cualquier solución que se plantee, ellos son intocables; hay que reforzar la base de la actividad económica y esto solo se consigue, como se plantea en el texto, fomentando la natalidad estructuralmente con medidas fiscales y de conciliación de la vida familiar y laboral y no con otras políticas de derroche y ocasión.

En cualquier caso, podemos considerar que quien redactó el texto elabora un análisis bastante objetivo de la realidad y no se implica ideológicamente en el mismo. Podrían haber aparecido otros conceptos asociados y dignos de una reflexión más profunda: intereses electoralistas, replanteamiento del papel de la mujer en la sociedad española, etc.

Consideramos que precisamente la dignificación de las mujeres puede ser una de las grandes claves del cambio: si, de una vez por todas, somos conscientes del esfuerzo que realizan las mujeres trabajadoras, muchas de ellas con doble jornada laboral –en casa y en la calle– y mostramos respeto y atención, tanto desde los individuos como desde las instituciones, seguramente será posible solucionar muchos de los problemas que nos acucian, y no solo el que plantea el texto.

Artículo de opinión

EL PAÍS

I like your moño

Se lo decía una cajera a otra mientras metía mis alimentos en la bolsa: «*I like your moño*». A punto estuve de intervenir diciendo: «*I like her moño too*», pero me contuve, porque desde que vengo a este supermercado, tan justamente llamado *The Garden of Eden* (*El Jardín del Edén*), oculto mi condición de hispanohablante para que las cuatro cajeras enmoñadas, imitadoras rechonchas de ese modelo de belleza hispano que es para ellas Jennifer López, no se inhiban delante de mí. El español es para ellas el arma secreta, el idioma del cuchicheo, el que hablan cuando les conviene hacer un comentario pícaro delante de los clientes que no quieren que sea escuchado. Hablan mucho de hombres. Para ellas es el idioma familiar, de la amistad y de la malicia. Y como nuestro aspecto español se diluye confusamente entre el de los italianos, los griegos o los israelíes, una puede disfrutar de las confidencias sin ser descubierta. De todas formas, ocurre con frecuencia que los hispanos que trabajan en servicios se revuelven incómodos si les hablas en español. Es, imagino, como si dieras por hecho que su físico, moreno, mulato, indio, corresponde a un determinado idioma, y en Estados Unidos, a pesar de la fortaleza de las minorías, los inmigrantes tienen una voluntad notoria de integración. La secuencia sería así: la primera generación salpica su habla con palabras inglesas relacionadas con el trabajo o la vida diaria. Los porteros, por ejemplo, en su mayoría hispanos, se expresan en un bellísimo español guatemalteco o mexicano hablándote del *boiler* (la caldera), el *freezer* (el congelador), el *basement* (el sótano) o del «*leak* que había en el *ceiling*» (la gotera en el techo). No es incultura, es economía de medios, ansia de hacerse entender, y en muchos casos responde al hecho de que es la primera vez que el emigrante usa esa palabra porque el aparato que nombra no existía en su país. La segunda generación, y eso está más que reflejado en la literatura, se aparta de las raíces paternas, habla un inglés impecable porque lo ha estudiado en la escuela y chapurrea un español bastante incorrecto (a veces tímido) con la familia.

Estamos hablando de un problema de estatus, de clases sociales; si el niño hispano quiere ser alguien ha de saber, no ese inglés exótico que tanta gracia nos hace, no, ha de saber inglés. Cierto es que en las calles de Nueva York el español es el idioma más escuchado después del inglés y que hay más traductores de ese idioma que de ningún otro en hospitales e instituciones públicas, pero la sensación es que, pese al numerosísimo capital humano que lo habla, no acaba de levantar el vuelo para convertirse en un idioma de primera categoría en el ámbito cultural. A las autoridades competentes habría que pedirles que rebajaran los discursos triunfalistas sobre la importancia de nuestra lengua y se pusieran a trabajar para que tuviera una presencia con la dignidad que se merece. La única manera de que el español prospere es que a los niños inmigrantes no les cause vergüenza hablar el idioma de sus padres. A eso deberían contribuir, para empezar, los medios de comunicación hispanos que, al menos en Estados Unidos, se esfuerzan en resaltar esa imagen chillona y bullanguera de nuestra lengua. La televisión española internacional es más sobria pero no se queda atrás en baratura y hortereza. No lo digo yo, lo dice cualquier español que viva en el extranjero. Da vergüenza. Es en ese tipo de cosas en las que perdemos día a día una oportunidad, nunca mejor dicho, de oro. El español está vivísimo en las calles de Nueva York pero no se puede confiar su supervivencia al número de hablantes, porque el inmigrante va a lo suyo, y lo suyo es echar lastre y abandonar todo aquello que le impida prosperar y ser uno más.

Elvira Lindo
El País (6 de octubre de 2008)

Historia y actualidad del español | Unidad 6

1 Fase previa

- Antes de realizar el comentario crítico debemos aclarar aquellas cuestiones que desconozcamos. En este caso, podemos investigar las dudas acerca de palabras y expresiones (*inhiban, se diluye, problema de estatus, capital humano, echar lastre*).

2 Resumen

- Sintetiza el contenido de esta columna de opinión. Ten presente que, a pesar de que el texto está formado por solo dos párrafos, aparecen diversas ideas: la anécdota inicial, la voluntad de integración, la explicación de cómo usan el idioma los inmigrantes de primera o segunda generación, el prestigio del inglés frente al español o el papel que las autoridades podrían desempeñar en esta situación.

3 Tema y estructura

- En el texto se interrelacionan diversos temas. Por este motivo, debes valorar cuál el tema principal y cuáles los secundarios. Dado que el inicio parte de una anécdota, habrá que determinar el tema fundamental más adelante, buscando las ideas más generales que desarrolla el texto.

- ¿Cómo se organizan las ideas? ¿En qué parte se halla la tesis de la autora acerca de la situación del español frente al inglés en Estados Unidos? Observa que el texto parte de una anécdota concreta (una conversación entre cajeras) para concluir solicitando la intervención de las autoridades competentes en la dignificación del español. Según esto, explica la estructura.

4 Comentario crítico

- Confronta tu opinión con la de la autora en torno a la extensión geográfica del español en el mundo y a su prestigio internacional frente al inglés.

- ¿Te parece apropiado el planteamiento de Elvira Lindo? ¿Por qué comienza con una anécdota? Valora su punto de vista: atrevido, conservador, necesario, arbitrario, poco fundamentado...

- En el texto se utilizan argumentos de distinto peso: hechos probados, de calidad, de cantidad... Localízalos explica su valor en el texto.

- La autora emplea la ironía y el humor. ¿Dónde? ¿Con qué intención?

- El texto afirma que los hispanos norteamericanos se molestan cuando se les identifica como tales. ¿Por qué se produce este hecho? ¿Qué opinión te merece?

- También se comenta el mayor prestigio cultural del inglés frente al español en la actualidad. ¿Estás de acuerdo?

- Como tema secundario, se escribe también acerca de la importancia de los medios de comunicación, en especial de la televisión. Por lo que se dice en el texto, ¿encuentras alguna similitud entre la TV hispana en EE.UU. y en España? ¿Qué papel desempeñan los medios de comunicación con respecto al idioma y al prestigio cultural?

- ¿Por qué la autora piensa que para un hispano neoyorquino el español puede ser un lastre? ¿Compartes esta opinión?

- Valora globalmente el texto y resume con precisión tu opinión respecto al tema central del mismo.

Ahora tú: comentario guiado

Unidad 6 Historia y actualidad del español

- Ortografía.
- Corrección gramatical.
- Precisión léxica.

Ortografía

En español plantea ciertas dudas el empleo de ciertos monosílabos homófonos que gráficamente se distinguen por el empleo de la llamada **tilde diacrítica.** Así:

dé (verbo *dar*) *de* (preposición)
él (pronombre) *el* (determinante artículo)
aún (*todavía*) *aun* (*incluso*)
más (adverbio de cantidad) *mas* (conjunción, *pero*)
mí (pronombre) *mi* (determinante)
sé (verbo *saber* o *ser*) *se* (pronombre)
sí (adverbio afirmación, pronombre) *si* (conjunción)
té (sustantivo, infusión) *te* (pronombre)
tú (pronombre) *tu* (determinante posesivo)

Observa que, en todas estas parejas, la forma con tilde es tónica, frente a la forma sin tilde, que es átona: no se pronuncia igual, por ejemplo, *tú* que *tu*. Tenlo presente en caso de duda.

1. Selecciona en las siguientes oraciones la opción correcta de las que se proponen. Explica tu elección en cada caso:
- No **sé/se si/sí** iré a casa de Lola la semana que viene.
- **De/dé** usted lo que pueda para las misiones, señor.
- **El/él** director me dijo que había sido **el/él** quien me llamó.
- Ya **te/té** he dicho que no me apetece tomar **té/te**.
- **Tu/tú** madre dice que no has sido **tu/tú**.

2. Construye una oración con cada una de las palabras susceptibles de llevar tilde diacrítica.

Corrección gramatical

Cuando un sustantivo femenino en español comienza por las sílabas *a-* *ha-* tónicas, se deben emplear los determinantes *el, un, algún, ningún*; salvo en estos casos, en todos los demás se empleará el determinante en su forma femenina: *esta, esa, aquella, otra...*

Si entre el determinante y el sustantivo se introduce un adjetivo, el determinante irá siempre en la forma femenina común: así, diremos *el área* pero *la amplia área*.

3. Selecciona la opción correcta en las siguientes oraciones:
- **Este/esta** agua está muy caliente.
- No había nadie en **aquel/aquella** aula.
- Tengo **mucho/mucha** hambre.
- Se ha comprado **un/una** nueva hacha.
- El equipo visitante está asediando **nuestro/nuestra** área.
- A mi tío le encanta cocinar **los/las** ancas de ranas.
- La bandera está izada a **media/medio** asta.

Historia y actualidad del español **Unidad 6**

Precisión léxica

4. En las siguientes oraciones aparecen expresiones y frases hechas propias del registro coloquial. Sustitúyelas por expresiones más formales:

- *Sus ideas se fueron al garete.*
- *Sus opiniones son para quitarse el sombrero.*
- *Me parece de escándalo la manera que has tenido de resolver este conflicto.*
- *Este libro está de lujo; es tela de bonito.*
- *Lo que me dijo me puso como una moto.*
- *Este tema es muy importante y hay que ponerse las pilas para hincarle el diente.*
- *Ese asunto tiene guasa, aunque a más de uno le traiga sin cuidado.*
- *Ni que decir tiene que esos argumentos me parecen bien.*

5. Sustituye en las siguientes oraciones el verbo **decir** por otro más preciso de entre los que te ofrecemos: *comentar, murmurar, rumorear, responder, describir, proponer, opinar, narrar, prohibir, afirmar, insinuar, susurrar, expresar, proferir, publicar.*

- *Le pregunté que a qué venía esa actitud, y me **dijo** que no me inmiscuyera en sus asuntos.*
- *Me interesa mucho lo que **digas** de esta cuestión.*
- *Nos **dijo** taxativamente que no superásemos la velocidad máxima aconsejada.*
- *Como quien no quiere la cosa, me **dijo** que volviera a verla al día siguiente.*
- *Nos **dijo** que la película le había sobrecogido.*
- *Las autoridades **dicen** que fumar mata.*
- *Le **dije** que se uniera a la campaña de sensibilización de Manos Unidas.*
- ***Dijeron** cómo era su casa con todo lujo de detalles.*
- *En la sobremesa, les **dijo** cómo había conseguido la firma de Elvira Lindo.*
- *Anda **diciendo** por ahí que no le gusta el jamón. Definitivamente, no es persona de fiar.*
- *Se **dice** que el príncipe tiene nueva novia.*
- *Está **diciendo** insultos que le van a traer terribles consecuencias.*
- *Me **dijo** al oído aquel poema tan estremecedor.*
- *El periódico de hoy **dice** que el estreno de* El burlador de Sevilla *fue un éxito clamoroso.*
- *Me **dijo** su opinión y me pareció muy acertada.*

6. Construye una oración correcta con cada uno de los verbos empleados en el ejercicio anterior.

7. Localiza en el diccionario el significado de los siguientes verbos y construye una oración con cada uno de los mismos en la que se emplee su significado de modo preciso:

- *Opinar*
- *Estimar*
- *Creer*
- *Considerar*
- *Exponer*
- *Manifestar*
- *Proponer*
- *Postular*
- *Apreciar*
- *Valorar*
- *Juzgar*
- *Declarar*

Es fundamental que un alumno conozca con precisión el significado de los verbos de los que podemos servirnos para manifestar opinión. Su dominio será, sin duda, un buen aliado con vistas a la realización de cualquier análisis textual que se nos proponga.

7. Géneros literarios. Teoría e historia

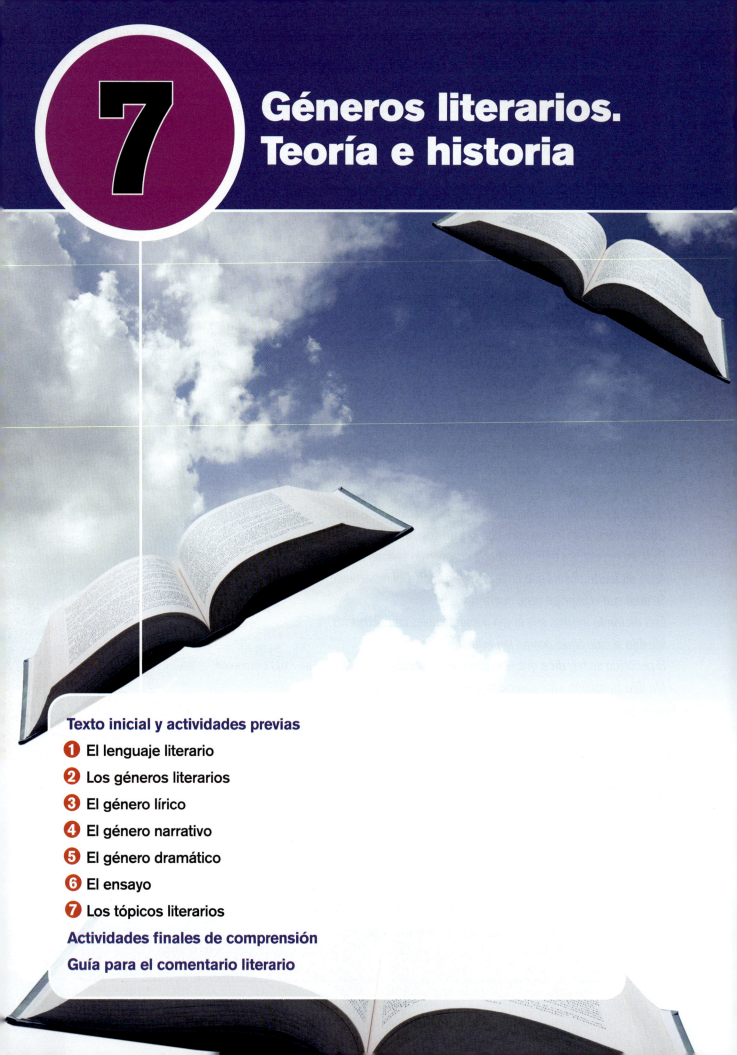

Texto inicial y actividades previas
1. El lenguaje literario
2. Los géneros literarios
3. El género lírico
4. El género narrativo
5. El género dramático
6. El ensayo
7. Los tópicos literarios

Actividades finales de comprensión

Guía para el comentario literario

Géneros literarios. Teoría e historia — Unidad 7

Texto inicial

El siguiente texto es un poema de la escritora jerezana Raquel Lanseros. En él nos cuenta cómo, a menudo, como lectores, transformamos lo leído y lo adaptamos a nuestras propias vivencias.

Resistencia al cálculo

Un silencio fecundo de rugidos
acompaña la tarde litoral y nubosa.
Es una playa ilesa del Pacífico.
Manzanillos de agua, heliconias gigantes
meciéndose en la brisa embriagada de nubes.   5
De repente, el milagro:
dos papagayos rojos
rebasan el umbral de lo posible.

Justo en ese momento
yo soy un marinero de la Santa María   10
mirando Guanahani desde el mástil.
Yo soy Keats descubriendo
el Homero de Chapman.
Gagarin comprendiendo
la soledad helada del espacio.   15
Tenochtitlán, Numancia,
Troya llorando a Héctor,
un órdago de Dios,
Edmund Dantès al viento.

Soy el roce de dos ramas resecas   20
que encendieron un fuego primitivo.

Es fácil de entender si sales de tu nombre.

En la Tierra el misterio.
Yo he venido
a ser ola a la vez que miro el mar.   25

Raquel LANSEROS
Las pequeñas espinas son pequeñas, Hiperión

Mar en calma (detalle), por Gustave Courbet.

Actividades previas

A. ¿En qué aspectos nos podemos basar para afirmar que nos hallamos ante un texto literario?

B. Intenta identificar a qué subgénero literario pertenece el texto anterior.

C. ¿Qué importancia posee la connotación en tu respuesta?

D. ¿Las alusiones tanto a lugares como a personas nos harían pensar que el texto posee un marcado carácter narrativo?

1 El lenguaje literario

1.1. Características de la lengua literaria

Analizar las características que convierten en literario un texto ha sido (y todavía lo es) una de las tareas más complejas a la que se han enfrentado las ciencias humanas.

1.1.1. La literatura como proceso comunicativo

¿Qué es un texto literario? ¿Qué convierte a un texto en literario? Especialistas en Teoría de la Literatura han tratado de describir las claves que constituyen la esencia de un texto literario.

Por lo general, los estudiosos coinciden al afirmar que el texto surge de una necesidad comunicativa. Esta intención, que no siempre ha sido admitida por los autores, lo determinaría y lo convertiría en el producto de una *comunicación histórica* (localizada en el tiempo y el espacio) entre un emisor y un receptor-destinatario.

Emisor	Canal	Código	Mensaje	Receptor
Autor: • Individual • Colectivo (folclore)		Verbal No verbales (teatro)	Obra literaria	Oyente-lector
Voluntad creadora: • Intereses • Motivaciones **Imagen de la realidad:** • Creencias • Ideología • Herencia cultural	Palabra oral Palabra escrita	Retórica y reglas literarias Recursos formales y rítmicos Recursos de contenido: • Metáforas, símbolos, metonimias… • Atención a la connotación • Plurisignificación • Sentido abierto	Intención Pautas de lectura Manifestación de género: • Lírico • Narrativo • Teatral	**Lector cómplice:** • Anticipar • Generar expectativas • Realizar inferencias • Comprender • Interpretar
Competencia literaria: • Selección de recursos • Selección de temas • Intertextualidad				**Competencia literaria:** • Análisis de recursos • Comprensión del tema • Reconocimiento de hipotextos

Todo el proceso está determinado por la **situación** en que se produce la comunicación.

En el caso de una situación compartida por emisor y receptor (ambos en el mismo lugar y al mismo tiempo), esta puede llegar a afectar a la expresión y a la comprensión del texto. Imaginemos, por ejemplo, un pregón: en un determinado momento el emisor puede intensificar su expresión para provocar una mayor afectividad.

En otras ocasiones emisor y receptor no comparten la situación inmediata y la comunicación se realiza de forma diferida. En este caso, es necesario reconstruir el entorno de emisión del modo más preciso posible. Tal reconstrucción implica, a menudo, el reconocimiento del autor, de sus circunstancias vitales, de las de su época y el acercamiento a las convenciones culturales y literarias del momento. Esta actividad es tanto más compleja cuanto más alejado en el tiempo haya sido emitido el mensaje.

Además de la situación, consideramos seguidamente otros elementos relevantes del proceso de comunicación literaria.

1. **Emisor o autor.** Debemos conocer las **circunstancias vitales e históricas** que rodearon al escritor, ya que en muchas ocasiones nos servirá para poder interpretar adecuadamente las obras literarias. La **ideología** y las creencias también se reflejarán: un autor preocupado por su entorno social tenderá a escribir textos comprometidos socialmente; un poeta consciente de la situación ecológica del planeta posiblemente manifestará sus preocupaciones en sus poemas…

2. En cuanto al **mensaje,** consideraremos:

- El **lenguaje poético** se aleja de lo referencial, de lo denotativo y se acerca a lo connotativo, a lo metafórico y a lo simbólico. Este alejamiento también puede afectar a todos los niveles de la lengua. De esta forma, el lenguaje literario alcanza una mayor densidad expresiva.

- La literatura propone un **esfuerzo lúdico de interpretación,** que va más allá del que realizamos al enfrentarnos al lenguaje cotidiano. Para ello es indispensable que presente un **carácter abierto,** sugerente y plurisignificativo que ha de permitir el «trabajo» creativo del lector/oyente, siempre dentro de los límites que imponga el mismo texto. La libre interpretación constituye parte del «juego literario». ¿Qué sucedería si un compañero te refiriera una adivinanza e inmediatamente te revelase la solución? En este caso, te impondría su versión y te arrebataría la posibilidad de jugar con el texto.

- No se escribe ni se lee igual un poema que una obra de teatro: hemos de considerar, pues, la **importancia de los géneros literarios.** Distinguimos así entre textos líricos, narrativos o teatrales. Cada uno tiene sus reglas y convenciones (aunque es frecuente que los autores las obvien en su permanente búsqueda de lo original).

- El lenguaje literario nunca puede ser tan intenso o alejado de lo convencional que impida captar el **sentido del texto.** Para evitarlo, el autor ha de construir una obra que, aunque difícil, permita hallar las claves que la expliquen. En ocasiones podremos, incluso, encontrar dichas claves en otras obras del mismo autor, o en la de otros autores cuyos textos le hayan servido de inspiración.

3. El **receptor** es también un elemento fundamental en el acto comunicativo literario. Hoy día se estima que el receptor contribuye decisivamente en la creación del texto. No hay comunicación sin receptor, como no hay literatura sin un lector u oyente que, lúdicamente, se esfuerce por interpretar un texto. El autor suele tener en mente un lector modelo al que dirigirse (**lector implícito** o **archilector**), pero su obra puede llegar a un receptor universal, muy alejado de lo que en principio pudo pensarse.

Unidad 7 — Géneros literarios. Teoría e historia

Géneros literarios
Lírico
Canción
Oda
Elegía
Égloga
Epístola
Epigrama
Sátira
Épico o narrativo
Novela
Cuento
Fábula
Epopeya
Cantar de gesta
Poema épico
Dramático
Tragedia
Comedia
Drama

El poema épico

Aunque la mayoría de los poemas (sobre todo en la literatura contemporánea) pertenecen al género lírico, históricamente también los hay narrativos, como los denominados poemas épicos (el *Poema de Mio Cid* es buena muestra de ello).

La prosa poética

En la prosa poética se pueden encontrar los mismos elementos que en el poema: hablante lírico, actitud lírica, objeto y tema, pero sin elementos formales (métrica, rima). Se distingue del poema por estar escrita en prosa, por no tener rima; y del cuento o del relato, porque su finalidad no es específicamente narrar hechos sino transmitir sensaciones, impresiones, visiones del mundo, etc.

2 Los géneros literarios

Toda obra literaria comparte con otras determinados rasgos que permiten clasificarla dentro de un grupo concreto. Esta idea, desarrollada ya en la Antigüedad grecolatina, es la que da lugar a la teoría de los géneros literarios.

Así, podemos definir los **géneros literarios** como aquellos **modelos estructurales** que permiten crear, clasificar y agrupar los textos literarios. Los géneros funcionan como marco de referencia y expectativas para escritores y público.

Una primera caracterización diferencia entre **géneros ficcionales** (lírica, narrativa y teatro) y **no ficcionales** (géneros didáctico-ensayísticos).

El concepto clásico de género se va fraguando a través de los siglos, desde la Grecia antigua (Platón, Aristóteles), pasando por Roma (Horacio) hasta el Renacimiento. Con el tiempo, aparecen nuevas formas literarias o se introducen novedades en los géneros clásicos (así, Lope de Vega funde elementos de la comedia y la tragedia en sus obras, bajo la fórmula por él creada de la *comedia nueva*). Con la llegada del Romanticismo y su exaltación de lo individual sobre lo social, del genio y la creatividad sobre las normas, se rompe la propuesta de clasificación tradicional: desde estos momentos ya no se considera necesario seguir estrictamente los géneros preestablecidos. Esa tendencia se mantiene en nuestros días, en los que la **integración** y el **hibridismo** de las artes hace imposible una sistematización rígida de las manifestaciones literarias. Ejemplos claros de este hibridismo se encuentran, por ejemplo, en la **prosa poética** o en el **microrrelato**.

Seleccionamos este fragmento de *Platero y yo*, de Juan Ramón Jiménez como modelo de prosa poética.

Paisaje grana

La cumbre. Ahí está el ocaso, todo empurpurado, herido por sus propios cristales, que le hacen sangre por doquiera. A su esplendor, el pinar verde se agria, vagamente enrojecido; y las hierbas y las florecillas, encendidas y transparentes, embalsaman el instante sereno de una esencia mojada, penetrante y luminosa. […]

Juan Ramón Jiménez
Platero y yo, Cátedra

3 El género lírico

El género lírico está formado por obras en las que el autor expresa de forma subjetiva sus ideas y sentimientos más íntimos y personales: la melancolía, la tristeza, el amor, el dolor, la muerte, la libertad, la soledad, la alegría, la pasión… En su forma más habitual, los textos líricos se conocen con el nombre de **poemas,** de manera que los términos *lírica* y *poesía* suelen considerarse sinónimos.

3.1. Características del género lírico

Características de la lírica	
Empleo intensivo de la función poética	Se emplean en un elevado número las **figuras estilísticas**. El poeta desea provocar determinados efectos en el lector (sorpresa, emoción, provocación…) y explora las posibilidades que la lengua le permite.
Presencia de la función expresiva	En la lírica se manifiestan los sentimientos, visiones y emociones del autor. Se convierte así en el vehículo de transmisión de la intimidad, de las experiencias más personales y subjetivas, a través de la evocación, la alusión y la connotación.
Uso de palabras con valor connotativo	El poeta selecciona palabras con valor evocador y sugerente que transportan al lector a otros mundos: la infancia, la imaginación, la fantasía…
Concentración y brevedad	El poema se centra en un sentimiento, en una emoción o en un asunto concreto; se intenta evitar la dispersión temática.
Escasa presencia de elementos narrativos	Consecuencia de lo anterior. Las alusiones al espacio y al tiempo (si aparecen) son un mero soporte del poema o poseen valores simbólicos.
Uso mayoritario del verso	Sin ser exclusivo de la lírica (también existen textos narrativos en verso) ni ser la única posibilidad (hay muestras de lírica en prosa) normalmente el género lírico utiliza el verso como cauce expresivo. El empleo de la versificación se justifica por la sonoridad que otorga al texto, por el esfuerzo de condensación que exige al poeta y por su capacidad para estilizar el mensaje.
Ritmo y musicalidad	Se consigue mediante la repetición de sonidos, la distribución de sílabas, pausas y acentos, las secuencias sonoras o sintácticas, etc. En un principio la lírica nació asociada al ritmo y a la música para ser recitada y cantada, incluso acompañada de instrumentos musicales –*lírica* procede de *lira*, nombre de un instrumento musical–. Poseía, pues, una clara vocación **oral**. Para lograr el ritmo de un poema es importante la distribución de los acentos. Para analizar los acentos hay que prestar especial atención a las vocales tónicas, lleven o no tilde.
Variedad de temas, formas y tonos	En la lírica caben los temas más diversos (poemas de amor, de dolor, de soledad…), formas muy dispares (del verso estrófico al verso libre) y gran variedad de tonos (irónico, satírico, reflexivo, comprometido, filosófico, cívico…).

Actividad

1. Comprueba las características del género lírico en los siguientes textos:

No quiso ser

No quiso ser.

No conoció el encuentro
del hombre y la mujer.

El amoroso vello
no pudo florecer. 5

Detuvo sus sentidos
negándose a saber
y descendieron diáfanos
ante el amanecer.

Vio turbio su mañana 10
y se quedó en su ayer.

No quiso ser.

Miguel Hernández
Cancionero y romancero de ausencias, Cátedra

Melancolía o *Eva bretona*, por Paul Sérusier.

Soledad

En ti estás todo, mar, y sin embargo,
¡qué sin ti estás, qué solo,
qué lejos, siempre, de ti mismo!
Abierto en mil heridas, cada instante,
cual mi frente,
tus olas van, como mis pensamientos,
y vienen, van y vienen,
besándose, apartándose,
en un eterno conocerse,
mar, y desconocerse.
Eres tú, y no lo sabes,
tu corazón te late y no lo siente…
¡Qué plenitud de soledad, mar solo!

Juan Ramón Jiménez
Diario de un poeta recién casado, Cátedra

La catedral

Ir al atardecer a la catedral, cuando la gran nave armoniosa, honda y resonante, se adormecía tendidos sus brazos en cruz. Entre el altar mayor y el coro, una alfombra de terciopelo rojo y sordo absorbía el rumor de los pasos. Todo estaba sumido en penumbra, aunque la luz, penetrando aún por las vidrieras, dejara allá en la altura su cálida aureola. Cayendo de la bóveda como una catarata, el gran retablo era solo una confusión de oros perdidos en la sombra. Y tras las rejas, desde un lienzo oscuro como un sueño, emergían en alguna capilla formas enérgicas y extáticas.

Comenzaba el órgano a preludiar vagamente, dilatándose luego su melodía hasta llenar las naves de voces poderosas, resonantes con el imperio de las trompetas que han de convocar a las almas en el día del juicio. Mas luego volvía a amansarse, depuesta su fuerza como una espada, y alentaba amorosa, descansando sobre el abismo de su cólera.

Por el coro se adelantaban silenciosamente, atravesando la nave hasta llegar a la escalinata del altar mayor, los oficiantes cubiertos de pesadas dalmáticas, precedidos de los monaguillos, niños de faz murillesca, vestidos de rojo y blanco, que conducían ciriales encendidos. Y tras ellos caminaban los seises, con su traje azul y plata, destocado el sombrerillo de plumas, que al llegar ante el altar colocarían sobre sus cabezas, iniciando entonces unos pasos de baile, entre seguidilla y minué, mientras en sus manos infantiles repicaban ligeras unas castañuelas.

Luis Cernuda
Ocnos, Huerga y Fierro

Cansancio

Le reprocho a la vida o le reprocho
al Creador, si existe, que me diera
ansias de libertad e inteligencia
para jugar a juegos más grandiosos

y que me tenga condenado al bobo
juego de los horarios y las reglas
de este mercado donde solo cuenta
comer y trabajar un día y otro.

Qué aburrimiento de despertadores,
de tostadas, de prisas y de atascos,
de estafas todas y de estafadores.

Qué aburrimiento de este mundo, esclavo
del dinero, motor de los motores.
¿Para esto pensar y penar tanto?

Javier Salvago
La vida nos conoce, Renacimiento

3.2. Principales subgéneros líricos

Subgéneros líricos	
Elegía	El autor expresa su dolor por la muerte de un ser querido o una circunstancia desagradable. Suele contener críticas o imprecaciones a la muerte y un elogio del difunto: «Elegía a Ramón Sijé» (Miguel Hernández), «Llanto por la muerte de Ignacio Sánchez Mejías» (F. García Lorca)...
Égloga	El poeta expresa sus sentimientos amorosos en boca de pastores en un paisaje natural idealizado. Se puso de moda en el Renacimiento. Las más conocidas son las églogas de Garcilaso. El género se ha revitalizado en escenarios urbanos. Es el caso de la «Égloga de los dos rascacielos» de Luis García Montero.
Oda	Poema de extensión variable y tono elevado que ensalza sentimientos, personas, hechos (religiosos, filosóficos, heroicos, amorosos, etc.). Destacaron en el siglo XX las *Odas elementales* de Pablo Neruda.
Himno	Poema que honra a una persona destacada, celebra un suceso memorable o expresa júbilo o entusiasmo. Igualmente se utiliza para reflejar los sentimientos e ideales de una colectividad.
Sátira	Poema burlesco en el que se censuran o ridiculizan vicios, defectos o comportamientos individuales o sociales.
Canciones	Desde muy antiguo el género lírico ha estado asociado a la música. De este modo, podemos hablar del subgénero de la **canción**, que abarca muchísimos temas y tonos distintos: canciones populares, canciones trovadorescas medievales, canciones amorosas... El nombre de *Cancionero* se ha empleado con frecuencia para titular obras líricas. El flamenco se basa en breves letrillas líricas que se cantan. Y las canciones actuales utilizan poemas en verso con la presencia de un estribillo, que constituye la base musical del poema.
Haiku	Breve composición poética de origen japonés que desarrolla un tema enraizado en la naturaleza. En su forma clásica presenta tres versos sin rima, un heptasílabo rodeado de dos pentasílabos.
Soneto	Esta estrofa, quizás la más empleada a lo largo de toda la historia de la literatura occidental, puede considerarse como un subgénero específico. Consta de dos estrofas de cuatro versos (generalmente cuartetos) que presentan un tema o idea, seguidas de dos tercetos, de carácter usualmente argumentativo, que cierran el poema de forma concluyente.

Actividad

2. Justifica por qué los siguientes textos son líricos: expresión de la subjetividad, funciones expresiva y poética, concentración y brevedad, connotación, ausencia de elementos narrativos, ritmo y musicalidad...

El lector es un fingidor

Cuento mi vida pero lees la tuya.
Nombro un paisaje de mi infancia y tú visitas
–tramposo– aquel camino de arena hacia la playa
por donde corre un niño feliz, que no soy yo.

Actúas siempre así, lo sé por experiencia. 5
¿Qué importa que yo tenga un nombre propio?
Tú lo expropias. Si hablo de mi pueblo,
es tu ciudad. Se transfigura en álamo
el pino de mi casa. Mis amigos
son mis desconocidos de repente. 10
Y hasta mi amada es ya tu amada.

Yo cuento sílabas, tú cantas, silbas
poniendo música a mis letras, musicando
al ritmo que te gusta.
De todo cuanto digo escuchas solo 15
lo que a ti te interesa, quizá lo que no dije,
sin que haya forma así de no entendernos.

Te entiendes y me entiendo, porque al pasar la página
vuelves mis versos del revés, reversos
tuyos. Debí de sospechar 20
de ti, que no te ocultas,
que robas a la luz amable de una lámpara.

Yo soy el que me oculto. Cuando escribo,
tú vives y eso es todo. Como te dijo Bécquer:
Poesía eres tú. 25
Y yo el poema..

Enrique García-Máiquez
Casa propia, Renacimiento

Rencor

A veces lo peor no son las cosas,
sino lo que estas duran.
Lo peor de las cosas nos ocurre
cuando se nos instalan muy adentro
la ansiedad, la aspereza y el olor a podrido.   5
Lo peor nos sucede
cuando la oscuridad se hace completa.
Cierra la puerta al rencor.
Si logra visitarte, se queda para siempre.

Amalia Bautista
Tres deseos, Renacimiento

Primer exilio

A una edad imprecisa,
pero que ahora sitúas hacia los doce años,
los apaches comienzan a aburrirse
cuando juegan contigo
y ves cómo la infancia, ese mundo sin tiempo,   5
te expulsa de sus mitos
con un reloj que habrá de medir citas angustiosas
y sensaciones nuevas que te producen miedo,
y deseo, y vergüenza,
cuando tú lo que quieres es seguir siendo niño,   10
astro humano que gira como un Dios,
sin pasiones, sin cuerpo, con tus miedos de siempre,
sin niñas maliciosas
que te sacan rubores y que, intuyes,
acabarán llenando tus ojos de tristeza.   15

Pedro Sevilla
Todo es para siempre, Renacimiento

Volver

Mi recuerdo eran imágenes,
en el instante, de ti:
esa expresión y un matiz
de los ojos, algo suave

en la inflexión de tu voz,   5
y tus bostezos furtivos
de lebrel que ha maldormido
la noche en mi habitación.

Volver, pasados los años,
hacia la felicidad   10
para verse y recordar
que yo también he cambiado.

Jaime Gil de **B**iedma
Las personas del verbo, Seix Barral

4 El género narrativo

El género épico o narrativo es aquel en el que se relatan hechos reales o ficticios mediante la voz de un **narrador**. En estos hechos participan uno o varios **personajes** (cuyas cualidades o circunstancias se modifican en el transcurso de la obra) en un **espacio** y **tiempo** determinados.

4.1. Componentes del texto narrativo

a) Narrador y punto de vista

El **narrador** es la voz que relata la historia narrativa; su misión, pues, es comunicar los hechos al lector. Se trata del componente fundamental del relato. En ocasiones, el narrador cede la palabra a los personajes para que estos intervengan.

Todo autor, al comenzar a escribir, decide qué tipo de narrador empleará, es decir, qué **punto de vista** (o **focalización**) adoptará para contar los hechos. Esta elección supondrá, además, la elección de una determinada persona gramatical. Asimismo, decidirá cuánto sabe el narrador de sus personajes y de los hechos narrados. Según esto hablamos **de distintos tipos de focalización:**

Narrador omnisciente	focalización cero	tercera persona
Lo conoce todo, hasta los pensamientos más íntimos de los personajes. Además, valora los acontecimientos y expresa sus opiniones al respecto.		
Narrador testigo	**focalización externa**	**tercera persona**
El narrador describe objetivamente lo que ve, sin opinar ni valorar. Se le compara con una cámara de vídeo. Una muestra notable de esta técnica es *El Jarama* de Rafael Sánchez Ferlosio.		
Personaje narrador	**focalización interna**	**primera persona**
Un personaje se constituye en narrador. La focalización interna puede ser única (siempre es el mismo personaje el que habla) o múltiple (diversos personajes se van alternando como narradores, como en *La verdad sobre el caso Savolta* de Eduardo Mendoza). El personaje narrador puede ser el protagonista (y entonces la obra toma aspecto autobiográfico y subjetivo. Este es el caso de *La familia de Pascual Duarte*, en la que el autor, Camilo José Cela, dice ser el copista de un manuscrito redactado por el protagonista en sus últimos días en la cárcel) o un personaje secundario (en este caso, la objetividad es mayor, próxima al narrador testigo, como ocurre, por ejemplo con Ángela Carballino en *San Manuel Bueno, mártir* de Miguel de Unamuno).		

El narrador también puede emplear la segunda persona gramatical, aunque se da en pocos casos. Dos muestras significativas se encuentran en *Mrs Caldwell habla con sus amigos,* de C. J. Cela o *Cinco horas con Mario,* de Miguel Delibes.

b) La trama. La estructura narrativa

En un relato suceden diversos acontecimientos que forman la **trama** de la obra. Según sean estos, podemos hablar de distintos tipos de narraciones:

- **Reales** (si se cuentan hechos sucedidos objetivamente: *Soldados de Salamina* de Javier Cercas) o **ficticias** (si se narran historias inventadas, que no se han producido en la realidad).

- **Verosímiles** (es decir, creíbles, que respetan la lógica de la realidad) o **inverosímiles** (si presentan hechos ilógicos o imposibles: las aventuras de *Sin noticias de Gurb,* de Eduardo Mendoza).

La **trama** suele estar formada por cuatro **partes** fundamentales:

- **Planteamiento** o situación inicial: se localiza la acción en un determinado tiempo y lugar y se presentan los personajes.

- **Conflicto** o nudo: se altera la situación inicial y se genera un problema que hay que resolver.

- **Acción:** es la parte central del relato, en la que ocurren las peripecias que los personajes desencadenan.

- **Desenlace:** la historia finaliza habitualmente con la resolución del conflicto inicial. Podemos hablar de dos tipos fundamentales de desenlace:

El microrrelato

Muchos microrrelatos están potenciados por su carga poética y, en muchos casos, la frontera con la poesía en prosa es difícil de determinar. El microrrelato más célebre por su interés y brevedad es «El dinosaurio» de Augusto Monterroso:

El dinosaurio

Cuando despertó, el dinosaurio todavía estaba allí.

Analepsis y prolepsis

En el inicio de la novela de Gabriel García Márquez *Cien años de soledad* podemos observar el empleo de dos grandes saltos temporales en una misma oración. Observa cómo se producen la prolepsis y la analepsis:

Muchos años después, frente al pelotón de fusilamiento, el coronel Aureliano Buendía **había de recordar** aquella tarde remota en que su padre lo llevó a conocer el hielo.

- **Cerrado:** la historia finaliza de forma clara. La resolución del conflicto no deja dudas acerca de la situación en la que quedan los personajes. Así ocurre en *La familia de Pascual Duarte*.
- **Abierto:** el final da lugar a diversas interpretaciones; uno o varios puntos de la trama no hallan solución y se deja la puerta abierta a especulaciones o continuaciones. *Queda la noche* de Soledad Puértolas es una obra de final abierto.

Según se organicen estos elementos de la trama (planteamiento, nudo, acción y desenlace), hablamos de diversas **estructuras narrativas:**

- **Estructura lineal.** Los acontecimientos se ordenan cronológicamente desde el principio hasta el final. Por ejemplo, *El árbol de la ciencia* de Baroja.
- **Estructura no lineal.** Se dan saltos en el tiempo: se comienza por el final y se retrocede al inicio (*analepsis* o *flashback*); se anticipan hechos futuros (*prolepsis*); se alternan tiempos pasados y presentes, etc. Podemos citar en este caso *Señas de identidad*, de Juan Goytisolo, y *Beatus ille*, de Antonio Muñoz Molina.

c) Los personajes

Los personajes son los seres que intervienen en la acción del relato. Podemos clasificarlos en virtud de su presencia en la obra, de su caracterización y de sus funciones en la misma:

- **Según su presencia:**

Personaje protagonista	Ser sobre el que recae la acción principal. Puede ser heroico (dotado de todas las virtudes posibles) o antiheroico (con defectos y virtudes). El personaje que se opone a las pretensiones del protagonista se denomina **antagonista**. En ocasiones encontramos **novelas de personaje,** como la serie protagonizada por Pepe Carvalho, de Manuel Vázquez Montalbán. También existen obras de protagonista colectivo (**novelas corales o polifónicas**), en las que participan muchos personajes sin que ninguno destaque sobre los demás (esta circunstancia es muy habitual en series de televisión). Citaremos como ejemplo paradigmático *La colmena*, de Cela, con más de doscientos personajes en un plano de igualdad.
Personajes secundarios	Acompañan al protagonista de forma más o menos habitual y completan el mundo en el que aquel se desenvuelve.

- **Según su caracterización:**

Arquetípicos o planos	Retratados con pocos rasgos que constituyen un prototipo fijo: el héroe, la dama, el traidor, etc. Algunos de los tipos que pululan por *La colmena* se ajustan a los personajes tópicos de la posguerra española.
Modelados psicológicamente o redondos	Descritos con múltiples rasgos que varían a lo largo de la obra. Es el caso de Andrés Hurtado, protagonista de *El árbol de la ciencia*, de Pío Baroja.

- **Según su función:**

Actantes	Relevantes dentro del argumento, intervienen de forma determinante en uno o varios momentos de la trama, haciéndola avanzar. Julio Aracil o Lulú son personajes actantes en *El árbol de la ciencia*.
Fugaces	Personajes acompañantes de escaso relieve, cuyas acciones no modifican el desarrollo argumental. En *La busca* y otras novelas de Baroja aparecen personajes fugaces de muy diversa naturaleza.

d) El tiempo

El **tiempo** es otro elemento consustancial al género narrativo. Hay que considerarlo en dos planos: interno y externo.

■ El **tiempo externo** es el tiempo real objetivo de la historia; puede medirse en unidades cronológicas concretas (horas, días…) y permite medir la duración de la acción.

■ El **tiempo interno** regula el ritmo narrativo. Una narración no suele contar todos los pormenores de la trama con el mismo detenimiento. Por ello, existen diversos **tiempos narrativos**: se pueden **eliminar** o **condensar** hechos secundarios o se puede ralentizar con descripciones o valoraciones de lo narrado. Se habla de cinco posibilidades:

Elipsis	Se **silencian** algunos hechos de la historia. Aparece bajo formas del tipo *Cinco años más tarde; Días después… Más tarde los vio a los dos* (Ana María Matute, *Pequeño teatro*).
Sumario o resumen	El material pasa al **relato condensado**: *Después de un año de buscar un puesto de trabajo en vano, aburrida y humillada…* (Antonio Gala, *La pasión turca*).
Tiempo-escena	Presenta los hechos en su **duración real**: diálogos, monólogos…
Pausa	Se **frena el ritmo** del relato. Es lo que ocurre con las descripciones. 　*Jaime Astarloa se encogió de hombros con la apropiada modestia. Cuando se quitó la careta, en la comisura de su boca se dibujaba una suave sonrisa, bajo el bigote salpicado de hebras blancas.* 　*—Hoy no es su mejor día, Excelencia.* 　*Luis de Ayala soltó una jovial carcajada y se puso a recorrer a grandes pasos la galería adornada con valiosos tapices flamencos y panoplias de antiguas espadas, floretes y sables.* 　*Tenía el cabello abundante y crespo, lo que le daba cierto parecido con la melena de un león. Todo en él era vital, exuberante: grande y fornido de cuerpo, recio vozarrón, propenso al gesto ampuloso, a los arrebatos de pasión y de alegre camaradería. A sus cuarenta años, soltero, apuesto y —según afirmaban— poseedor de notable fortuna, jugador e impenitente mujeriego, el marqués de los Alumbres era el prototipo del aristócrata calavera en que tan pródiga se mostró la España del XIX: no había leído un libro en su vida, pero podía recitar de memoria la genealogía de cualquier caballo famoso en los hipódromos de Londres, París o Viena.* 　　　　　　　　　　　　　　　　　　　　　　　　　　　Arturo Pérez-Reverte 　　　　　　　　　　　　　　　　　　　　　　　　　　　*El maestro de esgrima*, Alfaguara
Digresión narrativa	Se produce una **parada** de la acción para introducir una reflexión ajena (al menos, aparentemente) al desarrollo de la trama. 　*Echó el cerrojo. Está solo. Una alegría de varón triunfante le invadió un momento y se encontró como un gallo encaramado en lo alto de una tapia que lanza su kikirikí estridente contra los animales sin alas que circundan allá abajo, alrededor, y que le miran con ojos burlones: el gato, el zorro, la raposa. ¿Ese kikirikí qué dice? ¡Pero si estoy borracho! ¿Y ella? Duerme; ella se ha quedado dormida. Ella estaba dormida, no se ha despertado apenas. Solo un dulce sueño. Duerme y yo aquí por qué. Qué kikirikí ni ladrido a la luna. Qué necesidad de saber lo que he hecho. Qué protesta contra este calor en las mejillas. Contra aquella gran copa de coñac que aún se me repite. Contra toda la noche tonta. ¿Para qué? Yo para qué lo he hecho. Si yo creo que el amor ha de ser conciencia, claridad, luz, conocimiento. Yo aquí con mi kikirikí borracho. Como el asesino con su cuchillo del que caen gotas de sangre. Como el matador con el estoque que ha clavado una vez pero que ha de seguir clavando en una pesadilla una y otra vez, toda la vida, aunque haya avisos, aunque el presidente ordene que se cubran todos los sombreros con pañuelos blancos, aunque suene la música y los monosabios hagan piruetas en la arena, aunque llegue un camión de riego del Ayuntamiento, allá el torero ha de seguir clavando su estoque en el toro que no muere, que crece, crece, crece y que revienta y lo envuelve en toda su materia negra como un pulpo amoroso ya sin cuernos, amor mío, amor mío, mientras la gente ríe y pide que se les devuelva el importe de sus localidades.* 　　　　　　　　　　　　　　　　　　　　　　　　　　　Luis Martín Santos 　　　　　　　　　　　　　　　　　　　　　　　　　　　*Tiempo de silencio*, Seix-Barral

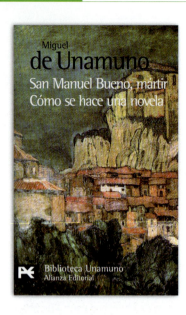

e) El espacio

Es el medio en que se desarrollan los acontecimientos y viven los personajes.

Podemos clasificar el espacio de diversos modos:

- **Según su ubicación:** espacios cerrados o abiertos; rurales o urbanos…
- **Según su relación con la realidad:** espacios reales o ficticios, verosímiles o inverosímiles, terrestres o extraterrestres…

El espacio, al igual que los personajes, suele ser objeto de descripción por parte del narrador. Puede presentarse de forma objetiva o subjetiva, detallada o difusa.

En nuestra literatura contemporánea se ha trabajado magistralmente con espacios subjetivos o simbólicos: pensemos en el Valverde de Lucerna de *San Manuel Bueno, mártir*.

4.2. Principales subgéneros narrativos

Subgéneros narrativos	
Poema épico	Narra en verso las hazañas de un héroe. Es un género de cultivo especialmente medieval, aunque se ha reproducido recurrentemente en momentos de crisis política o expansión bélica. En nuestra Guerra Civil destaca el llamado *romancero de guerra*, que abarca algunas de las composiciones de los combatientes en los dos bandos de la desgraciada contienda.
Cuento	Es una narración breve, por lo general de carácter ejemplar, con una finalidad didáctica. Si el cuento es de una extensión especialmente breve, hablamos de microcuento o microrrelato. En el siglo XX se ha cultivado abundantemente. Podemos citar como ejemplos llamativos los cuentos de Augusto Monterroso, Julio Cortázar o Benedetti (en la literatura hispanoamericana) o los de Ignacio Aldecoa en la española.
Fábula	Un cuento protagonizado por animales, con un marcado carácter didáctico. Es un subgénero en desuso.
Leyenda	Relato de tradición oral o escrita de un hecho legendario. Es frecuente que se mezclen realidad y fantasía.
Libros de viajes	Son obras que describen o novelan un espacio determinado. En ellas los personajes poseen un valor secundario. En el siglo XX destacó *Viaje a la Alcarria*, de Camilo José Cela o *Campos de Níjar* de Juan Goytisolo.
Biografía	Es un relato entre expositivo y narrativo que da cuenta de la vida completa de un personaje real. Con frecuencia viene acompañada de una explicación de sus actos en relación con el contexto social, cultural y político de la época intentando reconstruir documentalmente su pensamiento y figura. Un tipo especial de biografía es la **autobiografía,** escrita en primera persona por el propio personaje protagonista. En las letras actuales es un subgénero en permanente ebullición, especialmente por encargo y de la mano de los personajes famosos en la vida social.

Mención especial merece la **novela** por ser el principal subgénero narrativo. Se trata de una obra que presenta una trama compleja en la que varios personajes viven sucesos y peripecias diversas. Las novelas suelen estructurarse en capítulos y alcanzan una extensión variable. En su origen, las novelas contaban con protagonistas heroicos y arquetípicos (así, las novelas de caballerías como *Amadís de Gaula*). A partir del siglo XVI español, la novela comienza a contar con personajes antiheroicos que van evolucionando en el transcurso de la narración: el *Lazarillo de Tormes* o *El Quijote*, de Miguel de Cervantes son obras pioneras en esta forma de novelar, que se ha impuesto desde entonces hasta nuestros días. Como personaje antiheróico de la novela actual bien podemos citar a Pascual Duarte.

Las novelas se clasifican según un criterio temático. Estas son las más frecuentes:

Novela negra o policíaca	Un detective, gracias a su capacidad de observación y deducción, debe resolver un caso criminal. Se producen muertes misteriosas y extraños enigmas que precisan de un proceso de rastreo y deducción para desvelar su autoría. La trama es compleja y los personajes suelen ser estereotipados. Ejemplos destacables de novela negra actual son la serie de relatos de Pepe Carvalho, de Manuel Vázquez Montalbán, o las novelas negras de humor de Eduardo Mendoza.
Novela de ciencia-ficción	Se trata de un relato de personajes, lugares y sucesos imaginarios cuya trama se apoya en descubrimientos científicos o tecnológicos (reales o imaginarios). Suelen desarrollarse en un tiempo futuro. *1984* de George Orwell es ya un clásico de la novela de ciencia ficción.
Novelas de terror o suspense	Narran una historia rodeada de miedo e incertidumbre. Se caracterizan por la presencia de elementos siniestros: lugares inquietantes (castillos, abadías, cementerios), elementos sobrenaturales (fantasmas, espíritus, espectros, muertos vivientes), ambientación efectista (ruidos, elementos meteorológicos inesperados): *Frankenstein*, de Mary Shelley, o *Drácula*, de Bram Stoker, son clásicas historias de terror.
Novelas históricas	Se ambientan en momentos concretos del pasado. En este caso, se pretende reconstruir un período histórico con la intención de mostrar una visión global de lo ocurrido. Por ello, requiere en el autor un esfuerzo de documentación que permita aludir determinados hechos verídicos. Los personajes pueden ser reales o ficticios: *Los tres mosqueteros* (Alejandro Dumas), *El capitán Alatriste* (Arturo Pérez Reverte), *En busca del unicornio* (Juan Eslava Galán), *Soldados de Salamina* (Javier Cercas)…
Novela de aventuras	Constituye un grupo numeroso de obras en las que predomina la acción. Suelen contar hechos extraordinarios, normalmente en lugares sorprendentes. Los viajes suelen vertebrar buena parte de estos relatos. Es habitual que encontremos ingredientes de otras novelas: personajes y hechos históricos, enigmas y misterios…
De personaje	Son aquellas en las que la acción está supeditada al análisis psicológico del personaje, cuya problemática y vivencias constituyen el núcleo central de la obra.
Novela rosa	Presentan una historia amorosa, de elevado tono sentimental, habitualmente en ambientes refinados y fuertemente idealizados; su final suele ser feliz.

Actividades

La maldición

Y dijo la mujer:

—Maldito sea Amor, que me asesina. Teñid de muerte el Nilo. Poned luto a las nubes.

Convertid Egipto en un sepulcro.

Y así se hizo. Y el espanto fue descendiendo por el río. Y la muerte se instaló en las orillas. Y cayó el infierno sobre el universo. 5

Cumplida la orden, una densa nube negra entoldó los cielos en los que jamás hay nubes. Por lo insólita, dijérase el velo de una diosa traicionera. Dijérase sangre podrida goteando sobre los frondosos palmerales, las forestas de papiros, los huertos y jardines que un día fueron fértiles. 10

Una galera real bogaba con majestuosa lentitud en busca de los confines más remotos del reino; allí donde este se pierde en los desiertos que corren en busca de las selvas ignotas, donde dicen que nace el río santo. 15

La negrura llegaba acompañada por himnos tan tristes como el día. Era la incesante percusión de cien timbales doloridos. Era el batir de cien remos en las aguas, tan tristes a su vez que también se habían vuelto negras.

Las riberas se llenaron de campesinos procedentes de los villorrios más próximos.

Llegaban formando procesión, y en sus arrugados rostros, en sus arrugas surcadas por el sol de muchos siglos, el asombro alternaba con el miedo. Se arrojaban al suelo, escondían la cabeza entre las cañas, se golpeaban el pecho con piedras afiladas y frotaban sus ojos con fango, como se viene haciendo desde los tiempos más remotos cuando muere un monarca o la naturaleza rompe su curso inexorable porque los dioses no están satisfechos. La nube negra se posaba sobre todos los colores del paisaje, tan sensible en los albores del mes de Atir, cuando la luz ya no llega agobiada por los flagelos del estío. Los palmerales y los trigales, los bosques de sicomoros, las mimosas, los hibiscos, las yedras que trepaban por los palacios, todo cuanto ayer fue un despliegue de esplendoroso colorido quedaba encerrado en aquel color único, manto siniestro que los campesinos, aterrados, no podían reconocer.

Terenci MOIX
No digas que fue un sueño, Planeta

3. Analiza el narrador, los personajes y el tratamiento del tiempo en el texto anterior.

El criado del rico mercader

Érase una vez, en la ciudad de Bagdad, un criado que servía a un rico mercader. Un día, muy de mañana, el criado se dirigió al mercado para hacer la compra. Pero esa mañana no fue como todas las demás, porque esa mañana vio allí a la Muerte y porque la Muerte le hizo un gesto. Aterrado, el criado volvió a la casa del mercader.

–Amo –le dijo–, déjame el caballo más veloz de la casa. Esta noche quiero estar muy lejos de Bagdad. Esta noche quiero estar en la remota ciudad de Ispahán.

–Pero ¿por qué quieres huir?

–Porque he visto a la Muerte en el mercado y me ha hecho un gesto de amenaza.

El mercader se compadeció de él y le dejó el caballo, y el criado partió con la esperanza de estar por la noche en Ispahán.

Por la tarde, el propio mercader fue al mercado, y, como le había sucedido antes al criado, también él vio a la Muerte.

–Muerte –le dijo acercándose a ella–, ¿por qué le has hecho un gesto de amenaza a mi criado?

–¿Un gesto de amenaza? –contestó la Muerte–. No, no ha sido un gesto de amenaza, sino de asombro. Me ha sorprendido verlo aquí, tan lejos de Ispahán, porque esta noche, en Ispahán, he de llevarme a tu criado.

Bernardo ATXAGA
Obabakoak, Alfaguara

4. Justifica por qué este texto es narrativo.

5. El género dramático

El teatro o drama abarca aquellas obras, escritas en verso o prosa, destinadas a ser representadas ante un público, en forma de diálogo directo entre personajes, de acciones que van creando una trama, feliz o desgraciada.

5.1. Constituyentes teatrales

Una obra dramática presenta distintos elementos que la diferencian del resto de los géneros literarios.

Elementos del género teatral		
Texto escrito	Texto A	Conjunto de **diálogos** de los personajes.
	Texto B	**Acotaciones,** en las que se ofrece la información escénica necesaria para que la obra pueda representarse. En ellas encontramos anotaciones sobre el lugar de representación, escenografía, movimientos escénicos, actitud de los personajes, tonos empleados, etc. Las acotaciones aparecen al inicio de los actos o entre los parlamentos de los personajes. En este último caso, se insertan gráficamente en un paréntesis y en letra cursiva.
Director		Se encarga de la adaptación, el montaje y la puesta en escena de la obra.
Actores		Encarnan a unos personajes mediante palabras, gestos y movimientos.
Escenografía		También denominada tramoya, es el conjunto de elementos ubicados en el escenario cuya función es la de marcar y caracterizar el espacio teatral. Esta función es realizada por un **escenógrafo.**

Escenario del teatro Escalante de Valencia.

5.2. Características del género teatral

El género dramático presenta las siguientes características que lo diferencian del resto de subgéneros literarios:

- Los textos teatrales tienen como finalidad la **representación.** Por ello, entre ambos no cabe la posibilidad de separar texto y representación. Aunque pueda realizarse una lectura dramatizada, esta no adquirirá la misma dimensión (inseparabilidad del texto y representación).

- En la obra teatral se crea una **doble situación comunicativa.** Por un lado, los personajes se comunican entre sí; por otro, se produce una comunicación extraescénica entre actores y espectadores (los primeros *fingen* no hacer caso a los segundos). El autor debe considerar esta circunstancia, ya que lo fundamental de la obra ha de ser entendido por todos en el mismo momento de la representación, dada la imposibilidad de relectura. Así, por ejemplo, algunas intervenciones (los **apartes**) solo son explicables si sabemos que el actor habla para que le escuche el público, pero no otros actores presentes en escena; es una convención que el público conoce. En algunas formas de teatro actual se puede dar una intercomunicación entre actores y público.

- Los actores dialogan entre sí, sin que parezca que el autor les dicta y como si no existiera el público. Esta **apariencia de autosuficiencia** del drama lo diferencia claramente del resto de subgéneros.

- La modalidad discursiva habitual es el **diálogo** y, en menor medida, el **monólogo** (o soliloquio). En algunas obras del siglo XX podemos hallar la presencia de un narrador (teatro épico).

- En las obras teatrales se integran tanto **códigos verbales** como **no verbales** (decorado, escenario, vestuario, maquillaje, gestos, luces, efectos sonoros, etc.). Por lo general, estos códigos pueden modificarse al ser interpretados por diversos directores o actores, que imprimen su sello personal.

5.3. Estructura teatral

- La estructura **externa de una obra dramática** se caracteriza por la disposición visual y gráfica del espacio, que permite dividir la obra en los denominados **actos** (o jornadas, llamadas así en el teatro clásico). Los actos se dividen a su vez en **escenas,** que se suceden ininterrumpidamente a diferencia de los actos que acaban y se inician con la subida y bajada del telón. Los cambios de escena vienen marcados por un cambio en el número de personajes que se halle en el escenario. Las escenas se suelen indicar en las obras clásicas. A las pausas creadas entre dos actos se les denominan **entreactos.**

- La **estructura interna** viene marcada primordialmente por el tema, la trama y el argumento. En ocasiones otros aspectos como los personajes o las coordenadas espacio-temporales pueden condicionar su estructura. De este modo, la disposición clásica se corresponde con un planteamiento (en el que se presentarán los aspectos necesarios para entender la acción teatral), un nudo (en el que se desarrollará la acción) y un desenlace (donde se culminará la acción teatral).

Representación de *Divinas palabras*.

Actividades

El siguiente fragmento, perteneciente a *Ninette y un señor de Murcia,* de Miguel Mihura (1905-1977), nos muestra a un joven murciano, Andrés, que en la época franquista decide conocer mundo y, por ello, viaja a París, ciudad que representaba la libertad y la modernidad. Allí el destino le lleva a una pensión regentada por unos españoles exiliados, Pedro y Bernarda, de la que no conseguirá salir pero donde conocerá el amor.

El mismo decorado. Es mediodía.

(Al levantarse el telón están en escena Pedro, Andrés *y* Bernarda. *Los tres, sentados a la mesa, terminan de almorzar. Ahora están con la ensalada.)*

Pedro.– *¿Y qué? ¿Qué le ha parecido a usted el cocido? ¿Estaba bueno o no estaba bueno?*

Andrés.– *Pues sí que estaba bueno, sí señor.*

Bernarda.– *¿Y los garbanzos, eh? ¿Estaban tiernos o no estaban tiernos? ¿Eh?*

Andrés.– *Sí, señora. Estaban tiernísimos.*

Pedro.– *¿Qué le ha gustado más, eh? ¿El cocido de hoy o la fabada de anteayer?*

Andrés.– *Pues no sé por cuál de las dos cosas inclinarme, la verdad…*

Pedro.– *(Se enfada.) ¡Oh, no, monsieur! ¡Usted tiene que inclinarse por una de las dos cosas! No se puede ser conformista. Hay que tomar siempre partido. Estar con uno o estar con otro. Ser cocidista o ser fabadista.*

Andrés.– *¿Pero es que no me pueden gustar a mí las dos cosas?*

Pedro.– *¡Oh, no, señor! ¡Esto no es político!*

Bernarda.– *Solo le puede a usted gustar una, señor.*

PEDRO.– *Y dar la vida por ella si es preciso.*

ANDRÉS.– *Bueno, pues yo doy la vida por la fabada.*

PEDRO.– *¡Bravo! Una vez que este señor se ha definido, mañana, Bernarda, harás otra vez fabada. Siempre fabada.*

ANDRÉS.– *Eso, eso.*

BERNARDA.– *Mañana, sin embargo, yo pensaba ponerle repollo.*

ANDRÉS.– *Bueno, pero oiga, ¿es que no tocaba mañana paté de* foie-gras*?*

BERNARDA.– *Usted siempre está dando la tabarra con el* foie-gras*, monsieur. Me parece a mí que es usted un cursi de siete suelas.*

ANDRÉS.– *No es que sea cursi, señora mía. Pero es que como el* foie-gras *francés tiene tanta fama…*

PEDRO.– *¡Ah, no! Eso no. Tiene más fama el repollo que hace Bernarda, señor. Yo se lo aseguro. Ella es verdulera, señor. Y sabe muy bien cómo hay que condimentar las verduras. (A* BERNARDA*.) Aunque esta ensalada está un poco sosa, cherié.*

BERNARDA.– *¡Oh, no!*

PEDRO.– Mais oui. Toi n´avez pas mettre du sel, toi.

BERNARDA.– Mais oui, *papá!*

PEDRO.– Mais no, *mamá!*

(ANDRÉS *se levanta y va hacía el aparador. Y entonces descubrimos que lleva el pie izquierdo vendado y que va cojeando.)*

Miguel MIHURA
Ninette y un señor de Murcia, Espasa

5. ¿Por qué podemos decir que estamos ante un texto dramático?

6. Justifica a qué subgénero pertenece.

7. Realiza un análisis de los códigos verbales y no verbales que puedan aparecer en esta escena.

5.4. Principales subgéneros teatrales

Subgéneros teatrales	
Tragedia	Nace en Grecia como parte de ceremonias religiosas. La trama de la tragedia se basa en la lucha del individuo contra un destino irrefrenable, provocado en parte por el pecado de **hibris** (pasión, soberbia). Los personajes son nobles o elevados y mediante su representación se busca la catarsis o purificación de las pasiones de personajes y público.
Comedia	Es una composición de carácter humorístico protagonizada por personajes de todas las clases sociales, aunque son más frecuentes los procedentes de las clases media y baja. Su intención es la de distraer y entretener al espectador y, a veces, criticar o censurar vicios, defectos y comportamientos inapropiados. Son propios de este subgénero rasgos humorísticos como los enredos constantes, los equívocos de las situaciones, las reducciones al absurdo, los juegos de palabras y los chistes. Se caracterizan, además, por los desenlaces felices.
Farsa	Se trata de una pieza cómica destinada a hacer reír, con personajes y situaciones muy inverosímiles, tendentes a la exageración. Se diferencia de la comedia en que esta última ha de presentar una trama convincente y próxima a la realidad, frente a la farsa, mucho más inverosímil. Federico García Lorca fue un gran autor de farsas.
Sainete	Se trata de una obra teatral (de extensión breve o media) habitualmente cómica, aunque en ocasiones pueda tener carácter serio, de ambiente y personajes populares, en uno o más actos, que se representa como función independiente. Es frecuente que se ridiculicen vicios y convenciones sociales. Puede incluir canciones. Fueron famosos los sainetes de los hermanos Álvarez Quintero y los de Carlos Arniches.
Astracanada (o astracán)	Es una forma teatral de carácter cómico frecuente en el primer tercio del siglo XX. Su finalidad primordial es la buscar la risa en el público a partir de situaciones disparadas –a menudo inverosímiles–, burdos juegos de palabras, equívocos y chistes. El astracán ocupa el espacio que dejó el sainete.
Esperpento	Género literario creado por Ramón María del Valle-Inclán, en el que se deforma la realidad y se exageran sus rasgos grotescos.
Parodia	Se trata de una obra que, valiéndose de la ironía, pretende transformar una obra anterior. Tiene, por tanto, como finalidad realizar una burla de la obra recreada. Con frecuencia se exageran o ridiculizan sus rasgos más característicos.
Comedia del arte	Es una forma teatral nacida en el Renacimiento italiano que se caracteriza por la repetición constante de tipos (Polichinela, Colombina, Arlequín), la gestualidad y la presencia de máscaras muy llamativas.
Teatro épico	Son formas teatrales creadas a la luz de las ideas marxistas del dramaturgo Bertolt Brecht (1898-1956). Este tipo de teatro intentaba crear actitudes críticas y opiniones en el espectador, no emociones. Por este motivo, su concepto básico es el del distanciamiento entre espectador y representación teatral. En estas obras no se busca el entretenimiento sino mostrar ideas. Destaca formalmente la presencia de un narrador, por lo que se considera un subgénero híbrido.
Happening	Es una manifestación artística en forma de espectáculo en el que se incluye la participación espontánea de los espectadores. Se caracteriza por la ausencia de un texto previo y, por ello, constituye toda una invitación a la improvisación de actores y público. En este caso, el ambiente en el que se desarrolla condiciona en gran medida el espectáculo.
Teatro de calle	Se trata de un tipo de teatro que se realiza fuera de los lugares establecidos para tal efecto (teatros) y se localiza en plazas, calles, soportales, etc. Su finalidad es la de acercar el género a un público que no asiste al teatro o no tiene posibilidad para hacerlo.

6 El ensayo

El ensayo es un género que consiste en una **reflexión personal** acerca de un tema (científico, humanístico, jurídico, filosófico, político, social, cultural, deportivo, etc.) de forma libre y con **voluntad de estilo.** Se trata, pues, de un género abierto tanto en el contenido como en la forma, que presenta en la actualidad un gran desarrollo.

6.1. Características generales

A pesar de la amplia gama de posibilidades que puede adoptar este subgénero, presenta los siguientes rasgos comunes:

- Son escritos que pueden tener una **extensión variable.**

- Se trata de textos fundamentalmente **argumentativos,** en los que el autor sostiene una tesis determinada (funciones expresiva y conativa: el autor expone sus ideas e intenta persuadir al receptor). En ocasiones, el ensayista presenta argumentos basados en datos objetivos (en este caso, aparece la función referencial).

- Podemos diferenciar entre **ensayos específicos** de una materia (científicos, jurídicos…), que presentan un carácter críptico (el lector necesita conocimientos previos para poder entenderlos) y **ensayos divulgativos,** dirigidos a un público amplio (especialmente en los subgéneros de opinión periodísticos).

- Presentan una **temática variada** y sin demostración necesariamente científica. Este hecho concede una gran agilidad al género pues el emisor puede eliminar la presencia de elementos teóricos (citas bibliográficas, exposiciones teóricas, etc.) en beneficio del desarrollo de sus ideas.

- El ensayista hace uso de una amplia libertad creadora. Por ello, emplea con frecuencia los recursos propios del **lenguaje literario** (metáforas, símiles, paralelismos, etc.). Los ensayistas poseen una clara voluntad de estilo.

- Estos textos presentan, además, una **intención didáctica** ya que nos informan sobre algún mensaje de carácter científico, moral, etc., o bien, hacen reflexionar al receptor sobre algún asunto de interés.

- La forma más común de presentación es la **lengua escrita** mediante tratados, manuales, artículos, ensayos…, aunque los temas también puedan transmitirse **oralmente** en simposios, conferencias, charlas, exposiciones didácticas y documentales.

6.2. Estructura

Aunque cada texto adopta una disposición diferente en función de la temática, objetivos, intención y creatividad del autor, los textos ensayísticos suelen presentar sus ideas mediante la **exposición** (presentación de ideas) y la **argumentación.** Se emplean pruebas argumentativas para mantener las afirmaciones (tesis) y convencer, y objeciones para refutar.

La disposición formal más frecuente es la siguiente:

Subgéneros didáctico-ensayísticos

- **Artículo periodístico.** Escrito de corta extensión, que se publica en revistas o periódicos, de tono divulgativo y personal (sin perder el rigor ni la claridad).

- **Epístola.** Mediante la fórmula de la carta personal se expresan temas filosóficos, religiosos o científicos.

- **Discurso.** Se trata de un subgénero de carácter oral que tiene como propósito mostrar pensamientos e ideas de carácter político, social, etc.

- **Sermón.** Es una variante del discurso del que se diferencia por su contenido religioso y moral. En ambos casos, se pretende persuadir a los asistentes.

- **Tratados monográficos (tesinas y tesis).** Versan sobre temas muy definidos. Exigen rigurosidad en la planificación, en la investigación y en la elaboración final. Son de extensión muy amplia, aunque variable. Tienen un carácter científico.

- **Estudios críticos y comentarios.** Versan sobre temas tratados en obras o creaciones anteriores. Pueden constituir libros independientes o integrarse al principio de la obra comentada.

Estructura frecuente del texto didáctico-ensayístico	
Introducción	Se expresa el tema (contenidos) y se indica el propósito del ensayo. Su finalidad es atraer la atención de los receptores.
Desarrollo	Es la parte más extensa (un 75% del texto). Contiene la exposición y análisis del tema. Se desarrollan tanto las ideas propias como se aducen argumentos y se aportan los datos y las fuentes necesarias (revistas, enciclopedias, artículos, noticias, etc.).
Conclusiones	Se recopilan las ideas del autor sobre el tema, se proponen alternativas de solución, se concluyen las ideas que se han desarrollado y se presentan otras opciones de análisis para futuros ensayos.
Bibliografía	Se indica qué fuentes se han consultado o utilizado para obtener información y defender las ideas. Estas fuentes pueden ser varias: libros, revistas, Internet, periódicos, vídeos, documentos sonoros, etc.

Actividades

La disciplina de la imaginación

Aprender a escribir libros es una tarea muy larga, un placer extraordinariamente laborioso que no se le regala a nadie. Lo que se llama la inspiración, la fluidez de la escritura, la sensación de que uno no arranca las palabras del papel, sino que ellas van por delante señalando el camino, solo llega, si llega, después de mucho tiempo de dedicación disciplinada y entusiasta. Esos genios de la novela que andan a todas horas por los bares son genios de la botella más que de la literatura. Y aprender a leer los libros y a gozarlos también es una tarea que requiere un esfuerzo largo y gradual, lleno de entrega y de paciencia, y también de humildad. Pero ya decía Lezama Lima que solo lo difícil es estimulante. Ya sé que todo esto que digo suena a herejía en estos tiempos, y que todo aquel que, en el oficio de los profesores o en el de los escritores, defienda tales convicciones corre un serio peligro de ser calificado de extravagante, incluso de reaccionario. Pero también sé que frente a la mansedumbre, a la vulgaridad y a la irracionalidad que quieren ahogarnos, la imaginación, la libertad y el pensamiento son las armas más nobles de las que disponemos, y que tampoco pasa nada por predicar en el desierto. La mayor parte de las cosas que nos parecen ahora naturales —el sufragio universal, la libertad de expresión, la jornada de ocho horas, la igualdad de hombres y mujeres— fueron durante siglos sueños imposibles, ocurrencias disparatadas que despertaban el escarnio de los más sensatos.

Parece imposible que la gente se olvide un poco de la televisión para consagrarse a la literatura, y que en las escuelas exista de verdad la posibilidad de que profesores y alumnos compartan la experiencia del aprendizaje de la imaginación y de la racionalidad, que son también virtudes cívicas, pero vale la pena la temeridad de intentarlo. Porque la literatura no está solo en los libros, y menos aún en los grandilocuentes actos culturales, en las conversaciones chismosas de los literatos o en los suplementos literarios de los periódicos. Donde está y donde importa la literatura es en esa habitación cerrada donde alguien escribe a solas a altas horas de la noche, o en el dormitorio donde un padre le cuenta un cuento a su hijo, que tal vez dentro de unos años se desvelará leyendo un tebeo, y luego una novela. Uno de los lugares donde más intensamente sucede la literatura es un aula donde un profesor sin más ayuda que su entusiasmo y su coraje le transmite a uno solo de sus alumnos el amor por los libros, el gusto por la razón en vez de por la brutalidad, la conciencia de que el mundo es más grande y más valioso de todo lo que puede sugerirle la imaginación. La enseñanza de la literatura sirve para algo más que para descubrirnos lo que otros han escrito y es admirable: también para que nosotros mismos aprendamos a expresarnos mediante ese signo supremo de nuestra condición humana, la palabra inteligible, la palabra que significa y nombra y explica, no la que niega y oscurece, no la que siembra la mentira, la oscuridad y el odio.

Antonio Muñoz Molina
La disciplina de la imaginación, APE

8. Justifica por qué el texto de Antonio Muñoz Molina pertenece al género ensayístico.

9. ¿Qué modalidad discursiva predomina en el fragmento anterior?

10. Indica qué argumentos se han utilizado en el razonamiento del autor.

7 Los tópicos literarios

Entendemos por tópicos una serie de constantes temáticas que se han dado a lo largo de toda la historia de la literatura y que en el caso de la occidental provienen en su mayoría de la cultura clásica o la tradición bíblica.

Estos temas coinciden con las grandes preocupaciones que el ser humano ha plasmado no solo en la literatura sino en todas las artes. Nos referimos al amor, la existencia humana y la muerte.

Seleccionaremos algunos de estos tópicos a modo de ejemplos, organizados por temas:

a) Tópicos relacionados con el amor

- *Religio amoris.* La mujer es un ser superior de raíz divina y el hombre debe profesar fe e iniciar una vía de perfeccionamiento a su servicio.
- *Amor después de la muerte.* Es la forma máxima de expresión de la fuerza del amor. Lo tratan muchos autores barrocos.
- *Las quejas del enamorado.* Han acompañado desde siempre a los poemas amorosos. Los celos son una variante temática de este tópico.
- *Mal de amores.* En muchos momentos se ha tenido al amor como una enfermedad.
- *Amor como fuego.* El amor apasionado se relaciona con el fuego ardiente.
- *Odi et amo* (*odio y amo*). El amor va ligado en muchos casos al odio.
- *Loco enamorado.* A menudo, el amante parece perder la razón en su intento por conquistar el favor de la amada.
- *Amada como enemiga.* Generalmente como *dulce enemiga,* imagen en la que se observa la doble faceta de la relación amorosa.

Sátira del suicidio por amor, por Leonardo Alenza.

b) Tópicos relacionados con lo filosófico-existencial

- *Beatus ille* (*dichoso aquel que procura apartarse del mundanal ruido*) y *contemptu mundi* (*desprecio del mundo*). Tópico tomado de Horacio que consiste en una llamada al desprecio de los bienes materiales y a la vida apartada de la sociedad.
- *Edad de oro (aurea aetas).* Búsqueda de paraísos perdidos. Resume la tendencia a considerar que cualquier tiempo pasado fue mejor. Encontramos sus rastros en Manrique e incluso en el *Quijote.*
- *Poder igualatorio de la muerte.* La muerte trata a todos por igual.
- *Fugacidad de la vida.* Emplea con frecuencia el símbolo de la *rosa marchita* para ilustrarla.
- *La vida como camino* o *río (vita flumen).* Desde Heráclito a Manrique y Machado, ha sido y es un tema universal. Una variante es la del *homo viator* (*el hombre que camina*).
- *La vida como sueño.* La vida es algo ilusorio, una confusión entre la consciencia y la inconsciencia.
- *Carpe diem* (*aprovecha el momento*). Es una llamada al aprovechamiento de la vida terrenal provocada por la obsesión por el *paso del tiempo* (*tempus*

Unidad 7 — Géneros literarios. Teoría e historia

Las tres edades del hombre, por Giorgione.

fugit). Este tópico, horaciano como otros, tiene una variante del también latino Ausonio (*collige virgo rosas*, es decir: *coge, muchacha, las rosas de tu juventud*) que consiste en una llamada a la mujer joven para que disfrute de su cuerpo antes de que la edad lo deteriore.

- *Cotidie morimur* (*morimos día a día*). Vivir es ir cotidianamente muriendo. Alcanza este tema sus máximas cotas en Quevedo.
- *Ubi sunt?* (*¿dónde están?*). Tema bíblico. El poeta se pregunta por el paradero de los que han muerto. Destaca en Manrique.
- *Et in Arcadia ego* (*y yo en la Arcadia…*). Este tópico manifiesta el carácter efímero de la felicidad terrena y la nostalgia que provoca su pérdida. Se relaciona con los paraísos perdidos del hombre.
- *Vanidad de vanidades* (*vanitas vanitatum*). También de origen bíblico (Eclesiastés). Es una llamada a huir de la vanidad de las cosas mundanas. Es una constante en la Edad Media y en la literatura ascética del Siglo de Oro.

c) Otros tópicos

- *Locus amoenus* (*lugar ameno o agradable*), marco idílico de muchas escenas literarias.
- *El arte imita la naturaleza* (*ars aemula naturae*). En algunos casos, el artista encuentra en la naturaleza el mejor de los modelos posibles.
- *El mundo al revés*. La inversión o cambio de papeles ha sido explotada por la literatura desde siempre. El cine lo emplea abundantemente. Variantes de este tópico son el del *puer-senex* (el niño-viejo) o el *cuerdo-loco*.
- *El arte por el arte* (*ars gratia artis*). A veces los artistas se apartan de la realidad y toman como única referencia el propio arte.

Los pastores de la Arcadia, por Nicolas Poussin. Tres pastores y una mujer (¿alegoría del Destino?) leen una inscripción ante una tumba: «Et in Arcadia Ego» ('Yo la muerte también estoy en la Arcadia'). La Arcadia es el espacio simbólico de la vida idílica, sencilla y feliz, habitado por pastores en comunión con la naturaleza.

Actividad

11. ¿Con cuáles de estos tópicos se relacionan los fragmentos seleccionados? Ten presente que en algún fragmento puede darse más de un tópico: vida como sueño, *carpe diem*, poder igualatorio de la muerte, edad de oro, quejas del enamorado, *ubi sunt?*, *tempus fugit*, vida como camino o río, mal de amores:

> Nuestras vidas son los ríos
> que van a dar en la mar,
> que es el morir.
> Allí van los señoríos
> derechos a se acabar
> y consumir.
> Allí los ríos caudales,
> allí los otros medianos
> y más chicos
> y llegados son iguales
> los que viven por sus manos
> y los ricos.
>
> **Jorge Manrique**

> Coged de vuestra alegre primavera
> el dulce fruto, antes que el tiempo airado
> cubra de nieve la hermosa cumbre.
>
> **Garcilaso de la Vega**

*Caminante, son tus huellas
el camino y nada más.
Caminante, no hay camino:
se hace camino al andar.*

Antonio Machado

*

*Esta emoción divina es de la infancia,
cuando felices el camino andamos
y todo se disuelve en la fragancia
de un Domingo de Ramos.*

Ramón María del Valle-Inclán

*

*Los juguetes del niño que ya es hombre,
¿Adónde fueron, di? Tú lo sabías,
bien pudiste saberlo.*

Luis Cernuda

*

*En el hoy, y mañana y ayer junto
pañales y mortaja, y he quedado
presentes sucesiones de difunto.*

Francisco de Quevedo

*

*¡Oh más dura que mármol a mis quejas
y al encendido fuego en que me quemo
más helada que nieve, Galatea!*

Garcilaso de la Vega

*

*¿Qué es nuestra vida más que un breve día,
do apenas sale el sol, cuando se pierde
en las tinieblas de la noche fría?*

Andrés Fernández de Andrada

Yo compraré algunas ovejas, y todas las demás cosas que al pastoral ejercicio son necesarias, y llamándome yo el pastor Quijotiz, y tú el pastor Pancino, nos andaremos por los montes, por las selvas y por los prados, cantando aquí, endechando allí, bebiendo de los líquidos cristales de las fuentes, o ya de los limpios arroyuelos, o de los calurosos ríos. Nos darán con abundantísima mano de su dulcísimo fruto las encinas, asiento los troncos de los durísimos alcornoques, sombra los sauces, olor las rosas, alfombras de mil colores matizadas los extendidos prados, aliento el aire claro y puro, luz la luna y las estrellas…

Miguel de Cervantes

Idilio, por Mariano Fortuny Marsal.

*¿Qué es la vida? Un frenesí.
¿Qué es la vida? Una ilusión,
una sombra, una ficción,
y el mayor bien es pequeño;
que toda la vida es sueño,
y los sueños, sueños son.*

Pedro Calderón de la Barca

Texto A

Un niño aprende los adjetivos

Un niño aprende los adjetivos
«alegre», «triste».

En el primero hay gnomos.
En el primero hay lluvia,
paraguas blancos como iglús, medusas
que abren sus paracaídas
bajo el granizo inesperado de la tarde.

«¿Triste?»,
triste es una bombilla
al final del cable solitario, su débil
luz sobre el desangelado mostrador
de un puesto ambulante de feria.

Un niño ignora que ambos
saben fingir —como él— y parecer lo mismo.
Un niño desconoce que los dos
nunca jamás —como el país— se ofrecen puros.

Un niño aprende pronto,
demasiado pronto,
que un adjetivo puede
de golpe y para siempre cercenar la niñez.

Juan Cobos Wilkins
Biografía impura, Fundación José Manuel Lara

1. Analiza los elementos líricos del poema.
2. ¿De qué modo se consigue la musicalidad y el ritmo?
3. ¿Qué palabras poseen una mayor carga connotativa?
4. Identifica y clasifica las preposiciones y adverbios presentes en el poema.

Texto B

Siempre el verbo

—No lo olvides nunca, Manolito, nunca: lo primero es el verbo, siempre el verbo.

«Arma dedi vobis, dederat Vulcanus Achilli».

—Todo está en el verbo. De él sale todo lo demás. El sujeto, los complementos, el sentido entero de la frase. Tienes que dirigirte a él, saludarlo, preguntarle educadamente por su familia, ¿cómo está su sujeto?, ¿qué tal sus complementos?, ¿de qué tiempo y de qué persona viene usted hoy vestido?, ¿no será usted irregular? Si eres fino y cortés, él te dirá todo lo que sabe, que es mucho. Así que ya puedes empezar. Busca el verbo y dirígete a él.

[...]

Don Claudio era de Zamora. Conservaba allí una tierra que había heredado de sus padres con una casita de labor, un huerto, un hontanar y unas colmenas. Cosas ya muy lejanas. Y desde hacía tiempo don Claudio había cifrado toda su esperanza en trasladarse a su tierra de origen, cumplir allí los años que le quedaban para jubilarse y luego irse al campo y descansar definitivamente de la aventura pedagógica. A todas horas pensaba en el regreso y aquella fijación agravaba su aire inerme y ausente. A veces se encogía en su sillón y con las faldas de la camilla se arropaba hasta el cuello y en la expresión beatífica se le notaba que estaba en otra parte, oyendo acaso el viento en las higueras, el latir de algún agua secreta entre la umbría, el arrullo de las colmenas, lejos al fin de aquella Troya que fue para él el verbo y la enseñanza.

—A veces da la sensación, Manolito, de que vives en otro mundo, y así nunca conseguirás aprender gramática. Sin gramática, solo se piensan tonterías. Y serás siempre un pobre menestral. El verbo, Manolito, siempre el verbo. Tu futuro está en el verbo. Solo de él puedes esperar una vida mejor. Y recuerda que él es el único que lo sabe todo sobre la frase. Él pone y quita, él hace y deshace. Él reina sobre sus accidentes como una gallina sobre sus polluelos. Y deja que él te hable. Si sabes escuchar, él te dirá todos sus secretos, sin callarse ni uno. Vamos, escúchalo, a ver si logras entender su canción.

Y yo enredaba entonces en la frase, la tocaba aquí y allá con la punta del lápiz como si la frase fuese un plato de algo y yo un comensal inapetente. Porque a mí el verbo por más que lo interrogase nunca me decía nada. En el silencio laberíntico de la sintaxis yo empecé a extraviarme para siempre en el mundo. «Arma dedi vobis, dederat Vulcanus Achilli».

Luis Landero
Entre líneas: el cuento o la vida, Tusquets

1. Justifica el carácter narrativo del texto anterior.
2. Analiza los componentes del texto narrativo presentes en el fragmento.
3. ¿A qué subgénero narrativo crees que pertenece el texto? Justifica tu respuesta.

Unidad 7 Géneros literarios. Teoría e historia

Guía para el comentario literario

El comentario literario es una herramienta que nos permite acercarnos al texto, profundizar en sus componentes temáticos y estilísticos, ponerlo en relación con una época y una ideología… En definitiva, comprender y enjuiciar textos de forma meditada.

FASE PREVIA

1. Comprensión correcta del texto

Para ello hay que leerlo, resolver las posibles dudas de vocabulario, desentrañar significados ocultos, descubrir figuras, interrogarnos por el significado de una frase, por la intención del autor, por un doble sentido, etc. Por ejemplo, el siguiente poema de José Hierro plantea una serie de dudas y problemas de comprensión:

«Villancico en Central Park»

Vistió la noche, copo a copo,
pluma a pluma,
lo que fue llama y oro,
cota de malla del guerrero otoño
y ahora es reino de la blancura.
¿Qué hago yo, profanando, pisando
tan fragilísimo plumaje?
Y arranco con mis manos
un puñado, un pichón de nieve,
y con amor, y con delicadeza y con ternura
lo acaricio, lo acuno, lo protejo.
Para que no llore de frío.

José Hierro
Cuaderno de Nueva York, Hiperión

¿A qué se refiere el poeta cuando dice lo que fue *llama y oro, / cota de malla del guerrero otoño*? ¿Y cuando escribe *pichón de nieve*? En el primer caso, alude –mediante una metáfora– al suelo cuajado de las hojas secas del otoño y que ahora serán cubiertas por la nieve. Un puñado de nieve se identifica con un pichón, debido a su semejanza.

2. Recopilación de datos sobre el autor, la época, el género literario y la métrica

Nuestro comentario no se puede convertir en un simple esquema de ideas enumeradas; el objetivo ha de ser conseguir un escrito bien redactado donde se recojan todos aquellos aspectos necesarios para la valoración de un texto.

Presentación y localización del texto
Para situar adecuadamente el texto, debemos hablar de los siguientes aspectos:
- **Autor.** Destacaremos solo aquellos datos biográficos que sean relevantes para interpretar el texto.
- **Obra.** Señalaremos algún rasgo introductorio referente a la obra. Si el texto es un fragmento de una obra más amplia, debemos decir en qué parte de la misma se halla.
- **Época y movimiento literario** al que pertenece.
- **Género literario** o subgénero.

Para los textos en verso: análisis métrico
Debemos señalar el tipo de verso y de estrofa, y, a ser posible, lo pondremos en relación con otras obras del autor y del movimiento literario al que pertenece. Si el escritor introdujera novedades en la métrica, se dejará constancia de ello.

Para los textos en prosa: análisis de las principales técnicas narrativas
En los textos narrativos, analizaremos el tipo de narrador, la focalización, el tiempo y el espacio. Sería conveniente intentar hallar una explicación para estos aspectos: ¿Por qué el autor opta por determinada focalización o espacio? ¿Qué efectos busca? ¿Cuál es su intencionalidad?

Géneros literarios. Teoría e historia **Unidad 7**

3. Análisis del contenido y de la forma

En este apartado se analizará qué dice el texto, cómo se organiza el contenido y qué elementos formales se emplean para destacarlo:

- Si el texto es un fragmento de una obra mayor, aclaremos el **tema general de la obra** y los motivos temáticos principales. Se debe insertar el texto dentro del argumento de la obra.

- A continuación debemos definir el **tema del fragmento** y ponerlo en relación con el de la obra. La temática debe formularse con brevedad, pero no de forma simplista.

- Después contaremos brevemente el **argumento.** No se trata de parafrasear lo que el texto ya cuenta, sino de aclararlo a partir de nuestros conocimientos previos y de nuestras propias ideas.

- Es conveniente hacer una **estructuración del contenido** del fragmento para estudiar cada una de sus partes. En los diversos apartados se analizará tanto su contenido (temas y motivos) como las figuras retóricas que resalten esos contenidos. También sería interesante **establecer relaciones** entre el contenido y las figuras, y la globalidad de la obra, el movimiento literario, la época y las posibles relaciones de intertextualidad.

- Podemos concluir este apartado, si procede, con un **análisis de los personajes:** personalidad, comportamiento, evolución, clase social, formas de expresión…

4. Análisis sociológico

Se trata de comentar las **relaciones del texto con la época** en la que fue escrito y precisar su valor histórico. En determinados casos se podrá hablar de las diferentes valoraciones del texto a lo largo de la historia. Demostraremos también en qué medida el texto trata temas de su momento histórico, si es tradicional o innovador en su ideología. Preguntémonos cuál pudo ser la **intencionalidad del autor** al escribir la obra y qué repercusiones (éxito o fracaso) ha tenido.

5. Conclusión final

Para terminar, haremos un **resumen** de lo más significativo del texto. Podemos apuntar otros rasgos que no han quedado recogidos en los apartados anteriores, y que sean específicos y originales. Una vez analizado, estamos en disposición de ofrecer nuestra **valoración** técnica del fragmento y de la obra.

Un final adecuado consiste en comentar la **trascendencia de la obra** para la historia de la literatura.

Guía para el comentario literario

8 La literatura a principios del siglo XX

Texto inicial y actividades previas
1. Del XIX al XX. Bases de la literatura contemporánea
2. La literatura universal en el tránsito de siglos
3. Marco histórico del siglo XX
4. Modernismo y 98
5. La lírica a principios del siglo XX
6. La narrativa a principios del siglo XX: novela noventayochista
7. La novela novecentista o de la generación del 14
8. El teatro a principios del siglo XX

Actividades finales de comprensión

Comentario literario resuelto: *Luces de bohemia*

Ahora tú. Comentario guiado: «Anoche cuando dormía»

Texto inicial

Rastros de Machado

En esa antología extraordinaria de poesía universal que hizo Czeslaw Milosz –A Book of Transparent Things– el único poeta español que está incluido es Antonio Machado. Traducidos al inglés, y presentados en compañía de poemas de todo el mundo, los de Machado cobran una serenidad contemplativa de poesía china o japonesa, de poesía americana de la naturaleza. En las buenas librerías de Nueva York, en la sección de poesía traducida, los nombres españoles que nunca faltan son García Lorca y Antonio Machado.

Ahora me acuerdo de la condescendencia con que estuvo de moda hablar de Machado en una cierta época en España. Literatos muy célebres, ganadores de importantes premios de poesía, se referían a él como a un pobre hombre anticuado, un rancio de provincias al que miraban con desdén desde la altura de su cosmopolitismo.

Hace muchos años, en Virginia, cuando empezaba a sumergirme en la poesía americana, que ya no ha dejado de acompañarme y alimentarme nunca, me emocionó encontrar un poema de Raymond Carver en el que se hablaba con admiración de Antonio Machado: alguien, en el insomnio, escucha unos versos suyos traducidos al inglés en la radio. El otro día, curioseando en Strand, encuentro un libro que no tenía de Denise Levertov –Poems, 1968-1972– y lo primero que encuentro al abrirlo es un poema dedicado a Antonio Machado. Habla de una caminata por un bosque y de un arroyo, y la segunda mitad dice así:

> Machado,
> old man,
> dead man,
> I wish you were here alive
> to drink of the cold, earthtasting, faithful spring,
> to receive the many voices
> of this one brook,
> to see its dances
> of fury and gentleness,
> to write the austere poem
> you would have known in it.

Seguro que habrá un voluntario que quiera traducirlo. Ahora comprendo que la intensa sobriedad que admiro tanto en Denise Levertov tiene ecos de Antonio Machado. La poesía es el uranio enriquecido de la literatura.

Antonio Muñoz Molina
http://antoniomuñozmolina.es/2014/02/rastros-de-machado/

Actividades previas

A. Para conocer el sentido último del texto es preciso traducirlo. Inténtalo y, si el resultado no es de tu agrado, parafraséalo concediéndole un estilo personal.

B. ¿Cuál es la tesis que defiende el autor?

C. ¿Qué sabes de Antonio Machado? ¿Lo has leído?

D. Recuerda alguna característica del modernismo y de la generación del 98.

E. Explica el significado que adquiere la palabra *sobriedad* en el poema.

F. ¿Qué opinión te merecen los estereotipos en el mundo literario?

G. Investiga sobre la obra literaria de la escritora Denise Levertov y selecciona un poema que te haya llamado la atención.

Unidad 8 — La literatura a principios del siglo XX

1 Del XIX al XX. Bases de la literatura contemporánea

1.1. Orígenes de la narrativa contemporánea

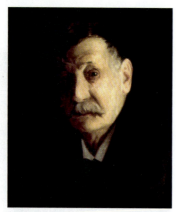

Benito Pérez Galdós.

A principios del **siglo XVII** la narrativa española había producido la obra que revolucionó el género, el *Quijote*, iniciadora de la novela moderna. Tal fue su carácter innovador que quedó sin continuadores inmediatos en nuestra lengua, por lo que habrá que esperar más de siglo y medio para volver a hablar de la novela española. Será durante el movimiento del **Realismo** (segunda mitad del siglo XIX) cuando esto se produzca. La novela realista se inspira en su momento histórico y pretende ofrecernos una visión amplia y abierta del mismo; en esta línea, es famosa la definición del francés Stendhal sobre la novela: «Un espejo que se pasea a lo largo del camino» y refleja todo aquello con lo que se encuentra (sea elevado o miserable, moral o inmoral). Los temas que se abordan en esta novela serán, pues, muy variados y reflejarán con detalle la realidad del momento. En cuanto a la técnica narrativa, estas obras se caracterizan por la presencia de un **narrador omnisciente,** descripciones minuciosas y muy bien elaboradas (con especial atención a la ambientación); el empleo del **monólogo interior** y del **estilo indirecto libre** para dar cuenta del fluir del pensamiento del personaje; el uso de un lenguaje verosímil, con la adecuación del estilo de cada personaje a su rango social. El autor más representativo de la novela del siglo XIX fue Benito Pérez Galdós. *La Regenta*, de Leopoldo Alas «Clarín», está considerada la mejor novela del siglo.

Leopoldo Alas «Clarín».

1.2. Orígenes de la lírica contemporánea

Durante el siglo XVIII el cultivo de la lírica fue escaso. El **siglo XIX,** en su primera mitad, reacciona contra el racionalismo dieciochesco: surge entonces el **Romanticismo,** que reivindica lo individual sobre lo colectivo o lo irracional sobre lo lógico. La lírica arrebatada, expresión de sentimientos, reaparecerá con fuerza en la figura de José Espronceda. Pero hemos de esperar a la segunda mitad del siglo XIX para encontrarnos con dos autores que abrirán el camino a la **poesía contemporánea:** la gallega Rosalía de Castro y, especialmente, el andaluz Gustavo Adolfo Bécquer. Se sitúan en el Romanticismo tardío, en una corriente de lírica intimista, lejos de las estridencias y la sonoridad exacerbada del primer Romanticismo. Bécquer es un escritor innovador y plenamente integrado en la modernidad poética europea de su época, caracterizada por el movimiento **simbolista.** Para estos poetas de finales del siglo XIX la poesía es algo extraño, indescifrable, «mezcla de suspiros y risas, colores y notas», en palabras de Bécquer. El poema se limita a sugerir la verdadera poesía, que se pierde al intentar traducirla en palabras. Se abre así el camino a una lírica que se aparta del lenguaje referencial. La poética becqueriana, pues, resulta muy innovadora, ya que consigue revolucionar la forma de concebir la poesía. Rasgos de su lírica como el intimismo, el distanciamiento creativo, el empleo del símbolo o el concepto de poesía como comunicación lo han convertido en claro precursor de la lírica contemporánea: Juan Ramón Jiménez, Antonio Machado, Luis Cernuda y, en general, los poetas de la generación del 27.

Rosalía de Castro.

Gustavo Adolfo Bécquer.

1.3. Orígenes del teatro contemporáneo

Desde los inicios de la era contemporánea, el teatro español se ha visto envuelto en numerosas **polémicas.** El teatro del **siglo XVIII** surgió tras una profunda renovación con respecto a la comedia del Siglo de Oro. Frente al áureo, el nuevo teatro abogó por la separación de los géneros clásicos (tragedia y comedia), el respeto a las reglas aristotélicas (unidad de acción, lugar y tiempo) y la uniformidad formal. Costó mucho que se impusiera esta nueva forma de entender el género teatral. De hecho, hasta finales del XVIII o principios del XIX no aparecen las mejores obras en esta línea de la mano de Leandro Fernández de Moratín. El teatro del **Romanticismo** reclamará, fiel a sus principios, una liberación total de las normas clásicas: mezcla de comedia y tragedia, de verso y prosa, ruptura de las unidades aristotélicas. En general, el teatro romántico padece de los excesos propios del movimiento. Destacan algunas piezas de carácter histórico, inspiradas en el pasado nacional, como *Don Juan Tenorio* de José Zorrilla. A **finales del siglo XIX** se impone definitivamente la alta comedia burguesa, que domina las salas comerciales de nuestro país. Su máximo exponente es José Echegaray (que llegó a obtener el Premio Nobel de Literatura, a pesar de ser durísimamente criticado por los intelectuales más relevantes del momento). Por las mismas fechas, surge como alternativa al teatro burgués una línea realista (Joaquín Dicenta será su máximo exponente). Se configuran así dos tendencias que marcarán el devenir del teatro español del **siglo XX:** el teatro comercial, triunfante, frente al teatro innovador.

2 La literatura universal en el tránsito de siglos

Destacamos a continuación diversos movimientos literarios europeos de finales del siglo XIX, imprescindibles para el conocimiento de la literatura hispánica del siglo XX.

2.1. Prerrafaelismo

La Hermandad Prerrafaelista (*Pre-Raphaelite Brotherhood*) fue una asociación de pintores, poetas y críticos ingleses, fundada en 1848 en Londres por **John Everett Millais** (1829-1886), **Dante Gabriel Rossetti** (1820-1882) y **William Holman Hunt** (1827-1910).

Los prerrafaelistas rechazaban el arte académico dominante. Según su punto de vista, la pintura académica perpetuaba el manierismo de la pintura italiana posterior a Rafael y Miguel Ángel, con composiciones vacías y carentes de sinceridad. Por ello, propugnaban regresar al detallismo minucioso y al luminoso colorido de los **primitivos italianos y flamencos,** anteriores a Rafael (de ahí el nombre del grupo), a los que consideraban más auténticos.

Bajo la influencia del Romanticismo, pensaban que la libertad y la responsabilidad eran en el arte conceptos inseparables. Sin embargo, les fascinó particularmente la Edad Media, que entrañaba para ellos una integridad espiritual y creativa que se había perdido en épocas posteriores.

Según algunos críticos, el prerrafaelismo podría considerarse el primer movimiento de **vanguardia.** Algunos rasgos del grupo (la intención rupturista, su carácter programático, la adopción de un nuevo nombre para su arte

Beata Beatriz, por Dante Gabriel Rossetti.

o la publicación de una revista, *The Germ*, como órgano de promoción del movimiento) parecen anticipar lo que luego será común en las vanguardias; sin embargo, su cuestionamiento de la tradición es mucho menos radical que el de las vanguardias y no afecta a lo esencial: la *mímesis*, o imitación de la naturaleza, sigue siendo para ellos el fundamento del arte.

Podemos destacar los siguientes rasgos del prerrafaelismo literario:

- Elementos comunes con el Romanticismo: reivindicación de la libertad creadora, temas bíblicos, inspiración en los dramas de Shakespeare, interés por el pasado medieval…
- Rechazo radical del arte académico imperante.
- Potenciación del detallismo, el colorido y la luz.
- Importancia de la naturaleza en la búsqueda de «ideas sinceras», de realidades trascendentes.
- Recuperación de manifestaciones artísticas antiguas, especialmente del arte medieval y del vinculado a la Grecia y Roma antiguas.
- Búsqueda de la perfección formal.
- Presencia del erotismo y de ambientaciones hedonistas.

Por todo ello, el prerrafaelismo puede considerarse como un precedente del modernismo hispánico.

El espejo de Venus, por Edward Coley Burne-Jones.

2.2. Parnasianismo

El **parnasianismo** es un movimiento poético desarrollado en Francia entre 1866 y 1876 como reacción contra el Romanticismo y que se caracterizó por una lírica despersonalizada y positivista. Destaca el parnasianismo por su perfeccionismo formal. Los fundadores de este movimiento fueron **Théophile Gautier** y **Leconte de Lisle**. La palabra que da nombre al movimiento, de origen griego, hace referencia al monte Parnaso, donde vivían las musas inspiradoras. En 1866 se publicó la antología *El parnaso contemporáneo* que incluía poemas de los autores citados, con lo que se inicia formalmente el movimiento.

Los poetas parnasianos, como reacción al Romanticismo, abogan por una **poesía despersonalizada,** que no se inspire en los propios sentimientos. Su temática fundamental se basará en el mundo del arte, con una clara preferencia por la antigüedad grecolatina (especialmente la griega) y por el lejano Oriente, como formas de evasión (en el espacio o en el tiempo) de la realidad circundante. La búsqueda de la belleza, la perfección y el exotismo son, pues, sus máximas. En cuanto al estilo literario, los parnasianos crean una **poesía formalista.** De todo ello se deriva el famoso lema del movimiento, la búsqueda del *arte por el arte* (es decir, el arte visto como forma y no como contenido; arte en sí mismo, sin compromiso con la realidad). El siguiente poema traducido de Théophile Gautier ilustra la poesía parnasiana que debe buscar la belleza a través de la descripción y la perfección formal.

Lied

Es rosada la tierra en el abril,
como la juventud, como el amor;
y casi no se atreve, siendo virgen,
a enamorarse de la primavera.

En junio, con un pálido semblante   5
y el corazón turbado de deseos,
con el verano de tostada piel
se apresura a ocultarse en los trigales.

En agosto, bacante color cobre,
al otoño le ofrece sus dos pechos,   10
con su piel atigrada se revuelca
y hace brotar la sangre de las vides.

En diciembre es la anciana que se encorva,
empolvada de blanco por la escarcha;
en sus sueños quisiera despertar   15
al invierno que ronca junto a ella.

Théophile Gautier
Esmaltes y camafeos

Alegoría del invierno, por Louis-Léopold Boilly.

El parnasianismo influirá notablemente en la gestación del modernismo hispánico. En el nicaragüense Rubén Darío, figura máxima del movimiento, se observan claramente rasgos parnasianos.

2.3. Simbolismo

El **simbolismo** fue uno de los movimientos artísticos más destacados de finales del siglo XIX. La poesía simbolista intenta emplear el lenguaje literario como instrumento de conocimiento, lo que la dota de misterio y misticismo. En cuanto al estilo, busca una musicalidad perfecta en sus rimas (la belleza del verso queda en segundo plano, cosa que los separa de los parnasianos). Un concepto fundamental en el simbolismo es el de las **correspondencias** (término acuñado por el precursor del movimiento, Charles Baudelaire), es decir, las secretas afinidades entre el mundo sensible y el mundo espiritual. Para ello utilizaban determinados mecanismos estéticos; el principal fue la sinestesia (mezcla de elementos percibidos por distintos sentidos en una misma expresión).

Los precedentes fundamentales del simbolismo son los franceses **Charles Baudelaire,** (con obras tales como *Las flores del mal, Los pequeños poemas en prosa* y *Los paraísos artificiales;* algunos de sus libros, muy innovadores, fueron prohibidos por inmorales), **Arthur Rimbaud** (*Una temporada en el infierno, Iluminaciones*) y **Paul Verlaine** (*Los poetas malditos*). El simbolismo pleno tiene a su mayor representante en **Stéphane Mallarmé,** poeta oscuro (por el empleo de una sintaxis y un vocabulario poco habitual) y esteticista (la sonoridad de las palabras cobra tanta importancia como su significado). Entre sus obras destacamos *Herodías, La siesta de un fauno, Divagaciones* o la hermética *Una tirada de dados jamás abolirá el azar.*

El simbolismo cuenta en España con Gustavo Adolfo **Bécquer** como precedente y su influjo en el modernismo hispánico será notable, especialmente en poetas de la talla de Antonio Machado o Juan Ramón Jiménez.

Correspondencias

La Naturaleza es templo donde vivos pilares
dejan salir a veces confusas palabras;
por allí pasa el hombre entre bosques de símbolos
que lo observan atentos con familiar mirada.

Como largos ecos confundidos de lejos   5
en tenebrosa y profunda unidad,
vasta como la noche y como la claridad,
perfumes, colores, sones se contestan.

Hay perfumes frescos como carne de niños,
dulces como el oboe, verdes como los prados,   10
y otros corrompidos, ricos y triunfantes,

con la expansión de las cosas infinitas,
como ámbar, almizcle, benjuí e incienso,
cantando el éxtasis del alma y los sentidos.

Charles BAUDELAIRE
Las flores del mal

Canción de otoño

Los largos sollozos del violín del otoño
me hieren el corazón con monótona congoja.

Temblando y pálido, cuando llega el momento,
recuerdo los días pasados y me lamento.

Y me voy, a merced del viento malévolo que me lleva,   5
de aquí para allá, igual que una hoja muerta.

Paul VERLAINE
Poemas saturnianos

Brisa marina

Triste está la carne, ¡ay! Leí todos los libros.
¡Huir! ¡Muy lejos huir! ¡Siento la embriaguez de las aves
por estar entre cielo y espuma!
Nada, ni los viejos jardines que los ojos reflejan,
retendrá ese corazón que en el mar se hunde.   5
¡Noches! Ni la luz desierta de mi lámpara
sobre el vacío papel, escudado de blancura,
ni la muchacha que al niño amamanta.
¡Partiré! Barco con velas al viento,
¡leva ancla hacia paisajes exóticos!   10
¡El tedio, lastimado por esperanzas crueles,
aún cree en el adiós del pañuelo!
Y quizás los mástiles, invitando tormentas,
sean de los que el viento lleva al naufragio
perdidos, sin mástil, sin mástil ni islote fértil…   15
¡Mas, corazón mío, oye el canto marinero!

Stéphane MALLARMÉ
El parnaso contemporáneo

2.4. Decadentismo

El **decadentismo** es un complejo movimiento literario surgido en Europa a finales del siglo XIX que funde algunos de los rasgos simbolistas y parnasianos, así como el concepto del **malditismo** poético, del *poeta maldito.*

El *poeta maldito* parte de una visión muy pesimista de la existencia, a la que considera problemática y degradada. Su respuesta, a menudo, se encamina hacia una complacencia morbosa en los signos de la decadencia humana: la corrupción moral, la crueldad, la exaltación de la fuerza, la atracción por lo enfermizo y lo depravado; también son frecuentes sus alusiones al satanismo.

Otras veces, el *poeta maldito* busca el refinamiento estético y vital. Por este motivo, la figura del **dandi** (o *dandy*) está muy vinculada a la del *poeta maldito*. El programa vital del *dandi* se basa en el narcisismo (estima por encima de todo su propia vida y su propio placer), en la exaltación de la estética y de la elegancia en el cuidado esmerado de su persona (en el vestir, en sus formas exquisitas, en el rigor intelectual y en la perfección verbal de su conversación), en la provocación de la extrañeza y el desconcierto en los demás, en la excentricidad. El *dandi* huye de la vulgaridad y se muestra imperturbable ante la adversidad. Muchos de estos rasgos del dandismo, en conclusión, están presentes también en el *poeta maldito,* que escribe y vive como tal: potencia su fama y organiza su propia vida como si fuera una actuación literaria.

Charles Baudelaire.

Uno de los típicos representantes del dandismo, del malditismo poético y del decadentismo fue el francés **Charles Baudelaire,** protagonista de anécdotas como la de haber luchado en la Revolución francesa de 1848 en las barricadas al lado del pueblo y contra los burgueses, pero con guantes, un sombrero de copa y un fusil último modelo.

Otro poeta maldito es **Jean Arthur Rimbaud** que murió con 37 años, tras llevar una tormentosa existencia que refleja sobre todo en sus poemas juveniles. Murió muy joven, como muchos de los *poetas malditos* que propugnaban la autodestrucción como una forma de protesta contra la rutinaria existencia.

Malditos conocidos fueron **Oscar Wilde** (su obra *El retrato de Dorian Gray* resume a la perfección su visión de la existencia) y **Edgar Allan Poe,** uno de los máximos representantes del relato de misterio.

Edgar Allan Poe.

Como forma de protesta contra los valores materialistas imperantes, los decadentistas buscan el refugio en la belleza artística (como los parnasianos), en el refinamiento personal, en mundos exóticos irreales; otro medio de evasión característico es el erotismo (uno de los decadentistas más conocidos, el italiano **D'Annunzio,** escribió una obra titulada *El placer*), a menudo, portador de una sensualidad enfermiza donde tienen cabida el sadismo, el masoquismo, la búsqueda de placeres extremos o el tema de la *mujer fatal* (la vampiresa que aparece en Poe o Baudelaire).

El decadentismo influyó en la concepción de la poesía modernista española, aunque no se pueda decir que haya habido escritores españoles decadentes, ni siquiera obras enteramente decadentistas, a excepción, tal vez, de las *Sonatas* de **Valle-Inclán,** quien fue quizá nuestro escritor más próximo al tópico del *poeta maldito* y bohemio. Ciertos poemas de **Manuel Machado** se incluyen también en esta línea decadentista.

Oscar Wilde.

3 Marco histórico del siglo XX

Por último, antes de adentrarnos de lleno en el estudio de la literatura del siglo XX, vamos a esbozar un contexto histórico general de este período.

El siglo XX constituye una época apasionante por su complejidad, por la diversidad y por la repercusión de los acontecimientos que acaecieron. Afrontar su estudio implica considerar los siguientes aspectos:

- La **aceleración del ritmo histórico** provoca que los hechos se sucedan cada vez con mayor rapidez. Esta circunstancia será determinante, tanto en los diversos órdenes de la vida como en la evolución estética de las artes.

- Los **acontecimientos históricos del siglo XX** presentan características distintas y provocan repercusiones muy variadas según los ámbitos. En este período tienen lugar crisis económicas como las de 1929 o los conflictos del petróleo de 1973. De igual modo, podemos pensar en las diferencias entre la I Guerra Mundial y la guerra del golfo Pérsico.

- Históricamente, podemos distinguir las siguientes **etapas**:

Hasta la Primera Guerra Mundial (1914-1918)	La Europa de comienzos de siglo, gracias al auge del capitalismo, vive una época de prosperidad económica, en la que se desarrolla la burguesía, en buena medida a costa de los trabajadores. Estos últimos empiezan a organizarse, y surgen los primeros movimientos obreros nacidos a finales del siglo XIX: el socialismo, el comunismo y el anarquismo. Con la I Guerra Mundial se cierra esta etapa. Tras la conflagración, Europa ve reducida su influencia frente a Estados Unidos y Japón.
Período de entreguerras (1918-1939)	Una vez superadas las graves consecuencias de la I Guerra Mundial, Europa conoce una nueva y breve etapa de prosperidad: los *felices años 20*. Aun así, en este período persisten las disputas socio-políticas: el comunismo se endurece con Stalin y nace el fascismo italiano (encabezado por Benito Mussolini). El crac bursátil de Wall Street en 1929 representa un duro revés al capitalismo. El descontento generalizado es aprovechado por Hitler para implantar su ideología nazi. Sus deseos expansionistas conducirían a la II Guerra Mundial.
La Segunda Guerra Mundial (1939-1945)	La segunda gran guerra supuso la alteración de todos los órdenes sociales en un plazo histórico muy breve. Mientras el mundo se estremece al comprobar los efectos de la bomba atómica, Europa –y con ella todo Occidente– asiste a la división de la sociedad en dos bloques: el capitalista y el comunista. La ciudad de Berlín, fragmentada por un muro, es el símbolo más claro de esta situación.
La Guerra Fría (1945-1991)	El enfrentamiento entre el capitalismo norteamericano y el comunismo soviético se extiende hasta finales de los ochenta (la caída del muro de Berlín el 9 de noviembre de 1989 es ya una fecha simbólica). Europa se recupera lentamente de los efectos de la guerra y se suavizan las posturas ideológicas. El comunismo (en Europa occidental) cede paso a la socialdemocracia. Surge la *sociedad de consumo*.
La revolución de mayo de 1968	El levantamiento del 68 supone la aparición de nuevos grupos sociales que se rebelan contra la sociedad de consumo. Bajo el lema «La imaginación al poder», surgen diversos movimientos contraculturales: *hippies*, *punkies*... Tras el desencanto de tales revoluciones culturales, aparecen posturas neoconservadoras.
La sociedad de la información	Gracias a los avances tecnológicos, especialmente los informáticos, se abre una nueva etapa durante los ochenta. Se caracteriza por la facilidad para acceder y trasvasar la información, y sus consecuencias aún se están viviendo. Hay quien opina que los conceptos *sociedad de la información* y *sociedad del conocimiento* no son necesariamente coincidentes.

4 Modernismo y 98

La primera cuestión que se debe abordar al estudiar la literatura española de este período es el término que empleamos para designar a los autores del final del siglo XIX y la primera década del XX. Se suele hablar de **modernismo** y **grupo del 98**.

A finales del siglo XIX, España vive una grave **crisis general**: el sistema político (basado en el turnismo, por el que conservadores y progresistas amañan las elecciones para alternarse en el poder) no funciona; se acrecientan los desfases sociales (proletarios y campesinos frente a alta burguesía); comienzan a surgir los primeros conflictos sociales violentos… En los últimos años del XIX, un grupo de intelectuales propugnó una serie de medidas concretas para solucionar los problemas del país: se trata de los **regeneracionistas**, como **Joaquín Costa** (famoso por su lema *Despensa y escuela*), que cifra los problemas del retraso español en la falta de un buen sistema educativo y en la pobreza), o como **Francisco Giner de los Ríos**, impulsor de la **Institución Libre de Enseñanza**. En la misma línea se encontraba el escritor granadino **Ángel Ganivet**.

Esta situación crítica se agudiza con la independencia, en 1898 –tras varios años de guerra– de Cuba y Filipinas, últimas colonias españolas. Este desastre provoca cuantiosas pérdidas económicas y humanas. Surge entonces un grupo de escritores preocupados por los problemas del país, por el *tema de España*. Son los miembros de la **generación o grupo del 98**.

El grupo del 98 se incluye dentro de un movimiento más amplio, el modernismo. Los **modernistas** son autores que, partiendo de un resentimiento contra su época, buscan nuevos cauces de expresión alejados de los habituales, que asocian a la burguesía. Juan Ramón Jiménez definía el modernismo como un gran movimiento de entusiasmo y libertad hacia la belleza.

Así pues, el modernismo es un movimiento literario y cultural dentro del cual aparece el grupo del 98, formado por una serie de autores que se dedicarían, con un lenguaje más sobrio, a indagar en las causas de la crisis finisecular.

La Institución Libre de Enseñanza

Se trata de una institución educativa no reglada, fundada en 1876, creada y dirigida por Francisco Giner de los Ríos. La ILE mantuvo su independencia religiosa, filosófica y política. Sus **principios fundamentales** eran la defensa de la libertad y el impulso de la ciencia. Pasaron por sus aulas intelectuales de la talla de Antonio Machado, Juan Ramón Jiménez o Miguel de Unamuno.

Francisco Giner de los Ríos, por Juan José Gárate.

Portada de la revista *Pèl & Ploma*, por Ramón Casas.

4.1. El grupo del 98

Nómina

Pertenecen al **grupo del 98** Miguel de Unamuno, José Martínez Ruiz «Azorín», Pío Baroja y Ramiro de Maeztu. Además, se incluye tradicionalmente a Ramón María del Valle-Inclán y a Antonio Machado, aunque con reservas, ya que estos siguen una evolución ideológica y estética distinta. En los escritores noventayochistas se pueden advertir dos **posturas ideológicas:** una primera etapa de juventud, luchadora y revolucionaria, y una segunda de madurez idealista, a veces abiertamente conservadora. Machado y Valle-Inclán seguirían evoluciones inversas.

Concepto de generación

Una **generación literaria** es un conjunto de escritores próximos por su edad y con problemas e inquietudes similares. Para que podamos aplicar este concepto, debe darse una serie de condiciones que recogemos en este cuadro:

Pío Baroja, por Juan de Echevarría.

Generación literaria
• La diferencia de edad entre sus miembros no puede sobrepasar los quince años.
• Poseen una formación intelectual semejante.
• Es necesaria la presencia de un líder, guía intelectual del grupo.
• Los miembros establecen entre sí estrechas relaciones personales (convivencia, amistad, tertulias, actos comunes…).
• Han de vivir un «acontecimiento generacional»: hecho de relevancia histórica que los marque y los una.
• Al tratarse de una generación literaria, es imprescindible la existencia de unos rasgos comunes en temas y estilo, opuestos a los de la generación anterior.

Grupo del 98
• Nacen entre 1864 (Unamuno) y 1875 (Antonio Machado).
• Aunque todos ellos proceden de la burguesía, adoptan una actitud antiburguesa en su primera etapa. Se declaran autodidactas y críticos con el sistema educativo español.
• No está clara la existencia de un guía. Se han propuesto los filósofos Nietzsche o Schopenhauer. Más extendida es la opinión de que fuese Unamuno. Pedro Salinas habla de que el líder «está presente precisamente por su ausencia».
• Participan en algunos actos comunes: visita a la tumba de Larra, homenaje a Baroja por la publicación de *Camino de perfección*, protesta por la concesión del Premio Nobel a Echegaray, visita a Toledo para admirar los cuadros de El Greco…
• Les une el Desastre del 98. La guerra sirve como detonante de una situación que se hubiese dado a conocer de todos modos.
• El escepticismo y el pesimismo son rasgos comunes. Les preocupan los temas religiosos y existenciales y, sobre todo, el tema de España, esencializado en Castilla.
• Admiración por Larra, Quevedo y Cervantes. La obra de este último servirá de estímulo a múltiples ensayos.
• Sobriedad y concisión. Se concede una mayor importancia a la idea que a su expresión. Antirretoricismo.
• Subjetivismo, especialmente significativo en las descripciones de paisajes.
• Innovaciones en los géneros literarios: la nivola de Unamuno o el esperpento de Valle-Inclán.

El concepto de *generación* abarca a todos los escritores de un período determinado. Por ello es más correcto hablar de grupo del 98 o grupo generacional del 98.

4.2. El modernismo

Movimiento general propio de esta época (y que engloba al grupo del 98), el modernismo supuso la reaparición de la angustia característica de la literatura romántica europea, sentimiento que pareció declinar gracias a la fe del XIX en el racionalismo, pero que renace tras quedar demostrado que no todo puede basarse en la razón. Se acude a la poesía para rememorar los felices momentos pasados: la niñez, los paraísos perdidos, los jardines…

Actividad

En el siguiente fragmento, extraído de *El árbol de la ciencia,* de Pío Baroja, asistimos a un retrato conciso y devastador de la realidad española de principios de siglo:

> Las costumbres de Alcolea eran españolas puras, es decir, de un absurdo completo.
>
> El pueblo no tenía el menor sentido social; las familias se metían en sus casas, como los troglodiatas en su cueva. No había solidaridad; nadie sabía ni podía utilizar la fuerza de la asociación. Los hombres iban al trabajo y a veces al casino. Las mujeres no salían más que los domingos a misa.
>
> Por falta de instinto colectivo, el pueblo se había arruinado.
>
> Pío Baroja
> *El árbol de la ciencia,* Alianza

Este texto de Azorín es buena muestra del redescubrimiento del paisaje español, otra peculiaridad generacional.

> ¿No os habéis despertado una mañana, al romper el día, después de una noche de tren, cansados, enervados, llenos aún los ojos del austero paisaje de La Mancha, frente a este pueblo que un mozo de estación con voz lenta, plañidera, melódica, acaba de llamar Lora del Río? Asomaos a la ventanilla del coche; tended vuestras miradas por la campiña; el paisaje es suave, claro, plácido, confortador, de una dulzura imponderable. Ya no estamos en las estepas yermas, grises, bermejas, gualdas, del interior de España; ya el cielo no se extiende sobre nosotros uniforme, de un añil intenso, desesperante; ya las lejanías no irradian inaccesibles, abrumadoras. Son las primeras horas del día; una luz sutil, opaca, cae sobre el campo; el horizonte es de un color violeta nacarado; cierra la vista una neblina tenue. Y sobre este fondo difuso, dulce, sedante, destacan las casas blancas del poblado y se perfila pina, gallarda, aérea, la torre de una iglesia, y emergen, acá y allá, solitarias, unas ramas curvadas, unas palmeras. ¿Qué hay en este paisaje que os invita a soñar un momento y trae a vuestro espíritu un encanto y una sugestión honda? ¿Es el pueblo que se columbra a lo lejos, bañado por esta luz difusa de la mañana? ¿Son las paredes blancas que irradian iluminadas por el sol que ahora nace? ¿Es ese hálito profundo de sosiego que en este punto respiramos?
>
> José Martínez Ruiz «Azorín»
> *Los pueblos. Obras completas,* Alianza

7. Localiza y explica los rasgos temáticos y estilísticos propios del grupo del 98 que se manifiestan en ambos textos.

Unidad 8 — La literatura a principios del siglo XX

¿Qué es el símbolo?

El **símbolo** se diferencia de la **metáfora** en que esta sustituye a algo preexistente (*perlas* por *dientes*), mientras que el símbolo se crea para nombrar una realidad que carece de nombre. El símbolo señala lo no designado, lo inefable. Pero como el poeta necesita usar palabras que se entiendan, tiene que recurrir a términos cotidianos, a los que dota de un sentido del que carecen en la lengua común. El artista ofrece ciertas claves de interpretación para entender el texto. Juan Ramón Jiménez escribe:

El Poema
¡No le toques ya más,
que así es la rosa!

El título nos da una clave. El pronombre *le* hace referencia a dicho poema. «No le toques más, no lo cambies, puesto que ya hemos llegado a la perfección». Y a ese poema perfecto con el máximo de expresividad y el mínimo de palabras lo llamaremos «rosa». Se ha expresado un símbolo.

Principales tendencias del modernismo

La estética modernista halla su momento de máximo esplendor a comienzos del siglo XX. Iniciado «oficialmente» por **Rubén Darío** en 1888 con la publicación de *Azul*, el modernismo supone la integración de diversas tendencias que se habían desarrollado a lo largo de la segunda mitad del siglo XIX, en especial del **simbolismo** y del **parnasianismo,** de origen francés. Las raíces estéticas del modernismo son, pues, variadas, y encuentran su punto de unión en el deseo evidente en los escritores de habla hispana de crear un lenguaje nuevo.

Para ello se acude a fuentes diversas: la poesía de los estadounidenses Walt Whitman y Edgar Allan Poe, el prerrafaelismo británico, el decadentismo de D'Annunzio… Tampoco se pueden obviar las fuentes hispánicas: Berceo, Manrique, los cancioneros… El modernismo es un movimiento *envolvente* que acumula elementos de distinta procedencia y los hace suyos. Considerando esta cuestión, estableceremos las principales tendencias del modernismo.

Modernismo canónico o parnasiano

El modernismo canónico deriva del parnasianismo, movimiento liderado por Leconte de Lisle.

Los **temas** más cultivados por estos autores son los siguientes:

- **Escapismo.** Implica la evasión del mundo real por medio del ensueño. El poeta escapa y nos traslada, bien a espacios lejanos y exóticos o bien a otra época (el Medievo o la niñez). Hay también referencias a la mitología clásica. Abundan elementos propios de un mundo elegante y exquisito: dioses, ninfas, centauros, caballeros, odaliscas, pagodas y viejos castillos, salones versallescos, jardines perfumados, cisnes y camellos, flores de loto, marfiles y piedras preciosas… Subyace la idea de que el arte (imaginación, magia) supera a la vida (vulgar y despreciable) y esta debe imitarlo.

- **Cosmopolitismo.** Es un aspecto más del deseo de evasión. Además, aporta a los modernistas un sentido aristocrático. París, símbolo del cosmopolitismo y la bohemia, se convierte en la capital del modernismo.

- **Desazón romántica.** Se exaltan las pasiones y lo irracional: el misterio, lo fantástico. No faltan manifestaciones de tedio y de profunda tristeza, de lo otoñal, de lo crepuscular, de la noche… La melancolía es un sentimiento muy característico.

- **Amor y erotismo.** Se escriben poemas de amor delicado, pero también otros de intenso erotismo: los primeros, de amor imposible; los segundos, de desenfreno.

- **Temas americanos.** Complementarios del cosmopolitismo, son una muestra más de la tendencia a la evasión hacia el pasado legendario, hacia los mitos indígenas. En Hispanoamérica esta línea será capital.

- **Lo hispánico.** Este tema se acentúa (sobre todo en Hispanoamérica) al advertir el protagonismo de los Estados Unidos. Se reivindica lo español frente a los valores culturales norteamericanos.

En cuanto a la **forma**, la estética modernista se plasma en:

- La **búsqueda de efectos sensoriales** que provoquen el goce de los sentidos. La sinestesia es el principal recurso de esta preocupación formal.

- El **lenguaje poético** se enriquece y la palabra adquiere significación vital. Se cuidan el sonido, el ritmo, la referencia histórica o cultural y los valores simbólicos. Se intenta renovar el significado de las palabras usuales y crear un léxico específico para la poesía. La métrica también se renueva.

Modernismo simbolista

La segunda línea del modernismo deriva del simbolismo francés y enlaza con poetas como Baudelaire, Rimbaud, Mallarmé o Verlaine. Lo esencial es la **sugerencia** (de ahí la importancia de la música) y el poder evocador de las palabras. El didactismo queda totalmente desterrado (Edgar Allan Poe hablaba de la «herejía del didactismo»).

Ahora la evasión no se dirige hacia mundos lejanos, sino hacia el mundo interior del poeta. Después de la **interiorización,** el escritor vuelve sus ojos al mundo exterior. Se descubre el paisaje, en realidad símbolo de la historia o del poeta.

Los autores españoles, influidos por el simbolismo de Verlaine y por el intimismo becqueriano, suelen pertenecer a esta línea del modernismo, más simbolista que la hispanoamericana.

Antonio y Manuel Machado.

Actividades

Adelfos

Yo soy como las gentes que a mi tierra vinieron
–soy de la raza mora, vieja amiga del sol–
que todo lo ganaron y todo lo perdieron.
Tengo el alma de nardo del árabe español.

Mi voluntad se ha muerto una noche de luna   5
en que era muy hermoso no pensar ni querer...
Mi ideal es tenderme, sin ilusión ninguna...
De cuando en cuando un beso y un nombre de mujer.

En mi alma, hermana de la tarde, no hay contornos...
y la rosa simbólica de mi única pasión   10
es una flor que nace en tierras ignoradas
y que no tiene aroma, ni forma, ni color.

Besos, ¡pero no darlos! Gloria... ¡la que me deben!
¡Que todo como un aura se venga para mí!
Que las olas me traigan y las olas me lleven   15
y que jamás me obliguen el camino a elegir.

¡Ambición!, no la tengo. ¡Amor!, no lo he sentido.
No ardí nunca en un fuego de fe ni gratitud.
Un vago afán de arte tuve... Ya lo he perdido.
Ni el vicio me seduce ni adoro la virtud.   20

De mi alta aristocracia dudar jamás se pudo.
No se ganan, se heredan elegancia y blasón...
Pero el lema de casa, el mote del escudo,
es una nube vaga que eclipsa un vano sol.

Nada os pido. Ni os amo ni os odio. Con dejarme   25
lo que hago por vosotros hacer podéis por mí...
¡Que la vida se tome la pena de matarme,
ya que yo no me tomo la pena de vivir!...

Mi voluntad se ha muerto una noche de luna
en que era muy hermoso no pensar ni querer...   30
De cuando en cuando un beso, sin ilusión ninguna.
¡El beso generoso que no he de devolver!

Manuel M<small>ACHADO</small>
Alma, Cátedra

8. Realiza un análisis métrico de este poema y explica sus rasgos modernistas.

9. Analiza las figuras estilísticas presentes en el poema de Manuel Machado.

10. ¿Podemos considerar el poema como decadentista? Justifica tu respuesta.

Métrica modernista

La métrica modernista se caracteriza por la **experimentación** y la **renovación**:

- Uso de los **versos alejandrinos, dodecasílabos** y **eneasílabos**, escasos en la tradición poética anterior.

- Introducción de **novedades** en las estrofas clásicas:
  - Sonetos en alejandrinos, con serventesios en lugar de cuartetos.
  - Sonetillos (sonetos de arte menor).
  - Silva: además de los clásicos endecasílabos y heptasílabos, se emplean también pentasílabos y eneasílabos.
  - Romances en versos heptasílabos, eneasílabos y endecasílabos.
  - Aparición del verso libre en las últimas etapas del modernismo por influjo del norteamericano Walt Whitman.
  - Intentos de crear una poesía basada en pies métricos al estilo de la poesía latina.

5 La lírica a principios del siglo XX

5.1. Rubén Darío

Obra

Rubén Darío se caracteriza por su capacidad para poetizar todo tipo de temas: medievales, renacentistas, dieciochescos, americanos… Es el poeta del **amor** y el **erotismo** en su afán de gozar sin límites. Las obras más destacadas de su producción son:

- *Azul* (1888). Supone el inicio del modernismo. Es una obra en la que se observa variedad de ritmos y metros. Los poemas se caracterizan por la elegancia y la sensualidad.

- *Prosas profanas* (1896). Representa la plenitud del modernismo parnasiano. Sorprende por la musicalidad de los versos, en los que se aprecia la variedad métrica del movimiento. Es una poesía preciosista, exótica, de fantasía refinada. El poeta, que declaró «Detesto la vida y el tiempo que me tocó nacer», se refugia en una torre de marfil (símbolo aristocrático del aislamiento del exterior).

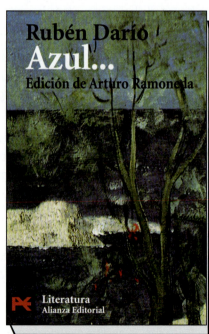

El último soneto de *Prosas profanas*, «Yo persigo una forma», marca la evolución en su estilo; se aúnan en esta composición la preocupación esteticista y la sensualidad.

Rubén Darío (1867-1916)

Poeta nicaragüense, su obra constituye uno de los impulsos renovadores más importantes de la lengua española. Propagó por América y España el modernismo, expresión de una sensibilidad cosmopolita y refinada, con influencias estéticas y formales del parnasianismo y del simbolismo franceses.

Antología

La lírica modernista es especialmente interesante para el estudio de los recursos expresivos. Lo apreciamos en los poemas vistos y en los que siguen. Toma nota de todos ellos para tu antología de textos.

Yo persigo una forma...

Yo persigo una forma que no encuentra mi estilo,
botón de pensamiento que busca ser la rosa;
se anuncia con un beso que en mis labios se posa
el abrazo imposible de la Venus de Milo.

Adornan verdes palmas el blanco peristilo;
los astros me han predicho la visión de la Diosa;
y en mi alma reposa la luz, como reposa
el ave de la luna sobre un lago tranquilo.

Y no hallo sino la palabra que huye,
la iniciación melódica que de la flauta fluye
y la barca del sueño que en el espacio boga;

y bajo la ventana de mi Bella-Durmiente,
el sollozo continuo del chorro de la fuente
y el cuello del gran cisne blanco que me interroga.

Rubén Darío
Prosas profanas, Alianza

■ *Cantos de vida y esperanza* (1905). Se produce una crisis del esteticismo anterior. Ahora asistimos a una poesía más íntima, más preocupada por el hombre, más angustiada. Abundan los temas serios, hondos, a veces muy amargos. Rubén Darío reflexiona sobre el arte, el placer, el amor, el tiempo, la muerte (preocupación obsesiva), la vida, la religión…

Antología

Una de las corrientes ideológicas más representativas del siglo XX es el existencialismo. El hombre sufre una terrible angustia ante la incertidumbre de la existencia humana. Los dos últimos versos de «Lo fatal» resumen a la perfección este sentimiento. Indaga en los orígenes y en las manifestaciones del existencialismo literario. Investiga acerca de los filósofos precursores: Sören Kierkegaard y Arthur Schopenhauer.

Actividades

Presentamos dos muestras de la obra rubeniana: «Caupolicán» es un poema que ofrece temas, métrica y estética propios del modernismo parnasiano; «Lo fatal», cierre de *Cantos de vida y esperanza,* es una clara muestra del existencialismo literario de la última época del poeta, que plantea interrogantes universales.

Caupolicán

Es algo formidable que vio la vieja raza;
robusto tronco de árbol al hombro de un campeón
salvaje y aguerrido, cuya fornida maza
blandiera el brazo de Hércules o el brazo de Sansón.

Por casco sus cabellos, su pecho por coraza,
pudiera tal guerrero, de Arauco en la región,
lancero de los bosques, Nemrod que todo caza,
desjarretar un toro o estrangular un león.

Anduvo, anduvo, anduvo. Le vio la luz del día,
le vio la tarde pálida, le vio la noche fría,
y siempre el tronco de árbol a cuestas del titán.

«¡El Toqui, el Toqui!», clama la conmovida casta.
Anduvo, anduvo, anduvo. La aurora dijo «Basta»,
e irguióse la alta frente del gran Caupolicán.

Rubén Darío
Azul, Alianza

Lo fatal

Dichoso el árbol que es apenas sensitivo,
y más la piedra dura, porque esta ya no siente,
pues no hay dolor más grande que el dolor de ser vivo,
ni mayor pesadumbre que la vida consciente.

Ser, y no saber nada, y ser sin rumbo cierto,
y el temor de haber sido, y un futuro terror...
Y el espanto seguro de estar mañana muerto,
y sufrir por la vida y por la sombra y por

lo que no conocemos y apenas sospechamos,
y la carne que tienta con sus frescos racimos
y la tumba que aguarda con sus fúnebres ramos,
¡y no saber adónde vamos,
ni de dónde venimos...!

Rubén Darío
Cantos de vida y esperanza, Alianza

11. Realiza el análisis métrico de los poemas propuestos.

12. Localiza rasgos formales y temáticos propios del modernismo en ambos poemas.

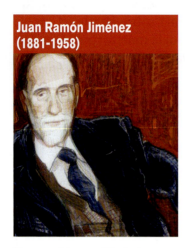

Juan Ramón Jiménez (1881-1958)

Nace en Moguer (Huelva) y marchará a Sevilla y Madrid (a «luchar por el modernismo») y Burdeos (en un sanatorio mental, tras la muerte de su padre), aunque regresa a Moguer en 1905. Se casa con Zenobia Camprubí en 1916. Recibe el Premio Nobel en 1956. Tres días más tarde, muere Zenobia y solo dos años después, fallece Juan Ramón en Puerto Rico.

¿Qué es la poesía pura?

La **poesía pura** se caracteriza por la esencialidad, la abstracción y la eliminación de todo lo anecdótico. Es el resultado de un proceso selectivo, depurador y despersonalizador que trabaja constantemente la palabra.

Trascendencia

Darío es el principal poeta modernista. Su figura es fundamental para la renovación de la lírica española de este siglo. Entre los poetas premodernistas españoles destacan Ricardo Gil, el cordobés Manuel Reina y el malagueño Salvador Rueda. Dentro del **modernismo** debemos resaltar las figuras de Eduardo Marquina, poeta y dramaturgo, y de Francisco Villaespesa. El **decadentismo** alcanza una de sus principales cotas en nuestra lírica con la figura del sevillano **Manuel Machado,** autor de *Alma* (1902), *Cante hondo* (1912) o *Ars moriendi* (1922).

5.2. Juan Ramón Jiménez

Obra

El propio Juan Ramón Jiménez propuso dos **clasificaciones** de su obra:

- En *Eternidades* (1916) divide su producción en **cuatro etapas:** poesía pura, etapa modernista, etapa de progresiva simplificación y poesía desnuda.

- Posteriormente, la clasifica en **tres etapas,** aunque la producción de Juan Ramón se caracteriza por una clara unidad, fruto de su afán revisionista:

  - **Etapa sensitiva** (hasta 1916, fecha de *Diario de un poeta recién casado*). Se distinguen, a su vez, dos momentos:

    – Primeros libros: obras teñidas de tristeza muy influidas por Bécquer y por los simbolistas franceses. Se incluyen en esta época títulos como *Arias tristes, Jardines lejanos* o *Elegías*.

    – En un segundo momento, aparecen los temas típicos del modernismo, pero tratados de forma personal: la belleza, el amor, los pájaros, las flores. Destaquemos *La soledad sonora* (1911), *Poemas májicos y dolientes* (1909-1911), *Poemas agrestes* (1910-1911), *Sonetos espirituales* (1914-1917) y *Estío* (1915), en los que se aprecian rasgos de mayor depuración. En prosa poética escribe por entonces *Platero y yo*, visión armónica del hombre y de la naturaleza a través de la cual cuenta sus vivencias en Moguer.

  - **Etapa intelectual** (1916-1936). Es una poesía más conceptual y compleja que la anterior, dedicada *a la minoría siempre.* Los títulos más significativos son *Diario de un poeta recién casado* (1916), *Eternidades* (1916-1917) y *Piedra y cielo* (1917-1918). Se trata de poemarios de raíz simbolista en los que el poeta siente deseos de renombrar las cosas para descubrir su pureza original. De ahí la llamada a la «inteligencia» para que le dé «el nombre exacto de las cosas». Destaca la presencia del mar, símbolo del eterno tiempo presente, de la unidad del cosmos, del ansia de eternidad.

  - **Etapa suficiente.** Formada, entre otras, por *Animal de fondo* (1949) y *Dios deseado y deseante* (1957). Nos presenta un poeta obsesionado por el tema de la vida poética, de la eternidad, del deseo de trascendencia en su obra. El escritor-poeta se vuelve poesía, se crea a sí mismo al escribir: es un dios porque crea, es creador (dios deseante); también es un dios a partir de lo que ha creado (dios deseado).

Estilo

Para Juan Ramón la poesía es belleza, conocimiento y ansia de eternidad:

- **Belleza.** La búsqueda y la expresión de lo bello lo convierten en un poeta conscientemente minoritario. Se ha hecho famosa la dedicatoria de sus obras: «A la minoría siempre».

- **Conocimiento.** Su poesía implica un intenso deseo de profundizar en el auténtico ser de las cosas, en su esencia íntima. Emplea el símbolo.

- **Ansia de eternidad.** El poema, eterno y perdurablemente bello, sobrevive a la muerte. El poeta se hace eterno al escribir, ya que vive en la memoria.

Actividades

Seleccionamos dos poemas de Juan Ramón. El primero recoge un motivo recurrente en su producción: la muerte.

El viaje definitivo

…Y yo me iré. Y se quedarán los pájaros cantando;
y se quedará mi huerto, con su verde árbol,
y con su pozo blanco.

Todas las tardes, el cielo será azul y plácido; 5
y tocarán, como esta tarde están tocando,
las campanas del campanario.

Se morirán aquellos que me amaron;
y el pueblo se hará nuevo cada año;
y en el rincón aquel de mi huerto florido y encalado, 10
mi espíritu errará, nostálgico…

Y yo me iré; y estaré solo, sin hogar, sin árbol
verde, sin pozo blanco,
sin cielo azul y plácido…
Y se quedarán los pájaros cantando. 15

Juan Ramón Jiménez
Poemas agrestes (1910-1911)

Colina de Jallais, por Pissarro.

La relación entre la palabra y la poesía es otro tema muy cultivado. Juan Ramón es partidario de emplear la grafía *j* para todos los sonidos fricativos velares. De ahí la ortografía singular del escritor.

Vino, primero, pura,
vestida de inocencia;
y la amé como un niño.

Luego se fue vistiendo
de no sé qué ropajes; 5
y la fui odiando, sin saberlo.

Llegó a ser una reina,
fastuosa de tesoros…
¡Qué iracundia de yel y sin sentido!

… Mas se fue desnudando. 10
Y yo le sonreía.

Se quedó con la túnica
de su inocencia antigua.
Creí de nuevo en ella.

Y se quitó la túnica, 15
y apareció desnuda toda…
¡Oh pasión de mi vida, poesía
desnuda, mía para siempre!

Juan Ramón Jiménez
Eternidades (1916-1917)

13. Describe la métrica y la rima de los dos poemas.

14. Localiza y explica los recursos propios de los diversos niveles lingüísticos.

15. Explica el sentido de los versos de Juan Ramón, teniendo en cuenta su concepción poética.

5.3. Antonio Machado

Obra

Antonio Machado (1875-1939)

Nace en Sevilla. A los ocho años se trasladó a Madrid. Visitó en varias ocasiones París, donde conoció la obra de los simbolistas franceses (Paul Verlaine). Fue catedrático de Francés en Soria (donde se casó con Leonor) hasta la temprana muerte de su mujer. Deseoso de abandonar Soria, solicita traslado y es destinado a Baeza (Jaén). Más tarde, marcha a Segovia. Firme partidario de la República, debió exiliarse a Colliure (Francia) durante la Guerra Civil, y allí murió.

Lo mejor de su obra lírica se encuentra en sus dos primeros libros:

- *Soledades, galerías y otros poemas* (1907). Esta primera obra pertenece al modernismo simbolista. Trata los temas del paso del tiempo, la melancolía, Dios y, sobre todo, la muerte, una constante en su obra. Se vale de algunos símbolos como la tarde o la fuente, que encierran su concepto de *tiempo*.

- *Campos de Castilla* (1912). A los temas anteriores, se une el de Castilla. Se observan descripciones subjetivas de paisajes y una actitud crítica (atraso y pobreza, denuncia de los problemas del país…). También apreciamos hermosas composiciones dedicadas a su mujer, Leonor, en las que a través del paisaje se muestra el estado de ánimo del poeta.

En poemas posteriores se irá acrecentando la **crítica social,** hecho que le valió la admiración de los poetas de posguerra. Hoy en día se está revalorizando la poesía intimista de su primera época.

Machado escribió también **teatro y prosa.** Al primer género corresponde *La Lola se va a los puertos,* escrita junto a su hermano Manuel. En cuanto a sus escritos en prosa, sobresale *Juan de Mairena,* conjunto de reflexiones que el maestro que da nombre a la obra ofrece a sus alumnos sobre los más diversos temas. Son conocidos sus comentarios en torno al lenguaje poético, en los que expresa la necesidad de abandonar el retoricismo vacío en busca de la sencillez expresiva y del lenguaje vivo:

> – *Señor Pérez, salga usted a la pizarra y escriba: Los eventos consuetudinarios que acontecen en la rúa.*
>
> *El alumno escribe lo que le dicta.*
>
> – *Vaya usted poniendo esto en lenguaje poético.*
>
> *El alumno después de meditar, escribe: «Lo que pasa en la calle».*
>
> – *No está mal.*
>
> Antonio Machado
Juan de Mairena, Cátedra

Temas

- El **tiempo** es, tal vez, la preocupación principal de Machado; el poeta crea distintos símbolos: la fuente, el reloj, el agua, el camino… Le preocupa el tiempo que fluye, que pasa, pero que siempre es igual a sí mismo: niños, fuentes, corrientes, norias… Machado definió la poesía como *palabra esencial en el tiempo.* Así, la esencia del ser humano se encuentra, precisamente, en su conciencia temporal. Mediante el lenguaje poético se capta lo propio de las cosas en su devenir.

- La **soledad,** compañera del poeta (*yo era muy niño, / y tú, mi compañera*).

- El **sueño** (de la vigilia) como forma de conocimiento, de acercamiento a la realidad profunda de las cosas.

- El **amor** evocado. Destacan los poemas dedicados a Leonor tras su muerte.
- **Dios,** desde una doble perspectiva: por un lado, sufre una crisis de fe a la muerte de Leonor; por otro, medita constantemente sobre la existencia y la noción de Dios. Así, confesará estar «siempre buscando a Dios entre la niebla».

Los sentimientos que el poeta refleja (la angustia, la soledad, la melancolía) son consustanciales al ser humano, que se pregunta por su destino y el sentido de su existencia que transcurre. Su poesía refleja, por lo tanto, lo que el poeta denominó **universales del sentimiento,** que son las grandes emociones que afectan al alma en su contacto con el mundo. Esos universales del sentimiento se refieren generalmente a tres grandes temas: el tiempo, la muerte y Dios. El Dios que aparece en la obra de Machado es a menudo un sueño, un deseo que, no obstante, no se hace presente de forma clara.

Estilo

El estilo machadiano se caracteriza por la presencia de **símbolos.** Los principales son la *tarde* (que representa su angustiado y melancólico estado de ánimo), el *reloj* o el *agua* (en los que se aprecia su obsesión por el paso del tiempo y la muerte). La sencillez formal y métrica aporta la **esencialidad** y la **sobriedad** características del 98. En este sentido, son habituales los poemas en alejandrinos y la silva-romance. Su poema «La tierra de Alvargonzález» marca un hito en la recuperación del romance (y, por extensión, de la lírica tradicional) para la poesía culta.

Antonio Machado, por Ignacio Rived.

Actividades

El primer poema, de *Soledades, galerías y otros poemas,* evoca el estado de ánimo del poeta. Se pregunta con angustia por el origen de sus preocupaciones existenciales. El segundo, de *Campos de Castilla,* está escrito pocos días antes de la muerte de Leonor, cuando el regreso de la primavera a las tierras sorianas le hace esperar el milagro de su curación.

LXXVII

Es una tarde cenicienta y mustia,
destartalada, como el alma mía;
y es esta vieja angustia
que habita mi usual hipocondría.

La causa de esta angustia no consigo
ni vagamente comprender siquiera;
pero recuerdo, y, recordando digo:
—Sí, yo era niño, y tú, mi compañera.

Y no es verdad, dolor, yo te conozco,
tú eres nostalgia de la vida buena
y soledad de corazón sombrío,
de barco sin naufragio y sin estrella.

Como perro olvidado que no tiene
huella ni olfato y yerra
por los caminos, sin camino, como
el niño que en la noche de una fiesta

se pierde entre el gentío
y el aire polvoriento y las candelas
chispeantes, atónito, y asombra
su corazón de música y de pena,

así voy yo, borracho melancólico,
guitarrista lunático, poeta,
y pobre hombre en sueños,
siempre buscando a Dios entre la niebla.

Antonio Machado
Soledades. Galerías. Otros poemas, Cátedra

A un olmo seco

Al olmo viejo, hendido por el rayo
y en su mitad podrido,
con las lluvias de abril y el sol de mayo,
algunas hojas verdes le han salido.

¡El olmo centenario en la colina
que lame el Duero! Un musgo amarillento
le mancha la corteza blanquecina
al tronco carcomido y polvoriento.

No será, cual los álamos cantores
que guardan el camino y la ribera,
habitado de pardos ruiseñores.

Ejército de hormigas en hilera
va trepando por él, y en sus entrañas
urden sus telas grises las arañas.

Antes que te derribe, olmo del Duero,
con su hacha el leñador, y el carpintero
te convierta en melena de campana,
lanza de carro o yugo de carreta;
antes que rojo en el hogar, mañana,
ardas de alguna mísera caseta,
al borde de un camino;
antes que te descuaje un torbellino
y tronche el soplo de las sierras blancas;
antes que el río hasta la mar te empuje
por valles y barrancas,
olmo, quiero anotar en mi cartera
la gracia de tu rama verdecida.
Mi corazón espera
también, hacia la luz y hacia la vida,
otro milagro de la primavera.

Antonio Machado
Campos de Castilla, Cátedra

16. Realiza el análisis métrico de ambos poemas.

17. ¿Están presentes los temas propios de la poesía machadiana? Explícalos.

18. En el primer poema, un doble símil explica cómo se siente el poeta en el mundo. Localízalo y relaciónalo con la idea central del texto.

19. Analiza la estructura de «A un olmo seco» y comenta cómo el símbolo del olmo va personificándose progresivamente.

20. Busca otras referencias a la tarde en *Soledades* y completa el significado de este símbolo.

21. Haz un comentario de los poemas más significativos de *Campos de Castilla* desde el CXIX (muerte de Leonor).

Grandes autores de la literatura europea

La poesía de Constantino Cavafis

Uno de los poetas europeos con mayor repercusión en la literatura del siglo XX es el griego Constantino Cavafis (Alejandría, 1863-1933), si bien su obra no se conoció fuera de Grecia hasta después de su muerte. La poesía de Cavafis recupera temas de la antigüedad grecolatina y canta con frecuencia al amor, adelantándose a su tiempo al tratar el tema de la homosexualidad. Su estilo no le hizo muy popular en sus comienzos: moderado empleo de figuras retóricas, uso de la lengua popular y absoluta perfección estética. Pero se convertirá en un referente de la poesía europea a partir de los años sesenta; su influjo será muy notable en los poetas novísimos españoles y en el movimiento culturalista, como veremos en el tema 12.

Ítaca

Cuando emprendas tu viaje a Ítaca
pide que el camino sea largo,
lleno de aventuras, lleno de experiencias.
No temas a los lestrigones ni a los cíclopes
ni al colérico Poseidón,   5
seres tales jamás hallarás en tu camino,
si tu pensar es elevado, si selecta
es la emoción que toca tu espíritu y tu cuerpo.
Ni a los lestrigones ni a los cíclopes
ni al salvaje Poseidón encontrarás,   10
si no los llevas dentro de tu alma,
si no los yergue tu alma ante ti.
Pide que el camino sea largo.
Que muchas sean las mañanas de verano
en que llegues —¡con qué placer y alegría!—   15
a puertos nunca vistos antes.
Detente en los emporios de Fenicia
y hazte con hermosas mercancías,
nácar y coral, ámbar y ébano
y toda suerte de perfumes sensuales,   20
cuantos más abundantes perfumes sensuales puedas.
Ve a muchas ciudades egipcias
a aprender, a aprender de sus sabios.
Ten siempre a Ítaca en tu mente.
Llegar allí es tu destino.   25
Mas no apresures nunca el viaje.
Mejor que dure muchos años
y atracar, viejo ya, en la isla,
enriquecido de cuanto ganaste en el camino
sin aguantar a que Ítaca te enriquezca.   30
Ítaca te brindó tan hermoso viaje.
Sin ella no habrías emprendido el camino.
Pero no tiene ya nada que darte.
Aunque la halles pobre, Ítaca no te ha engañado.
Así, sabio como te has vuelto, con tanta experiencia,   35
entenderás ya qué significan las Ítacas.

Constantino CAVAFIS
Poesía completa, Alianza

Constantino Cavafis en Alejandría, por David Hockney.

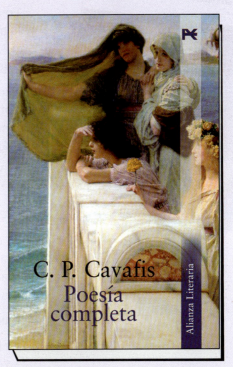

Castilla

*Tú me levantas, tierra de Castilla,
en la rugosa palma de tu mano,
al cielo que te enciende y te refresca,
al cielo, tu amo.*

*Tierra nervuda, enjuta, despejada,
madre de corazones y de brazos,
toma el presente en ti viejos colores
del noble antaño.*

*Con la pradera cóncava del cielo
lindan en torno tus desnudos campos,
tiene en ti cuna el sol y en ti sepulcro
y en ti santuario.*

*Es todo cima tu extensión redonda
y en ti me siento al cielo levantado,
aire de cumbre es el que se respira
aquí, en tus páramos.*

*¡Ara gigante, tierra castellana,
a ese tu aire soltaré mis cantos,
si te son dignos bajarán al mundo
desde lo alto!*

Miguel de Unamuno
Antología poética, Alianza

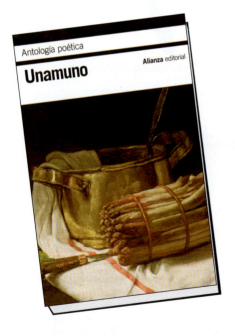

6 La narrativa a principios del siglo XX: novela noventayochista

Si la lírica en los inicios del siglo XX viene marcada por el modernismo, en el terreno de la ficción narrativa y de la **prosa** serán los hombres del grupo del 98 los que sobresalgan. En todos ellos se observan similares sentimientos: angustia, obsesión existencial por el paso del tiempo y por la muerte, y preocupación por el presente y el futuro de España. El **tema de España** y la **preocupación existencial** están en la base de esta narrativa.

El tema de España

A finales del siglo XIX se consuma la decadencia internacional de España. La independencia de Cuba y Filipinas (el *Desastre del 98*) supone la constatación de que nuestro país deja de ser una gran potencia. El antiguo Imperio español, fraguado en el Siglo de Oro, se ha perdido definitivamente. Este hecho provoca que nuestros intelectuales, incluidos en el grupo del 98, se pregunten por las **causas de la decadencia** y la necesidad de regenerar el país. Así, las reflexiones en torno al *tema de España* son frecuentes en multitud de obras del momento. En este sentido, **Castilla** se convierte en la representación de los valores esenciales del alma española.

En realidad, el tema de España no es nuevo en nuestras letras: ya estaba presente en Cervantes, Quevedo (*Miré los muros de la patria mía…*), Feijoo, Cadalso, Larra… Durante todo el siglo XX, se convertirá, por diferentes motivos, en una constante: la Guerra Civil, el exilio, la Dictadura, la Transición…

La preocupación existencial

Los protagonistas de estas novelas suelen reflejar un trasfondo filosófico de raíz existencial, fruto de las preocupaciones de sus autores. Son –unos y otros– seres invadidos por una **angustia** que les llevará a plantearse problemas religiosos.

Baroja se declarará siempre ateo; Azorín y Maeztu, por su parte, evolucionaron desde el agnosticismo hasta el catolicismo de su madurez; Unamuno vive una tragedia íntima y literariamente muy fructífera: la lucha entre la razón y la necesidad de creer, entre Dios y la nada.

6.1. Miguel de Unamuno

Obra

La obra de Miguel de Unamuno representa no solo una referencia fundamental del grupo del 98, sino de toda nuestra literatura. El escritor vasco cultivó con acierto casi todos los géneros, desde el ensayo a la novela, sin descuidar la lírica o el teatro.

- **Ensayos.** En ellos reflexiona principalmente en torno a dos temas:
  - **El sentido de la vida y el más allá:** *La agonía del cristianismo* (1931) y *Del sentimiento trágico de la vida* (1913). Trata en estas obras el

problema de Dios, el sentido agónico de la existencia, la inmortalidad, etc., con un marcado tono existencialista.

Muchas de las ideas de Unamuno destacan por su originalidad. Así, su pensamiento puede considerarse como *antiprogresista, antitecnicista* y *antirracionalista*. El escritor vasco no cree en el progreso o en la técnica, ya que no sirven para desentrañar el único misterio que interesa al hombre: **la existencia de Dios** o del más allá. La razón, incapaz de proporcionar felicidad, solo arroja angustia sobre el hombre. Así, se plantea un conflicto irresoluble entre razón y fe: ¿realmente hay algo tras la muerte? Una pregunta que no halla respuesta. Se desea que haya algo («si el alma no es inmortal nada vale nada, ni hay esfuerzo que merezca la pena», nos dirá Unamuno). Y aparece Dios: un Dios deseado pero indemostrable. La razón nos niega la esperanza, pero el corazón la busca con vehemencia. Más que creer, Unamuno quiere creer.

- **La preocupación por España:** *En torno al casticismo* (1895), *Vida de Don Quijote y Sancho* (1905), y *Por tierras de Portugal y España* (1911)… Unamuno evoluciona desde un deseo de reforma y modernización del país (*europeizar España*) a una postura contraria, en la que acabará proclamando la necesidad de *españolizar Europa*, ya que el progreso no sirve para alcanzar la **única verdad** que interesa al ser humano: ¿existe Dios? Proclama la necesidad de exportar la espiritualidad española.

■ **Novelas.** Se desarrollan los mismos temas ya citados. Dado que al autor le interesa, sobre todo, el **conflicto interno de sus personajes,** las novelas carecen, en gran medida, de planteamiento y desenlace. Él mismo explica este hecho en su obra *Cómo se hace una novela:* «Desprendámonos de lo social, de lo temporal, de los dogmas y de las costumbres de nuestro hormiguero. Va a desaparecer un hombre: todo está ahí».

Por este motivo, las novelas de Unamuno se parecen muy poco a las de su época. Algunas de sus características proceden de la narrativa contemporánea europea; en todo caso, responden al mismo deseo de renovación de las formas literarias que caracterizó al modernismo. La crítica del momento negó el carácter novelesco de algunas de estas obras. Por ello, Unamuno las llamó *nivolas*.

Podemos clasificar su producción en tres momentos:

- **Hasta 1897,** año de su crisis religiosa más grave, que le supuso la pérdida de la fe y el inicio de sus **conflictos religiosos y existenciales.** Escribe entonces *Paz en la guerra* (1897), su primera novela y en la que desarrolla el concepto de *intrahistoria*, ideado por Unamuno para referirse a los acontecimientos cotidianos y anónimos. Se trata de una etapa progresista y de ideología socialista. También aparece la preocupación por la inmortalidad. Aún cree en la ciencia y en el progreso.

- **De 1897 a 1914.** Es una época de **obsesión por el tema religioso.** Se fragua en este momento el concepto negativo del progreso. Los temas fundamentales son la angustia, la lucha entre la razón y la fe, y la preocupación por la inmortalidad. Escribe por entonces *Amor y pedagogía* (1902).

- **De 1914-1936.** Es la etapa de sus principales novelas: *Niebla* (1914), *La tía Tula* (1921) y *San Manuel Bueno, mártir* (1933).

Miguel de Unamuno (1864-1936)

Nació en Bilbao y estudió Filosofía y Letras en Madrid. Ocupó la cátedra de Griego en la Universidad de Salamanca, de la que fue rector en 1901. Sufrió destierro en Fuerteventura y Francia por problemas con la dictadura de Primo de Rivera. Fue diputado por la República. Murió en Salamanca. Unamuno está considerado como uno de los intelectuales más brillantes y profundos de nuestra cultura.

Unamuno cultivó también los géneros lírico y dramático. Entre su **obra poética** destaca *El Cristo de Velázquez* (1920), mientras que su **teatro** ha tenido menos éxito, pues la densidad de ideas no va acompañada de la necesaria fluidez escénica. En este terreno destacan *Fedra* (1911), *El otro* (1927), *Raquel encadenada* (1921), *Medea* (1933) o *El hermano Juan* (estrenada en 1954).

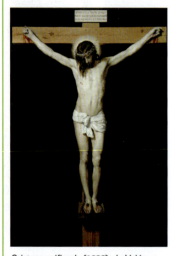

Cristo crucificado (1632), de Velázquez. Cuadro sobre el que se inspiró Unamuno para escribir su gran poema religioso *El Cristo de Velázquez* (1920), formado por 2540 endecasílabos blancos.

El siguiente texto corresponde a una de las obras más afamadas de Unamuno: *San Manuel Bueno, mártir*. En ella, Ángela Carballino, la narradora, recuerda la figura de don Manuel, párroco de la localidad, con fama de santo y a punto de ser beatificado. El drama de Ángela consiste en descubrir la falta de fe del sacerdote.

Al llegar la última Semana de Pasión que con nosotros, en nuestro mundo, en nuestra aldea celebró don Manuel, el pueblo todo presintió el fin de la tragedia. ¡Y cómo sonó entonces aquel «¡Dios mío, Dios mío!, ¿por qué me has abandonado?», el último que en público sollozó don Manuel! Y cuando dijo lo del Divino Maestro al buen bandolero –«todos los bandoleros son buenos», solía decir don Manuel–, aquello de: «Mañana estarás conmigo en el paraíso». ¡Y la última comunión general que repartió nuestro santo! Cuando llegó a dársela a mi hermano, esta vez con mano segura, después del litúrgico …in vitam aeternam, se le inclinó al oído y le dijo: «No hay más vida eterna que esta…, que la sueñen eterna…, eterna de unos pocos años…» Y cuando me la dio a mí, me dijo: «Reza, hija mía, reza por nosotros». Y luego, algo tan extraordinario que lo llevo en el corazón como el más grande misterio, y fue que me dijo con voz que parecía de otro mundo: «… y reza también por Nuestro Señor Jesucristo…».

MIGUEL DE UNAMUNO
San Manuel Bueno, mártir, Alianza

6.2. Pío Baroja

Obra

Pío Baroja es uno de los novelistas más importantes del 98. Su producción literaria está constituida casi exclusivamente por novelas. Consciente de la trascendencia y complejidad de sus obras, el mismo Baroja las clasificó basándose en un criterio cronológico:

- **Antes de 1912.** Etapa prolífica y variada, la crítica considera que Baroja escribe en estos años sus mejores obras: *Camino de perfección* (1902) y *El árbol de la ciencia* (1911). En ellas, a través de sus dos protagonistas –Fernando Osorio y Andrés Hurtado–, construye arquetípicas etopeyas (descripción de las costumbres y rasgos morales de un individuo). También es la época de *La lucha por la vida* (trilogía), *Zalacaín el aventurero* (1909) o *Las inquietudes de Shanti Andía* (1911). Esta última pasa por ser una de sus obras más interesantes. Por su año de publicación, es reconocida como ejemplo de tránsito entre las dos épocas.

- **Después de 1912.** Escribe desde ese año novelas de diferentes estilos y temática, entre las que señalamos la serie titulada *Memorias de un hombre de acción*, compuesta por veintidós obras.

La obra de Baroja también puede agruparse temáticamente en **ciclos o trilogías.** Los ciclos más destacados son:

- **Tierra vasca:** *La casa de Aizgorri, El mayorazgo de Labraz; Zalacaín, el aventurero.*
- **La vida fantástica:** *Aventuras, inventos y mixtificaciones de Silvestre Paradox; Camino de perfección; Paradox, rey.*
- **La lucha por la vida:** *La busca; Mala hierba; Aurora roja.*

Escritorio de Pío Baroja en el caserón de Iztea, en el que pasó gran parte de su vida. Vera de Bidasoa, Navarra.

Estilo

Baroja consideraba la novela como un género abierto que admitía gran cantidad de técnicas diferentes. En cualquier caso, una característica común de las obras barojianas es que carecen de acción. Son, en cambio, *novelas de personaje.* En ellas, todo queda condicionado a un protagonista en torno a cuya biografía y evolución hacia un fracaso anunciado se construye todo lo demás. Los demás personajes, que a menudo se diluyen en el argumento, no son más que adornos estéticos.

Su estilo es preciso, sencillo y sobrio. La **sencillez** aparente de su pluma, que en ocasiones puede resultar grosera, encierra, como sucede a veces, una medida elaboración. Es un virtuoso de la **descripción impresionista** y del **diálogo**, así como del manejo de un **humor** especialmente amargo. Abundan las frases cortas con escasa subordinación y el estilo conversacional. No empleó nunca demasiadas figuras retóricas.

Con todo, debemos indicar que su influencia ha sido decisiva en escritores posteriores de la talla de Camilo José Cela o Luis Martín Santos.

Pío Baroja (1872-1956)

Pío Baroja y Nesi nació en San Sebastián. Estudió Medicina en Madrid, aunque terminó la carrera en Valencia. Llegó a Madrid para regentar la panadería de un familiar y en esta ciudad se dedicó por entero a la literatura y en ella terminará sus días. Fue elegido miembro de la Real Academia en 1934.

Actividades

El siguiente fragmento, correspondiente a *La voluntad,* representa un ejemplo del estilo impresionista de Azorín. La novela nos narra los pensamientos del protagonista (alter ego del autor) sobre la situación religiosa de su tiempo.

> *Amplios de espíritu, flexibles, comprensivos, eran Fray Luis de Granada, Fray Luis de León, Melchor Cano [...]. El catolicismo de ahora es cosa muy distinta, está en oposición abierta con esta tradición simpática, que ya se ha perdido por completo entre las clases superiores [...]. ¡Las clases superiores! No hay hoy en España ningún obispo inteligente; yo leo desde hace años sus pastorales y puedo asegurar que no he repasado nunca escritos tan vulgares, torpes, desmañados y antipáticos. ¡Son la ausencia total de arte y de fervor! [...] Azorín se levanta de la mesa. «El catolicismo en España es pleito perdido: entre obispos cursis y clérigos patanes acabarán por matarlo en pocos años.» Azorín sale a la plaza de Zocodover y da una vuelta por los clásicos soportales. La noche está templada. Los escaparates pintan sobre el suelo vivos cuadros de luz; en el fondo de las tiendas, los viejos mercaderes −como en los cuadros de Marinus− cuentan sus monedas, repasan sus libros. La plaza está desierta; de cuando en cuando pasa una sombra que se detiene un momento ante las vitrinas repletas de mazapanes; luego continúa y desaparece por una callejuela. «Este es un pueblo feliz», piensa Azorín; «tienen muchos clérigos, tienen muchos militares, van a misa, creen en el demonio, pagan sus contribuciones, se acuestan a las ocho... ¿Qué más pueden desear? Tienen la felicidad de la Fe, y como son católicos y sienten horror al infierno, encuentran doble voluptuosidad en los pecados que a los demás mortales, escépticos de las chamusquinas eternas, apenas nos enardecen».*
>
> José Martínez Ruiz «Azorín»
> *La voluntad,* Cátedra

22. Señala las ideas principales contenidas en el texto y comenta su carácter noventayochista.

23. ¿En qué radica el «impresionismo estilístico» de Azorín?

Unidad 8 La literatura a principios del siglo XX

José Martínez Ruiz «Azorín» (1873-1967)

Nació en Monóvar (Alicante). Cursó la carrera de Derecho en Madrid. Pronto se dedicó al periodismo, a la literatura y a la política, en la que llegó a ocupar diversos cargos. Viajó por España y por Francia, donde residió mientras duró la Guerra Civil. En 1924 ingresó en la Real Academia Española. Murió en Madrid.

6.3. José Martínez Ruiz, «Azorín»

Obra

El desarrollo literario de «Azorín» coincide con la misma evolución desencantada de la mayoría de los escritores que le fueron contemporáneos. Todos ellos se lamentan de la realidad que les rodea y reconocen las dificultades para modificarla.

Destaca su **producción novelística** y, en concreto, sus tres novelas «autobiográficas»: *La voluntad* (1902), *Antonio Azorín* (1903) y *Las confesiones de un pequeño filósofo* (1904). *La voluntad* manifiesta la intención de Azorín de sustituir el modelo narrativo del Realismo y el Naturalismo del XIX por un tipo de novela más cercana a las impresiones personales y a un estilo que hoy podríamos caracterizar como propio de un reportero.

Otras obras significativas del escritor alicantino son: *Los pueblos* (1905) o *Castilla* (1912), en las que aparece una enérgica protesta social, *Lecturas españolas* (1912), *Clásicos y modernos* (1913), *Los valores literarios* (1914) y *Al margen de los clásicos* (1915), en las que pretende revitalizar a los clásicos; o sus libros de recuerdos o semblanzas, como *Valencia* (1941), *Madrid* (1941) y *Memorias inmemoriales* (1946).

Su **estilo** se caracteriza por la pureza y la exactitud, por la precisión, y por la frase breve y contundente, de marcado carácter impresionista.

7 La novela novecentista o de la generación del 14

El comienzo del siglo XX asiste también al nacimiento de la *generación del 14* o *novecentismo*. Los escritores que la forman –Ramón Pérez de Ayala, Gabriel Miró y Ramón Gómez de la Serna– procuraron renovar las técnicas novelísticas y poéticas de su tiempo: el lirismo, la ironía o el humor, el intelectualismo o la deshumanización.

- **Gabriel Miró:** experimentador ante todo, destaca por su cuidada expresión y por su exquisito estilo, a veces incomprendido (sobre todo si su análisis se limita a la óptica tradicional). Sobresale Miró por su temperamento, por su sensibilidad exacerbada y por su excepcional capacidad de captar sensaciones: luz y color, aromas, sonidos, colores… Debido a su lirismo, se le ha denominado «gran poeta en prosa». Su dominio del lenguaje es absoluto y en sus obras prevalece la belleza formal, pasando la acción a ser algo secundario. Sus obras *Nuestro Padre San Daniel* (1921) y *El obispo leproso* (1926) son las más interesantes.

- **Ramón Pérez de Ayala:** representante de la novela intelectual, sus obras han sido relacionadas con la técnica del perspectivismo, que implica la bifurcación de la realidad, de los capítulos, de las columnas de texto. Posee un estilo denso, irónico, capaz de reflejar tanto lo culto como lo popular. Entre sus obras, cabe mencionar la tetralogía que narra la vida de Alberto Díaz de Guzmán, personaje barojiano, alter ego del autor: *Tinieblas en las cumbres* (1907), *A. M. D. G.*, *La pata de la raposa* (1912) y *Troteras y danzaderas* (1913). Su mejor obra es, quizás, *Belarmino y Apolonio* (1921).

Ramón Pérez de Ayala.

Gabriel Miró.

- **Ramón Gómez de la Serna:** autor de carácter excéntrico, es conocido por ser el creador de la *greguería,* frase breve que encierra una pirueta verbal o una metáfora insólita (humorismo + metáfora = greguería). Buenos ejemplos de greguerías serían: *Las serpientes son las corbatas de los árboles* o *Hacer símiles parece cosa de simios.* Destacan sus novelas *El torero Caracho* (1926) y *El caballero del hongo gris* (1928).

Actividad

24. Las greguerías no siempre se basan en una metáfora; a veces, son otros los recursos estilísticos que se emplean. Selecciona cinco greguerías y explica qué recursos se detectan en ellas.

    1. *El libro es el salvavidas de la soledad.*
    2. *La palabra plebiscito es una palabra en diminutivo porque lo que menos figura en él es el voto de la plebe.*
    3. *Gracias a las gotas de rocío tiene ojos la flor para ver la belleza del cielo.*
    4. *Los recuerdos encogen como las camisetas.*
    5. *La luna: apuntador mudo de la noche.*
    6. *Cuando se llega al verdadero escepticismo es cuando por fin se sabe que escepticismo no se escribe con x.*
    7. *La jirafa es el periscopio para ver los horizontes del desierto.*
    8. *Soda: agua con hipo.*
    9. *Los tornillos son clavos pintados con raya en medio.*
    10. *Nunca es tarde si la sopa es buena.*
    11. *En el fondo de los pozos suenan los discos de la luna.*
    12. *Monólogo significa: mono que habla.*
    13. *Las pasas son uvas octogenarias.*
    14. *Los libros son los únicos que retienen el polvo de los siglos: material y espiritualmente.*
    15. *Pan es palabra tan breve para que podamos pedirlo con urgencia.*

8 El teatro a principios del siglo XX

8.1. Tendencias y formas teatrales

A diferencia de otros géneros, el dramático precisa contar necesariamente con el espectador. Esta circunstancia condiciona la creación de los autores teatrales, pues en esta época el público que asiste al teatro procede de la burguesía y es reacio a los cambios bruscos. Los dramaturgos se inclinarán por alguna de estas opciones:

- **Proponer obras del agrado del espectador** bien construidas técnicamente, aunque de carácter comercial y burgués. Se trata del denominado *teatro triunfante,* de escaso carácter crítico. Jardiel Poncela diría: «Es inútil ponerse de espaldas al público, porque el público está delante».

- **Crear un teatro vanguardista** que sorprenda al espectador y que contenga una elevada carga crítica, normalmente de orientación antiburguesa. Este teatro innovador requerirá de un público bien preparado intelectualmente que comprenda y sepa apreciar las innovaciones.

Jacinto Benavente.

Teatro triunfante en españa	Teatro continuador del Realismo del siglo XIX	Su principal representante es **Jacinto Benavente,** quien se amoldó a los gustos mayoritarios, limitándose en sus obras a censurar pequeños vicios. Sus mejores obras son *Los intereses creados* (1907) y *La Malquerida* (1913). Fue capaz de acabar con el teatro grandilocuente del Romanticismo tardío, gracias a su ágil manejo del lenguaje y a su capacidad para dosificar la intriga. En su contra están su escaso sentido crítico y el poco alcance de sus obras, carentes de universalidad. Recibió el Premio Nobel en 1922.
	Teatro poético en verso	Mezcla aspectos del Romanticismo y del modernisno, ideológicamente muy conservador, con constantes alusiones a la gloria perdida del Imperio español. Es un teatro histórico en el que sobresalen Francisco **Villaespesa,** Eduardo **Marquina** (*En Flandes se ha puesto el sol,* 1909) y, con matices, los **hermanos Machado** (*La Lola se va a los puertos,* 1929).
	Teatro cómico	• **Hermanos Álvarez Quintero.** Autores de un teatro sin pretensiones trascendentes. Crean obras de ambientación andaluza, agudas e ingeniosas, con un claro dominio de la técnica teatral y de los recursos del humor (equívocos, juegos de palabras, exageraciones, ironías, etc.). Destacan *El genio alegre* (1906), *Malvaloca* (1912) y *La Puebla de las mujeres* (1912). • **Carlos Arniches.** Creador de la «tragedia grotesca», donde se aúnan lo risible y lo conmovedor. Su obra más lograda, *La señorita de Trevélez* (1916), peca, sin embargo, de sensiblería y moralismo ingenuo. • **Pedro Muñoz Seca.** El gaditano crea un nuevo género, el astracán: parodia en verso del teatro postromántico: *La venganza de don Mendo* (1918).
Teatro innovador		• **Unamuno.** Escribe un teatro «de ideas», donde lo único importante es el texto, el conflicto de los personajes. Hay poca acción y escasos elementos escénicos: *Fedra* (1911) y *El otro* (1927). Azorín también realizará intentos renovadores de escaso éxito (*Lo invisible,* trilogía de 1927). • **Jacinto Grau.** Autor casi desconocido –y no muy bien tratado por la crítica– cuya obra se empieza a valorar ahora. Escribe *El señor de Pigmalión* (1921), historia de un artista que crea unos muñecos que acaban rebelándose y asesinándolo. • **Jardiel Poncela** y **Miguel Mihura.** Son los máximos exponentes de «la otra generación del 27». Realizan una importante labor de renovación en el teatro humorístico español. Los dos alcanzan su máxima consideración tras la Guerra Civil.

Además de los autores mencionados, hay que señalar a Ramón María del Valle-Inclán y Federico García Lorca como los mejores dramaturgos de nuestro siglo. El primero de ellos lo estudiamos en este mismo tema.

8.2. Ramón M.ª del Valle-Inclán

Obra

Aunque nos centraremos en su obra dramática, Valle-Inclán se adentra también en la novela. Las *Sonatas* están consideradas como la mejor aportación del modernismo en prosa. Son las memorias del marqués de Bradomín, «un don Juan feo, católico y sentimental». ***Tirano Banderas*** (1926) es una novela de madurez, inspirada en la tiranía de los dictadores hispanoamericanos de la época.

El **teatro** de Valle se caracteriza por un constante esfuerzo por renovar la escena española. Tanto es así que a varias de sus obras se les ha negado el valor dramático, ligándolas a la narrativa; es el caso de las *Comedias bárbaras.* Pero, salvando dichas consideraciones, nos encontramos ante uno de los dramaturgos españoles más importantes. Su producción se inicia en 1899 con *Cenizas* y se cierra con *La hija del capitán* en 1927; en medio, un importante número de obras difícilmente clasificables. Se pueden constatar varias tendencias o ciclos:

- **Ciclo del mito.** Constituido por obras como *Divinas palabras* (1920) o la trilogía *Comedias bárbaras,* caracterizadas por un espacio gallego primitivo e intemporal, donde las pasiones humanas y las fuerzas irracionales están sometidas a un proceso de mitificación.

- **Ciclo de la farsa.** En obras como *La marquesa Rosalinda* (1912) o *Farsa y licencia de la reina castiza* (1920) selecciona un espacio más estilizado y ridículo: jardines, rosas, cisnes, etc., elementos propios del siglo XVIII.

Las obras finales de ambos ciclos suponen la llegada a su estética definitiva: el *esperpento*.

- **Ciclo del esperpento.** En este caso, el mecanismo no es la mitificación sino todo lo contrario, la desmitificación de la realidad, del presente vivo del escritor. Destacan *Los cuernos de don Friolera* (1921), *Las galas del difunto* (1926) y *La hija del capitán* (1927), publicadas bajo el título de *Martes de carnaval*.

La obra que abre el ciclo esperpéntico, **Luces de bohemia** (1920), gira en torno al último viaje de un «héroe trágico», el poeta Max Estrella, por un mundo indigno, injusto y vacío, como su compañero don Latino de Híspalis. Viaje aterrador y desgarrado por quince espacios madrileños que nada tienen de míticos o gloriosos. Max no tiene otras armas para denunciar y luchar contra la realidad cobarde y deshumanizada que proponer el suicidio, la muerte. Paralelamente, Valle-Inclán se sirve de una estética deformante para reflejar la realidad. Todo vale –hasta la misma muerte– para violentar al público.

Sin duda, el ciclo del esperpento no es más que el final de un largo y fructífero camino de innovaciones que situó al teatro español en la vanguardia dramática europea pese a su escaso éxito comercial.

Ramón María del Valle-Inclán (1866-1936)

Nace en Villanueva de Arosa (Pontevedra). Su vida se desarrolla entre Galicia, Madrid e Hispanoamérica. Estudia Derecho, aunque no concluye la carrera. Muere en Santiago de Compostela. Valle-Inclán fue un gran conversador, amigo de las respuestas fulminantes. Ideológicamente, evolucionó desde una postura tradicionalista a actitudes críticas y comprometidas.

El esperpento

Para crear el esperpento, Valle-Inclán se vale de estos procedimientos:

- Deformación continua y constante de la realidad.
- Frecuentes contrastes y reducción al absurdo.
- Presentación de lo normal como algo extraordinario. El mundo irreal se ofrece de modo verosímil.
- Presencia reiterada de la muerte.
- Empleo de gran variedad de recursos deformantes: animalización, personificación, muñequización y cosificación.

Representación teatral de *Los Cuernos de don Friolera*.

Unidad 8 La literatura a principios del siglo XX

Actividades

Este fragmento de *Luces de bohemia* reproduce el famoso diálogo entre Max Estrella y don Latino de Híspalis. Valle-Inclán pone en boca de sus personajes sus ideas sobre la estética esperpéntica.

Max.— ¡Don Latino de Hispalis, grotesco personaje, te inmortalizaré en una novela!
Don Latino.— Una tragedia, Max.
Max.— La tragedia nuestra no es tragedia.
Don Latino.— ¡Pues algo será!
Max.— El Esperpento.
Don Latino.— No tuerzas la boca, Max.
Max.— ¡Me estoy helando!
Don Latino.— Levántate. Vamos a caminar.
Max.— No puedo.
Don Latino.— Deja esa farsa. Vamos a caminar.
Max.— Échame el aliento. ¿Adónde te has ido, Latino?
Don Latino.— Estoy a tu lado.
Max.— Como te has convertido en buey, no podía reconocerte. Échame el aliento, ilustre buey del pesebre belenista. ¡Muge, Latino! Tú eres el cabestro, y si muges vendrá el Buey Apis. Le torearemos.
Don Latino.— Me estás asustando. Debías dejar esa broma.
Max.— Los ultraístas son unos farsantes. El esperpentismo lo ha inventado Goya. Los héroes clásicos han ido a pasearse en el callejón del Gato.
Don Latino.— ¡Estás completamente curda!
Max.— Los héroes clásicos reflejados en los espejos cóncavos dan el Esperpento. El sentido trágico de la vida española sólo puede darse con una estética sistemáticamente deformada.
Don Latino.— ¡Miau! ¡Te estás contagiando!
Max.— España es una deformación grotesca de la civilización europea.
Don Latino.— ¡Pudiera! Yo me inhibo.
Max.— Las imágenes más bellas en un espejo cóncavo son absurdas.
Don Latino.— Conforme. Pero a mí me divierte mirarme en los espejos de la calle del Gato.
Max.— Y a mí. La deformación deja de serlo cuando está sujeta a una matemática perfecta. Mi estética actual es transformar con matemática de espejo cóncavo las normas clásicas.
Don Latino.— ¿Y dónde está el espejo?
Max.— En el fondo del vaso.
Don Latino.— ¡Eres genial! ¡Me quito el cráneo!
Max.— Latino, deformemos la expresión en el mismo espejo que nos deforma las caras y toda la vida miserable de España.
Don Latino.– Nos mudaremos al callejón del Gato.

Ramón Mª del Valle-Inclán
Luces de bohemia, Espasa Calpe

25. Caracteriza y describe a los personajes de este texto.

26. ¿En qué crees que radica el carácter esperpéntico del fragmento?

27. Analiza el lenguaje utilizado en los diálogos.

28. Busca en Internet alguna acotación de la obra y comenta sus características literarias.

Texto A

Castilla

El ciego sol se estrella
en las duras aristas de las armas,
llaga de luz los petos y espaldares
y flamea en las puntas de las lanzas.

El ciego sol, la sed y la fatiga. 5
Por la terrible estepa castellana,
al destierro, con doce de los suyos,
–polvo, sudor y hierro– el Cid **cabalga**.

Cerrado **está** el mesón a piedra y lodo…
Nadie **responde**. Al pomo de la espada 10
y al cuento de las picas, el postigo
va a ceder… ¡**Quema** el sol, el aire abrasa!

A los terribles golpes,
de eco ronco, una voz pura, de plata
y de cristal, responde… **Hay** una niña 15
muy débil y muy blanca,
en el umbral. Es toda
ojos azules; y en los ojos, lágrimas.
Oro pálido nimba
su carita curiosa y asustada. 20

«¡Buen Cid! Pasad… El rey nos **dará** muerte,
arruinará la casa
y **sembrará** de sal el pobre campo
que mi padre trabaja…
Idos. El Cielo os colme de venturas… 25
En nuestro mal, ioh Cid!, no ganáis nada».

Calla la niña y llora sin gemido…
Un sollozo infantil **cruza** la escuadra
de feroces guerreros,
y una voz inflexible **grita**: «¡En marcha!» 30

El ciego sol, la sed y la fatiga.
Por la terrible estepa castellana,
al destierro, con doce de los suyos
–polvo, sudor y hierro– el Cid cabalga.

Manuel Machado
Alma, Cátedra

1. Realiza un análisis métrico y destaca los recursos estilísticos más llamativos.
2. Justifica a qué estilo pertenece el texto anterior.
3. Analiza sintácticamente la última estrofa del poema.
4. Indica si las formas verbales marcadas en el texto forman parte de una oración unimembre o bimembre.

Unidad 8 — La literatura a principios del siglo XX

Texto B

Y ahora, al escribir esta memoria, esta confesión íntima de mi experiencia de la santidad ajena, creo que don Manuel Bueno, que mi San Manuel y que mi hermano Lázaro se murieron creyendo no creer lo que más nos interesa, pero sin creer creerlo, creyéndolo en una desolación activa y resignada. Pero ¿por qué —me he preguntado muchas veces— no trató don Manuel de convertir a mi hermano también con un engaño, con una mentira, fingiéndose creyente sin serlo? Y he comprendido que fue porque comprendió que no le engañaría, que para con él no le serviría el engaño, que solo con la verdad, con su verdad, le convertiría; que no habría conseguido nada si hubiese pretendido representar para con él una comedia —tragedia más bien—, la que representaba para salvar al pueblo. Y así le ganó, en efecto, para su piadoso fraude; así le ganó con la verdad de muerte a la razón de vida. Y así me ganó a mí, que nunca dejé transparentar a los otros su divino, su santísimo juego. Y es que creía y creo que Dios Nuestro Señor, por no sé qué sagrados y no escudriñaderos designios, les hizo creerse incrédulos. Y que acaso en el acabamiento de su tránsito se les cayó la venda. ¿Y yo, creo?

Y al escribir esto ahora, aquí, en mi vieja casa materna, a mis más que cincuenta años, cuando empiezan a blanquear con mi cabeza mis recuerdos, está nevando, nevando sobre el lago, nevando sobre la montaña, nevando sobre las memorias de mi padre, el forastero; de mi madre, de mi hermano Lázaro, de mi pueblo, de mi san Manuel, y también sobre la memoria del pobre Blasillo, de mi San Blasillo, y que él me ampare desde el cielo. Y esta nieve borra esquinas y borra sombras, pues hasta de noche la nieve alumbra. Y yo no sé lo que es verdad y lo que es mentira, ni lo que vi y lo que soñé —o mejor lo que soñé y lo que solo vi—, ni lo que supe ni lo que creí. No sé si estoy traspasando a este papel, tan blanco como la nieve, mi conciencia que en él se ha de quedar, quedándome yo sin ella. ¿Para qué tenerla ya...? ¿Es que sé algo?, ¿es que creo algo? ¿Es que esto que estoy aquí contando ha pasado y ha pasado tal y como lo cuento? ¿Es que pueden pasar estas cosas? ¿Es que todo esto es más que un sueño soñado dentro de otro sueño? ¿Seré yo, Ángela Carballino, hoy cincuentona, la única persona que en esta aldea se ve acometida de estos pensamientos extraños para los demás? ¿Y estos, los otros, los que me rodean, creen? ¿Qué es eso de creer? Por lo menos, viven. Y ahora creen en San Manuel Bueno, mártir, que sin esperar inmortalidad les mantuvo en la esperanza de ella.

Miguel de Unamuno
San Manuel Bueno, mártir, Cátedra

1. ¿Sobre qué temas reflexiona Miguel de Unamuno?

2. ¿Consideras que el fragmento es representativo de la generación del 98? ¿Por qué?

3. Analiza los elementos narrativos presentes en el texto. Presta especial atención tanto al tipo de narrador utilizado como al tratamiento del tiempo interno.

4. Analiza el empleo de la palabra *creer* desde un punto de vista léxico y semántico.

Texto literario

Un café que prolongan empañados espejos. Mesas de mármol. Divanes rojos. El mostrador en el fondo, y detrás un vejete rubiales, destacado el busto sobre la diversa botillería. El Café tiene piano y violín. Las sombras y la música flotan en el vaho del humo, y en el lívido temblor de los arcos voltaicos. Los espejos multiplicadores están llenos de un interés folletinesco, en su fondo, con una geometría absurda, extravaga el Café. El compás canalla de la música, las luces en el fondo de los espejos, el vaho de humo penetrado del temblor de los arcos voltaicos cifran su diversidad en una sola expresión. Entran extraños y son de repente transfigurados en aquel triple ritmo, Mala Estrella y don Latino.

Max.— ¿Qué tierra pisamos?

Don Latino.— El Café Colón.

Max.— Mira si está Rubén. Suele ponerse enfrente de los músicos.

Don Latino.— Allá está como un cerdo triste.

Max.— Vamos a su lado, Latino. Muerto yo, el cetro de la poesía pasa a ese negro.

Don Latino.— No me encargues de ser tu testamentario.

Max.— ¡Es un gran poeta!

Don Latino.— Yo no lo entiendo.

Max.— ¡Merecías ser el barbero de Maura!

Por entre sillas y mármoles llegan al rincón donde está sentado y silencioso Rubén Darío. Ante aquella aparición, el poeta siente la amargura de la vida, y con gesto egoísta de niño enfadado, cierra los ojos y bebe un sorbo de su copa de ajenjo. Finalmente, su máscara de ídolo se anima con una sonrisa cargada de humedad. El ciego se detiene ante la mesa y levanta su brazo, con magno ademán de estatua cesárea.

Max.—¡Salud, hermano, si menor en años, mayor en prez!

Rubén.— ¡Admirable! ¡Cuánto tiempo sin vernos, Max! ¿Qué haces?

Max.— ¡Nada!

Rubén.— ¡Admirable! ¿Nunca vienes por aquí?

Max.— El café es un lujo muy caro, y me dedico a la taberna mientras llega la muerte.

Rubén.— Max, amemos la vida y, mientras podamos, olvidemos a la Dama de Luto.

Max.— ¿Por qué?

Rubén.— ¡No hablemos de Ella!

Max.— ¡Tú la temes y yo la cortejo! ¡Rubén, te llevaré el mensaje que te plazca darme para la otra ribera de la Estigia! Vengo aquí para estrecharte por última vez la mano, guiado por el ilustre camello don Latino de Hispalis. ¡Un hombre que desprecia tu poesía, como si fuese académico!

Don Latino.— ¡Querido Max, no te pongas estupendo!

Rubén.— ¿El señor es don Latino de Hispalis?

Don Latino.— ¡Si nos conocemos de antiguo, Maestro! ¡Han pasado muchos años! Hemos hecho juntos periodismo en La Lira Hispano-Americana.

Rubén.— Tengo poca memoria, don Latino.

Don Latino.— Yo era el redactor financiero. En París nos tuteábamos, Rubén.

Rubén.— Lo había olvidado.

Max.— ¡Si no has estado nunca en París!

Don Latino.— Querido Max, vuelvo a decirte que no te pongas estupendo. Siéntate e invítanos a cenar. ¡Rubén, hoy este gran poeta, nuestro amigo, se llama Estrella Resplandeciente!

Ramón del Valle-Inclán
Luces de bohemia, Espasa-Calpe

Unidad 8 La literatura a principios del siglo XX

Comentario literario resuelto

1 Presentación

Ramón del Valle-Inclán (1866-1936) es un escritor gallego conocido tanto por su vida bohemia —un tanto excéntrica y controvertida—, como por una amplia trayectoria literaria que evoluciona desde el modernismo de sus inicios a posturas noventayochistas en sus últimas obras. Igualmente sobresale por la creación de la estética del esperpento en donde situamos el texto que analizamos.

Aunque en su obra hallamos poemarios de estética modernista y vanguardista, Valle-Inclán alcanzó la fama gracias a sus novelas (*Sonatas, Tirano Banderas*), a sus obras teatrales (*Martes de carnaval*) y a sus ensayos (*El ruedo ibérico*).

Con *Luces de bohemia* (1920) se abre el camino al **esperpento**, un nuevo género teatral en el que Valle-Inclán pretende denunciar la realidad española con un lenguaje distinto. En el esperpento se mezclan la tragedia y la farsa, y los personajes gesticulan en el vacío, reducidos a la categoría de cosas o animales. Políticos, escritores, artistas, seres marginales de la época, se presentan ante nosotros sometidos a esta sistemática degradación. Pero Valle-Inclán no oculta su simpatía por ideas extremistas como el anarquismo, lo que lo aleja de las ideas de la generación del 98, en general más conservadoras.

Luces de Bohemia es la obra que inicia la estética del esperpento. En ella Valle-Inclán nos ofrece la última noche del poeta olvidado Max Estrella —personaje ciego, bohemio, pobre y desafortunado— que, en compañía de su desleal lazarillo Latino de Hispalis, recorre varios lugares degradados de Madrid en busca de su salvación económica. En su viaje nocturno da cuenta de la realidad del país.

2 Contenido y forma

El fragmento que comentamos pertenece a la novena escena de *Luces de bohemia*. En ella, Max, el protagonista, se reúne junto a don Latino con Rubén Darío en el Café Colón. La escena se desarrolla de noche, tras la entrevista de Max con el ministro en la Secretaría Particular.

Max y don Latino llegan al Café Colón donde encuentran al poeta Rubén Darío y con el que hablan de la muerte y de aspectos relacionados con la poesía.

La muerte, aludida en varias ocasiones (*Dama de Luto, la otra ribera de Estigia*), es un tema recurrente en la obra. En este caso, parece tener un carácter profético, pues será este el fin del protagonista.

Además del saludo entre los poetas, Valle nos ofrece dos perspectivas del mundo literario. De una parte, el lado exitoso, encarnado en Rubén Darío, y, de otro, el fracaso literario y vital de Max Estrella.

La escena se **estructura** a su vez en dos partes a través de dos acotaciones:

- La primera sitúa a los personajes en el Café Colón. Don Latino y Max hablan de Rubén Darío, momento en el que deciden acercarse y hablar con este último.
- La segunda parte se inicia tras la acotación segunda. En ella se produce el encuentro entre los personajes.

Asimismo, en el fragmento encontramos diversos **rasgos característicos de la estética del esperpento:**

- Animalizaciones (*Allá está como un cerdo triste; el ilustre camello Don Latino de Hispalis*).
- Parodias: *¡Salud, hermano, si menor en años, mayor en prez!; Admirable.*
- Alusiones reiteradas a la muerte: *Olvidemos a la Dama de Luto.*
- Tendencia al humor sarcástico: *¡Merecías ser el barbero de Maura!*
- Reducción al absurdo: sirva como ejemplo el burdo engaño de Latino al afirmar que fue compañero de Rubén Darío en París.
- Libertad formal: observable tanto en los diálogos como en las acotaciones.

En cuanto a los **personajes,** Máximo Estrella es el protagonista de esta obra. Se nos muestra como un poeta ciego (*¿Qué tierra pisamos?; El ciego se detiene ante la mesa y levanta su brazo…*), hiperbólico (*el café es un lujo muy caro, y me dedico a la taberna mientras llega la muerte*), andaluz, poeta de odas y madrigales, humorista y lunático. Máximo Estrella, conocido como Mala Estrella en el mundo literario, encarna la figura del último bohemio. Se cree que la personalidad de Max es la del escritor y periodista sevillano, Alejandro Sawa, inspirador de la bohemia española y amigo de Valle-Inclán. Vivió en París, conoció a Víctor Hugo y murió en Madrid ciego y loco en la peor de las miserias.

Latino de Hispalis, por su parte, es un personaje que, según él mismo afirma, no sabe lo que es, pero que acepta el papel de perro lazarillo de Máximo. Aquí se hace pasar por antiguo compañero del nicaragüense en su estancia en París como redactor de la *Lira Hispano-Americana.*

Rubén Darío es el poeta-guía del modernismo. En este fragmento Valle lo caracteriza con sus propias expresiones: *Max, amemos la vida y, mientras podamos, olvidemos a la Dama de Luto.* Percibe *la amargura de la vida* al contemplar el desastre poético y existencial de Max Estrella.

En este sentido, creemos conveniente destacar el **lenguaje** de los personajes. Estos, a pesar del intercambio breve de palabras propio de un saludo, emplean un lenguaje culto, aunque, en ocasiones, encontremos, alguna expresión coloquial: *No te pongas estupendo;* la muletilla *admirable* de Rubén Darío.

En el intercambio de oraciones del diálogo abundan las oraciones interrogativas y exclamativas: *¡No hablemos de ella!; ¿El señor es don Latino de Hispalis?*

En cuanto a las **acotaciones,** Valle utiliza un lenguaje muy literario en el que se muestran numerosos detalles: *Las sombras y la música flotan en el vaho del humo, y en el lívido temblor de los arcos voltaicos; el poeta siente la amargura de la vida, y con gesto egoísta de niño enfadado...* Como sabemos, estas acotaciones —tan personales e innovadoras— resultan muy difíciles de representar.

Como sabemos, la escena se caracteriza por su ambientación nocturna en un tiempo muy próximo a la composición de la obra.

El **espacio** descrito en las acotaciones es claramente modernista (*sombras y música, empañados espejos cóncavos, divanes rojos,* etc.). Llama la atención la atmósfera irreal y fantasiosa creada en el Café Colón a partir de las luces, los espejos y la música.

3 Análisis sociológico

Se puede pensar que Valle-Inclán pretende ofrecer una visión totalizada de la sociedad española de la época, recrear diversos tipos de vida social en una época concreta de su historia. Para ello, se vale de un proceso de conexión: para hablarnos de España alude a la vida bohemia, y, para referirse a esta vida, habla de Máximo.

La intención de Valle es la de criticar el camino que lleva España y, para ello, emplea la técnica del esperpento o de la deformación de los héroes, enseñando, así, la verdadera realidad; mostrando las desigualdades entre clases sociales, en la que destaca la vida bohemia: *El trabajo y la inteligencia siempre se han visto menospreciados, y solo vale el dinero.*

4 Conclusión

Terminamos afirmando que Valle-Inclán es un gran renovador, experimentador e introductor de nuevas tendencias, que tienen su base en dos generaciones literarias fundamentalmente (el modernismo y la generación del 98). Asimismo, destacamos que el teatro de Valle es teatro de sombras, de luces, de deformación, de ironía, de parodia, de crítica y de exageración en el que las acotaciones técnicas adquieren un papel primordial.

Unidad 8 — La literatura a principios del siglo XX

Ahora tú: comentario guiado

Texto literario

Anoche cuando dormía
soñé, ¡bendita ilusión!,
que una fontana fluía
dentro de mi corazón.
Di, ¿por qué acequia escondida,   5
agua, vienes a mí,
manantial de nueva vida
de donde nunca bebí?

Anoche cuando dormía
soñé, ¡bendita ilusión!,   10
que una colmena tenía
dentro de mi corazón;
y las doradas abejas
iban fabricando en él,
con las amarguras viejas,   15
blanca cera y dulce miel.

Anoche cuando dormía,
soñé, ¡bendita ilusión!,
que un ardiente sol lucía
dentro de mi corazón.   20
Era ardiente porque daba
calores de rojo hogar,
y era sol porque alumbraba
y porque hacía llorar.

Anoche cuando dormía   25
soñé, ¡bendita ilusión!,
que era Dios lo que tenía
dentro de mi corazón.

Antonio Machado
Soledades, galerías y otros poemas, Cátedra

La literatura a principios del siglo XX — Unidad 8

Ahora tú: comentario guiado

1 Fase previa

- El poema que vas a analizar apareció publicado en la obra *Soledades, galerías y otros poemas.* Por lo tanto, infórmate acerca de esta gran obra del poeta sevillano: fecha de composición, estética, temas tratados, recursos formales más habituales, etc.
- Aunque el vocabulario empleado no es complejo, aclara, si lo estimas oportuno, las posibles dudas léxicas que el texto te ofrezca: *acequia, fontana…*

2 Presentación

- Haz un breve recorrido por la trayectoria vital de Antonio Machado: dónde nace, lugares donde vivió, sucesos que condicionaron su vida, etc.
- ¿Cómo evoluciona literariamente? ¿Qué sabemos de *Soledades*? ¿En qué vertiente modernista lo encuadramos?
- ¿Qué influencias poéticas recibió? ¿Sobre qué motivos poéticos compone sus poemas?

3 Contenido y forma

- Realiza un análisis métrico del poema: número de estrofas, tipo de estrofa y de versos, rima.
- ¿Es habitual este tipo de estrofas y versos en la poesía modernista?
- ¿En qué partes podemos se organiza el texto? ¿Están relacionadas coherentemente las partes del texto?
- ¿Por qué podemos afirmar que la última estrofa constituye el clímax del poema? ¿En qué se diferencia del resto de las partes?
- ¿Qué temas se desarrollan en cada una de las partes?
- Analiza los aspectos formales más significativos de cada parte. Presta especial atención al carácter connotativo del mensaje poético: *nueva vida, blanca cera y dulce miel, ardiente sol, bendita ilusión…*
- ¿Te parece un poema pesimista o esperanzador?

4 Análisis sociológico

- ¿Cuál es el destinatario de este tipo de poemas?
- ¿Podemos reconocer la ideología del autor a partir de sus palabras?
- ¿Qué repercusión ha tenido esta obra en la literatura española?

5 Conclusión

- Plantea un breve recorrido por los aspectos más significativos del poema.

Colliure, pueblo costero francés donde falleció Antonio Machado en el exilio.

II

He andado muchos caminos,
he abierto muchas veredas;
he navegado en cien mares,
y atracado en cien riberas.
En todas partes he visto
caravanas de tristeza,
soberbios y melancólicos
borrachos de sombra negra,
y pedantones al paño
que miran, callan, y piensan
que saben, **porque** no beben
el vino de las tabernas.
Mala gente que camina
y va apestando la tierra...
Y en todas partes he visto
gentes que danzan o juegan,
cuando pueden, y laboran
sus cuatro palmos de tierra.
Nunca, **si** llegan a un sitio,
preguntan a **dónde** llegan.
Cuando caminan, cabalgan
a lomos de mula vieja,
y no conocen la prisa
ni aun en los días de fiesta.
Donde hay vino, beben vino;
donde no hay vino, agua fresca.
Son buenas gentes que viven,
laboran, pasan y sueñan,
y en un día como tantos,
descansan bajo la tierra.

Antonio Machado
Soledades. Galerías. Otros poemas, Cátedra

Unidades 5-8

Lengua

1. Sitúa, en tu cuaderno, los siguientes nexos coordinantes en el grupo al que pertenezcan:

Esto es, pero, o, mas, ya… ya, es decir, y, sin embargo, e, o sea, u, cerca… lejos, sino (que), unos… otros.

Copulativas	•••
Disyuntivas	•••
Adversativas	•••
Explicativas	•••
Distributivas	•••

2. Indica si las siguientes afirmaciones son verdaderas o falsas:

a) Las proposiciones son dependientes sintácticamente.

b) La oración compuesta es aquella que está formada por un solo predicado.

c) Una proposición subordinada desempeña una función sintáctica concreta, propia de un grupo sintáctico (sujeto, complemento, adyacente…) dentro de otra proposición, a la que llamamos principal.

d) Las proposiciones yuxtapuestas precisan en ocasiones de un nexo.

e) Las proposiciones subordinadas sustantivas son aquellas que desempeñan, dentro de una oración compleja, una función propia de un grupo adverbial.

f) Las proposiciones subordinadas adjetivas son aquellas que desempeñan la función de adyacente de un núcleo de un grupo nominal.

g) Las proposiciones subordinadas adverbiales son aquellas que desempeñan la función propia de un grupo nominal.

3. Relaciona en tu cuaderno los nexos marcados en el poema con su tipo correspondiente:

y	Nexo subordinante adverbial causal
que	Nexo subordinante adverbial condicional
porque	Nexo subordinante sustantivo
cuando	Nexo subordinante adverbial de lugar
si	Nexo coordinante copulativo
dónde	Nexo subordinante adjetivo
donde	Nexo subordinante adverbial de tiempo

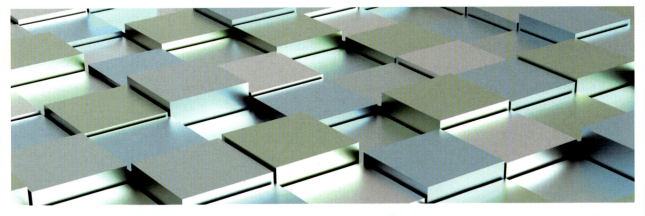

Evaluación final

Unidades 5-8

4. Explica a qué clase de palabras pertenecen los nexos anteriores.

5. Analiza sintácticamente las siguientes oraciones compuestas:

  a) *Nunca, si llegan a un sitio, preguntan a dónde llegan.*

  b) *Donde hay vino, beben vino; donde no hay vino, agua fresca.*

  c) *Y en todas partes he visto gentes que danzan o juegan, cuando pueden, y laboran sus cuatro palmos de tierra.*

6. Completa la siguiente información con los términos correspondientes:

En España coexisten con el castellano o ●●●, lengua común para todos, cuatro lenguas cooficiales. Una de ellas, el ●●●, es de origen prerromano; las cuatro restantes son lenguas ●●●, esto es, proceden del ●●●: el castellano o español, el ●●●, el ●●● y el ●●●. Cada una de estas lenguas tiene, en mayor o menor medida, diferentes hablas según la zona geográfica donde se emplee. Nos referimos entonces a dialectos o ●●● regionales (no poseen ya el rango de lengua). Algunos de ellos son de origen latino (el bable leonés y la fabla aragonesa) y otros son variedades del ●●●: andaluz, murciano, extremeño, etc.

7. Relaciona en tu cuaderno los distintos conceptos de variedades la lengua con sus respectivas definiciones.

Variedades diatópicas	Se corresponden con las diferentes situaciones en las que el hablante se pueda encontrar.
Variedades diafásicas	Se relacionan con el grado de instrucción de los hablantes.
Variedades diastráticas	Están condicionadas por la precedencia y el marco espacial de uso.

Literatura

1. Señala en tu cuaderno qué tópicos literarios pueden reconocerse en el poema.

Carpe diem	●●●
Homo viator	●●●
Ubi sunt?	●●●
Edad de Oro	●●●
Tempus fugit	●●●

2. Señala entre las opciones siguientes los motivos por los que el poema pertenece al subgénero lírico:

  a) Empleo intensivo de la función poética.

  b) Presencia de la función metalingüística.

  c) Uso de palabras con valor denotativo.

  d) Integración de códigos verbales y verbales.

  e) Gran importancia del diálogo.

  f) Uso mayoritario del verso.

  g) El espacio y el tiempo son necesarios.

  h) Su finalidad es la representación.

  i) Concentración y brevedad.

  j) Doble situación comunicativa.

  k) Ritmo y musicalidad.

3. Atendiendo a la temática del poema, ¿qué partes pueden reconocerse?

4. Analiza tanto la métrica como los aspectos formales más destacados del texto.

5. Sitúa, en tu cuaderno, a los siguientes autores y obras en el movimiento artístico al que pertenecen:

Manuel Machado
Campos de Castilla
Rubén Darío
Ramón Pérez de Ayala
La voluntad
Luces de bohemia
Pío Baroja
Niebla
Miguel de Unamuno
Greguerías

Modernismo	Generación del 98	Generación del 14

6. Explica cuáles son los grandes temas que se tratan en la generación del 98.

7. ¿Qué aspectos formales caracterizan la estética modernista?

9 De las vanguardias a 1939

Texto inicial y actividades previas
1. Las vanguardias
2. La generación del 27
3. El ensayo en la generación del 27

Actividades finales de comprensión

Comentario literario resuelto: «Unos cuerpos son como flores»

Ahora tú. Comentario guiado: «Dime que sí»

Texto inicial

Vanguardias artísticas y vanguardias cinematográficas

El complejo fenómeno de las vanguardias artísticas, literarias y cinematográficas cuyas manifestaciones se extienden a lo largo del primer tercio del siglo XX –vanguardias históricas– indica a la vez la consumación de la modernidad estética y su más profunda crisis. Consumación *porque los diversos movimientos de vanguardia marcaron el paroxismo del mito del progreso, de la identificación de lo nuevo con lo bueno, de la necesidad de avanzar hacia el futuro también desde el mundo de la creación artística*, de la instauración de una *ruptura de la tradición que inauguraba una peculiar tradición de ruptura*, como acertadamente indicara Octavio Paz; crisis porque tal innovación y tales avances se hacían no desde los postulados de la razón, verdadero fundamento de la modernidad científico-técnica, sino desde lo pre-, trans- o suprarracional, y a la postre tenían en su propio germen la semilla de la destrucción. Nunca como en el ámbito estético de las vanguardias ha sido tan cierto que apenas engendrado un producto estaba ya condenado a su superación. «Fue un cambio de tal modo profundo –son palabras de Octavio Paz– que todavía nos afecta y que, sin duda, afectará al arte y a la sensibilidad de nuestros descendientes».

Manuel Ángel Vázquez Medel
Comunicación, Universidad de Sevilla

La ciudad se alza, por Umberto Boccioni.

Actividades previas

A. ¿Qué sabes de las vanguardias artísticas? ¿Podrías citar alguna de ellas?

B. Intenta explicar el sentido de la siguiente frase: «Los diversos movimientos de vanguardia marcaron el paroxismo del mito del progreso, de la identificación de lo nuevo con lo bueno, de la necesidad de avanzar hacia el futuro también desde el mundo de la creación artística».

C. ¿Recuerdas qué relación se establece entre las vanguardias y el grupo del 27?

1 Las vanguardias

Como estudiamos en la unidad 8, simbolismo y parnasianismo abrieron el camino a la innovación, a la ruptura, a un arte disconforme y contestatario. Los herederos de tal concepto creativo serán los vanguardistas, que no desearán ningún tipo de reconocimiento social y buscarán una posición de deseada marginalidad. Frente a los retos y avances de la sociedad de su tiempo, proponen nuevas formas de entender la **cultura** y la **creación estética**:

- Los adelantos científicos ponen de manifiesto las limitaciones del hombre y la inestabilidad del mundo. Surgen **filosofías** que rechazan la existencia de Dios y afirman la dimensión soberana del hombre (Nietzsche).

- Como consecuencia de lo anterior, se produce una grave crisis espiritual que se manifiesta en todas las artes. Así, nacen numerosos **movimientos rupturistas** que se oponen a las consideraciones estéticas anteriores. Solo una estética nueva y distinta podrá expresar ideas o realidades novedosas: lo absurdo, lo sensual, lo prohibido, lo maldito… Desde 1905 se suceden una serie de movimientos artísticos, las denominadas **vanguardias,** que proponen concepciones creativas renovadas, tanto en pintura como en arquitectura o literatura: futurismo, expresionismo, dadaísmo, cubismo, surrealismo…

- El motor de la vanguardia es, pues, el **afán de originalidad,** la voluntad de hacer un arte nuevo que sea capaz de reflejar el nuevo espíritu de la época. Lo nuevo es, en palabras del escritor Paul Valéry, «como un imán, como un veneno». La originalidad representa, por lo tanto, un intenso deseo de mostrar al lector algo sorprendente, algo que no espera.

Todos los movimientos de vanguardia presentan **características comunes:**

- La intención de romper con todo lo anterior (generalmente con violencia) y el afán de originalidad.

- La promulgación de *manifiestos,* escritos programáticos donde se recogen los preceptos del nuevo arte.

- La incitación al escándalo.

- El sentido lúdico del arte.

Considerando todos estos aspectos, realizaremos a continuación un recorrido por los principales movimientos vanguardistas, los denominados *ismos.*

1.1. Futurismo

El primer manifiesto futurista ve la luz en 1909. Su autor es el italiano **Filippo Tommaso Marinetti** y en él se plantean algunas claves de la nueva estética, como la pasión por la velocidad y el progreso. Entre las afirmaciones más conocidas de Marinetti se hallan las siguientes: «Un automóvil de carreras es más hermoso que la *Victoria de Samotracia*» o «Hay que demoler los museos y bibliotecas».

La **poesía futurista** potencia, además, *el valor, la audacia y la revolución.* El poeta es un artista al que nada ni nadie debería frenar; al contrario, para lograr la *palabra en libertad* ha de dejarse llevar por *l'élan vital* ('el aliento vital'). En España, algunos poemas de **Salinas** o **Alberti** presentarán rasgos futuristas.

Victoria de Samotracia, 190 a. C. Museo Nacional del Louvre.

Formalmente, el futurismo se caracteriza por la supresión de los signos de puntuación y la alteración del orden lineal. Se modifica también la sintaxis y se eliminan los adjetivos. Se usan letras de distinto tipo, tamaño, color...

1.2. Expresionismo

El expresionismo tiene su origen en **Alemania** y se manifestará fundamentalmente en los ámbitos de la pintura, la literatura y el cine. Destaca por su fuerte carácter crítico y la constante denuncia social. Los artistas expresionistas dan gran valor a la imaginación y al sueño y, por ello, intentan *expresar lo físico por lo psíquico en imágenes y colores,* sacando a la luz las pulsiones internas del hombre. En pintura, el expresionismo es la antesala del abstraccionismo (Kandinsky).

En **poesía,** los temas fundamentales están inspirados por la visión crítica de la sociedad y los sentimientos de horror, sufrimiento y solidaridad, nacidos como consecuencia de la Primera Guerra Mundial.

En **teatro** sobresale Bertold Brecht, autor de obras de denuncia, comprometidas y antiburguesas. Brecht es uno de los padres del teatro actual, creador de una escuela propia de interpretación. El teatro expresionista favoreció la aparición de una nueva concepción de la «puesta en escena», los decorados y la dirección.

En España, el autor más influido por el expresionismo fue **Valle-Inclán.** Destacan obras como *La pipa de kif* (lírica) y los esperpentos (teatro).

1.3. Cubismo

Rosa del sanatorio

Bajo la sensación del cloroformo
me hacen temblar con alarido interno
la luz de acuario de un jardín moderno,
y el amarillo olor del yodoformo.
Cubista, futurista y estridente, 5
por el caos febril de la modorra
vuela la sensación, que al fin se borra,
verde mosca, zumbándome en la frente.
Pasa mis nervios, con gozoso frío,
el arco de lunático violín; 10
de un si bemol el transparente pío
tiembla en la luz acuaria del jardín,
y va mi barca por el ancho río
que separa un confín de otro confín.

Ramón M.ª del Valle-Inclán
Antología de la poesía española del siglo XX, 1890-1939, Alianza

Violín y botella de tinta en una mesa, por Juan Gris.

El cubismo tiene su arranque en las artes plásticas, de la mano del genial malagueño **Pablo Picasso.** Desde este ámbito, se extiende a otras artes como la literatura. En líneas generales, se intentan representar, simultáneamente, diversos aspectos de una misma realidad; no solo su imagen, sino también los conceptos o datos intelectuales que pueda aportar.

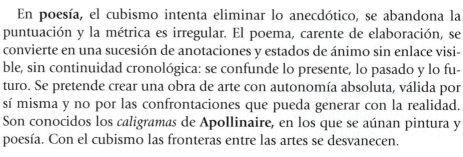

«Caballo», caligrama de Apollinaire.

En **poesía,** el cubismo intenta eliminar lo anecdótico, se abandona la puntuación y la métrica es irregular. El poema, carente de elaboración, se convierte en una sucesión de anotaciones y estados de ánimo sin enlace visible, sin continuidad cronológica: se confunde lo presente, lo pasado y lo futuro. Se pretende crear una obra de arte con autonomía absoluta, válida por sí misma y no por las confrontaciones que pueda generar con la realidad. Son conocidos los *caligramas* de **Apollinaire,** en los que se aúnan pintura y poesía. Con el cubismo las fronteras entre las artes se desvanecen.

Casi al mismo tiempo que Apollinaire, el mexicano **José Juan Tablada** (Ciudad de México, 1871-Nueva York, 1945) ya escribe los primeros caligramas en nuestra lengua. En España destacó **Guillermo de Torre.**

1.4. Dadaísmo

El dadaísmo surge hacia 1914 gracias a la obra del rumano **Tristan Tzara.** Los dadaístas consideraban que había que destruir todo lo anterior y empezar de cero. En palabras del propio Tzara:

> Cada página debe estallar, sea por lo serio, profundo y pesado, el torbellino, el vértigo, lo nuevo, lo eterno, por la broma aplastante, por el entusiasmo de los principios o la manera de estar impresa... Nosotros preparamos el gran espectáculo del desastre, el incendio, la descomposición... El hombre no es nada; medida con la escala de la eternidad, toda acción es vana... Que todo hombre grite. Hay que cumplir un gran trabajo destructor, negativo. Barrer, limpiar... Dadá no significa nada.

Dadá comparte con otros ismos el mismo deseo de ruptura, el gusto por la provocación y el escándalo, hasta el punto de que la propia palabra *dadá* y muchos poemas dadaístas imitan el balbuceo propio del lenguaje infantil.

Nota predominante del dadaísmo es su sentido del humor. Sus seguidores no se toman nada en serio, ni siquiera el arte. Para escribir un poema, Tzara recomendaba lo siguiente:

> Tomad un diario y unas tijeras. Cortad un trozo de artículo que tenga la extensión prevista para vuestro poema. Recortad cada una de las palabras y metedlas en una bolsa. Removedlas suavemente. Extraed cada una de las palabras al azar. Copiadlas concienzudamente. El poema se os aparecerá. Y seréis un escritor infinitamente original y de una sensibilidad encantadora, aunque incomprendida por el vulgo.

1.5. Surrealismo

El surrealismo pretende crear un arte nuevo que avance, que no quede en un simple manifiesto provocativo y sin continuidad. Para ello, los surrealistas proponen adentrarse en el mundo del subconsciente y de los sueños, únicos ámbitos donde se encuentra el funcionamiento real del pensamiento. Como corriente estética, se halla muy influida por **Sigmund Freud:** el hombre, para expresarse en libertad, debe alejarse del control ejercido por la razón, evitar cualquier preocupación ética o moral. Así se expresaba André Breton en su manifiesto de 1924.

André Breton y **Louis Aragon,** sus máximos exponentes, inician –desde el dadaísmo– un nuevo movimiento mucho más creativo. Dadá, tan radical

en sus planteamientos sobre la destrucción artística, conducía a la nada. En cambio, el surrealismo va a explotar un mundo nuevo, el de los sueños, proponiendo una técnica igualmente novedosa: la **escritura automática**. A este respecto recomendaba Breton: «Escribid rápidamente, sin tema preconcebido, bastante deprisa como para no olvidar y no sentir la tentación de releeros. La frase vendrá por sí sola, pues es verdad que, en cada segundo, hay una frase extraña a nuestro pensamiento consciente, que solo pide expresarse».

El surrealismo es el movimiento literario más **revolucionario** y productivo. Supone la asimilación de las corrientes del psicoanálisis y representa la lucha por liberar el **poder creador** del artista, por renovar el lenguaje poético, las imágenes. Partiendo del mundo onírico, el autor intentará dar su interpretación particular de la realidad, su crítica al alienante mundo contemporáneo.

En cuanto a la **estructura formal** de los poemas, la sintaxis y la métrica, se tiende a emplear el versículo (verso extenso, sin rima, que se sustenta en las repeticiones paralelísticas). Otro de los rasgos estilísticos más llamativos es el empleo de las enumeraciones caóticas.

En España fueron destacados surrealistas Luis Buñuel y Salvador Dalí. En literatura sobresalen algunas obras de Alberti, García Lorca, Cernuda y Aleixandre. En la posguerra se continuará cultivando a través del movimiento postista, y en los años sesenta recobrará, de nuevo, vigor.

Influencias de Sigmund Freud

La trascendencia de **Sigmund Freud** (Moravia, Austria, 1856-Londres, 1939) en la cultura del siglo XX es indiscutible. Este psiquiatra es el padre de la psicología moderna y sus tratados acerca del mundo del subconsciente y la interpretación de los sueños han influido decisivamente en la literatura de este siglo. A partir de las teorías de Freud, surgen tendencias como la escritura automática (libre del control del yo) o el fluir de la conciencia (visible en el *monólogo interior*). En el ámbito de la novela se adoptaron muchas de sus ideas en torno al psicoanálisis.

Actividades

En el siguiente poema surrealista, Lorca describe la ciudad de Nueva York mediante asociaciones oníricas.

La aurora

*La aurora de Nueva York tiene
cuatro columnas de cieno
y un huracán de negras palomas
que chapotean las aguas podridas.*

La aurora de Nueva York gime 5
*por las inmensas escaleras
buscando entre las aristas
nardos de angustia dibujada.*

*La aurora llega y nadie la recibe en su boca
porque allí no hay mañana ni esperanza posible:* 10
*A veces las monedas en enjambres furiosos
taladran y devoran abandonados niños.*

*Los primeros que salen comprenden con sus huesos
que no habrá paraísos ni amores deshojados:
saben que van al cieno de números y leyes,* 15
a los juegos sin arte, a sudores sin fruto.

*La luz es sepultada por cadenas y ruidos
en impúdico reto de ciencia sin raíces.
Por los barrios hay gentes que vacilan insomnes
como recién salidas de un naufragio de sangre.* 20

Federico García Lorca
Poeta en Nueva York, Cátedra

1. Comprueba en este poema la presencia de elementos surrealistas.
2. Investiga los elementos surrealistas en el cine de Luis Buñuel y en la pintura de Salvador Dalí.
3. Indaga en la figura de Freud y realiza una exposición oral en clase.

1.6. Las vanguardias en España

Las vanguardias en España parten del mismo presupuesto que el resto de los movimientos vanguardistas europeos: el **rechazo de la poesía mimética realista**. Dos son los ismos propios de nuestras letras: **creacionismo** y **ultraísmo**. En ambos se advierten rasgos comunes: preocupación por la disposición gráfica del poema, obsesión por el cultivo de la imagen aislada, seducción a través de imágenes y léxico del mundo del cine, del deporte, de lo dinámico…

Creacionismo

El creacionismo nace con el chileno **Vicente Huidobro** y, en España, será **Gerardo Diego** su principal cultivador. Sus planteamientos estéticos se basan en la creación de un lenguaje nuevo, constituido por metáforas sorprendentes, juegos fónicos y eliminación de lo accesorio.

Gerardo Diego lo definía así: «Vacío ideológico, supresión de toda anécdota y depuración de sentimientos; creación de una imagen sin referente real alguno, sustentada en la pura forma y originada con apoyo en la pura forma fonética o en ilaciones semánticas inéditas; nueva concepción de la construcción del poema, por yuxtaposición de imágenes… Nueva disposición tipográfica, creadora del ritmo del poema».

En oposición al lenguaje «gramatical», que pretende *nombrar las cosas del mundo sin sacarlas fuera de su calidad del inventario*, el **lenguaje** de la poesía creacionista rompe con la norma, ya que las palabras abandonan su función representativa primaria para alcanzar una significación *más profunda y como rodeada de un aura luminosa que debe elevar al lector del plano habitual y envolverlo en una atmósfera encantada.*

Ultraísmo

El ultraísmo es la versión española de las vanguardias. Sus principales figuras son **Ramón Gómez de la Serna,** Guillermo de Torre y Rafael Cansinos-Assens. También lo cultivaron los hispanoamericanos Jorge Luis Borges y César Vallejo. Es un movimiento que engloba todo lo nuevo. Conceden especial importancia a la **metáfora** y abogan por la supresión de la anécdota, de lo narrativo y del exceso retórico. Se evita lo sentimental y se produce una percepción fragmentaria de la realidad (un mundo incoherente no puede tener otra expresión que la de la fragmentación y la incoherencia). Con todos estos ingredientes, el ultraísmo (al igual que otros movimientos de vanguardia) defiende un **arte fuertemente deshumanizado**.

Greguerías de Ramón Gómez de la Serna

La greguería es un juego verbal que mezcla humor y metáfora:

- *Soda: agua con hipo.*
- *Trueno: caída de un baúl por las escaleras del cielo.*
- *Las bellotas nacen con huevera.*

Jorge Luis Borges y Gerardo Diego en la ceremonia del Premio Cervantes, concedido a ambos *ex aequo* en 1979.

Actividades

Estos poemas de Huidobro ilustran los objetivos y las formas creacionistas: en el primer caso, se expresan los principios generales de esta nueva poesía; en el segundo, se ejemplifica esta tendencia.

Arte poética

Que el verso sea como una llave
Que abra mil puertas.
Una hoja cae; algo pasa volando;
Cuanto miren los ojos creado sea,
Y el alma del oyente quede temblando.   5

Inventa mundos nuevos y cuida tu palabra;
El adjetivo, cuando no da vida, mata.

Estamos en el ciclo de los nervios.
El músculo cuelga,
Como recuerdo, en los museos;   10
Mas no por eso tenemos menos fuerza:
El vigor verdadero
Reside en la cabeza.

Por qué cantáis la rosa, ¡oh Poetas!
Hacedla florecer en el poema;   15

Solo para nosotros
Viven todas las cosas bajo el Sol.

El Poeta es un pequeño Dios.

Vicente Huidobro
El espejo de agua, Orión

Canto VI

Alhaja apoteosis y molusco
Anudado
    noche
      nudo
El corazón   5
Esa entonces dirección
        nudo temblando
Flexible corazón la apoteosis
Un dos tres
    cuatro   10
lágrima
    mi lámpara
y molusco
El pecho al melodioso
Anudado la joya   15
Con que temblando angustia
Normal tedio
    Sería pasión
    Muerte el violonchelo
Una bujía el ojo   20
    Otro otra
Cristal si cristal era
Cristaleza [...]

Vicente Huidobro
Altazor, Visor

4. Resume los elementos más destacados del arte poético de Huidobro.
5. Describe los rasgos creacionistas del segundo poema.

Unidad 9 De las vanguardias a 1939

6. Visita la página web de Huidobro (www.vicentehuidobro.uchile.cl) y busca el «Canto VII» de Altazor. Intenta leerlo en voz alta.

7. Vamos a planificar una exposición de poemas vanguardistas. Nos dividiremos en comisiones y cada una de ellas elegirá un movimiento de vanguardia. Debe profundizar en su estudio y seleccionar textos significativos (si son de otras literaturas, las versiones bilingües a ser posible). Tras exponer en clase los distintos movimientos, se seleccionarán los que más hayan gustado y plantearemos una exposición (real o virtual) de los mismos. Los textos deben ir acompañados de imágenes significativas (de los mismos movimientos de vanguardia en sus versiones pictóricas, por ejemplo). Podemos plasmarlos en formato mural o en un mural digital con www.es.padlet.com.

Grandes autores de la literatura europea

Vanguardias literarias europeas

En las tres primeras décadas del siglo XX se sucedieron en Europa infinidad de movimientos literarios a un ritmo vertiginoso: las vanguardias.

- **Filippo Tommaso Marinetti** (1876-1944), fundador del **futurismo,** publica en *Figaro* su «Manifiesto técnico de la literatura futurista» (1912), del que seleccionamos un fragmento:

  1. *Es menester destruir la sintaxis disponiendo de los sustantivos al azar, tal como nacen.*

  2. *Los verbos deben utilizarse en infinitivo para que se adapten elásticamente al sustantivo y no queden sometidos al yo del escritor que observa o imagina. El infinitivo del verbo puede dar el sentido de la continuidad de la vida y la elasticidad de la intuición que la percibe.*

- Uno de los mayores difusores del **expresionismo** es **Ivan Goll** (1891-1950), quien lo define como la manifestación de una «realidad espiritual». Surge tras el desastre de la Primera Guerra Mundial y el sentimiento del fracaso del hombre, víctima del destino y de la incomprensión.

- El creador del **dadaísmo** es **Tristán Tzara** (1896-1963), quien definió la palabra *dadá* como descripción de la nada. Su propósito fue sembrar la confusión entre los géneros y reducir las fronteras entre las artes, donde se da cabida a ruidos, *collages,* fotomontajes, y a materiales nuevos como alambres, cerillas, periódicos, etcétera. Los dadaístas son nihilistas, destruyen porque la construcción lleva a una perfección que les aburre.

- **Apollinaire** (1880-1918), precursor del **cubismo literario,** es el autor del manifiesto «La antitradición futurista». Su fama se debe a la creación de poemas pictóricos (*Caligramas,* 1918).

- **Louis Aragon** (1897-1982) participaría junto a **André Breton** (1896-1966), teórico y jefe de filas del **surrealismo,** en la fundación de esta vanguardia. Tras leer a Freud, Breton encontró en el psicoanálisis el método para adentrarse en la mente. Su mejor novela es *Nadja* (1928). Narra la vida de una joven que actúa en el mundo a caballo entre la cordura y la locura, entre el sueño y el sentido común.

2 La generación del 27

Si algún grupo de autores merece el nombre de generación, es este, si bien cada uno de ellos posee características propias. Está formado, entre otros, por Pedro Salinas, Jorge Guillén, Gerardo Diego, Dámaso Alonso, Vicente Aleixandre, Federico García Lorca, Luis Cernuda, Rafael Alberti, Emilio Prados y Manuel Altolaguirre.

El grupo del 27 como generación

- **Nacen** entre 1891 (Salinas) y 1905 (Altolaguirre).

- **Formación intelectual semejante.** La mayoría son universitarios, algunos llegan a ser profesores (Pedro Salinas, Gerardo Diego, Guillén, Dámaso Alonso…). Casi todos pasaron por la Residencia de Estudiantes, centro educativo heredero de la Institución Libre de Enseñanza.

- **Acontecimiento generacional** que les une (aunque muchos ya se conocían): la celebración del tricentenario de la muerte del poeta cordobés **Luis de Góngora** en 1927. Se oponen a los que no reconocían el talento de Góngora (organizan incluso manifestaciones de protesta contra la Real Academia Española). Celebran un homenaje en el Ateneo de Sevilla, invitados por el poeta y torero Ignacio Sánchez Mejías. Colaboran en las mismas publicaciones: *Revista de Occidente*, *Litoral* y *Mediodía*. De 1920 a 1936 sus vidas están muy unidas.

- No hubo **líder.** Algunos hablan de **Juan Ramón Jiménez,** pero no parece claro, pese a su gran influencia.

- **No se alzan contra la generación anterior.** Son, de hecho, muy respetuosos con la tradición literaria española.

- **No existe un estilo único** y en todos hay un deseo de renovar el lenguaje poético. A veces coinciden en su trayectoria, si bien cada uno mantiene un estilo muy personal.

2.1. Afinidades estéticas

Los autores del 27 se caracterizan por la búsqueda del equilibrio y de la armonía entre diversas **tendencias:**

■ Equilibrio entre los **sentimientos** y la **razón**. La poesía pura tiene un toque más humano en los poetas del 27. Por otra parte, la lírica rehumanizada no desatiende los postulados del intelecto.

■ La **poesía** se concibe como producto del **ingenio** y del **trabajo**. Lorca afirmaba que si era poeta «por la gracia de Dios (o del demonio)» no lo era menos «por la gracia de la técnica y del esfuerzo».

■ Proponen un arte válido tanto para las **minorías** como para las **mayorías.** Por ello aúnan lo culto, lo vanguardista y lo popular. Alternan el hermetismo y la claridad, lo español y lo universal, lo culto y lo popular. «El poeta canta por todos», dirá Aleixandre.

■ Rescatan lo mejor de todas las **generaciones precedentes:** se sienten atraídos por la experimentación vanguardista (Lorca, Alberti, Aleixandre y Cernuda poseen libros surrealistas; Gerardo Diego, creacionistas). Se declaran herederos de la generación anterior (admiran a Juan Ramón, Gómez de la Serna, Unamuno, los Machado, Rubén Darío…), así como de la poesía simbolista de Bécquer (Alberti escribe un poema titulado «Homenaje a Bécquer» y Cernuda se inspira en él para su libro *Donde habite el olvido*). Sienten gran pasión por los clásicos: Manrique, Garcilaso, San Juan, Fray Luis, Quevedo, Lope de Vega y, sobre todo, Góngora.

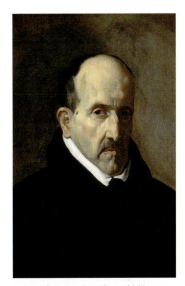

Luis de Góngora (1622), por Velázquez.

2.2. Etapas en su evolución

En líneas generales, se pueden señalar tres grandes etapas:

■ **Hasta 1927.** Caracterizada por la influencia de Bécquer, del modernismo y de las vanguardias, especialmente del ultraísmo (por la forma de integrar elementos distantes o por el ennoblecimiento del humor) y del cubismo (del que toman el rechazo de la anécdota y de lo sentimental). A la vez, y por influjo de Paul Valéry y de Juan Ramón Jiménez, se orientan hacia la deshumanización propia de la poesía pura, concepto que quedó definido por el propio Jorge Guillén: «Poesía pura es todo lo que permanece en el poema después de haber eliminado de él todo lo que no es poesía». El poema, por medio de la metáfora, se desprende de lo anecdótico, de toda emoción que no sea puramente artística.

Lo humano también les influye, sobre todo a través de la lírica neopopular (Rafael Alberti, Federico García Lorca, Gerardo Diego). La sed de perfección formal los lleva, por otra parte, al clasicismo, sobre todo de 1925 a 1927; incluso podemos hablar de una fase gongorina.

■ **De 1927 a la Guerra Civil.** Comienza a notarse cierto cansancio del formalismo deshumanizado anterior. Así, se inicia un proceso de rehumanización. Se componen las primeras obras surrealistas y se cultivan nuevos temas más humanos: el amor, el deseo de plenitud, las frustraciones, las inquietudes sociales o existenciales… Algunos poetas, debido a las preocupaciones sociales, se interesan por la política (en favor de la República, fundamentalmente). Nace por entonces la revista *Caballo verde para la poesía*, de Pablo Neruda (1935), donde aparece «Manifiesto por una poesía sin pureza».

■ **Después de la guerra.** Tras la Guerra Civil, el grupo poético se deshace. Federico García Lorca es fusilado en 1936. El resto se dispersa:

- Se exilian Luis Cernuda, Rafael Alberti, Pedro Salinas y Jorge Guillén. En su producción aparecerá de forma reiterativa el tema de la patria perdida.

- En España quedan solo Gerardo Diego, Dámaso Alonso y Vicente Aleixandre que escriben una poesía angustiada y existencial.

Teruel en ruinas (1939).

2.3. Principales autores de la generación del 27

Pedro Salinas

Obra

Pedro Salinas es considerado uno de los mejores **poetas de amor,** no solo de la generación del 27 sino de toda la historia de la literatura europea. Su «aventura hacia lo absoluto», como él mismo califica su poesía, ha sido dividida en tres etapas:

- **Hasta 1932.** Poesía pura influida por Juan Ramón Jiménez y con aires futuristas: *Presagios* (1923), *Seguro azar* (1929) y *Fábula y signo* (1931).

El siguiente poema, perteneciente al libro *Seguro azar* (1929), está dedicado a la electricidad, un motivo futurista.

Pedro Salinas (1892-1951)

Nacido en Madrid, este doctor en Filosofía y Letras ejerció como profesor universitario en La Sorbona, Cambridge, Boston, y como catedrático de Lengua y Literatura Españolas en Sevilla y Murcia. Simultaneó esta labor con otras de carácter intelectual, como la docencia en la Escuela de Idiomas de Madrid o la administración de la Universidad Internacional de Santander. Como consecuencia de la Guerra Civil, permaneció exiliado en los Estados Unidos. Murió en Boston, aunque su cuerpo reposa en San Juan de Puerto Rico.

35 bujías

Sí. Cuando quiera yo
la soltaré. Está presa,
aquí arriba, invisible.
Yo la veo en su claro
castillo de cristal, y la vigilan   5
–cien mil lanzas– los rayos
–cien mil rayos– del sol. Pero de noche,
cerradas las ventanas
para que no la vean
–guiñadoras espías– las estrellas,   10
la soltaré. (Apretar un botón.)
Caerá toda de arriba
a besarme, a envolverme
de bendición, de claro, de amor, pura.
En el cuarto ella y yo no más, amantes   15
eternos, ella mi iluminadora
musa dócil en contra
de secretos en masa de la noche
–afuera–
descifraremos formas leves, signos,   20
perseguidos en mares de blancura
por mí, por ella, artificial princesa,
amada eléctrica.

- **Entre 1935 y 1939.** La temática fundamental es la de un amor antirromántico, fuente de crecimiento humano, que otorga sentido a la existencia. *La voz a ti debida* (1933), *Razón de amor* (1936) y *Largo lamento* (1939) son las principales obras de esta época.

- **Desde 1939.** En este período sufre Salinas un profundo conflicto entre su fe sincera en el ser humano y las amargas circunstancias exteriores (exilio, Guerra Civil, Segunda Guerra Mundial, lanzamiento de la bomba atómica…). Sus obras fundamentales son *El contemplado* (1946), *Todo más claro* (1949) y *Confianza* (1955), libro póstumo.

Aparte de por su labor poética, Salinas destaca por la profundidad de sus ensayos sobre la creación literaria: *Jorge Manrique o tradición y originalidad* (1947) o *El defensor* (1948), así como por la composición de más de una decena de piezas teatrales y una novela, *La bomba increíble* (1950).

Estilo

Al igual que su compañero Jorge Guillén, Salinas busca la esencia de las cosas, convirtiéndola en materia lírica. Usa un **lenguaje** poco recargado, antirretórico, caracterizado por el empleo de antítesis, políptotos y pronombres personales (que, a su juicio, captan mejor la esencia de los seres que los nombres propios). Utiliza una métrica variada y, generalmente, sin rima.

Actividades

A continuación te presentamos dos poemas de Pedro Salinas, pertenecientes a *La voz a ti debida*. En ellos se observa el sentido que tiene el amor para el poeta. Se trata de una forma de conocimiento íntimo, que sabe rescatar del fondo de las personas su lado más auténtico, a menudo oculto tras las apariencias.

Perdóname por ir así buscándote
tan torpemente, dentro
de ti.
Perdóname el dolor, alguna vez.
Es que quiero sacar
de ti tu mejor tú.
Ese que no te viste y que yo veo,
nadador por tu fondo, preciosísimo.
Y cogerlo
y tenerlo yo en alto como tiene
el árbol la luz última
que le ha encontrado al sol.
Y entonces tú
en su busca vendrías, a lo alto.
Para llegar a él
subida sobre ti, como te quiero,
tocando ya tan solo a tu pasado
con las puntas rosadas de tus pies,
en tensión todo el cuerpo, ya ascendiendo
de ti a ti misma.
Y que a mi amor entonces le conteste
la nueva criatura que tú eras.

Pedro Salinas
La voz a ti debida, Cátedra

Se te está viendo la otra.
Se parece a ti:
los pasos, el mismo ceño,
los mismos tacones altos
todos manchados de estrellas.
Cuando vayáis por la calle
juntas, las dos,
¡qué difícil el saber
quién eres, quién no eres tú!
Tan iguales ya, que sea
imposible vivir más
así, siendo tan iguales.
Y como tú eres la frágil,
la apenas siendo, tiernísima,
tú tienes que ser la muerta.
Tú dejarás que te mate,
que siga viviendo ella,
embustera, falsa tú,
pero tan igual a ti
que nadie se acordará
sino yo de lo que eras.
Y vendrá un día
—porque vendrá, sí, vendrá—
en que al mirarme a los ojos
tú veas
que pienso en ella y la quiero:
tú veas que no eres tú.

Pedro Salinas
La voz a ti debida, Cátedra

7. Localiza en los dos poemas rasgos que nos permitan situarlos en la segunda época del autor.

8. Analiza los principales recursos expresivos presentes en ambos poemas.

Jorge Guillén

Obra

Guillén, al igual que Baudelaire o Juan Ramón Jiménez, hace coincidir vida y obra, y lo plasma en un libro titulado *Aire nuestro*, que se divide en cinco ciclos: *Cántico* (1919-1950), *Clamor* (1950-1963), *Homenaje* (1967), *Y otros poemas* (1973) y *Final* (1982). Destacan los tres primeros.

- En *Cántico* se recogen trescientos poemas en los que se reafirma el estado de satisfacción del autor ante la realidad: «El mundo está bien hecho» Se nos ofrece una visión del mundo carente de dramatismo donde el amor es el cenit de la existencia. Canta al amanecer, al mediodía, a la primavera. Nos habla de luz, pájaros, árboles, mar, y de elementos de la realidad cotidiana: sillón, café… Para designarlos como actuales se sirve del presente.

- *Clamor, tiempo de historia* es un ciclo dividido a su vez en tres partes: *Maremágnum* (1957), *Que van a dar en la mar* (1960) y *A la altura de las circunstancias* (1963). En todas ellas se aprecia un cambio en los temas, en el enfoque y en el estilo: ahora Guillén se sensibiliza y protesta contra el dolor provocado por las desafortunadas circunstancias históricas, aunque, paradójicamente, desde el optimismo. Es este el momento en el que trata el tema de España: la Guerra Civil, el exilio…

- *Homenaje* es la celebración de personajes ilustres de las artes (Góngora, Fray Luis, etc.) que lo ayudaron en su maduración intelectual.

Estilo

Guillén es el máximo representante de la **poesía pura** dentro de su generación. Aunque elija asuntos y elementos de la realidad inmediata, emplea un lenguaje sumamente elaborado y condensado, aparentemente simple por el uso de una sintaxis poco enrevesada, pero con cierta dificultad. A diferencia de Pedro Salinas, es un virtuoso de las estrofas clásicas, sobre todo de la **décima** y del **soneto;** emplea también el verso libre. Consideraba Guillén que todos los versos de un poema debían tener el mismo relieve, la misma importancia. De ahí que los escriba siempre con **inicial mayúscula.** En él confluyen de manera particular las corrientes extranjeras (Baudelaire, Valéry) y la más pura tradición española (Berceo, Machado, Juan Ramón Jiménez, Unamuno, el Romancero…), en especial, según parte de la crítica, San Juan y Fray Luis, que aportan a su poesía cierto aire místico.

Jorge Guillén (1893-1984)

Nacido en Valladolid, en su juventud viajó a Suiza para estudiar y a su regreso cursó Filosofía y Letras. Como Salinas, fue profesor universitario y catedrático de Lengua y Literatura Españolas (La Sorbona, Sevilla, Oxford, Murcia). Colaboró en las principales revistas de la época y fue, además, un destacado crítico literario. En el exilio estuvo en EE. UU. –donde impartió clases de literatura española– y en Italia. A su regreso a España, recibió el Premio Cervantes en 1977 y fue académico de honor de la Real Academia Española de la Lengua desde 1978. Murió en Málaga.

Beato sillón

¡Beato sillón! La casa
Corrobora su presencia
Con la vaga intermitencia
De su invocación en masa
A la memoria. No pasa
Nada. Los ojos no ven,
Saben. El mundo está bien
Hecho. El instante lo exalta
A marea, de tan alta,
De tan alta, sin vaivén.

Jorge Guillén

Unidad 9 — De las vanguardias a 1939

Actividades

A continuación ofrecemos dos poemas de Guillén: el primero pertenece al optimista *Cántico,* y el segundo, a *Clamor,* obra más pesimista. Observa la diferencia de tonos.

Cima de la delicia

¡Cima de la delicia!
Todo en el aire es pájaro.
Se cierne lo inmediato
Resuelto en lejanía.

¡Hueste de esbeltas fuerzas!   5
¡Qué alacridad de mozo
En el espacio airoso,
Henchido de presencia!

El mundo tiene cándida
Profundidad de espejo.   10

Las más claras distancias
Sueñan lo verdadero.

¡Dulzura de los años
Irreparables! ¡Bodas
Tardías con la historia   15
Que desamé a diario!

¡Más, todavía más!
Hacia el sol, en volandas
La plenitud se escapa.
¡Ya solo sé cantar!   20

Jorge G<small>UILLÉN</small>
Antología de la poesía española del siglo XX, 1890-1936, Alianza

Del transcurso

Miro hacia atrás, hacia los años, lejos,
Y se me ahonda tanta perspectiva
Que del confín apenas sigue viva
La vaga imagen sobre mis espejos.

Aun vuelan, sin embargo, los vencejos   5
En torno de unas torres, y allá arriba
Persiste mi niñez contemplativa.
Ya son buen vino mis viñedos viejos.

Fortuna adversa o próspera no auguro.
Por ahora me ahínco en mi presente,   10
Y aunque sé lo que sé, mi afán no taso.

Ante los ojos, mientras, el futuro
Se me adelgaza delicadamente,
Más difícil, más frágil, más escaso.

Jorge G<small>UILLÉN</small>
*Antología de la poesía española del siglo XX,
1890-1936,* Alianza

9. Realiza el análisis métrico de ambos poemas.

10. Comenta las diferencias de léxico en los dos poemas. Relaciónalo con la evolución de la poética de Guillén.

11. Localiza y comenta los principales recursos expresivos, teniendo en cuenta lo que ya sabes sobre el estilo del autor.

12. Relee el poema «Beato sillón» de la página anterior e intenta convertirlo en un caligrama.

Antología

Los poetas de la generación del 27 son maestros de la palabra. Todos ellos emplean frecuentes recursos estilísticos, tanto tradicionales como innovadores. Especialmente significativo es el uso de la metáfora. Tenlo presente en la elaboración de tu antología de figuras estilísticas.

Gerardo Diego

Obra

La poesía de Gerardo Diego se caracteriza por su sorprendente variedad en cuanto a **técnica, estilo** y **temas** (religión, amor, tauromaquia…). Es capaz de hacer desde una poesía en la línea más tradicional española, con poemas al estilo de Bécquer o de los modernistas, hasta una poesía creacionista o ultraísta. Este es un perfecto ejemplo de una de las características fundamentales de los autores del 27: la mezcla entre **tradición y originalidad.** Entre sus mejores composiciones se encuentran: *El romancero de la novia* (1918), obra de corte lírico tradicional con innovaciones formales; *Imagen* (1918-1925), al más puro estilo creacionista, como *Manual de espumas* o *Poemas adrede* (1924); *Versos humanos* (1925), que destaca por la **maestría de sus sonetos;** y su mejor obra clasicista, *Alondra de verdad* (1941), de la que hemos seleccionado un soneto clásico de tema amoroso.

Sucesiva

*Déjame acariciarte lentamente,
déjame lentamente comprobarte,
ver que eres de verdad, un continuarte
de ti misma a ti misma extensamente.*

*Onda tras onda irradian de tu frente   5
y, mansamente, apenas sin rizarte,
rompen sus diez espumas al besarte
de tus pies en la playa adolescente.*

*Así te quiero, fluida y sucesiva,
manantial tú de ti, agua furtiva,   10
música para el tacto perezosa.*

*Así te quiero, en límites pequeños,
aquí y allá, fragmentos, lirio, rosa,
y tu unidad después, luz de mis sueños.*   15

Gerardo D<small>IEGO</small>
Antología del grupo poético de 1927, Cátedra

Gerardo Diego (1896-1987)

Nació en Santander y fue doctor en Filosofía y Letras, y catedrático de Lengua y Literatura en diversos institutos. En 1925 se le concede el Premio Nacional de Poesía. Fundó una de las revistas vanguardistas más importantes de nuestras letras: *Carmen,* con su suplemento *Lola.* En 1947 ingresa en la Real Academia Española y en 1956 recibe el Premio Nacional de Literatura. Se le concedió el Premio Cervantes de Literatura en 1979. La primera antología publicada sobre la generación del 27 en 1932 es obra suya. Murió en Madrid.

Estilo

Gerardo Diego es un gran maestro en el arte de versificar y que maneja multitud de estilos y tonos diferentes. En la **línea tradicional** es conocido por sus canciones de corte popular y sus sonetos de perfecto acabado; en la **línea vanguardista** presenta una mayor variedad, caracterizada, entre otras cosas, por el verso libre o las técnicas tipográficas de raíz creacionista. Utiliza a la perfección los recursos retóricos, de los que símiles, metáforas, juegos de palabras e imágenes son sus figuras mejor trabajadas.

Actividades

Con estos dos poemas completamos la muestra de la trayectoria poética de Gerardo Diego: un poema tradicional en versos cortos y un texto vanguardista con una disposición tipográfica especial.

Torerillo en Triana

Torerillo en Triana
frente a Sevilla.
   Cántale a la Sultana
tu seguidilla.
   Sultana de mis penas
y mi esperanza.
   Plaza de las arenas
de la Maestranza.
   Arenas amarillas,
palcos de oro.
   Quién viera a las mulillas
llevarme el toro.
   Relumbrar de faroles
por mí encendidos.
   Y un estallido de oles
en los tendidos.
   Arenal de Sevilla,
Torre del Oro.
   Azulejo a la orilla
del río moro.
   Azulejo bermejo,
sol de la tarde.
   No mientas, azulejo,
que soy cobarde.
   Guadalquivir tan verde
de aceite antiguo.
   Si el barquero me pierde
yo me santiguo. […]

Gerardo Diego
Antología del grupo poético de 1927, Cátedra

Columpio

A caballo en el quicio del mundo
un soñador jugaba al sí y al no
Las lluvias de colores
emigraban al país de los amores
      Bandadas de flores
Flores de sí   Flores de no
    Cuchillos en el aire
    que le rasguen las carnes
    forman un puente
Sí   No
    Cabalga el soñador
    Pájaros arlequines
cantan el sí   cantan el no

Gerardo Diego
Imagen, en www.poesia-inter.net

13. Realiza el análisis métrico de ambos poemas, y localiza y comenta los recursos retóricos.

14. Compara los diversos estilos. Considera también el soneto de la página anterior. Utiliza más ejemplos concretos de la producción de Gerardo Diego.

Dámaso Alonso

Obra

Comenzó su andadura, como otros integrantes del 27, por los caminos de la poesía pura: *Poemas puros* y *Poemillas de la ciudad* (1921), pero, con la posguerra, da a conocer su obra de mayor calidad: **Hijos de la ira** (1944). Esta obra contiene una poesía desarraigada que parte del convencimiento de que el mundo no está bien hecho, lo que le provoca angustia y decepción. Está escrita en versículos, en los que el poeta interroga a Dios sin obtener respuesta.

En 1955 escribe *Hombre y Dios*. Supone el reconocimiento de un Dios que ve la creación a través de los ojos del hombre. Escribió también *Tres sonetos sobre la lengua castellana* y *Poemas escogidos* (1969), *Gozos de la vista* (1981) y *Antología de nuestro monstruoso mundo: Duda y amor sobre el Ser Supremo* (1985).

Las ediciones críticas que realizó de *Polifemo* y las *Soledades*, de Góngora, marcaron un hito en su época.

Estilo

En sus primeras obras, además de seguir los dictados de la poesía pura juanramoniana, se verá influido por la vertiente más popular del maestro Machado; en cambio, en poemas posteriores emplea un lenguaje más rudo y árido, a veces religioso, y de incuestionable rigor formal.

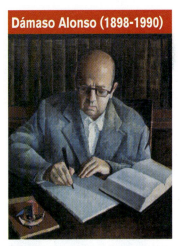

Dámaso Alonso (1898-1990)

Nació y murió en Madrid. Licenciado en Filosofía y Letras y en Derecho, fue profesor universitario de gran prestigio. Dirigió la Real Academia desde 1968 a 1982. En 1978 se le concedió el Premio Cervantes. Escribió en la *Revista de Occidente* o *Los cuatro vientos*. Fue uno de los más activos estudiosos de la literatura entre los componentes del 27.

Actividades

El poema «Insomnio», que abre *Hijos de la Ira*, supone el inicio de una de las obras más originales en su época. Se inaugura la poesía desarraigada, de corte existencial, marcada por los horrores de la guerra.

Insomnio

Madrid es una ciudad de más de un millón de cadáveres (según las últimas estadísticas).
A veces en la noche yo me revuelvo y me incorporo en este nicho en que hace 45 años que me pudro,
y paso largas horas oyendo gemir al huracán, o ladrar los perros, o fluir blandamente la luz de la luna.
Y paso largas horas gimiendo como el huracán, ladrando como un perro enfurecido, fluyendo como la leche de la ubre caliente de una gran vaca amarilla.   5
Y paso largas horas preguntándole a Dios, preguntándole por qué se pudre lentamente mi alma
por qué se pudren más de un millón de cadáveres en esta ciudad de Madrid,
por qué mil millones de cadáveres se pudren lentamente en el mundo.
Dime, ¿qué huerto quieres abonar con nuestra podredumbre?
¿Temes que se te sequen los grandes rosales del día, las tristes azucenas letales de tus noches?   10

Dámaso ALONSO
Antología del grupo poético de 1927, Cátedra

15. ¿Qué es un versículo? Ejemplifica con el poema anterior.

16. Al no existir rima, ¿de qué modo se consigue el ritmo? ¿Qué figuras estilísticas ayudan?

17. ¿Cuál es el tema del poema? ¿Qué actitud ante el mundo adopta el autor?

18. El texto tiene un fondo profundamente amargo. ¿Qué campos semánticos aparecen?

19. ¿Por qué crees que el poema se titula «Insomnio»?

Vicente Aleixandre

Obra

Es uno de los poetas españoles que más cultivó el surrealismo. En Aleixandre se manifiesta un deseo de integración y comunicación con lo universal, de ahí el paisaje de su poesía. Dicha unión se consigue gracias a dos grandes ejes: **el amor y la muerte.** Su obra suele dividirse en tres etapas:

- **Vanguardista.** Aleixandre asume los postulados surrealistas con entera libertad, tanto en la expresión como en la exploración del subconsciente, y llega a ser uno de los máximos representantes de esta corriente poética. En la primera etapa de su producción, se centra en la imperfección, la angustia y la fragilidad humanas. Aleixandre se muestra panteísta y desea fundirse con la naturaleza como modo de participar de su armonía. Destacan los libros *Ámbito* (1928), *Espadas como labios* (1930-1931), *La destrucción o el amor* (1932-1933) y *Sombra del paraíso* (1939-1943). Los componentes surrealistas se funden con las influencias de los clásicos.

- **Abandono del surrealismo.** Se observa una visión solidaria y grandiosa del hombre, el poeta desea convertirse en la voz del pueblo: *Historia del corazón* (1945-1953) y *En un vasto dominio* (1958-1962).

- **Período metafísico.** *Poemas de la consumación* (1968) y *Diálogos del conocimiento* (1974). El poeta añora la juventud y se preocupa por el misterio de la existencia, por el sentido último de la vida y el mundo.

Este hermoso poema de la primera etapa de Aleixandre supone una declaración de amor sin paliativos, *in crescendo*, hasta la impresionante enumeración caótica final.

Vicente Aleixandre (1898-1984)

Aunque nació en Sevilla, su familia se trasladó a Málaga y luego a Madrid, donde, tras estudiar Derecho y Económicas, se dedicó a la literatura. En 1934 se le otorgó el Premio Nacional de Literatura. Ingresó en la Real Academia Española en 1950. En 1977 recibe el Premio Nobel de Literatura. Murió en Madrid.

Se querían

Se querían.
Sufrían por la luz, labios azules en la madrugada,
labios saliendo de la noche dura,
labios partidos, sangre, ¿sangre dónde?
Se querían en un lecho navío, mitad noche, mitad
[luz.

Se querían como las flores a las espinas hondas,
a esa amorosa gema del amarillo nuevo,
cuando los rostros giran melancólicamente,
giralunas que brillan recibiendo aquel beso.
Se querían de noche, cuando los perros hondos
laten bajo la tierra y los valles se estiran
como lomos arcaicos que se sienten repasados:
caricia, seda, mano, luna que llega y toca.
Se querían de amor entre la madrugada,
entre las duras piedras cerradas de la noche,
duras como los cuerpos helados por las horas,
duras como los besos de diente a diente solo.

Se querían de día, playa que va creciendo,
ondas que por los pies acarician los muslos,
cuerpos que se levantan de la tierra y flotando...
Se querían de día, sobre el mar, bajo el cielo.
Mediodía perfecto, se querían tan íntimos,
mar altísimo y joven, intimidad extensa,
soledad de lo vivo, horizontes remotos
ligados como cuerpos en soledad cantando.
Amando. Se querían como la luna lúcida,
como ese mar redondo que se aplica a ese rostro,
dulce eclipse de agua, mejilla oscurecida,
donde los peces rojos van y vienen sin música.
Día, noche, ponientes, madrugadas, espacios,
ondas nuevas, antiguas, fugitivas, perpetuas,
mar o tierra, navío, lecho, pluma, cristal,
metal, música, labio, silencio, vegetal,
mundo, quietud, su forma. Se querían, sabedlo.

Vicente ALEIXANDRE
Antología de la poesía española del siglo XX. 1890-1993, Alianza

Estilo

Destacan en la difícil poesía de Aleixandre las metáforas arriesgadas, los símbolos, así como las imágenes visionarias, deslumbrantes y herméticas. Se sirve muy a menudo del **versículo,** con abundantes estructuras de repetición (paralelismos, anáforas, enumeraciones caóticas). Asimismo, es llamativo el empleo de la conjunción *o* con valor explicativo: *La destrucción o el amor.*

Actividades

Hemos seleccionado otro poema amoroso de la etapa inicial de Aleixandre, en el que la pasión se concibe como una fuerza irrefrenable. Sorprende la intensidad y la originalidad de las imágenes surrealistas.

Unidad en ella

Cuerpo feliz que fluye entre mis manos,
rostro amado donde contemplo el mundo,
donde graciosos pájaros se copian fugitivos,
volando a la región donde nada se olvida.

Tu forma externa, diamante o rubí duro, 5
brillo de un sol que entre mis manos deslumbra,
cráter que me convoca con su música íntima,
con esa indescifrable llamada de tus dientes.

Muero porque me arrojo, porque quiero morir,
porque quiero vivir en el fuego, porque este aire de fuera 10
no es mío, sino el caliente aliento
que si me acerco quema y dora mis labios desde un fondo.

Deja, deja que mire, teñido del amor,
enrojecido el rostro por tu purpúrea vida,
deja que mire el hondo clamor de tus entrañas 15
donde muero y renuncio a vivir para siempre.

Quiero amor o la muerte, quiero morir del todo,
quiero ser tú, tu sangre, esa lava rugiente
que regando encerrada bellos miembros extremos
siente así los hermosos límites de la vida. 20

Este beso en tus labios como una lenta espina,
como un mar que voló hecho un espejo,
como el brillo de un ala,
es todavía unas manos, un repasar de tu crujiente pelo,
un crepitar de la luz vengadora, 25
luz o espada mortal que sobre mi cuello amenaza,
pero que nunca podrá destruir la unidad de este mundo.

Vicente ALEIXANDRE
Antología de la poesía española del siglo XX, 1890-1939,
Alianza

20. Selecciona las imágenes amatorias del poema e intenta explicar su sentido en relación con la temática general del texto.

21. ¿Cuántas partes podríamos distinguir en el poema?

22. Explica los elementos rítmicos propios del versículo.

23. ¿Qué elementos surrealistas aparecen en el texto?

Unidad 9 De las vanguardias a 1939

Federico García Lorca (1898-1936)

Nació en Fuente Vaqueros (Granada). Tras una infancia en la que se impregna del folclore y de las esencias más profundas de Andalucía, ingresa, en 1919, en la Residencia de Estudiantes de Madrid. Becado por esta Institución, en 1929 viaja a Nueva York. De vuelta a España, funda un grupo teatral universitario, *La Barraca* (1932), para difundir el teatro clásico español. Es fusilado en 1936. Su personalidad tiene dos facetas contrapuestas: de una lado, era optimista y vital; de otro, pesimista, angustiado, íntimamente frustrado. Es autor universalmente conocido tanto por su obra poética como por la dramática.

Antología

La poesía de Lorca es rica en recursos estilísticos, plantea temas existenciales y refiere una particular visión de lo popular. Como veremos a continuación, su teatro se centra en las protagonistas femeninas. Teniendo esto en cuenta, busca en sus obras elementos para la elaboración de tu antología personal.

Federico García Lorca

Poesía

Fue Lorca un poeta riguroso en el que se aúnan sabiamente inspiración, conocimiento de los más diversos autores y fuentes, y técnica compositiva. Confluyen en él la capacidad para conocer y asimilar todo tipo de poesía, y la facultad para personalizar y hacer suyos todos los influjos.

Formalmente, aparecen unidas en su poesía la pasión y la perfección, lo humano y lo estéticamente puro, lo popular y lo culto. Le atrae la poesía tradicional, el cante jondo, los cancioneros de los siglos XV y XVI, la poesía árabe, Góngora, Bécquer, Juan Ramón Jiménez, Machado, Unamuno, Rubén Darío, Neruda… En su obra de inspiración folclórica encontramos recuerdos de juegos, amores imposibles, evocación melancólica de la niñez, de Andalucía o del mar. En sus composiciones de inspiración personal, será el sentimiento del destino trágico del hombre. Los principales poemarios de Lorca son:

■ *Canciones* (1921-1924). Lorca depura y esencializa la lírica popular, que ha podido sentir plenamente en forma de juegos y canciones durante su infancia.

■ *Poema del cante jondo* (1921 y 1924, publicado en 1931). Lorca expresa su dolor ante la vida a través de los cantes de nuestra tierra. A este libro pertenece el siguiente poema «La guitarra».

La guitarra

Empieza el llanto
de la guitarra.
Se rompen las copas
de la madrugada.
Empieza el llanto   5
de la guitarra.
Es inútil callarla.
Es imposible
callarla.
Llora monótona   10
Como llora el agua,
como llora el viento
sobre la nevada.
Es imposible
callarla.   15
Llora por cosas
lejanas.
Arena del Sur caliente
que pide camelias blancas.
Llora flecha sin blanco,   20
la tarde sin mañana,
y el primer pájaro muerto
sobre la rama.
¡Oh, guitarra!
Corazón malherido   25
por cinco espadas.

■ *Romancero gitano* (1924-1927, publicado en 1928). Lorca se preocupa por los marginados. Aparece el tema del destino trágico del hombre.

■ *Poeta en Nueva York* (1929-1930). Es una obra surrealista, escrita en versos libres que refleja el impacto que esta gran ciudad le produjo. Se advierte el ahogo y la rebelión contra un mundo deshumanizado. Los temas del libro son el materialismo, la esclavitud del hombre por la máquina, la injusticia social, los negros (marginados como los gitanos).

■ *Sonetos del amor oscuro* (1935-1936). Desarrolla el tema del amor prohibido.

■ *Llanto por Ignacio Sánchez Mejías* (1935). Es una gran elegía a la muerte de su amigo torero, donde se fusiona lo popular y lo culto.

Actividades

Te ofrecemos dos poemas de Lorca en los que se revelan los principales motivos de su poesía. En el primer ejemplo, resuenan los aires populares y folclóricos; el segundo es un soneto magistral de amor ligado al tópico del paso del tiempo.

Sorpresa

Muerto se quedó en la calle
con un puñal en el pecho.
No lo conocía nadie.
¡Cómo temblaba el farol!
Madre. 5
¡Cómo temblaba el farolito
de la calle!
Era madrugada. Nadie
pudo asomarse a sus ojos
abiertos al duro aire. 10
Que muerto se quedó en la calle,
que con un puñal en el pecho
y que no lo conocía nadie.

Federico García Lorca
Antología del grupo poético del 27, Cátedra

Soneto de la guirnalda de rosas

¡Esa guirnalda! ¡pronto! ¡que me muero!
¡Teje deprisa! ¡canta! ¡gime! ¡canta!
Que la sombra me enturbia la garganta
y otra vez viene y mil la luz de enero.

Entre lo que me quieres y te quiero, 5
aire de estrellas y temblor de planta,
espesuras de anémonas levanta
con oscuro gemir un año entero.

Goza el fresco paisaje de mi herida,
quiebra juncos y arroyos delicados. 10
Bebe en muslo de miel sangre vertida.

Pero ¡pronto! Que unidos, enlazados,
boca rota de amor y alma mordida.
el tiempo nos encuentre destrozados.

Federico García Lorca
Sonetos del amor oscuro, Lumen

24. Elabora una antología de textos de las diferentes obras de Lorca. Consulta en la biblioteca de tu centro o en páginas web como http://www.fut.es/~picl/libros/glorca/.

25. ¿Qué recursos expresivos propios del neopopularismo se aprecian en el primer poema?

26. Compara el tratamiento del tópico del *carpe diem* del segundo poema con los que analizaste el curso pasado.

27. Relee el poema «La aurora» de *Poeta en Nueva York* y localiza los temas fundamentales de la obra de Lorca. Busca otros poemas en las antologías recomendadas y realiza el mismo ejercicio.

28. Memoriza y recita ante tus compañeros el «Soneto de la guirnalda de rosas».

Cortijo del Fraile, situado al sureste de Níjar (Almería). En sus proximidades tuvo lugar el 22 de julio de 1928 el suceso del «crimen de Níjar» que inspiró la tragedia lorquiana de *Bodas de sangre*.

Bodas de sangre (1933)

En un ámbito rural, marcado por el odio y el deseo de venganza entre familias, surge un amor pasional que desborda barreras sociales y morales, y que hará que la protagonista abandone a su marido al salir de la iglesia para buscar a un antiguo amor. La aparición de elementos míticos (la luna, la muerte) da a la obra un ambiente de tragedia clásica, de destino dramático del que es imposible escapar.

Yerma (1934)

Yerma es una mujer que no puede tener hijos y está obsesionada con ser madre. Inconscientemente culpa a su marido de su esterilidad. Este deseo enfermizo se opone, sin embargo, a su propia dignidad, que le impide buscarse otro hombre para cumplir su anhelado sueño.

Doña Rosita la soltera o el lenguaje de las flores (1935)

Cuenta la historia de una mujer soltera que espera inútilmente la llegada del amor mientras se marchita.

Representación de *Doña Rosita la soltera o el lenguaje de las flores*.

Teatro

En conjunto, la obra de Lorca supone un intento constante de depuración y una búsqueda del restablecimiento de la pureza original del teatro clásico y popular en el mejor sentido de la palabra. Gracias al **valor universal** de su teatro, Lorca se ha convertido en uno de los dramaturgos españoles más conocidos de todos los tiempos, un clásico cuyas piezas siguen representando las compañías teatrales más reconocidas del mundo.

El teatro de Lorca parte de tres **principios**:

- **Depurar el teatro poético.** No escribió teatro en verso (en sus obras más representativas), pero supo emplear la expresión adecuada para evocar los ambientes en los que sitúa la acción. La incorporación de ritmos y formas populares a través de canciones, letrillas, letanías o coros conecta su producción, por otra parte, con el teatro clásico, también poético por excelencia.

- **Integrar** en su dramaturgia tanto las **tendencias vanguardistas** como los rasgos propios del **teatro tradicional.** Así, se pueden reconocer influjos muy diversos: el Valle-Inclán de los esperpentos, algo de surrealismo, Marquina, el mejor Benavente, el teatro clásico y el popular; sin embargo, lo que destaca en Lorca es su habilidad para armonizar y hacer suyos estilos muy diversos.

- **Acercar el teatro al pueblo.**

En cuanto a la **temática**, Lorca elige a la mujer como protagonista principal. Esta suele representar el ansia de libertad en una sociedad patriarcal y machista; una mujer marcada siempre por un destino trágico y por pasiones que se verán condenadas al olvido o al rechazo.

En líneas generales, se produce un enfrentamiento de **dos series de fuerzas** que han sido designadas por la crítica como *principio de autoridad* y *principio de libertad:* por un lado, **orden,** tradición, realidad y colectividad; por otro, instinto, deseo, imaginación, individualidad. Ambos principios son siempre los dos polos fundamentales de la estructura dramática. A ellos se suma la fuerza del amor, normalmente imposible, planteado sobre el conflicto entre el deseo y la realidad, la libertad y la autoridad. Como consecuencia, surge la frustración, que aparece en todas las obras y es el eje fundamental de sus mejores piezas: *Bodas de sangre* (amor frustrado), *Yerma* (maternidad frustrada) y *La casa de Bernarda Alba* (amor y libertad frustrados).

Actividades

29. Repartid los papeles y realizad una lectura expresiva de este fragmento de *La casa de Bernarda Alba*.

> PRUDENCIA.– *Ya me voy. Os he hecho una visita larga.* (Se levanta.)
> BERNARDA.– *Espérate, mujer. No nos vemos nunca.*
> PRUDENCIA.– *¿Han dado el último toque para el rosario?*
> LA PONCIA.– *Todavía no.* (PRUDENCIA se sienta.)
> BERNARDA.– *¿Y tu marido cómo sigue?*
> PRUDENCIA.– *Igual.*
> BERNARDA.– *Tampoco lo vemos.*
> PRUDENCIA.– *Ya sabes sus costumbres. Desde que se peleó con sus hermanos por la herencia no ha salido por la puerta de la calle. Pone una escalera y salta las tapias y el corral.*
> BERNARDA.– *Es un verdadero hombre. ¿Y con tu hija?*
> PRUDENCIA.– *No la ha perdonado.*
> BERNARDA.– *Hace bien.*
> PRUDENCIA.– *No sé qué te diga. Yo sufro por esto.*
> BERNARDA.– *Una hija que desobedece deja de ser hija para convertirse en una enemiga.*
> PRUDENCIA.– *Yo dejo que el agua corra. No me queda más consuelo que refugiarme en la iglesia, pero como me estoy quedando sin vista tendré que dejar de venir para que no jueguen con una los chiquillos.* (Se oye un gran golpe en los muros.). *¿Qué es eso?*
> BERNARDA.– *El caballo garañón, que está encerrado y da coces contra el muro.* (A voces.). *¡Trabadlo y que salga al corral!* (En voz baja.) *Debe de tener calor.*
> PRUDENCIA.– *¿Vais a echarle las potras nuevas?*
> BERNARDA.– *Al amanecer.*
> PRUDENCIA.– *Has sabido acrecentar tu ganado.*
> BERNARDA.– *A costa de dinero y sinsabores.* […]
> LA PONCIA.– (Interrumpiendo.). *Pero tiene la mejor manada de estos contornos. Es una lástima que esté bajo de precio.*
> BERNARDA.– *¿Quieres un poco de queso y miel?*
> PRUDENCIA.– *Estoy desganada.* (Se oye otra vez el golpe.)
> LA PONCIA.– *¡Por Dios!*
> PRUDENCIA.– *Me ha retemblado dentro del pecho.*
> BERNARDA.– (Levantándose furiosa.). *¿Hay que decir las cosas dos veces? ¡Echadlo que se revuelque en los montones de paja!* (Pausa, y como hablando con los gañanes.). *Pues encerrad las potras en la cuadra, pero dejadlo libre, no sea que nos eche abajo las paredes.* (Se dirige a la mesa y se sienta otra vez.). *¡Ay, qué vida!*
> PRUDENCIA.– *Bregando como un hombre.*
> BERNARDA.– *Así es.* (ADELA se levanta de la mesa.). *¿Dónde vas?*
> ADELA.– *A beber agua.*
> BERNARDA.– (En voz alta.). *Trae un jarro de agua fresca.* (A ADELA.) *Puedes sentarte.* (ADELA se sienta.)
>
> Federico GARCÍA LORCA
> *La casa de Bernarda Alba*, Cátedra

30. Haz un breve resumen del contenido de la escena. Describe los personajes y el ambiente.

31. ¿Qué temas propios de la obra lorquiana se aprecian en este texto?

32. ¿Qué elementos te parecen poéticos? Presta atención a los símbolos: el caballo, el agua…

Rafael Alberti

Obra

En la obra de Alberti aparece una gran variedad de **temas,** de **tonos** (del humorístico y juguetón al angustiado; de lo sentimental a lo reivindicativo y comprometido) y de **estilos** (poesía pura, neopopularismo, barroquismo, futurismo, surrealismo...).

Temas recurrentes en su poesía son la continua vuelta a sus raíces, la búsqueda ininterrumpida de la *arboleda perdida,* la irreprimible nostalgia por su tierra, por el mar, por España…

Las principales etapas de su obra son:

- **Etapa neopopular.** *Marinero en Tierra* (1924), *La amante* (1926) y *El alba de alhelí* (1927). En estas obras desarrolla el motivo de la nostalgia, centrada en su tierra natal y en el mar, como símbolo de la pureza asociada a la infancia, al paraíso original.

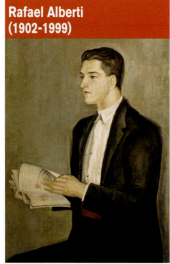

Rafael Alberti (1902-1999)

Nació y murió en El Puerto de Santa María. Estudió con los jesuitas. Desde su Cádiz natal se trasladaría a Madrid en 1917. En 1925 recibe el Premio Nacional de Literatura por su obra *Marinero en Tierra.* Desempeña diversos cargos políticos durante la Guerra Civil y, a su fin, abandona España. Su exilio transcurre entre París, Argentina y Roma. En 1977 regresa a España y en 1983 recibe el Premio Cervantes.

De Aranda de Duero a Peñaranda de Duero

¡Castellanos de Castilla,
nunca habéis visto la mar!

¡Alerta, que en estos ojos
del sur y en este cantar
yo os traigo toda la mar!   5

¡Miradme, que pasa el mar!

Rafael ALBERTI
Antología poética, Cátedra

- **Etapa de barroquismo y vanguardismo.** Podemos señalar dos obras básicas:

  - *Cal y canto* (1926-1927). Poemario gongorino y futurista en el que se observa un gran dominio de la técnica. Aborda el mundo de los mitos modernos. El título hace referencia al hermetismo de esta lírica.

  - *Yo era un tonto y lo que he visto me ha hecho dos tontos* (1929). Se trata de un libro futurista dedicado a las figuras del cine mudo.

- **Etapa surrealista.** *Sobre los ángeles* (1929) responde a una crisis religiosa y vital del poeta y es, quizá, su obra maestra. Está escrita en versos libres, cortos al principio, progresivamente mayores (versículos). El poeta se ve sin luz para siempre, expulsado del paraíso perdido, y va errando por un mundo caótico y sin sentido. Los ángeles, que dan título al libro, simbolizan la crueldad, la tristeza, la desesperanza, la muerte, etc.; es decir, distintos aspectos del ser humano. En la misma línea de desesperación surrealista escribe *Sermones y moradas* (1929-1930).

- **Etapa cívica.** Se trata de obras de temática social y política, de tono revolucionario: *Elegía cívica* (1930), *El poeta en la calle* (1930-1931), *De un momento a otro* (1938), etc. Es una poesía de urgencia, a veces de calidad, a veces panfletaria.

Los niños de Extremadura

*Los niños de Extremadura
van descalzos.
¿Quien les robó los zapatos?*

*Les hiere el calor y el frío.
¿Quién les rompió los vestidos?*

*La lluvia
les moja el sueño y la cama.
¿Quién les derribó la casa?*

*No saben
los nombres de las estrellas.
¿Quién les cerró las escuelas?*

*Los niños de Extremadura
son serios.
¿Quién fue el ladrón de sus juegos?*

Rafael ALBERTI
El poeta en la calle (obra civil), Aguilar

■ **Etapa del exilio.** Se caracteriza por la mezcla de diversos estilos y temas; predominan las obras sobre el destierro y la añoranza de la patria perdida (*Retornos de lo vivo lejano*, 1948-1952; *Roma, peligro para caminantes*, 1964-1967). También continúa escribiendo poesía política (*Coplas de Juan Panadero*, 1949).

Estilo

En la poesía de Alberti conviven la **tendencia folclórica** y de acercamiento a la poesía popular con el **lenguaje vanguardista,** complejo y rupturista. *Marinero en tierra* y *Sobre los ángeles* reflejan cada una de estas tendencias. Se trata de una poesía en permanente cambio, que bebe de las fuentes tradicionales para revitalizarlas y renovarlas, de ahí la constante evolución estilística de este poeta.

Actividades

Presentamos dos poemas de Rafael Alberti. El primero sirve como muestra representativa de su poesía neopopular, centrada en el tema del mar. En el segundo poema, que abre *Sobre los ángeles,* aparece el tema del paraíso perdido, tratado con pesimismo y soledad desesperanzada.

*Si mi voz muriera en tierra,
llevadla a nivel del mar
y dejadla en la ribera.*

   *Llevadla al nivel del mar
y nombradla capitana
de un blanco bajel de guerra.*

   *¡Oh mi voz condecorada
con la insignia marinera:
sobre el corazón un ancla
y sobre el ancla una estrella
y sobre la estrella el viento
y sobre el viento la vela!*

Rafael ALBERTI
Marinero en tierra, Alianza

Unidad 9 De las vanguardias a 1939

Paraíso perdido

A través de los siglos,
por la nada del mundo,
yo, sin sueño, buscándote.

Tras de mí, imperceptible,
sin rozarme los hombros,
mi ángel muerto, vigía.

¿Adónde el Paraíso,
sombra, tú que has estado?
Pregunta con silencio.

Ciudades sin respuesta,
ríos sin habla, cumbres
sin ecos, mares mudos.

Nadie lo sabe. Hombres
fijos, de pie, a la orilla
parada de las tumbas,

me ignoran. Aves tristes,
cantos petrificados,
en éxtasis el rumbo,

ciegas. No saben nada.
Sin sol, vientos antiguos,
inertes, en las leguas

por andar, levantándose
calcinados, cayéndose
de espaldas, poco dicen.

Diluidos, sin forma,
la verdad que en sí ocultan,
huyen de mí los cielos.

Ya en el fin de la Tierra,
sobre el último filo,
resbalando los ojos,

muerta en mí la esperanza,
ese pórtico verde
busco en las negras simas.

¡Oh boquete de sombras!
¡Hervidero del mundo!
¡Qué confusión de siglos!

¡Atrás! ¡Atrás! ¡Qué espanto
de tinieblas sin voces!
¡Qué perdida mi alma!

—Ángel muerto, despierta.
¿Dónde estás? Ilumina
con tu rayo el retorno.

Silencio. Más silencio.
Inmóviles los pulsos
del sinfín de la noche.

¡Paraíso perdido!
Perdido por buscarte,
yo, sin luz para siempre.

Rafael ALBERTI
Sobre los ángeles, Cátedra

33. Realiza el análisis métrico de los dos poemas.

34. Describe los rasgos neopopularistas que se aprecian en el primero de ellos.

35. Señala los elementos surrealistas del segundo texto. ¿Qué sensación evocan las imágenes?

36. Realiza una pequeña antología de Alberti en la que aparezcan poemas de sus distintas etapas.

Luis Cernuda

Obra

La personalidad de Cernuda se caracteriza por una mezcla de soledad e hipersensibilidad, y por el eterno conflicto entre la realidad y el deseo. Sus principales **influencias** proceden tanto de autores románticos (Keats, Hölderling, Bécquer…) como de los clásicos españoles, en especial Garcilaso de la Vega. Se observa en él una voluntad de síntesis muy propia de la generación del 27.

Su obra se basa en el contraste entre el deseo de realización personal y los límites impuestos por la realidad. Los **temas** más habituales son la soledad, el deseo de un mundo habitable y, sobre todo, el amor, ya exaltado, ya insatisfecho, ya prohibido.

Desde 1936, Cernuda reúne sus libros bajo un mismo título: *La realidad y el deseo*, que se va engrosando hasta su versión definitiva en 1964. Esta obra está formada por varios ciclos:

- **Inicios.** Aúna la poesía pura (*Perfil del aire*, 1924-1927) y la clásica, influida por Garcilaso (*Égloga, elegía y oda*, 1927-1928).
- **Surrealismo.** *Un río, un amor* (1929) y *Los placeres prohibidos* (1931).
- **Plenitud.** Su obra capital es *Donde habite el olvido* (1932-1933), un libro desolado, triste y profundamente sincero con un lenguaje ya propio. En esta línea se sitúa *Invocaciones a las gracias del mundo* (1934-1935). Tres temas fundamentales encontramos en esta obra: la belleza de los cuerpos masculinos, el destino del artista y la filosofía de la soledad.

Después de la guerra continúa con su línea de depuración estilística y trata temas como el de la patria perdida, recordada con añoranza o rechazada. Persiste su amargura. De esta época es *Desolación de la quimera* (1956-1962), obra final en la que reafirma todo su pensamiento.

En **prosa** escribe *Ocnos* (1942), inolvidable evocación de Sevilla desde la distancia, y *Variaciones sobre tema mexicano*. Fue también un agudo crítico literario y reputado traductor de autores como Shakespeare.

Estilo

Posee Cernuda un estilo muy personal, alejado de las estéticas pasajeras. En sus inicios cultiva la poesía pura, el clasicismo y el surrealismo, pero a partir de 1932 inicia un estilo propio, cada vez más sencillo (de una sencillez lúcidamente elaborada), basado en un **triple rechazo**: de los ritmos muy marcados (de ahí el constante uso de versos blancos y versículos en sus obras), de la rima, y del lenguaje brillante y sobrecargado de imágenes. Con este estilo el poeta desea acercarse al lenguaje hablado y al tono coloquial. Su influencia posterior, especialmente a partir de la generación de 1950, es enorme.

Luis Cernuda (1902-1963)

En la Universidad de su ciudad natal, Sevilla, fue alumno de Pedro Salinas, quien le descubrió sus habilidades para la poesía. Molesto por la mala acogida de su primera publicación, se traslada a Madrid y después a Toulousse, donde trabajará como profesor. Partidario de la República, debió exiliarse en 1938. Viaja por Gran Bretaña y Estados Unidos, y ejerce la docencia en varias universidades europeas y americanas. Muere en México.

Tierra nativa

Es la luz misma, la que abrió mis ojos
Toda ligera y tibia como un sueño,
Sosegada en colores delicados,
Sobre las formas puras de las cosas.

El encanto de aquella tierra llana, 5
Extendida como una mano abierta,
Adonde el limonero encima de la fuente
Suspendía su fruto entre el ramaje.

El muro viejo en cuya barda abría
A la tarde su flor azul la enredadera, 10
Y al cual la golondrina en el verano
Tornaba siempre hacia su antiguo nido.

El susurro del agua alimentando,
Con su música insomne en el silencio,
Los sueños que la vida aún no corrompe, 15
El futuro que espera como página blanca.

Todo vuelve otra vez vivo a la mente,
Irreparable ya con el andar del tiempo,
Y su recuerdo ahora me traspasa
El pecho tal puñal fino y seguro. 20

Raíz del tronco verde, ¿quién la arranca?
Aquel amor primero, ¿quién lo vence?
Tu sueño y tu recuerdo, ¿quién lo olvida,
Tierra nativa, más mía cuanto más lejana?

Luis Cernuda
La realidad y el deseo, Fondo de Cultura Económica

Actividades

Este poema que da título a la obra capital de Cernuda recoge otro de sus temas fundamentales: el olvido. Observa que parte de un poema de Bécquer para reelaborarlo según sus propias vivencias.

Donde habite el olvido

Donde habite el olvido,
En los vastos jardines sin aurora;
Donde yo solo sea
Memoria de una piedra sepultada entre ortigas
Sobre la cual el viento escapa a sus insomnios.   5

Donde mi nombre deje
Al cuerpo que designa en brazos de los siglos,
Donde el deseo no exista.

En esa gran región donde el amor, ángel terrible,
No esconda como acero   10
En mi pecho su ala,
Sonriendo lleno de gracia aérea mientras crece el tormento.

Allá donde termine este afán que exige un dueño a imagen suya,

Sometiendo a otra vida su vida,
Sin más horizonte que ojos frente a frente.   15

Donde penas y dichas no sean más que nombres,
Cielo y tierra nativos en torno de un recuerdo;
Donde al fin quede libre sin saberlo yo mismo,
Disuelto en niebla, ausencia,
Ausencia leve como carne de niño.   20

Allá, allá lejos;
Donde habite el olvido.

Luis Cernuda
Antología poética, Alianza

37. Lee en voz alta el poema, con la entonación adecuada. ¿Serías capaz de memorizarlo?

38. Analiza la métrica del poema.

39. Busca el poema de Bécquer en el que se inspira «Donde habite el olvido». Indaga en los motivos que hicieron a Cernuda recrearlo.

2.4. Otros autores andaluces de la generación del 27

■ **Emilio Prados** (Málaga, 1989-México,1962). Fundador, junto con Altolaguirre, de la revista literaria *Litoral.* En su poesía percibimos una tendencia a la interiorización. Destacan *Tiempo* (1925), *Canciones del farero* (1926) y *Vuelta* (1927). En su obra se observa una síntesis entre la tradición arábigo-andaluza y la lírica vanguardista, especialmente la surrealista.

■ **Manuel Altolaguirre** (Málaga 1905-Burgos,1959). Entiende la poesía como una forma para conocerse y conocer el mundo. Altolaguirre ha sido

Manuel Altolaguirre.

calificado como poeta romántico. Su obra *Las islas invitadas* es publicada en 1926 y progresivamente ampliada hasta 1946.

2.5. Tendencias poéticas de la generación del 27

A modo de resumen, recordamos las principales tendencias poéticas que se cultivan dentro del 27. Señalamos, asimismo, las obras más representativas de cada línea. Con todo, conviene recordar que hay libros que acogen poemas de diversas líneas.

Poesía neopopular

- Algunos autores componen cancioneros y romanceros inspirados en la poesía popular de la Edad Media o de Lope de Vega, pero armonizando los ritmos y temas tradicionales con las imágenes más atrevidas y modernas.
- Ambientación natural, próxima a las experiencias del poeta.
- Tendencia a la brevedad y a la concentración expresiva.
- Selección de estrofas de la tradición popular: romances, canciones…
- Importancia del ritmo como recurso expresivo y dramático: repeticiones constantes, estructuras encadenadas, etc.
- Consideración del poema como un modo de expresión de un sentimiento personal.
- Propensión a la espontaneidad y con frecuencia al tono coloquial.
- Obras más representativas: *Marinero en tierra*, de Alberti; *Romancero gitano*, de García Lorca; *Romancero de la novia*, de Gerardo Diego.

Poesía surrealista

- Consideración de la imagen (surrealista) como un modo de trascender los convencionalismos humanos y poder acceder a una realidad superior.
- El sueño es el elemento fundamental para explorar las interioridades humanas.
- Gusto por el empleo de estructuras irracionales e ilógicas, sustentadas en correspondencias insólitas.
- Necesidad del lector de interpretar el poema desde la sugerencia y la asociación de ideas.
- El paisaje natural representa como un trasunto ilógico del mundo interior del poeta.
- Las palabras poseen un elevado valor simbólico.
- Tendencia a la creación de poemas largos, en verso libre o en versículos.
- Obras más representativas: *Poeta en Nueva York*, de García Lorca; *Sobre los ángeles*, de Alberti; *Sombra del paraíso*, de Vicente Aleixandre; *Los placeres prohibidos*, de Cernuda.

Poesía neorromántica

- El amor es el tema fundamental a lo largo del poema.
- El poema es la expresión subjetiva de la experiencia amorosa del poeta.
- La persona amada es presentada de un modo idealizado.
- La unión amorosa suele ser el eje central de este tipo de poemas.
- El tema del amor y la muerte está presente en numerosos poemas.
- Formalmente los poemas suelen aparecer dispuestos a modo de cancionero.
- Distanciamiento de la realidad. El poeta se centra en la relación amorosa.
- El lenguaje tiende a una artificiosidad conceptista y barroquista.
- Obras más representativas: *La voz a ti debida*, de Salinas; *Sonetos del amor oscuro*, de García Lorca.

La casada infiel
Y que yo me la lleve al río
creyendo que era mozuela,
pero tenía marido.
Fue la noche de Santiago
y casi por compromiso.
Se apagaron los faroles
y se encendieron los grillos.
En las últimas esquinas
toqué sus pechos dormidos,
y se me abrieron de pronto
como ramos de jacintos.
[…]

Federico García Lorca
Romancero gitano

Vuelta de paseo
Asesinado por el cielo.
Entre las formas que van hacia la sierpe
y las formas que buscan el cristal,
dejaré crecer mis cabellos.

Con el árbol de muñones que no canta
y el niño con el blanco rostro de huevo.

Con los animalitos de cabeza rota
y el agua harapienta de los pies secos.

Con todo lo que tiene cansancio sordomudo
y mariposa ahogada en el tintero.

Tropezando con mi rostro distinto de cada día.
¡Asesinado por el cielo!

Federico García Lorca
Poeta en Nueva York

¡Si me llamaras, sí;
si me llamaras!
Lo dejaría todo,
todo lo tiraría:
los precios, los catálogos,
el azul del océano en los mapas,
los días y sus noches,
los telegramas viejos
y un amor.
Tú, que no eres mi amor,
¡si me llamaras!
[…]

Pedro Salinas
La voz a ti debida

Unidad 9 — De las vanguardias a 1939

Monstruos

Todos los días rezo esta oración
al levantarme:

Oh Dios,
no me atormentes más.
Dime qué significan
estos espantos que me rodean.
Cercado estoy de monstruos
que mudamente me preguntan,
igual, igual, que yo les interrogo a ellos.
Que tal vez te preguntan,
lo mismo que yo en vano perturbo
el silencio de tu invariable noche
con mi desgarradora interrogación.
[…]

Dámaso Alonso
Hijos de la ira

Poesía social

- Es una poesía que se centra en lo próximo y cotidiano
- Frente a la visión del poeta como un ser individual, hallamos al escritor en un contexto sociopolítico concreto.
- Visión utilitarista de la poesía. Su función es la de eliminar las desigualdades e injusticias del hombre.
- Observación de los aspectos más concretos de la realidad.
- Selección de temas cercanos al hombre: injusticias, paro, lucha de clases…
- Frecuente tono beligerante del poeta ante la realidad. El poema es una queja ante lo que le desagrada.
- El lenguaje suele ser sencillo y claro.
- El poeta utiliza elementos dirigidos al lector y que incitan a la lucha: preguntas, imperativos, apóstrofes…
- Métricamente se suelen utilizar tanto estrofas populares como el verso libre.
- Obras más representativas: *Hijos de la ira*, de Dámaso Alonso; *Coplas de Juan Panadero*, de Alberti.

Abanico

El vals llora en mi ojal
Silencio

En mi hombro se ha posado el sueño
y es del mismo temblor que sus cabellos.

Gerardo Diego
Imagen

Poesía vanguardista

- La imagen se convierte en un elemento fundamental.
- Se eliminan los elementos anecdóticos en beneficio de las percepciones fragmentarias de la realidad.
- Se huye de la visión subjetiva de la realidad propia del Romanticismo precedente.
- Constante indagación del yo del poeta a partir de distintas perspectivas (irracionales, oníricas, ilógicas).
- La poesía se constituye en un arte experimental: ausencia de rimas, juegos tipográficos (poema visual), eliminación de la puntuación, ausencia de elementos sintácticos, tendencia al humorismo como forma de ruptura con la realidad…
- Gusto por imágenes y metáforas alusivas a elementos tecnológicos que denotan modernidad.
- Obras más representativas: *Imagen*, de Gerardo Diego; *Yo era un tonto y lo que he visto me ha hecho dos tontos*, de Alberti.

Perfección

Queda curvo el firmamento,
compacto azul, sobre el día.
Es el redondamiento
del esplendor: mediodía.
Todo es cúpula. Reposa,
central sin querer, la rosa,
a un sol en cenit sujeta.
Y tanto se da el presente
que el pie caminante siente
la integridad del planeta.

Jorge Guillén
Cántico

Poesía pura

- Se centra en los aspectos más esenciales de la realidad. Para ello, se insiste en el sentido trascendente de las cosas.
- Eliminación de lo sentimental o anecdótico.
- Visión del poema como un ente cerrado y autosuficiente.
- Gusto por la expresión exacta y desnuda, lejos del retoricismo formal.
- Sintaxis simple con constantes yuxtaposiciones y eliminación de verbos (estilo nominal).
- Se recurre a la exclamación e interrogación como modo de incidir en los aspectos trascendentes de la realidad.
- Métricamente se tiende a estrofas de medida exacta y verso de arte menor.
- Obra más representativa: *Cántico*, de Jorge Guillén.

3 El ensayo en la generación del 27

Los autores de esta generación, en su faceta de hombres instruidos y relacionados con el mundo de la docencia universitaria, cultivaron el ensayo, sobre todo el centrado en el universo literario clásico y contemporáneo. Proliferarán en esta época textos teóricos y manifiestos de gran originalidad y cuidado estilo, productos elitistas y refinados, no exentos de carácter lírico, que aparecerán especialmente en revistas como:

- *Revista de Occidente* (1923-1936). Fundada y dirigida por Ortega y Gasset, fue la más importante de este periodo y sirvió al debate de ideas políticas y sociológicas.

- *La Gaceta Literaria* (1927-1932). Se centró en temas literarios, aunque también trató aspectos relacionados con arquitectura, cine, pintura… Contó con autores como Ernesto Giménez Caballero, José Bergamín, Pedro Salinas y Jorge Guillén.

- *Cruz y Raya* (1933-1936) Dirigida por José Bergamín, fue una revista tanto literaria como política. Colaboraron en ella autores de la talla de Luis Cernuda, Dámaso Alonso y Miguel Hernández.

De los trabajos de los poetas profesores del 27 destacamos los siguientes:

- **Pedro Salinas** centró su producción ensayística en la crítica literaria. Destacan obras como: *Literatura española siglo XX* (1941), *Jorge Manrique, o tradición y originalidad* (1947), *El defensor* (1948). En todas ellas, Salinas hace una encendida defensa de la lectura y el lenguaje literario así como de la tradición estética y demuestra conocer muy profundamente la producción de su época.

- **Jorge Guillén** reflexiona sobre el carácter de la lengua poética y sobre las producciones literarias propias y ajenas. Destaca *Lenguaje y poesía* (1962), libro antológico sobre conferencias dictadas en universidades americanas. Reflexiona tanto sobre nuestros clásicos (Berceo, Bécquer, Góngora, San Juan de la Cruz…) como sobre otros contemporáneos, como algunos poetas del 27.

- **Dámaso Alonso** fue uno de los principales pensadores literarios del siglo XX. Sobresalió con sus estudios sobre la lírica de Góngora, San Juan de la Cruz o Fray Luis de León. Algunas de sus obras son: *Góngora y el Polifemo, Poesía española. Ensayo de métodos y límites estilísticos* y *Seis calas en la expresión literaria española*.

- **Luis Cernuda** recogió sus trabajos sobre literatura en obras como *Estudios sobre poesía española contemporánea*, reflexión sobre poetas españoles de los siglos XIX y XX: Bécquer, Unamuno, Machado, Juan Ramón Jiménez, Miguel Hernández…

Revista de Occidente, dirigida por José Ortega y Gasset. Portada de 1923.

Texto A

Jardín antiguo

Se atravesaba primero un largo corredor oscuro. Al fondo, a través de un arco, aparecía la luz del jardín, una luz cuyo dorado resplandor teñían de verde las hojas y el agua de un estanque. Y esta, al salir afuera, encerrada allá tras la baranda de hierro, brillaba como líquida esmeralda, densa, serena y misteriosa.

Luego estaba la escalera, junto a cuyos peldaños había dos altos magnolios, escondiendo entre sus ramas alguna estatua vieja a quien servía de pedestal una columna. Al pie de la escalera comenzaban las terrazas del jardín.

Siguiendo los senderos de ladrillos rosáceos, a través de una cancela y unos escalones, se sucedían los patinillos solitarios, con mirtos y adelfas en torno de una fuente musgosa, y junto a la fuente el tronco de un ciprés cuya copa se hundía en el aire luminoso.

En el silencio circundante, toda aquella hermosura se animaba con un latido recóndito, como si el corazón de las gentes desaparecidas que un día gozaron del jardín palpitara al acecho tras de las espesas ramas. El rumor inquieto del agua fingía como unos pasos que se alejaran.

Era el cielo de un azul límpido y puro, glorioso de luz y de calor. Entre las copas de las palmeras, más allá de las azoteas y galerías blancas que coronaban el jardín, una torre gris y ocre se erguía esbelta como el cáliz de una flor.

*

Hay destinos humanos ligados con un lugar o con un paisaje. Allí en aquel jardín, sentado al borde de una fuente, soñaste un día la vida como embeleso inagotable. La amplitud del cielo te acuciaba a la acción; el alentar de las flores, las hojas y las aguas, a gozar sin remordimientos.

Más tarde habías de comprender que ni la acción ni el goce podrías vivirlos con la perfección que tenían en tus sueños al borde de la fuente. Y el día que comprendiste esa triste verdad, aunque estabas lejos y en tierra extraña, deseaste volver a aquel jardín y sentarte de nuevo al borde de la fuente, para soñar otra vez la juventud pasada.

Luis Cernuda
Ocnos, Renacimiento

1. ¿A qué subgénero literario pertenece el texto anterior? Justifica tu respuesta.
2. ¿Qué estructura presenta el texto?
3. ¿Cuál es su temática? ¿Es reconocible algún tópico literario?
4. Selecciona los recursos estilísticos relevantes.
5. Analiza sintácticamente la última oración compuesta del texto: *Y el día que comprendiste esa triste verdad, aunque estabas lejos y en tierra extraña, deseaste volver a aquel jardín y sentarte de nuevo al borde de la fuente, para soñar otra vez la juventud pasada.*

Texto B

La sangre derramada

¡Que no quiero verla!

Dile a la luna que venga,
que no quiero ver la sangre
de Ignacio sobre la arena.

¡Que no quiero verla!

La luna de par en par.
Caballo de nubes quietas,
y la plaza gris del sueño
con sauces en las barreras.

¡Que no quiero verla!

Que mi recuerdo se quema.
¡Avisad a los jazmines
con su blancura pequeña!

¡Que no quiero verla!
La vaca del viejo mundo
pasaba su triste lengua
sobre un hocico de sangres
derramadas en la arena,
y los toros de Guisando,
casi muerte y casi piedra,
mugieron como dos siglos
hartos de pisar la tierra.
No.

¡Que no quiero verla!

Por las gradas sube Ignacio
con toda su muerte a cuestas.
Buscaba el amanecer,
y el amanecer no era.
Busca su perfil seguro,
y el sueño lo desorienta.
Buscaba su hermoso cuerpo
y encontró su sangre abierta.
¡No me digáis que la vea!
No quiero sentir el chorro
cada vez con menos fuerza;
ese chorro que ilumina
los tendidos y se vuelca
sobre la pana y el cuero
de muchedumbre sedienta.

¡Quién me grita que me asome!
¡No me digáis que la vea!

No se cerraron sus ojos
cuando vio los cuernos cerca,
pero las madres terribles
levantaron la cabeza.
Y a través de las ganaderías,
hubo un aire de voces secretas
que gritaban a toros celestes
mayorales de pálida niebla.
No hubo príncipe en Sevilla
que comparársele pueda,
ni espada como su espada
ni corazón tan de veras.
Como un río de leones
su maravillosa fuerza,
y como un torso de mármol
su dibujada prudencia.
Aire de Roma andaluza
le doraba la cabeza
donde su risa era un nardo
de sal y de inteligencia.
¡Qué gran torero en la plaza!
¡Qué buen serrano en la sierra!
¡Qué blando con las espigas!
¡Qué duro con las espuelas!
¡Qué tierno con el rocío!
¡Qué deslumbrante en la feria!
¡Qué tremendo con las últimas
banderillas de tiniebla!

Pero ya duerme sin fin.
Ya los musgos y la hierba
abren con dedos seguros
la flor de su calavera.
Y su sangre ya viene cantando:

cantando por marismas y praderas,
resbalando por cuernos ateridos,
vacilando sin alma por la niebla,
tropezando con miles de pezuñas
como una larga, oscura, triste lengua,
para formar un charco de agonía
junto al Guadalquivir de las estrellas.
¡Oh blanco muro de España!
¡Oh negro toro de pena!
¡Oh sangre dura de Ignacio!
¡Oh ruiseñor de sus venas!
No.
¡Que no quiero verla!
Que no hay cáliz que la contenga,
que no hay golondrinas que se la
                    [beban,
no hay escarcha de luz que la enfríe,
no hay canto ni diluvio de azucenas,
no hay cristal que la cubra de plata.
No.
¡¡Yo no quiero verla!!

Federico García Lorca
Llanto por Ignacio Sánchez Mejías,
Editorial Casariego

---

1. Realiza un análisis métrico del poema.
2. ¿Cuál es contenido del poema? ¿En qué subgénero lírico podemos encuadrarlo?
3. ¿Mediante qué recursos consigue dotar al poema de ritmo y musicalidad?
4. Analiza los fenómenos semánticos presentes en el texto.

Unidad 9 De las vanguardias a 1939

Texto literario

    Unos cuerpos son como flores,
Otros como puñales,
Otros como cintas de agua;
Pero todos, temprano o tarde,
Serán quemaduras que en otro cuerpo se agranden,   5
Convirtiendo por virtud del fuego a una piedra en un hombre.

    Pero el hombre se agita en todas direcciones,
Sueña con libertades, compite con el viento,
Hasta que un día la quemadura se borra,
Volviendo a ser piedra en el camino de nadie.   10

    Yo, que no soy piedra, sino camino
Que cruzan al pasar los pies desnudos,
Muero de amor por todos ellos;
Les doy mi cuerpo para que lo pisen,
Aunque les lleve a una ambición o a una nube,   15
Sin que ninguno comprenda
Que ambiciones o nubes
No valen un amor que se entrega.

                                    Luis Cernuda
              Antología de la generación del 27, Biblioteca Didáctica Anaya

1 Presentación

Luis Cernuda (Sevilla, 1902 - México, 1963) es uno de los poetas más admirados de la poesía española del siglo XX. Desde el año 1924, en que comienza a componer *Perfil del aire,* hasta su muerte en el exilio mexicano, encontramos una dilatada obra lírica que fue reunida con el título de *La realidad y el deseo,* pues son estos los principales pilares de su expresión poética.

El poema que analizamos aparece publicado en *Los placeres prohibidos,* obra que vio la luz en 1931. Dicho libro, junto a *Un río, un amor* (1929), se sitúa en la etapa surrealista del sevillano.

Como sabemos, Cernuda es un destacado componente del grupo poético del 27. En sus textos se integran rasgos vanguardistas –en este caso surrealistas– y elementos procedentes de la tradición literaria española como, por ejemplo, la combinación de versos de arte menor y mayor (influencia becqueriana).

2 Análisis de contenido y forma

Desde un punto de vista métrico, el texto se dispone a lo largo de tres estrofas con un número dispar de versos (seis, cuatro y ocho respectivamente). Dichas estrofas se caracterizan por la irregularidad métrica propia del verso libre. Así, entre otros, hallamos versos heptasílabos, octosílabos, eneasílabos y alejandrinos. Se trata de un rasgo característico de la estética surrealista.

La musicalidad y el ritmo se consiguen mediante procedimientos diferentes: ciertas rimas asonantes aunque de un modo no sistemático (por ejemplo, en los versos 2, 4 y 5 de la primera estrofa), estructuras paralelísticas (*Sueña con libertades, compite con el viento; Unos… Otros…*), anáforas (*pero, otros*), antítesis (*temprano/tarde, flores/puñales*), aliteraciones (*todos, temprano o tarde*) y las pausas de final de verso.

Pese a estos procedimientos, el poema no posee un ritmo especialmente marcado, ya que, por momentos, adquiere una cadencia conversacional muy cercana a los poemas en prosa.

Temáticamente, Cernuda se centra en su personal manera de entender el amor. En este caso, lo concibe como un sentimiento absoluto que permite a las personas considerarse plenamente humanas. El amor se percibe, además, como una forma de entrega generosa hacia los otros.

Del mismo modo, el sentimiento amoroso no siempre es duradero, pues llegará el momento en que desaparecerá: *Hasta que un día la quemadura se borra,/Volviendo a ser piedra en el camino de nadie.* A partir de ese momento seremos solo cuerpos (*piedras*) en mitad del camino de la vida. Como solución, el poeta ofrecerá su amor desinteresadamente a los demás.

El poema se organiza temáticamente a lo largo de las **tres estrofas:**

- En la primera, el amor es el eje principal: nos llega de forma inevitable (*temprano o tarde*) y termina haciéndonos más humanos. Seamos *flores, puñales* o *cintas de agua,* o dicho de otro modo, sea cual sea nuestra naturaleza o condición, no seremos personas hasta que no amemos: *Pero todos, temprano o tarde/serán quemaduras que en otro cuerpo se agranden…*

  Destaca aquí el paralelismo sintáctico (*Unos… Otros…*), el empleo del símil (*unos cuerpos son como flores… como puñales… como cintas de agua*), la antítesis (*temprano-tarde*), y la expresión simbólica (*quemaduras, piedra*). En este último caso, Cernuda incide especialmente en el eje *piedra-hombre:* el destino de todos es arder en el fuego del amor.

- La segunda estrofa restringe el sentido de la anterior. En ella encontramos los obstáculos que impiden el carácter perdurable del amor (vv. 7-8): *el hombre se agita en todas direcciones,/Sueña con libertades, compite con el viento…* Son las ambiciones humanas, los deseos de libertad y la visión individualista de la existencia lo que nos vuelven a convertir en *piedra*, esto es, en personas que no aman: *Volviendo a ser piedra en el camino de nadie.*

  Formalmente, el poeta recurre a la expresión metafórica para expresar las circunstancias que imposibilitan su concepción amorosa: *se agita en todas direcciones; la quemadura se borra; ser piedra en el camino…*

- En la estrofa final, el poeta combate los obstáculos antes mencionados y ofrece a todos su amor de forma absoluta e incondicional. El poema abandona el carácter universal de las dos primeras estrofas para centrarse en su propio yo, en su propia experiencia personal: *Yo, que no soy piedra, sino camino… Muero de amor por todos ellos.* En esta parte, Cernuda retoma la idea inicial y se inclina por una actitud activa ante el amor, lejos de *ambiciones o nubes,* de egoísmos y miserias humanas que desvirtúen su visión del hombre.

  Para ello, recurre de nuevo al uso de la metáfora (*piedra, camino, nube*) y de la hipérbole (*Muero de amor por todos ellos*).

  En líneas generales, la expresión poética ofrece un tono sereno –casi conversacional–. El léxico utilizado posee una gran sencillez y carece de excesos retóricos. Además del verso libre, podemos advertir algunas imágenes de carácter surrealista: *Yo, que no soy piedra, sino camino/Que cruzan al pasar los pies desnudos…*

3 Conclusión

Nos encontramos ante un poema representativo de la producción poética de Luis Cernuda. Es una magnífica muestra tanto de su poesía amorosa como de su forma tan personal y moderna de expresar sus sentimientos.

Texto literario

Dime que sí,
compañera,
marinera,
dime que sí.

Dime que he de ver la mar,　　　5
que en la mar he de quererte.
Compañera,
dime que sí.

Dime que he de ver el viento,
que en el viento he de quererte.　　10
Marinera,
dime que sí.

Dime que sí,
compañera,
dime,　　15
dime que sí.

Del barco que yo tuviera,
serías tú la costurera.

Las jarcias, de seda fina;
de fina holanda, la vela.　　20
—¿Y el hilo, marinerito?
—Un cabello de tus trenzas.

Rafael Alberti
Marinero en tierra, Alianza

De las vanguardias a 1939 **Unidad 9**

1 Fase previa

- En primer lugar, resuelve con la ayuda de un diccionario las dudas léxicas que el texto te pueda suscitar. Tal vez desconozcas el sentido de estas palabras: *jarcias, seda de fina holanda.*
- Recopila información relevante sobre *Marinero en tierra,* el libro donde se publicó el poema: fecha de creación, temática, métrica, influencias, etc.
- Infórmate sobre la experiencia vital qué favoreció la composición del poema.

2 Presentación

- Realiza un breve recorrido por la obra literaria de Rafael Alberti.
- También resulta conveniente contextualizar el poema en la corriente lírica que desarrolló la generación del 27.
- Sitúa el poema dentro de su trayectoria poética. A continuación aporta información representativa de *Marinero en tierra.*

3 Análisis de contenido y forma

- Como habrás observado, el recuerdo del pasado es uno de los ejes fundamentales de la poesía de Alberti. ¿De qué modo se manifiesta en el poema?
- ¿Qué realidad se evoca? ¿Desde dónde se produce?
- Ten presente que has de analizar el tono subjetivo utilizado por el poeta: melancólico, triste, alegre, crítico, etc.
- ¿A quién se alude en los versos finales del texto?
- Analiza el ritmo tan especial que se produce en el poema. Atendiendo al carácter evocador del poema, ¿cuáles pueden ser las influencias de dicho ritmo? En este sentido, comenta la métrica utilizada.
- ¿Te parece un poema popular o culto? ¿Se integran ambos aspectos? Aporta ejemplos que justifiquen tu análisis.
- ¿De qué modo se estructura el texto? Presta atención a las figuras de repetición que vertebran el poema.
- ¿Qué otros aspectos formales resultan relevantes?

4 Conclusión

- Para concluir, haz un breve recorrido por los aspectos más significativos del texto: añoranza del mar, influencia andaluza, estructura, etc.
- Igualmente, puedes hacer una referencia al valor simbólico del mar en la poesía de Alberti.

10 La literatura española entre 1940 y 1975

Texto inicial y actividades previas
1. Marco histórico (1939-1975)
2. La literatura en el exilio
3. La narrativa de posguerra (1939-1975)
4. La poesía de posguerra (1939-1975)
5. El teatro de posguerra (1939-1975)

Actividades finales de comprensión

Comentario literario resuelto: «Fidelidad»

Ahora tú. Comentario guiado: *Cinco horas con Mario*

Texto inicial

El ovetense Ángel González, poeta de la generación de los 50, compuso el siguiente poema, una llamada de atención a los jóvenes, cargada de ironía, echándoles en cara su inmovilismo, su falta de acción para cambiar la España que les tocó vivir. Se dirige, pues, a la juventud conformista para pedirles, indirectamente, un cambio radical de actitud:

Discurso a los jóvenes

De vosotros,
los jóvenes,
espero
no menos cosas grandes que las que
realizaron
vuestros antepasados.
Os entrego
una herencia grandiosa:
sostenedla.
Amparad ese río
de sangre,
sujetad con segura
mano
el tronco de caballos
viejísimos,
pero aún poderosos,
que arrastran con pujanza
el fardo de los siglos
pasados.

Nosotros somos estos
que aquí estamos reunidos,
y los demás no importan.

Tú, Piedra,
hijo de Pedro, nieto
de Piedra
y biznieto de Pedro,
esfuérzate
para ser siempre piedra mientras vivas,
para ser Pedro Petrificado Piedra Blanca,
para no tolerar el movimiento
para asfixiar en moldes apretados
todo lo que respira o que palpita.

A ti,
mi leal amigo,
compañero de armas,
escudero,
sostén de nuestra gloria,
joven alférez de mis escuadrones
de arcángeles vestidos de aceituna,
sé que no es necesario amonestarte:
con seguir siendo fuego y hierro,
basta.
Fuego para quemar lo que florece.
Hierro para aplastar lo que se alza.

Y finalmente,
tú, dueño
del oro y de la tierra
poderoso impulsor de nuestra vida,
no nos faltes jamás.
Sé generoso
con aquellos a los que necesitas,
pero guarda,
expulsa de tu reino,
mantenlos más allá de tus fronteras,
déjalos que se mueran,
si es preciso,
a los que sueñan,
a los que no buscan
más que luz y verdad,
a los que deberían ser humildes
y a veces no lo son, así es la vida.

Si alguno de vosotros
pensase
yo le diría: no pienses.

Pero no es necesario.

Seguid así,
hijos míos,
y yo os prometo
paz y patria feliz,
orden,
silencio.

Actividades previas

A. Interpreta el sentido del texto. ¿Qué nos dice Ángel González?

B. ¿Crees que el autor del poema es un escritor comprometido con la sociedad? ¿De qué modo?

C. ¿Consideras que a la juventud actual se le podría dedicar un poema semejante? Justifica tu respuesta.

Unidad 10 — La literatura española entre 1940 y 1975

1 Marco histórico (1939-1975)

La Guerra Civil española supuso una ruptura en la evolución de la cultura española con respecto a las corrientes europeas. Tras el conflicto bélico, el panorama cultural se ve condicionado por las siguientes circunstancias:

- España queda sumida en un profundo **aislamiento** tanto cultural como político: se cerraron las fronteras a toda influencia que pudiera ser nociva para el orden político establecido por la dictadura y se instauró un fuerte aparato de control y **censura** de las publicaciones. En este sentido, cualquier propuesta artística debía obtener el beneplácito (*placet*) de los poderes eclesial y político.

- Los escritores jóvenes carecen de modelos estéticos. La **generación del 27**, que se hallaba en plena madurez creativa, se deshace bruscamente: Federico García Lorca es fusilado durante la Guerra Civil; otros autores parten al exilio (Salinas, Cernuda, Guillén, Alberti). Los pocos que quedan en España (Vicente Aleixandre, Dámaso Alonso) se convierten en prácticamente los únicos referentes para los creadores de posguerra.

- **Juan Ramón Jiménez** continúa siendo también un modelo literario vivo, aunque su estética empieza a ser superada por otras formas y temas poéticos, más próximos a la compleja realidad social.

- La escasa producción literaria nacional favorece el **auge de las traducciones** de autores poco comprometidos (W. S. Maugham, Pearl S. Buck…) para llenar el hueco editorial.

- El ambiente bélico que caracteriza el momento histórico genera, en el plano literario, tendencias al **escapismo** (la novela evasiva de Carmen de Icaza: *Cristina Guzmán*, por ejemplo) o a la **temática de guerra** (como *La fiel infantería*, de Rafael García Serrano, exaltación de los vencedores que fue en parte censurada por motivos morales).

- En los **años cincuenta** observamos ciertos **cambios socioeconómicos** que anuncian una incipiente apertura del régimen franquista que se extiende hasta la década de los sesenta. Se producen migraciones del campo a la ciudad, lo que provoca el nacimiento de barrios obreros y suburbios, ambientes ampliamente retratados en la literatura del momento. Todo ello originará, como veremos, la aparición de nuevas tendencias en el panorama literario español, al generalizarse una mayor preocupación por problemas de índole social. Por otra parte, España se incorpora lentamente a organismos internacionales, como la ONU (1955), y se observa una tímida liberalización intelectual.

- Los **años sesenta** representan el comienzo de cambios sustanciales en la vida social, económica y cultural de España. El tímido **aperturismo** que ya se vislumbró en la década anterior se confirma y da paso a una época histórica caracterizada por una mayor presencia de nuestro país en el ámbito europeo y mundial. Al desarrollo económico, impulsado por la industrialización y el aumento del turismo, se une el incremento de contactos con el exterior y cierta flexibilidad en el control de la censura. Con todo, autores como Juan Goytisolo o Juan Marsé ven prohibidas algunas de sus novelas.

Sede de las Naciones Unidas en Nueva York.

2 La literatura en el exilio

Un estudio que no contemple la aportación de los autores que hubieron de salir de España por motivos políticos sería incompleto, pues la labor literaria de los exiliados redundará, a la larga, en beneficio del desarrollo de nuestras letras. La nostalgia de España y la desazón por la derrota republicana se convierten en temas comunes. Del mismo modo, podemos señalar que estos autores exiliados integran a la perfección escenarios, estilos y costumbres de los lugares a los que llegan (Francia, México, Estados Unidos…).

Narrativa

Los narradores del exilio conforman un grupo extremadamente heterogéneo. Estos escritores mezclarán los temas del dolor por la guerra y la patria perdida (a menudo idealizada) con las técnicas propias del Realismo y la humanización de la novelística anterior al conflicto bélico, junto a los experimentos más vanguardistas.

- **Ramón J. Sender.** Autor de *Crónica del alba* (1942-1957) y *Réquiem por un campesino español* (1960), destaca por sus novelas de corte clásico.
- **Max Aub.** Creador de la serie denominada *El laberinto mágico* (1938-1968). Se trata de obras basadas en la Guerra Civil, compuestas con un lenguaje exquisito.
- **Rosa Chacel.** Novelista innovadora y partidaria de un estilo vanguardista. Su obra más representativa es *La sinrazón* (1960).
- **Francisco Ayala.** Este granadino es el creador de una novela caracterizada por el preciosismo técnico y estético, con una densidad conceptual sorprendente. Su obra fundamental es *Los usurpadores* (1949).

Francisco Ayala.

De rodillas junto al catre, en el rostro las ansias de la muerte, crispadas las manos sobre el mástil de un crucifijo –aún me parece estar viendo, escuálido y verdoso, el perfil del santo. Lo veo todavía: allá en mi casa natal, en el testero de la sala grande. Aunque muy sombrío, era un cuadro hermoso con sus ocres, y sus negros, y sus cárdenos, y aquel ramalazo de luz agria, tan débil que apenas conseguía destacar en medio del lienzo la humillada imagen… Ha pasado tiempo. Ha pasado mucho tiempo: acontecimientos memorables, imprevistas mutaciones y experiencias horribles. Pero tras la tupida trama del orgullo y honor, miserias, ambiciones, anhelos, tras la ignominia y el odio y el perdón con su olvido, esa imagen inmóvil, esa escena mortal, permanece fija, nítida, en el fondo de la memoria, con el mismo oscuro silencio que tanto asombraba a nuestra niñez cuando apenas sabíamos nada todavía de este bendito Juan de Dios, soldado de nación portuguesa, que –una tarde del mes de junio, hace de esto más de cuatro siglos– llegara como extranjero a las puertas de la ciudad donde ahora se le venera, para convertirse, tras no pocas penalidades, en el santo cuya muerte ejemplar quiso la mano de un artista desconocido perpetuar para renovada edificación de las generaciones, y acerca de cuya vida voy a escribir yo ahora.

Francisco Ayala
Los usurpadores, Cátedra

Monumento de San Juan de Dios en los Jardines del Triunfo (Granada).

Lírica

La mayoría de poetas exiliados procede de la generación del 27 (Guillén, Salinas, Alberti, Cernuda). También vivió en el exilio hasta su muerte Juan Ramón Jiménez. Muchos de ellos cultivan temas recurrentes en torno al paraíso perdido, la armonía rota por la guerra, el paso del tiempo y la muerte. Otros poetas reseñables son:

- **José Moreno Villa.** Definido como el poeta de la nostalgia, es conocido por *La noche del Verbo* (1942).

- **León Felipe.** Se trata de un autor inclasificable y con frecuencia injustamente olvidado. Maestro del versículo, dedica poemarios cargados de dolor a la España de los derrotados, como *Español del éxodo y del llanto* (1939).

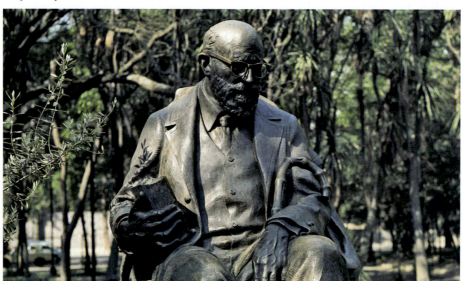

Escultura de León Felipe, por Julián Martínez Soros.

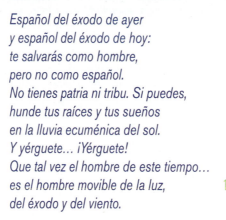

*Español del éxodo de ayer
y español del éxodo de hoy:
te salvarás como hombre,
pero no como español.
No tienes patria ni tribu. Si puedes,   5
hunde tus raíces y tus sueños
en la lluvia ecuménica del sol.
Y yérguete... ¡Yérguete!
Que tal vez el hombre de este tiempo...
es el hombre movible de la luz,   10
del éxodo y del viento.*

León Felipe
Antología poética, Alianza

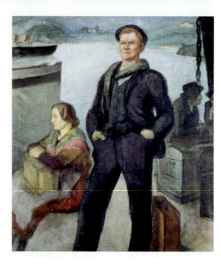

Teatro

Además de los autores del 27 (Salinas o Alberti escriben en estas fechas un teatro muy interesante), destaca la labor realizada por multitud de dramaturgos españoles exiliados en América, que lamentaban la distancia de la patria. Tal es el caso de **Alejandro Casona** (*La dama del alba*, 1944) o **Max Aub** (*Morir por cerrar los ojos*, 1944).

Max Aub.

3 La narrativa de posguerra (1939-1975)

La Guerra Civil provoca una fisura muy profunda con la tradición anterior: quedan rotas o abandonadas las tendencias renovadoras y experimentales impulsadas por Unamuno o Valle-Inclán; ni siquiera las propuestas novecentistas tienen continuadores. En cambio, se aprecia cierta relación entre la novela de la posguerra y el Realismo del siglo XIX. Es esta una tendencia que ya se había manifestado en los años inmediatos de preguerra en autores como **Ramón J. Sender,** pero cuyos frutos habían sido silenciados por la represión cultural que supuso la censura.

3.1. Los años cuarenta: el realismo tremendista

Aunque se amplían los temas literarios con relación al período de guerra, los años cuarenta están marcados por las consecuencias del conflicto. Conviven por entonces diversas tendencias: a las notas triunfalistas, el deseo de evasión (principalmente en el ámbito teatral) o el retorno al formalismo clásico (manifiesto, sobre todo, entre los poetas), pronto se une una literatura inquietante y cargada de angustia, presente –por ejemplo– en la poesía desarraigada de **Blas de Otero** o **Gabriel Celaya,** o en novelas como *La familia de Pascual Duarte* (1942), de **Camilo José Cela,** y *Nada* (1945), de **Carmen Laforet.** En esta última línea predomina el enfoque existencial que suele ser producto de las posguerras, así como una incipiente preocupación social, no fácilmente perceptible debido a la dura censura de estos años.

La huelga (detalle), por Robert Koehler.

Desde un punto de vista técnico, la época está marcada por cierta **desorientación** y por la **búsqueda** de cauces por los que pueda transcurrir una literatura acorde con el momento que se vive (realismo barojiano, novela psicológica, heroica, poética, simbólica...). Esta situación incierta se ve agravada por la desconexión con el pasado literario inmediato: se «secuestran» las obras sociales de preguerra y se desconocen las obras de los exiliados; la novela novecentista (deshumanizada) se encuentra muy alejada –temáticamente– de lo tensos momentos que se viven. Solo Baroja parece conectar con las preocupaciones de estos autores.

Sin embargo, a pesar de las dificultades propias del momento (guerra, exilio, incomunicación, censura, falta de modelos...), el género va renaciendo paulatinamente de la mano de escritores notables como Miguel Delibes, Camilo José Cela, Carmen Laforet, Ana María Matute... Hay cada vez más lectores y se fomentan los concursos literarios (como el Premio Nadal).

Una de las primeras líneas originales de esta década fue el llamado **tremendismo,** inaugurado por Camilo José Cela con su novela *La familia de Pascua Duarte*. En esta breve pero intensa narración, Cela ofrece una agria visión de los aspectos más míseros y brutales de la realidad. La obra triunfó rápidamente y la fórmula propuesta, consistente en desquiciar la realidad en un sentido violento y en presentar sistemáticamente hechos desagradables e incluso repulsivos, fue muy imitada (Miguel Delibes en *La sombra del ciprés es alargada*, si bien con una honda religiosidad, o Ana María Matute en *Los Abel*).

3.2. Los años cincuenta: el realismo social

«Hacia 1951 la literatura española, andadas ya las trochas del tremendismo, dio un giro a su intención y empezó a marchar por la senda del realismo

objetivo». Con estas palabras, Camilo José Cela señalaba el cambio de rumbo que afectaría a la narrativa española en los años cincuenta. 1951 es el año de publicación de *La colmena,* segunda obra de Cela, con la que se inicia un decenio marcado por la estética del **realismo social,** que supondría el enriquecimiento de nuestro panorama novelesco. Siguen publicando autores de la época anterior (Delibes escribe *El camino* en 1950 y *Mi idolatrado hijo Sisí* en 1953), pero se producen hechos significativos que nos permiten hablar de una nueva etapa: tímida apertura al exterior, migraciones del campo a la ciudad…

Surge una generación de narradores que comparten principios ideológicos, temáticos y formales. El objetivo de estos novelistas consiste en ofrecer el testimonio de la **realidad española desde una conciencia ética y cívica.** Además, pretenden que la palabra sirva de estímulo para el cambio social (la literatura se concibe como un arma política), aunque son pocos los que adoptan una postura extrema (pues hubiera llevado a la censura, al exilio o a la cárcel); por ello la mayoría opta por moderar la denuncia para que llegue al mayor número de lectores.

El relato trata de reflejar de modo objetivo la realidad. Así, el narrador no comenta los sucesos que relata ni se implica en ellos; se limita a presentar escenas, personajes y hechos como si fuera una cámara cinematográfica. A esta forma de narrar se la denomina *objetivismo.* Mediante esta técnica se persigue, además de adoptar una nueva posición narrativa, eludir en cierta medida la censura. A esta tendencia pertenecen Ignacio Aldecoa, Jesús Fernández Santos, Rafael Sánchez Ferlosio, Ana María Matute o Carmen Martín Gaite.

Se han señalado diversos **precedentes de la narrativa objetivista:** el *neorrealismo italiano* (sobre todo el cinematográfico: Vittorio de Sica o Visconti), algunos escritores americanos de la llamada *generación perdida* y, en menor medida, el *nouveau roman* francés. Entre los españoles, los críticos han hablado del influjo de Galdós y Baroja, y la admiración que despierta Antonio Machado.

El grado máximo de la técnica objetivista será el **conductismo,** en el que el narrador se limitará a registrar la pura conducta externa de individuos o grupos y a recoger sus palabras, sin comentarios ni interpretaciones; una muestra es, en alguna de sus partes, *El Jarama* (1955), de Rafael Sánchez Ferlosio.

Noctámbulos, por Edward Hopper.

Por otra parte, ciertos autores optan por una crítica más directa, en la que lo social es el contenido básico, a veces en detrimento de la estética tradicional. Este grupo lo constituyen, entre otros, José Manuel Caballero Bonald, Juan García Hortelano, Juan Goytisolo, Luis Goytisolo, Alfonso Grosso, Juan Marsé… La técnica empleada en sus obras ha sido denominada *realismo crítico*, que consiste en la denuncia de las desigualdades y las injusticias, no mediante la reproducción de la realidad sino a través de su explicación y análisis, descubriendo sus mecanismos más profundos. En estos autores es decisiva la influencia de los novelistas norteamericanos de la *generación perdida*.

Temas y estilo

Los temas recurrentes en estos novelistas son el desaliento, la insatisfacción, la soledad en medio de la sociedad, y el recuerdo de la guerra y sus consecuencias. Indagan tanto en la España urbana como en la rural (de ahí la publicación de libros de viajes como *Campos de Níjar*, de Juan Goytisolo, o *Primer viaje andaluz*, de Camilo José Cela).

Los principales **campos temáticos** de los narradores del medio siglo son:

- La vida del **campo**: *Los bravos* (1954), de Jesús Fernández Santos; *Dos días de setiembre* (1962), de José Manuel Caballero Bonald; *La zanja* (1961), de Alfonso Grosso.
- El mundo del **trabajo** y las **relaciones laborales**: *Central eléctrica* (1958), de Jesús López Pacheco.
- La **ciudad**: *La colmena* (1951), de Camilo José Cela.
- La vida de la **burguesía**: *Juegos de manos* (1954), de Juan Goytisolo.

En general, predominan en estas novelas los espacios abiertos: el campo, el mar, las aldeas, los arrabales…

Los **protagonistas** son seres solitarios que viven aislados dentro de sus barrios o grupos. Es una soledad que nace de la desconexión entre ricos y pobres, campo y ciudad, pueblo y Estado. La razón última de esa soledad está en la división de los españoles, recrudecida por la guerra.

En las obras de los años cincuenta destaca, pues, un desplazamiento de lo individual a lo colectivo: la sociedad española se convierte en tema narrativo.

El **estilo** se caracteriza por una deliberada pobreza léxica y por una tendencia a recoger los aspectos más superficiales de los registros lingüísticos populares o coloquiales. No obstante, no es un estilo descuidado, pues en bastantes obras se muestra un notable interés por lo formal. Estos autores aportaron novedades, pero el contenido es prioritario frente a la experimentación técnica.

3.3. La novela experimental: superación del Realismo

Se considera 1962 como la fecha de inicio de esta nueva etapa en la narrativa española. En este año se publican *Tiempo de Silencio,* de Luis Martín-Santos, y *La ciudad y los perros,* de Mario Vargas Llosa, obra con la que asistimos, por otra parte, al *boom* de la narrativa hispanoamericana. Tras ciertas reticencias, puede decirse que las nuevas formas se imponen hacia 1966-1967, y se da fin al realismo social.

La *generación perdida*

Una de las generaciones que más influyó en nuestra literatura de posguerra es, sin duda, la denominada **generación perdida norteamericana**. Son narradores que no creen en el sistema de valores anteriores a la Primera Guerra Mundial y, por ello, se encuentran desarraigados en su propia nación. Los escritores españoles adoptan la crudeza de William Faulkner, el retrato colectivo de Dos Passos, la denuncia social de John Steinbeck y Hemingway.

Carmen Martín Gaite (1925-2000)

Nacida en Salamanca, es una de las escritoras más representativas de la generación del medio siglo, además de ensayista e investigadora. Licenciada en Filosofía y Letras, fue actriz en su juventud universitaria. *Entre visillos*, *Retahílas* o *El cuarto de atrás* son algunas de sus novelas más importantes. Primera mujer a quien le conceden el Premio Nacional de Literatura, recibió otros galardones a lo largo de su carrera de la talla del Premio Nadal, el Nacional de las Letras (por el conjunto de sus obra) y el Anagrama de Ensayo.

Gabriel García Márquez.

Jorge Luis Borges.

El cambio se vio impulsado con la incorporación de figuras consagradas de la generación del 36 (Camilo José Cela o Miguel Delibes) y de la década de los cincuenta (Juan Goytisolo). Básicamente, la **renovación de la creación novelística** se fundamenta en los siguientes factores:

- Los lectores, que asisten a un nuevo panorama socio-económico, se sienten **cansados de la novela social,** centrada en los aspectos críticos y desinteresada en la forma. El propio Juan Goytisolo confirmaba la ineficacia de la literatura como arma para transformar el mundo: «Supeditando el arte a la política rendíamos un flaco servicio a ambas: políticamente ineficaces, nuestras obras eran, para colmo, literariamente mediocres; creyendo hacer literatura política, no hacíamos ni una cosa ni otra».

- El desengaño de la función social de la novela conduce a una revalorización de los **aspectos formales** y a la recuperación de la **imaginación** y del **subjetivismo,** lo que favorece los elementos líricos.

- La irrupción de la **novela hispanoamericana** (con autores de la talla de Vargas Llosa, García Márquez, Cortázar, Borges o Sábato) y el conocimiento de la obra de los **autores exiliados** contribuyen al florecimiento de esta nueva etapa.

En este período se habla de **novela estructural o experimental,** concepto que afecta a tres aspectos de la composición de la novela:

- Relieve de la estructura formal (disposición de las partes).
- Indagación de la estructura de la conciencia personal (habitualmente del protagonista).
- Exploración de la estructura del contexto social.

Este nuevo concepto de novela, basado en lo que se ha denominado *deconstrucción* (construcción a partir de la destrucción de los modelos anteriores), implica también transformaciones en todos sus elementos: acción, personajes, punto de vista, estructura, diálogos, descripciones.

Camilo José Cela

Obra

Como ya sabemos, Cela está considerado el iniciador del *tremendismo,* con la publicación en 1942 de *La familia de Pascual Duarte,* uno de los principales acontecimientos novelísticos de la posguerra.

Su segunda gran obra, *La colmena* (1951), es un retrato fiel de la amarga realidad de la posguerra, condicionada por el hambre, el miedo y el sexo. La acción se desarrolla en Madrid, en los años cuarenta. No hay un único protagonista: por la novela desfilan alrededor de doscientos personajes. Se trata de un gran retrato social, una «novela coral» cuyos personajes se retratan hablando; sin embargo, no podemos hablar de conductismo, ya que las intervenciones del narrador, llenas de humor y de ternura, nos lo impide. Está en el límite entre lo existencial y lo social, y supone el inicio de la novela social de los cincuenta.

A partir de los años 60, Cela se suma a las corrientes renovadoras de estos años. Así, publica *San Camilo, 1936* (1969).

Cela escribe *San Camilo, 1936* (1969), un monólogo interior situado en Madrid al comienzo de la Guerra Civil. Esta obra recoge lo más sórdido y oscuro de la ciudad, la violencia y, sobre todo, el sexo. *Oficio de tinieblas 5* (1973) continúa en esta línea de innovación. Su última novela, *Madera de boj* (2000), plasmó el mundo interior del novelista.

Camilo José Cela (1916-2002)

Nació en Iria Flavia (La Coruña). Realizó estudios de diversas carreras (Medicina, Filosofía y Letras, y Derecho) pero no concluyó ninguna. Una enfermedad le hace pasar un largo período de reposo que dedicó a la lectura de nuestros clásicos. Tras el éxito de su primera novela, *La familia de Pascual Duarte,* se dedicará por entero a la literatura. En 1957 ingresó en la Real Academia Española. Recibe en 1984 el Premio Nacional de Literatura, en 1987 el Príncipe de Asturias, en 1989 el Premio Nobel de Literatura y en 1995 el Premio Cervantes. Muere en Madrid.

Actividades

El siguiente fragmento de *La colmena* recoge una de las muchas descripciones de personajes representativos de la degradada España de posguerra. Doña Rosa regenta un pequeño café por donde desfila una larga nómina de parroquianos.

Doña Rosa va y viene por entre las mesas del café, tropezando a los clientes con su tremendo trasero. Doña Rosa dice con frecuencia leñe y nos ha merengao. Para doña Rosa, el mundo es su café, y alrededor de su café, todo lo demás. Hay quien dice que a doña Rosa le brillan los ojillos cuando viene la primavera y las muchachas empiezan a andar de manga corta. Yo creo que todo eso son habladurías: doña Rosa no hubiera soltado jamás un buen amadeo de plata por nada de este mundo. Ni con primavera ni sin ella. A doña Rosa lo que le gusta es arrastrar sus arrobas, sin más ni más, por entre las mesas. Fuma tabaco de noventa, cuando está a solas, y bebe ojén, buenas copas de ojén, desde que se levanta hasta que se acuesta. Después tose y sonríe. Cuando está de buenas, se sienta en la cocina, en una banqueta baja, y lee novelas y folletines, cuanto más sangrientos, mejor: todo alimenta. Entonces le gasta bromas a la gente y les cuenta el crimen de la calle de Bordadores o el del expreso de Andalucía.

–El padre de Navarrete, que era amigo del general don Miguel Primo de Rivera, lo fue a ver, se plantó de rodillas y le dijo: mi general, indulte usted a mi hijo, por amor de Dios; y don Miguel, aunque tenía el corazón de oro, le respondió: me es imposible, amigo Navarrete; su hijo tiene que expiar sus culpas en el garrote.

¡Qué tíos! –piensa–, ¡hay que tener riñones! Doña Rosa tiene la cara llena de manchas, parece que está siempre mudando la piel como un lagarto. Cuando está pensativa, se distrae y se saca virutas de la cara, largas a veces como tiras de serpentinas. Después vuelve a la realidad y se pasea otra vez, para arriba y para abajo, sonriendo a los clientes, a los que odia en el fondo, con sus dientecillos renegridos, llenos de basura.

Camilo José CELA
La colmena, Cátedra

1. Estamos ante un texto descriptivo. ¿Qué se nos dice de doña Rosa? ¿En qué orden?

2. El texto presenta un amplio repertorio de términos que sugieren degradación y miseria: señálalos.

3. Siguiendo la técnica empleada por Cela en este fragmento, realiza la descripción de una persona que conozcas. Debes incluir elementos objetivos, subjetivos, opiniones del narrador, anécdotas del personaje descrito que sirvan para caracterizarlo y un pequeño fragmento en estilo directo.

Miguel Delibes

Miguel Delibes (1920-2010)

Cursó estudios de Derecho, Periodismo y Comercio (materia en la que ha ejercido como catedrático), aunque comenzó trabajando como dibujante caricaturista y empleado de banca. Escribió en el diario *El Norte de Castilla*, publicación de la que llegó a ser director. En 1947 gana el Premio Nadal con *La sombra del ciprés es alargada*. Con la publicación de *El Camino* (1950) se consagra definitivamente como escritor. En 1954 obtiene el Premio Nacional de Literatura por su novela *Diario de un cazador*. A partir de ahí se suceden los premios y reconocimientos a su labor, así como el dictado de conferencias por todo el mundo. Ingresó en la Real Academia Española en 1973; en 1982 obtiene el Premio Cervantes y en 1993 el Príncipe de Asturias.

Obra

Miguel Delibes está considerado como el máximo representante del **realismo intimista**. En una primera etapa de su producción, aborda los temas de la tristeza y la frustración. Buen ejemplo de ello es *La sombra del ciprés es alargada* (1947), novela preocupada por lo humano, de profunda hondura psicológica, cuidadas descripciones del paisaje y diálogos expresivos. En su segunda etapa escribe *El camino* (1950), *Las ratas* (1962) o *Mi idolatrado hijo Sisí* (1953), entre otras obras, todas ellas novelas representativas del realismo social. Las dos primeras se enmarcan en un ambiente rural, la tercera narra las costumbres y la mentalidad de la burguesía provinciana.

La obra cumbre de Delibes, *Cinco horas con Mario* (1966), es el largo monólogo de una mujer que vela a su marido recién fallecido. Dos sentimientos se debaten en su interior: la culpabilidad por un adulterio (deseado pero no cometido) y la frustración, pues cree que su marido la apartó injustamente. En 1982 aparece *Los santos inocentes* sobre la degradación que sufre una familia rural explotada por los señores-amos de un cortijo en Extremadura.

Estilo

Delibes se caracteriza por su capacidad para construir personajes, reflejar ambientes y por su dominio del léxico y de registros lingüísticos variados, en especial del habla popular, con el que alcanza sus más altas cotas expresivas.

Actividades

En 1980 publicó Delibes una de sus más celebradas novelas, *Los santos inocentes*, obra donde se refleja su capacidad para crear personajes y construir ambientes. Uno de los protagonistas de la obra es Azarías, un deficiente mental hermano de Régula, que vive con su familia en un cortijo trabajando para un señorito. La obra responde a las novedades estilísticas que se dan en la novela española a partir de los años 60. Observa que todo el fragmento está constituido por una sola oración (y solo recogemos un fragmento de la misma):

> *A su hermana, la Régula, le contrariaba la actitud del Azarías, y le regañaba y él, entonces, regresaba a la Jara, donde el señorito, que a su hermana, la Régula, le contrariaba la actitud del Azarías porque ella aspiraba a que los muchachos se ilustrasen, cosa que a su hermano, se le antojaba un error, que, luego no te sirven ni para finos ni para bastos, pontificaba con su tono de voz brumoso, levemente nasal, y por contra, en la Jara, donde el señorito, nadie se preocupaba de si este o el otro sabían leer o escribir, de si eran letrados o iletrados, o de si el Azarías vagaba de un lado a otro, los remendados pantalones de pana por las corvas, la braqueta sin botones, rutando y con los pies descalzos e, incluso, si, repentinamente, marchaba donde su hermana y el señorito preguntaba por él y le respondían, anda donde su hermana, señorito, el señorito tan terne, no se alteraba, si es caso levantaba imperceptiblemente un hombro, el izquierdo, pero no indagaba más, ni comentaba la nueva, y, cuando regresaba, tal cual, el Azarías ya está de vuelta, señorito, y el señorito esbozaba una media sonrisa y en paz, que al señorito solo le exasperaba que el Azarías afirmase que tenía un año más que el señorito, porque, en realidad, el Azarías ya era mozo cuando el señorito nació, pero el Azarías ni se*

recordaba de esto y si, en ocasiones, afirmaba que tenía un año más que el señorito era porque Dacio, el Porquero, se lo dijo así una Nochevieja que andaba un poco bebido y a él, al Azarías, se le quedó grabado en la sesera, y tantas veces le preguntaban, ¿qué tiempo te tienes tú, Azarías? otras tantas respondía, cabalmente un año más que el señorito, pero no era por mala voluntad, ni por el gusto de mentir sino por pura niñez que el señorito hacía mal en renegarse por eso y llamarle zascandil, ni era justo tampoco, ya que el Azarías, a cambio de andar por el cortijo todo el día de Dios rutando y como masticando la nada mirándose atentamente las uñas de la mano derecha, lustraba el automóvil del señorito con una bayeta amarilla, y desenroscaba los tapones de las válvulas a los automóviles de los amigos del señorito para que al señorito no le faltaran el día que las cosas vinieran mal dadas y escasearan y, por si eso no fuera suficiente, el Azarías se cuidaba de los perros, del perdiguero y del setter, y de los tres zorreros y si, en la alta noche, aullaba en el encinar el mastín del pastor y los perros del cortijo se alborotaban, él, Azarías, los aplacaba con buenas palabras, les rascaba insistentemente entre los ojos hasta que se apaciguaban y a dormir y, con la primera luz, salía al patio estirándose, abría el portón y soltaba a los pavos en el encinar, tras de las bardas, protegidos por la cerca de tela metálica y, luego, rascaba la gallinaza de los aseladeros y, al concluir, pues a regar los geranios y el sauce y a adecentar el tabuco del búho y a acariciarle entre las orejas y, conforme caía la noche, ya se sabía, Azarías, aculado en el tajuelo, junto a la lumbre, en el desolado zaguán, desplumaba las perdices, o las pitorras, o las tórtolas, o las gangas, cobradas por el señorito durante la jornada y, con frecuencia, si las piezas abundaban, el Azarías reservaba una para la milana, de forma que el búho, cada vez que le veía aparecer, le envolvía en su redonda mirada amarilla, y castañeteaba con el pico, como si retozara, todo por espontáneo afecto, que a los demás, el señorito incluido, les bufaba como un gato y les sacaba las uñas, mientras que a él, le distinguía, pues rara era la noche que no le obsequiaba, a falta de bocado más exquisito, con una picaza, o una ratera, o media docena de gorriones atrapados con liga en la charca, donde las carpas, o vaya usted a saber.

Miguel DELIBES
Los santos inocentes, Cátedra

4. Resume el contenido del texto.

5. Investiga el argumento de la obra y resúmelo oralmente ante tus compañeros.

6. ¿Se aprecian en el texto los rasgos característicos del estilo y la temática de Delibes?

Ana María Matute (Barcelona, 1925-2014)

Ha sido una de las escritoras más premiadas del siglo XX: recibe una mención especial en el Premio Nadal 1947 con *Los Abel,* Premio Café Gijón 1952 con *Fiesta al noroeste,* Premio Planeta 1954 con *Pequeño teatro,* Premio de la Crítica 1958 y Premio Nacional de Literatura 1959 con *Los hijos muertos,* Premio Nadal 1959 con *Primera Memoria,* Premio Fastenrath de la Real Academia Española 1962 con *Los soldados lloran de noche,* Premio Lazarillo de Literatura Infantil 1965 por *El polizón de Ulises,* Premio Nacional de Literatura Infantil y Juvenil 1984 con *Solo un pie descalzo…* En 1996 publicó uno de sus mayores éxitos, *Olvidado rey Gudú.* En 2008 salió a la luz su novela *Paraíso inhabitado.* Está considerada como la mejor novelista española de la posguerra. Murió en 2014.

Ana María Matute

Obra

Ana María Matute es una escritora personal e independiente («Escribo a mi aire, y pare usted de contar», afirmó en una ocasión); se aprecia en ella una tendencia a presentar la realidad transformada por su propio punto de vista. Su obra está marcada por el **pesimismo** y dominan en su producción los tonos trágicos y sombríos. Deja ver los problemas sociales y la situación del hombre en la realidad cotidiana.

Podemos clasificar la obra de Ana María Matute en dos grandes bloques:

- **Obras de tono realista,** como *Pequeño teatro, Los Abel, Fiesta al noroeste, Los hijos muertos, Primera memoria,* en la línea estudiada de la novela de posguerra, si bien con un tono siempre personal, ya que a veces manipula la realidad en beneficio de la narración.

- **Obras de contenido fantástico,** entre las que se incluyen muchas de sus narraciones breves (*La torre vigía, El tiempo…*) y otras extensas (*Olvidado rey Gudú*). Algunas están destinadas al público infantil y juvenil.

Estilo

Se ha valorado siempre en su obra la riqueza de la adjetivación y su capacidad para crear imágenes sugerentes, sensoriales y plásticas.

Actividades

Este fragmento de Ana María Matute pertenece a *Fiesta al noroeste* (1953). La novela narra las relaciones cainitas entre dos hermanastros, Juan Mediano (aquí lo conocemos en su infancia, con el nombre de Juan Niño) y Pablo, hijo bastardo de su padre. Ambos representan los polos opuestos del ser humano. El episodio recoge un momento de máxima tensión emocional.

> En la aldea ocurría algo extraño. La puerta de la empalizada estaba abierta. Por encima del tejado se había parado la luna. En el patio, tres mujeres estaban sentadas en el suelo, en hilera, con los mantos sobre la cabeza y las manos abandonadas en las rodillas. Manos de campesina, ociosas, abandonadas sobre la falda negra.
>
> Esto le dio la verdadera sensación de anormalidad. Los pies de Juan Niño se detuvieron. Entonces se dio cuenta de cómo le estaban mirando las mujeres, el mozo del establo y la luna. ¡Oh, luna quieta! Nadie le había contado a Juan Niño el cuento del viejo que llevaba leña a la luna, pero también a él prendía los ojos, como a todos los niños del mundo. En la puerta de la casa apareció una de las criadas. Al verle, se tapó la cara como si fuera a llorar. Juan Niño comprendía que debía continuar avanzando, avanzando, hasta que una fuerza ajena y superior se lo impidiera. Cruzó el patio y subió la escalera. En el cuarto de la madre había luz, y en el suelo se recortaba el cuadro amarillo de la puerta. Era una luz especial, una luz con olor, gusto y tacto. No había en ella nada violento ni deslumbrante. Vidriosa y densa, emborronaba la oscuridad como un aliento. Siguió avanzando, menudo y solemne, con los brazos caídos a lo largo del cuerpo. Al cruzar el umbral, su sombra apenas dejaba en el suelo un negro parpadeo. En todo él había algo de temblor estelar, de hierba azotada.
>
> Se detuvo, al fin, junto a los barrotes de la cama. Rígida, con la cara tapada, estaba la muerte servida en el lecho. Allí, la cintura breve y negra y las manos amarillas que no iban a tocar más su cabeza. La habitación parecía llena de moscas que zumbaran. Entonces rodó de un solo tajo todo el calor de la noche. Por uñas y ojos, le entró invierno, y parecía que huía su sangre como un río. ¡Ser niño, tener solo cinco años! De pronto, se encontró abrazado a ella frenéticamente, sin un solo golpe de corazón. Era como si la vida se le hubiese detenido y ya nunca más pudiera volver a respirar. Le arrancó el lienzo de la cara, y la vio hinchada, de color morado y sanguinolento. Se había ahorcado.

Ana María Matute
Fiesta al noroeste, Cátedra

7. A pesar de la crudeza del texto, este posee elementos líricos: descúbrelos y explícalos.

8. Las descripciones presentan un léxico lúgubre y premonitorio: busca los términos con estas connotaciones en el texto.

Rafael Sánchez Ferlosio

Rafael Sánchez Ferlosio (Roma, 1927)

Nace en Roma, de padre español y madre italiana. Comenzó su andadura literaria con *Industrias y andanzas de Alfanhuí* (1951), la historia de un niño que es expulsado de la escuela por escribir en un alfabeto ininteligible. Con *El Jarama* obtuvo el Premio Nadal en 1955. Tras estas dos obras, se dedica a la reflexión crítica. Es también autor de relatos, como *Y el corazón caliente*, y de artículos periodísticos. En 2000 obtiene el Premio Cervantes.

Obra

Alfanhuí, la obra con la que Sánchez Ferlosio se da a conocer, narra las aventuras mágicas y las visiones del mundo del niño que da título a la novela. Puede considerarse como un **antecedente del realismo mágico** hispanoamericano, que tendrá enormes repercusiones en la narrativa española de los años sesenta.

Sorprendentemente distinta es su segunda obra, *El Jarama*, claro representante del **conductismo**. La novela carece de protagonista: cuenta un día de excursión de unos jóvenes a orillas del río Jarama; su argumento es casi irrelevante. Se plasman con acierto las conversaciones de los protagonistas, divididos en dos mundos: los mayores, que se quedan en una venta, y los jóvenes, que se acercan al río. Al final, una de las chicas, Luci, se ahoga, en lo que constituye el único hecho transcendente desde el punto de vista argumental. A lo largo de casi cuatrocientas páginas, los personajes conversan, se divierten, comen, se aburren… La obra posee un significado simbólico: la oposición entre el mundo joven y el mundo adulto, aburguesado y conformista. Los que no se acomodan pierden a uno de ellos (los jóvenes que se quedan en la orilla).

Estilo

El Jarama es una muestra representativa de los rasgos principales de la narrativa de los años cincuenta: **personaje colectivo, técnica cinematográfica y transcripción del lenguaje coloquial.** En la novela domina casi por completo el diálogo. El autor se limita a transcribir con precisión los distintos momentos de aquel día; sin embargo, en los fragmentos narrativos (escasos pero certeros) aparece un narrador que, casi inapreciablemente, enjuicia la realidad, por lo que no podemos hablar de un conductismo puro. En esta parte aflora un escritor cuidadoso que puebla el relato de imágenes, comparaciones… También ha sido destacada la condensación del tiempo: toda la novela abarca dieciséis horas.

Carmen Laforet (1921-2004)

Novelista nacida en Barcelona. En 1945 obtuvo el Premio Nadal con *Nada* (1945), hito fundamental en nuestra historia literaria. Revitalizó la creación narrativa tras la tragedia de la Guerra Civil al narrar la vida cotidiana y el desconcierto de un adolescente rodeado de sordidez y de la violencia física y verbal de su familia. Una amistad le traerá la esperanza. Por primera vez en la posguerra, un libro es testimonio de la realidad. Publicó después *La isla y los demonios* y *La mujer nueva*, entre otros. Casi toda la obra de Laforet gira en torno al enfrentamiento entre el idealismo juvenil y la mediocridad del entorno.

Actividades

En este texto se anuncia el desenlace de *El Jarama*. Como en el resto de la obra, domina el diálogo ágil y coloquial.

De nuevo llegó la música y el alboroto de los merenderos. Las sombras de Fernando y de Mely se corrían ahora, larguísimas, perpendiculares al río. En sombra estaban ya del todo las terrazas abarrotadas de los aguaduchos y se agitaba la gente en la frescura de las plantas y del agua cercana. Sonaba la compuerta. Mely y Fernando volvieron a pasar por delante de las mesas, pisando en el mismo borde de cemento del malecón. Ella miró los remolinos, la opresión de la corriente, allí donde todo el caudal se veía forzado a converger en la compuerta, la creciente violencia de las aguas en la estrechura del embudo.

—¿Si me cayera ahí…?
—No lo contabas.
—¡Qué miedo, chico!

Hizo un escalofrío con los hombros.

Luego cruzaron de nuevo el puentecillo de tablas y remontaron la arboleda hasta el lugar donde habían acampado.

—¿En qué estabais pensando? —les dijo Alicia, cuando ya llegaban—. ¿Sabéis la hora que es?
—No será tarde.
—Las siete dadas. Tú verás.

Miguel se incorporó.

—La propia hora de coger el tole y la media manta y subirnos para arriba.
—¿Pues no sabéis que hemos tenido hasta una peripecia?
—¿Qué os ha pasado?
—Los civiles, que nos pararon ahí detrás —contaba Mely—; que por lo visto no puede una circular como le da la gana. Que me pusiera algo por los hombros, el par de mamarrachos.
—¿Ah, sí? ¡Tiene gracia! ¿Y entonces aquí no es lo mismo?
—Se ve que no.
—Ganas de andar con pijaditas, con tal de no dejar vivir.
—Eso será —dijo Alicia—. Bueno, venga, a vestirnos. Tú, Paulina, levanta.
—Si vieras que tengo más pocas ganas de moverme de aquí. Casi que nos quedábamos hasta luego más tarde.
—¿Ahora sales con esas? Anda, mujer, que tenemos que reunirnos con los otros. Verás lo bien que lo pasamos.
—No sé yo qué te diga.
—Pues lo que sea decididlo rápido.

Rafael Sánchez Ferlosio
El Jarama, Destino

9. Analiza los elementos premonitorios que se desprenden de las primeras intervenciones del narrador.

10. Destaca los rasgos propios del lenguaje coloquial que aparecen en el fragmento.

11. El estilo dialogado solo es sencillo en apariencia. Probad a grabar una conversación y transcribidla después, respetando los rasgos del lenguaje coloquial y la gramaticalidad. Leed el resultado en clase.

Luis Martín-Santos

Luis Martín-Santos (1924-1964)

Narrador español nacido en Larache (Marruecos). De su actividad como psiquiatra y su interés por la filosofía existencialista nacen obras como *Tiempo de silencio*, que supera la estética de la novela social. Recuperando tópicos de la *Odisea* de Homero, se vale de nuevas técnicas como el uso de la segunda persona y el monólogo interior. Murió en Vitoria.

Obra

La novela que abre el camino a la renovación de los sesenta es, sin duda, *Tiempo de silencio* (1962), primera y única obra acabada de Luis Martín-Santos. Su novedad no se encuentra en los temas elegidos (frecuentes en la narrativa de su época: la vida de los pobres y de las clases medias, la fisonomía de la ciudad, la abulia de las gentes), en los personajes o en el argumento, sino en el **nuevo planteamiento discursivo** (formal) y el uso de **técnicas narrativas innovadoras** (frente a la escasez de recursos de la novela social), que proponen al lector una lectura a la que ha de enfrentarse activamente para interpretar los hechos y extraer sus conclusiones. Nos encontramos ante un texto libre dirigido a un lector libre que debe esforzarse para no perderse ante la variada gama de voces y puntos de vista.

Actividades

Ambientada en el Madrid de 1949, *Tiempo de silencio* se divide en 63 secuencias no numeradas y desiguales. Narran las experiencias de Pedro, un joven médico que reflexiona acerca de la muerte de los ratones que le sirven de cobayas en sus experimentos sobre el cáncer. Tras algunas peripecias por las chabolas del sur madrileño, asiste a Florita, quien acaba de abortar de un hijo de su propio padre. Florita muere y ello lleva a Pedro a rendir cuentas sobre la inocencia o la culpabilidad de su acción; en dos tiempos asistimos a su persecución y detención, y luego a su interrogatorio y puesta en libertad. Ofrecemos un monólogo interior durante la prisión del protagonista.

No pensar. No pensar. Mirar a la pared. Estarse pasando el tiempo, mirando a la pared. Sin pensar. No tienes que pensar, porque no puedes arreglar nada pensando. No. Estás aquí quieto, tranquilo. Tú eres bueno, tú has querido hacerlo bien. Todo lo has hecho queriendo hacerlo bien. Todo lo que has hecho ha estado bien hecho. Tú no tenías ninguna mala idea. Lo hiciste lo mejor que supiste. Si otra vez tuvieras que volver a hacerlo…

¡Imbécil!

No pienses. No pensar. No pensar. Estáte tranquilo. No va a pasar nada. No tienes que tener miedo de todo. Si pasa lo peor. Si te ocurre lo peor que te pueda ocurrir. Lo peor. Si realmente creen que tú lo hiciste. Si te están esperando para aplastarte con el peso de la pena más gorda que puedan inventar para aplastarte. Ponte en lo peor. Si te pasa lo peor. Lo peor que puedas pensar, lo más gordo, lo último, lo más grave. Si te pasa lo que ni siquiera se puede decir qué sea, todavía, a pesar de eso, ¿qué pasa? A pesar de eso, no pasaría nada. Nada. Nada. Estarías así un tiempo, así, como estás ahora. Igual. Y luego te irías al Illinois. Eso. Y no estás mal aquí. Aquí se está bien. Vuelto a la cuna. A un vientre. Aquí protegido. Nada puede hacerte daño, nada puede aquí, nada. Tú estás tranquilo. Yo estoy tranquilo. Estoy bien. No puede pasarme nada. No pensar tanto. Es mejor no pensar.

Luis Martín-Santos
Tiempo de silencio, Seix Barral

12. ¿Por qué podemos hablar de monólogo interior en el texto anterior?

13. Construye un monólogo interior personal sobre algunos de los temas que te preocupan.

Juan Marsé

Marsé publica *Últimas tardes con Teresa* en 1966, novela aún con un intenso contenido social y donde se critica a la burguesía catalana, representada por la juventud universitaria. Con *Si te dicen que caí* (1973) completó su amarga visión de la posguerra barcelonesa en los barrios pobres de la ciudad. *El embrujo de Shangai* (1993) es una obra maestra de su depurada técnica narrativa.

Juan Goytisolo

Obra

Juan Goytisolo aporta a la historia de la literatura española una novela decisiva para el cambio iniciado en la década de los sesenta: *Señas de identidad* (1966). Reúne todas las **innovaciones formales** posibles: cambios de punto de vista, disertaciones, monólogos interiores, textos periodísticos, folletos turísticos, informes policiales; frases en francés, alemán o inglés; ruptura de la línea y la escritura en versículos; páginas enteras sin puntuación; superposiciones y entrecruzamientos de planos temporales distintos… Todo ello posee una motivación clara: la búsqueda de la identidad del personaje-autor y la revisión (deconstrucción) del pasado: historia, cultura, literatura. Esta línea «deconstructiva» se mantiene en *Reivindicación del conde don Julián* (1970) y *Juan sin Tierra* (1975), que forman la trilogía *La destrucción de la España sagrada*. Una constante en Goytisolo ha sido la reflexión sobre autores u obras en conflicto con la sociedad de su tiempo o relegados por la historiografía convencional. En esta línea debemos situar su última obra, *Carajicomedia* (1999), cuyo título hace referencia a una de las partes del *Cancionero general* de 1511, formada por obras «de burla provocantes a risa», que escaparon de los cánones tradicionales de la literatura del momento. En 2003 publica *Telón de boca* y en 2008 *El exiliado de aquí y de allá*.

Juan Goytisolo (Barcelona, 1931)

Nace en el seno de una familia burguesa, aunque su evolución le lleva a alejarse de su clase social y de su país, en pleno régimen dictatorial. Reside en París y en Marrakech, ciudad en la que vive actualmente. Su inquietud social le llevó hasta Cuba, Argelia, Turquía, Rusia y Bosnia. Su amor por Almería le ha valido ser nombrado hijo adoptivo de Níjar. En 2008 ha recibido el Premio Nacional de Literatura. En 2014, obtuvo el Premio Cervantes.

Actividades

14. De las lecturas de estos tres fragmentos de *Reivindicación del conde don Julián* podrás extraer una idea clara del concepto de deconstrucción, comentado a lo largo de este tema. ¿Qué línea de la literatura española del siglo pasado parodia y denuesta Goytisolo?

I. *sigilosamente atraviesas esa Castilla árida y seca, requemada por el sol en verano, azotada en invierno por las ventiscas: acechas el campo recogido y absorto, los chopos del río, la primavera tarda: cerros pelados, olmos sonoros, álamos altos, lentas encinas*

suenan, se desgranan una a una, las campanas del Ángelus: concierto de badajos en medio del silencio antiguo y solemne: dulce correr de los días iguales: repetición, sustancia de la dicha: costumbre santa es mediodía: el paisaje está velado por la calina que se levanta del suelo: todo se ve confuso y borroso: los colores apenas brillan

II. *emboscado en un sotillo, a la vera de un rústico sendero, abarcas por última vez los elementos vectoriales, ordenancistas del innoble paisaje: una cigüeña estática, un olmo escueto, una encina casta, alguno que otro arbusto mezquino y atormentado: una viejuca, cabalgando un borrico, pasa y te da las buenas tardes: tu feroz carcajada se pierde en el silencio conventual del crepúsculo: mucha encina hay, Julián!: demasiado chopo, demasiado álamo!: qué hacer de esa llanura inmunda? tanta aridez y campaneo sublevan: vete: abandona de una vez los caminos trillados: el sitio apesta: pueden seguir las cosas así?: paciencia, paciencia aún veamos la forma de remediarlo*

III. *minuciosamente, procederás a la eliminación del funesto paisaje*

la intensa y metódica acción de los guerreros de tu harca acarreará en primer lugar la muerte inmediata de su flora típica

abajo, olmos sonoros, castos álamos, encinas lentas y graves!: vuestra aureola mística palidece: las hojas amarillean de súbito, una secreta y vergonzosa enfermedad os envenena la savia: vuestro cuerpo desnudo se inclina, se desgaja, se abate: sois esqueletos vegetales, leños carbonizados, tristes residuos condenados a la combustión y a la turba: no esperéis de mí una elegía: vuestra ruina me exalta: que los bardos de la estepa os prodiguen sus versos llorosos!: tu corazón ignora la piedad: la carcajada será tu respuesta: cansado de tronchar ramas y rebanar troncos, verterás tu rubio y fluido desdén sobre sus mutilados cadáveres.

Juan G<small>OYTISOLO</small>
Reivindicación del conde don Julián, Alianza

15. Busca textos literarios que incluyan elementos presentes en el fragmento anterior.

Gonzalo Torrente Ballester

Obra

La obra con la que Gonzalo Torrente Ballester contribuye a la renovación de la narrativa iniciada en los sesenta es ***La saga/fuga de J. B.*** (1972). En esta novela, Torrente Ballester realiza cierta parodia de la novela experimental y recupera el arte novelesco de contar historias.

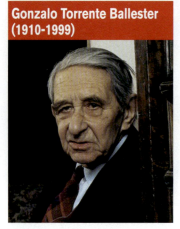

Gonzalo Torrente Ballester (1910-1999)

Nacido en El Ferrol (La Coruña), estudió Filosofía y Letras y Derecho en las Universidades de Santiago y Madrid. Dedicó su vida a la enseñanza, como catedrático de instituto. Fue Premio Nacional de Literatura en 1978 y en 1981, Príncipe de Asturias en 1982 y Premio Cervantes en 1985. Murió en Salamanca.

Actividades

El Espiritista me atribuía, desde el principio de nuestra amistad, grandes aptitudes mediúmnicas, y el Círculo al que pertenecía se hallaba descabalado desde que, al principio de la guerra, le habían dado el paseo al médium, que era excelente al parecer, y que nada más caer en trance lo mismo se incorporaba a Robespierre que al Moro Muza, si bien los componentes del Círculo prefiriesen, con mucho, al Revolucionario. «Usted, señor Bastida, debe de ser un gran médium», me dijo una vez el Espiritista, y razonó su sospecha apoyándose en la escasez de materia física encerrada en mi cuerpo y en la extraordinaria potencia espiritual que revelaban mis ojos. Me había ofrecido muchas veces tenerme gratis en la posada si me prestaba a transmitir mensajes de los espíritus o a promocionar materializaciones y otras experiencias de parecida dificultad; pero yo nunca había aceptado, no solo porque quedaría bajo su dependencia, y no era precisamente un dictador paternalista, sino porque hubiese seguido dándome poco de comer, ya que la abundancia de condumio, decía, embotaría mis facultades. A pesar de todo, cuando Taladriz me puso en la calle, no tuve más remedio que cantar la palinodia y aceptar sus condiciones. Un sábado por la noche me llevó a una habitación del segundo piso donde había media docena de personas, que no pude reconocer a causa de la penumbra. Antes, me había aleccionado. Empezó la sesión. Invocaban a un tal Schmidt, que les había servido de intérprete con el espíritu de Goebbels, dócil siempre a las llamadas, pero incapaz de entender una jota de español. Al Espiritista, convencido de que el Führer no había muerto y de que estaba escondido en España, le preocupaba hasta la obsesión la idea de que apareciese un día por la puerta de su posada y se alojase en ella con nombre supuesto. «Porque, en tal caso, ¿cómo voy a denunciarlo a la policía, si la policía estará completamente en el ajo? Y si escribo una carta a los Cuatro Grandes, lo más probable es que no llegue a su destino». Solo Goebbels estaba, según él, en el secreto, y solo Schmidt podía servirnos de truchimán. En la oscuridad de la habitación, de cuando en cuando, dicho por este o por el otro, se oían voces como susurros: «¡Manifiéstate! ¡Si eres mujer, da un golpe; si eres hombre, dos!» Pero no acudían más que kamarrupas y algún que otro residuo de tormenta que hacían temblar la mesa y levantar el cabello.

Gonzalo Torrente Ballester
La saga/fuga de J. B., Alianza

16. ¿Qué recursos humorísticos aparecen en el fragmento?

17. El texto presenta la historia de un médium falso. Formalizad un debate en clase en torno a la proliferación de adivinos y pitonisas que predicen el futuro. ¿Por qué crees que se recurre a ellos?

Juan Benet

Benet se consagra como novelista con *Volverás a Región* (1967), obra en la que crea un espacio mítico, Región, que se prolonga en *Una meditación* (1970) y llega hasta *Saúl ante Samuel* (1980). La narrativa de Benet, considerada por algunos críticos como paradigma de la modernidad, es un intento de comprender la ruina y la soledad de unos lugares y unas gentes como alegoría de la España contemporánea.

4 La poesía de posguerra (1939-1975)

Los años de la guerra y la inmediata posguerra traen a nuestras letras una de las figuras más atractivas del siglo: el poeta Miguel Hernández. Casi desconocido para la mayoría durante años, el «poeta pastor» es hoy unánimemente admirado.

Obra

Miguel Hernández está considerado como uno de los mejores poetas del siglo XX. Su obra está formada por los siguientes títulos:

- *Perito en lunas* (1933). Es un libro de poesía gongorina con alardes formales y de gran complejidad. Este poemario de iniciación está escrito en octavas reales.

- *El rayo que no cesa* (1936). Libro de plenitud escrito mayoritariamente en sonetos, supone la total asimilación de la retórica clásica y su adecuación a los problemas personales del autor. El tema fundamental es el amor, insatisfecho, trágico e irrenunciable, que, como un rayo incesante, hiere las entrañas del poeta. Destaca la elegía dedicada a su amigo Ramón Sijé, una de las mejores piezas de este género en nuestra literatura.

- *Viento del pueblo* (1937) y *El hombre acecha* (1939, aunque no se publicó hasta 1960). Son dos poemarios escritos durante la Guerra Civil. El tema amoroso deja paso a una poesía social y cívica, comprometida con su tiempo. El primero es más épico, combativo y optimista; el segundo, escrito cuando el final de la guerra estaba ya decantado, es más pesimista: los años han pasado y el poeta vuelve sus ojos hacia los horrores de la guerra: heridos, cárceles, miseria, destrucción, sangre…

- *Cancionero y romancero de ausencias* (1938-1941). La última obra de Hernández es un libro pesimista, en el que el poeta se lamenta de todo lo que ha perdido: su primer hijo, el amor y la libertad, la bondad del hombre. Todo se resume en lo que el poeta denominó *las tres heridas: la del amor, la de la muerte, la de la vida*. En diversos poemas, más optimistas, se observa una superación de estas ausencias con la exaltación del amor y la fecundidad, reflejada en la expectativa de un nuevo hijo. *Cancionero y romancero de ausencias* está constituido por poemas cortos, con claro predominio del arte menor (octosílabos y heptasílabos), propio de la lírica tradicional. Es obra cumbre de la poesía española de posguerra. En ella asistimos a una poesía fuertemente rehumanizada, dolorosa, azotada por los problemas del hombre en un mundo desolador: la España de 1940. Se aprecia un tono social que posteriormente será recogido por otros poetas en la década de los cincuenta.

Del *Cancionero y romancero de ausencias* (1938-1941), este poema sintetiza las claves de la última etapa de Miguel Hernández.

> *Llegó con tres heridas:*
> *la del amor,*
> *la de la muerte,*
> *la de la vida.*
>
> *Con tres heridas viene:*
> *la de la vida,*
> *la del amor,*
> *la de la muerte.*
>
> *Con tres heridas yo:*
> *la de la vida,*
> *la de la muerte,*
> *la del amor.*

Miguel Hernández (1910-1942)

Su vida es un ejemplo de esfuerzo. Nace en Orihuela en el seno de una familia humilde y, gracias a una fuerte vocación, consigue culminar sus estudios. Empieza a publicar en 1934, pero al estallar la Guerra Civil se alista en el ejército republicano. En 1937 se casa con Josefina Manresa. Su primer hijo muere antes del primer año. Es entonces cuando comienza a escribir los primeros poemas del *Cancionero y romancero de ausencias* (1938-1941). Al finalizar la guerra intenta huir, pero es detenido en Portugal y enviado a España. Tras diversas vicisitudes, en 1940 se le juzga y es condenado a muerte, pena que le es conmutada por la de treinta años de prisión. Gravemente enfermo, muere en la cárcel de Alicante a los 32 años.

Estilo

Miguel Hernández evoluciona desde una estética plenamente neobarroca (Góngora es el referente en *Perito en Lunas*; Quevedo, el modelo en *El Rayo que no cesa*) hasta una poesía más depurada, más sobria, muy influida por los tonos y las formas de la lírica tradicional: paralelismos, repeticiones, anáforas, quiasmos, estribillos, estructuras circulares, etcétera.

Actividades

El primer poema da título a *El rayo que no cesa.* Aparece toda la imaginería del amor conflictivo que caracteriza esta etapa de Miguel Hernández: animales feroces y metales hirientes, que ofrecen una imagen dolorida de la relación amorosa. El segundo poema, de *Cancionero y romancero de ausencias,* corresponde con el anuncio de la maternidad de su esposa. La esperanza de un nuevo hijo (sintetizada en el vientre femenino) es lo único que confiere sentido al mundo en medio de tanta desolación.

*¿No cesará este rayo que me habita
el corazón de exasperadas fieras
y de fraguas coléricas y herreras
donde el metal más fresco se marchita?*

*¿No cesará esta terca estalactita   5
de cultivar sus duras cabelleras
como espadas y rígidas hogueras
hacia mi corazón que muge y grita?*

*Este rayo ni cesa ni se agota:
de mí mismo tomó su procedencia   10
y ejercita en mí mismo sus furores.*

*Esta obstinada piedra de mí brota
y sobre mí dirige la insistencia
de sus lluviosos rayos destructores.*

Miguel Hernández
Obra poética completa, Alianza

*Menos tu vientre,
todo es confuso.*

*Menos tu vientre,
todo es futuro*

*fugaz, pasado   5
baldío, turbio.*

*Menos tu vientre,
todo es oculto.*

*Menos tu vientre
todo inseguro,   10
todo postrero,
polvo sin mundo.*

*Menos tu vientre
todo es oscuro.*

*Menos tu vientre   15
claro y profundo.*

Miguel Hernández
Cancionero y romancero de ausencias, Cátedra

18. Realiza el análisis métrico de ambos textos.

19. El primer poema está repleto de recursos estilísticos en los tres niveles: fónico, morfosintáctico y léxico-semántico. Detéctalos y explícalos.

20. ¿Qué elementos propios de la lírica tradicional aparecen en el segundo poema?

21. Visita la página web http://www.miguelhernandez.com/ y elabora un exposición escrita sobre su contenido.

Antología

Los textos de Miguel Hernández nos servirán para las antologías de recursos estilísticos y de la imagen de la mujer.

4.1. Los años cuarenta

Las principales líneas líricas de la posguerra española se articulan en torno a cuatro **revistas literarias,** cada una de las cuales parte de planteamientos bien diferenciados. Aunque con frecuencia se han querido establecer diferencias tajantes entre las dos más representativas, *Garcilaso* y *Espadaña*, la nómina de autores que publicó en ambas revistas fue, en muchos casos, coincidente.

Garcilaso (1943-1946)

Será la primera revista literaria importante de la posguerra española. En ella escriben autores de línea clásica a imitación de Garcilaso de la Vega: empleo del soneto, búsqueda de la perfección formal y de una poesía *bien hecha* que, a menudo, se desentiende de los problemas del hombre. Se habla de **poesía arraigada** (ofrece una visión optimista del hombre y del mundo, con los que el poeta se siente en armonía) y se llama *garcilasistas* a estos autores, que opinan que *el mundo está bien hecho*. José García Nieto (fundador de la revista), Leopoldo Panero, Luis Felipe Vivanco, Dionisio Ridruejo y, sobre todos, Luis Rosales serán los máximos exponentes de esta poesía, en general, optimista y triunfante, aunque también manifiesta dolor y tristeza, expresados con serenidad y mesura. Los temas fundamentales son el amor, el paisaje (Castilla y el tema de España) y el sentimiento religioso (hacia un Dios que da sentido al mundo). En *Garcilaso* se reflejó, a priori, la *poesía de los vencedores.*

Espadaña (1944-1951)

Esta revista nace como respuesta a *Garcilaso*. Recoge una **poesía** rehumanizada, **desarraigada** (a veces con tonos cercanos al tremendismo), donde las tristes circunstancias del hombre constituyen el principal tema poético. Las formas son más libres, menos clásicas (aunque con excepciones); los poemas son más broncos y el estilo más sencillo. Victoriano Crémer, Eugenio de Nora, Ángela Figuera, Leopoldo de Luis y, sobre todos, Gabriel Celaya y Blas de Otero son los principales representantes de esta línea.

La poesía desarraigada parte del convencimiento de que el mundo *es un caos y una angustia, y la poesía una frenética búsqueda de ordenación y de ancla,* como afirmaría Dámaso Alonso, que se autoincluye en el grupo de los poetas desarraigados. Es esta una **poesía existencial**: el hombre está angustiado por el tiempo y la muerte, sobre todo en aquellos años de represión, injusticia, hambre… Surge entonces una poesía que podemos llamar *espiritualista*, antecedente de la poesía social: ante el dolor por el sufrimiento humano, el hombre se vuelve a Dios y se rebela, o bien busca en él una respuesta que puede ser consoladora o desesperanzadora. El siguiente paso será volver los ojos a los demás y convertirse en la voz de la mayoría: nace así la **poesía social**.

Se renuncia al esteticismo, a los lujos formales en busca de una poesía de mayor profundidad, capaz de remover la conciencia del hombre y transformar el mundo.

El siguiente poema de Celaya, «La poesía es un arma cargada de futuro», constituye un buen ejemplo de esta poesía social.

Gloria Fuertes (1918-1998)

Nacida en Madrid. De origen humilde, la falta de recursos económicos impidió que pudiera recibir una educación esmerada. A los veinte años publicó su primer libro de cuentos infantiles, iniciando desde entonces una fulgurante carrera literaria que la llevó a obtener en 1961 una beca Fulbright para enseñar literatura española en una Universidad americana. Obtuvo algunos premios por sus cuentos y poemas. Su nombre ha quedado ligado a dos movimientos literarios: la generación del 50 y el postismo, grupo literario de posguerra al que se unió a finales de los 40, del que la poeta conservará una actitud poética desmitificadora por vía del humor, modo crítico personal de denuncia social. De su obra se destacan *Poesía ignorada* (1950), *Aconsejo beber hilo* (1954) y *Poeta de guardia* (1980). Murió en noviembre de 1998.

Cuando ya nada se espera personalmente exaltante,
mas se palpita y se sigue más acá de la conciencia,
fieramente existiendo, ciegamente afirmando,
como un pulso que golpea las tinieblas,
    cuando se miran de frente
los vertiginosos ojos claros de la muerte,
se dicen las verdades:
las bárbaras, terribles, amorosas crueldades.
    Se dicen los poemas
que ensanchan los pulmones de cuantos, asfixiados,
piden ser, piden ritmo,
piden ley para aquello que sienten excesivo.
    Con la velocidad del instinto,
con el rayo del prodigio,
como mágica evidencia, lo real se nos convierte
en lo idéntico a sí mismo.
    Poesía para el pobre, poesía necesaria
como el pan de cada día,
como el aire que exigimos trece veces por minuto,
para ser y en tanto somos dar un sí que glorifica.
    Porque vivimos a golpes, porque apenas si nos dejan
decir que somos quien somos,
nuestros cantares no pueden ser sin pecado un adorno.
Estamos tocando el fondo.
    Maldigo la poesía concebida como un lujo
cultural por los neutrales
que, lavándose las manos, se desentienden y evaden.
Maldigo la poesía de quien no toma partido hasta mancharse.
    Hago mías las faltas. Siento en mí a cuantos sufren
y canto respirando.
Canto, y canto, y cantando más allá de mis penas
personales, me ensancho.
    Quisiera daros vida, provocar nuevos actos,
y calculo por eso con técnica, que puedo.
Me siento un ingeniero del verso y un obrero
que trabaja con otros a España en sus aceros.
    Tal es mi poesía: poesía-herramienta
a la vez que latido de lo unánime y ciego.
Tal es, arma cargada de futuro expansivo
con que te apunto al pecho.
    No es una poesía gota a gota pensada.
No es un bello producto. No es un fruto perfecto.
Es algo como el aire que todos respiramos
y es el canto que espacia cuanto dentro llevamos.
    Son palabras que todos repetimos sintiendo
como nuestras, y vuelan. Son más que lo mentado.
Son lo más necesario: lo que no tiene nombre.
Son gritos en el cielo, y en la tierra, son actos.

Gabriel CELAYA
Poesía, Alianza

Cántico (1947-1949 y 1954-1957)

Es la revista de la **poesía pura.** Su nombre, muy significativo, procede de la obra del poeta puro por excelencia, Jorge Guillén. Estos poemas se hallan muy influidos por el intimismo y el refinamiento de Luis Cernuda. El **amor** es el tema fundamental (habitualmente amores prohibidos).

Pablo García Baena es el principal representante del grupo *Cántico*, que se completa con otros autores cordobeses: Juan Bernier, Ricardo Molina, Julio Aumente…

Las dos obras principales de Pablo García Baena, *Junio* (1957) y *Óleo* (1958), reflejan su particular lucha entre la sensibilidad pagana y el espíritu religioso. Su poesía, íntimamente personal, se encontraba muy alejada de las tendencias sociales de los años cincuenta; por eso, García Baena deja de publicar hasta 1978, año en que retoma su producción con una de sus obras más completas: *Antes que el tiempo acabe.*

Solo tu amor y el agua

*Solo tu amor y el agua… Octubre junto al río
bañaba los racimos dorados de la tarde,
y aquella luna odiosa iba subiendo, clara,
ahuyentando las negras violetas de la sombra.
Yo iba perdido, náufrago por mares de deseo,   5
cegado por la bruma suave de tu pelo.
De tu pelo que ahogaba la voz en mi garganta
cuando perdía mi boca en sus horas de niebla.
Solo tu amor y el agua… El río, dulcemente,
callaba sus rumores al pasar por nosotros,   10
y el aire estremecido apenas se atrevía
a mover en la orilla las hojas de los álamos.
Solo se oía, dulce como el vuelo de un ángel
al rozar con sus alas una estrella dormida,
el choque fugitivo que quiere hacerse eterno,   15
de mis labios bebiendo en los tuyos la vida.
Lo puro de tus senos me mordía en el pecho
con la fragancia tímida de dos lirios silvestres,
de dos lirios mecidos por la inocente brisa
cuando el verano extiende su ardor por las colinas.   20
La noche se llenaba de olores de membrillo,
y mientras en mis manos tu corazón dormía,
perdido, acariciante, como un beso lejano,
el río suspiraba…
Solo tu amor y el agua…*   25

Pablo García Baena

Postismo (1945)

El último de los *ismos* hispánicos se inicia con la revista *Postismo*, de la que solo se publicó un número. La existencia de este movimiento demuestra que en la posguerra sigue habiendo lugar para las vanguardias, aunque se trata de un grupo que no se estudiará ni valorará justamente hasta los años setenta. El gaditano **Carlos Edmundo de Ory** es su fundador; participan también Eduardo Chicharro y Silvano Sernesi.

El postismo reivindica la **libertad creativa,** lo lúdico. Los autores citados encarnan el primer surrealismo de posguerra, que se plasmó incluso en su propia indumentaria (chaquetas del revés, guantes que son calcetines), en su voluntad de desafío y provocación a todo lo que la sociedad del momento consideraba correcto.

Actividades

Fonemoramas

Si canto soy un cantueso
Si leo soy un león
Si emano soy una mano
Si amo soy un amasijo
Si lucho soy un serrucho
Si como soy como soy
Si río soy un río de risa
Si duermo enfermo de dormir
Si fumo me fumo hasta el humo
Si hablo me escucha el diablo
Si miento invento una verdad
Si me hundo me Carlos Edmundo

Carlos Edmundo DE ORY

Los amantes

Como estatuas de lluvia con los nervios azules
Secretos en sus leyes de llaves que abren túneles
Sucios de fuego y de cansancio reyes
Han guardado sus gritos ya no más

Cada uno en el otro engacelados
De noches tiernas en atroz gimnasio
Viven actos de baile horizontal
No caminan de noche ya no más

Se rigen de deseo y no se hablan
Y no se escriben cartas nada dicen
juntos se alejan y huyen juntos juntos
Ojos y pies dos cuerpos negros llagan
Fosforescentes olas animales
Se ponen a dormir y ya no más.

Carlos Edmundo DE ORY

22. Repasa el tema de las vanguardias y explica qué elementos vanguardistas aparecen en estos dos poemas de Carlos Edmundo de Ory.

23. Busca en las fuentes de información habituales (biblioteca del centro, de la localidad, Internet…) datos sobre las distintas revistas y tendencias de la poesía de posguerra. Selecciona los textos que más te gusten y realiza un pequeño trabajo.

4.2. La poesía social. Principales autores

Gabriel Celaya.

En torno a los últimos años de la década de los cuarenta comienza a surgir en España una poesía denominada *social* con la que asistimos a una evolución del *yo* (protagonista de la lírica espiritualista de los cuarenta) al *nosotros*. Uno de los poetas del momento, **Gabriel Celaya,** define lo social como «un eufemismo para designar esa mezcla de indignación, asco y vergüenza que uno experimenta ante la realidad en la que vive». La poesía social coincide con la novela social de los cincuenta. En 1955 se publican *Cantos iberos,* de Gabriel Celaya, y *Pido la paz y la palabra,* de **Blas de Otero.** Se evitan los problemas íntimos como tema poético; también se produce un rechazo del esteticismo. El poeta debe abandonar sus problemas personales y comprometerse, tomar partido ante la situación del momento. De este modo, se pretende crear una **poesía clara para la inmensa mayoría.** A veces se emplea el coloquialismo y el prosaísmo.

Las dos tendencias poéticas aludidas (espiritualista y social) se dan en el principal de los autores de este período: Blas de Otero. Por su protagonismo, lo destacamos junto a otro de los grandes poetas del siglo XX: **José Hierro.**

Blas de Otero

Obra

Blas de Otero es el poeta más importante de la poesía desarraigada. Su obra se divide en dos **etapas** claramente diferenciadas:

- *Ángel fieramente humano* (1950) y *Redoble de conciencia* (1951). Se trata de obras donde el poeta se rebela angustiosamente ante Dios; es la suya una religiosidad que surge del dolor y del sentimiento de soledad que invaden al hombre. En esta época, Otero suele usar estrofas clásicas.

- *Pido la paz y la palabra* (1955), *Que trata de España* (1959) y *En castellano* (1960). Son obras principales en su segunda etapa. La palabra alcanza valor estético y ético, y sirve para denunciar y comunicar los horrores del hombre, la estupidez de un presente que lo condena al dolor y al sufrimiento. El valor de la palabra le sirve como tabla de salvación.

Blas de Otero (1916-1979)

Nacido en Bilbao, su obra literaria está muy condicionada por sus acontecimientos vitales: la experiencia de la Guerra Civil, sus continuos viajes, la Dictadura, su militancia en el Partido Comunista, etc., marcan su carácter y su estética. Vivió en Barcelona, París y, desde 1955, en Madrid, donde murió. Su poesía metafísica primera se va angustiando hasta desembocar en una poesía para la inmensa mayoría, social y concreta, aunque su compromiso social no le hizo perder lirismo.

En el principio

Si he perdido la vida, el tiempo, todo
lo que tiré como un anillo, al agua,
si he perdido la voz en la maleza,
me queda la palabra.

Si he sufrido la sed, el hambre, todo   5
lo que era mío y resultó ser nada,
si he segado las sombras en silencio,
me queda la palabra.

Si abrí los labios para ver el rostro
puro y terrible de mi patria,   10
si abrí los labios hasta desgarrármelos,
me queda la palabra.

BLAS DE OTERO
Verso y prosa, Cátedra

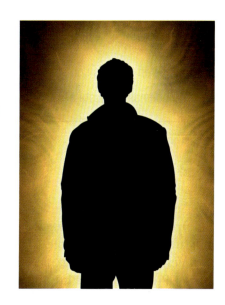

Estilo

Formalmente, Blas de Otero es uno de los poetas que mejor domina la lengua literaria y sus recursos. Su estilo impresiona por su alto grado de perfección; cuida desde la fonética hasta el léxico.

Actividades

Los dos poemas que ofrecemos de Blas de Otero ilustran a la perfección cada una de sus etapas: el primero plantea la preocupación religiosa del poeta; el segundo es una muestra de la palabra poética como canto de denuncia. En ambos, la perfección formal es elevadísima.

Hombre

Luchando, cuerpo a cuerpo, con la muerte,
al borde del abismo, estoy clamando
a Dios. Y su silencio, retumbando,
ahoga mi voz en el vacío inerte.

Oh Dios. Si he de morir, quiero tenerte   5
despierto. Y, noche a noche, no sé cuándo
oirás mi voz. Oh Dios. Estoy hablando
solo. Arañando sombras para verte.

Alzo la mano, y tú me la cercenas.
Abro los ojos: me los sajas vivos.   10
Sed tengo, y sal se vuelven tus arenas.

Esto es ser hombre: horror a manos llenas.
Ser —y no ser— eternos, fugitivos.
¡Ángel con grandes alas de cadenas!

BLAS DE OTERO
Verso y prosa, Cátedra

*Aquí tenéis mi voz
alzada contra el cielo de los dioses absurdos,
mi voz apedreando las puertas de la muerte
con cantos que son duras verdades como puños.*

Él ha muerto hace tiempo, antes de ayer. Ya hiede. 5
*Aquí tenéis mi voz zarpando hacia el futuro.
Adelantando el paso a través de las ruinas,
hermosa como un viaje alrededor del mundo.*

*Mucho he sufrido: en este tiempo, todos
hemos sufrido mucho.* 10
*Yo levanto una copa de alegría en las manos,
en pie contra el crepúsculo.*

*Borradlo. Labraremos la paz, la paz, la paz,
a fuerza de caricias, a puñetazos puros.
Aquí os dejo mi voz escrita en castellano.* 15
España, no te olvides que hemos sufrido juntos.

Blas de Otero
En castellano, Lumen

24. Realiza el análisis métrico de ambos poemas.

24. Estudia los recursos retóricos de los textos en relación con sus aspectos temáticos.

25. Explica en qué medida cada uno de los poemas se ajusta a las características de su etapa.

José Hierro (1922-2002)

Aunque nació en Madrid, su familia se trasladó a Santander, donde vivió la Guerra Civil y fue detenido y liberado tras un largo periplo por cárceles españolas. Colabora en varias revistas y es galardonado con el Premio Adonáis en 1947 por su libro *Alegría*. Comienza entonces una larga carrera como escritor, jalonada por numerosos premios como el Nacional de Literatura (1953 y 1999), el Premio Príncipe de Asturias de las Letras (1981) y el Premio Cervantes (1998).

José Hierro

Obra

Imposible de encasillar, este escritor ha sido, quizás, uno de los más significativos poetas españoles de su tiempo. Autor de poemas existenciales, sociales, etc., nunca llega a identificarse totalmente con ninguna de estas líneas. Profundamente humano y de gran rigor artístico, sus poemas son de dos tipos:

- **Reportajes:** visiones, testimonios directos.
- **Alucinaciones:** en ellos habla vagamente de emociones.

En 1990 publicó *Agenda*, libro heterogéneo del que destacamos su particular homenaje a Lope de Vega. En 1998 apareció su última obra, *Cuaderno de Nueva York*, magistral poemario que recibió el Premio de la Crítica en 1999.

Actividades

Estas dos muestras de la lírica de Hierro reflejan sus principales motivos temáticos: la pasión por la vida y el sentimiento de dolor por las injusticias.

Todo y nada

*Después de todo, todo ha sido nada,
a pesar de que un día lo fue todo.
Después de nada, o después de todo
supe que todo no era más que nada.
Grito «¡Todo!», y el eco dice «¡Nada!».* 5
*Grito «¡Nada!», y el eco dice «¡Todo!».
Ahora sé que la nada lo era todo,
y todo era ceniza de la nada.
No queda nada de lo que fue nada.
(Era ilusión lo que creía todo* 10
*y que, en definitiva, era la nada.)
Qué más da que la nada fuera nada
si más nada será, después de todo,
después de tanto todo para nada.*

José Hierro
Cuaderno de Nueva York, Hiperión

Fe de vida

Sé que el invierno está aquí,
detrás de esa puerta. Sé
que si ahora saliese fuera
lo hallaría todo muerto,
luchando por renacer.
Sé que si busco una rama
no la encontraré.
Sé que si busco una mano
que me salve del olvido
no la encontraré.
Sé que si busco al que fui
no lo encontraré.

Pero estoy aquí. Me muevo,
vivo, Me llamo José
Hierro. Alegría. (Alegría
que está caída a mis pies.)
Nada en orden. Todo roto,
a punto de ya no ser.

Pero toco la alegría,
porque aunque todo esté muerto
yo aún estoy vivo y lo sé.

JOSÉ HIERRO
Antología poética, Alianza

26. Analiza los recursos estilísticos de ambos poemas. Presta especial atención a los encabalgamientos.

27. Estudia la estructura del primer texto.

28. Memoriza y recita en voz alta el soneto «Todo y nada».

4.3. La generación de los cincuenta. Principales autores

Algunos autores de los cincuenta surgidos en el marco de la poesía social se encargan de renovar el ambiente poético. Nos referimos a poetas como Ángel González, José Ángel Valente, Francisco Brines, Jaime Gil de Biedma, Claudio Rodríguez o Manuel Alcántara. La poesía en los sesenta volverá a preocuparse por el hombre y recuperará el intimismo. Se trata de una **poesía inconformista y escéptica**: los nuevos poetas ponen en duda la capacidad de la poesía para transformar el mundo y se centran en otros temas. Se observa una acusada depuración estética y un estudiado rigor poético. En definitiva, asistimos a una reacción contra la poesía social. Estos autores consideran que el léxico cotidiano está gastado y no se debe volver a usar; ello es especialmente notorio en el tema amoroso.

Uno de los poetas más destacados del momento es el zamorano **Claudio Rodríguez** (1934-1999), autor de *Don de la ebriedad* (libro que empezó a escribir con 17 años, en 1951) o *Alianza y condena* (1965), del que ofrecemos uno de sus mejores poemas: «Ajeno».

Ajeno

Largo se le hace el día a quien no ama
y él lo sabe. Y él oye ese tañido
corto y duro del cuerpo, su cascada
canción, siempre sonando a lejanía.
Cierra su puerta y queda bien cerrada; 5
sale y, por un momento, sus rodillas
se le van hacia el suelo. Pero el alba,
con peligrosa generosidad,
le refresca y le yergue. Está muy clara
su calle, y la pasea con pie oscuro, 10
y cojea en seguida porque anda
solo con su fatiga. Y dice aire:
palabras muertas con su boca viva.
Prisionero por no querer, abraza
su propia soledad. Y está seguro, 15
más seguro que nadie porque nada
poseerá; y él bien sabe que nunca
vivirá aquí, en la tierra. A quien no ama,
¿cómo podemos conocer o cómo
perdonar? Día largo y aún más larga 20
la noche. Mentirá al sacar la llave.
Entrará. Y nunca habitará su casa.

Claudio RODRÍGUEZ
Desde mis poemas, Cátedra

Ángel González (1925-2008)

Es quizás el principal representante del grupo poético de los años cincuenta. Su primer libro, *Áspero mundo*, apareció en 1956, y su producción continúa hasta su muerte. También ha cultivado el ensayo, con interesantes estudios sobre los más importantes poetas del siglo. En 1985 se le otorgó el Premio Príncipe de Asturias de las Letras y fue miembro de la Real Academia desde 1996.

Ángel González

Obra

Desde la publicación de *Áspero mundo* en 1956, Ángel González ha desarrollado una amplia producción que abarca hasta nuestros días: *Sin esperanza, con convencimiento* (1961), *Grado elemental* (1962), *Palabra sobre palabra* (1965), *Tratado de urbanismo* (1967), *Procedimientos narrativos* (1972), *Prosemas o menos* (1985), *Deixis en fantasma* (1992), *Otoño y otras luces* (2001) y, póstumamente, *Nada grave* (2008). Además, se han hecho diversas recopilaciones de su obra.

Desde sus inicios, hallamos en los poemas de Ángel González un **tono crítico y amargo.** Su poesía trata los problemas sociales del hombre de su tiempo con diversos tonos: irónico, angustiado, dolorido…

Estilo

La diversidad de estilos de Ángel González es notoria. Sus principales rasgos estéticos son el empleo de un vocabulario rico (aunque a menudo conversacional), el marco urbano como trasfondo de sus poemas, la sencillez estética…

Actividades

El poema «Cumpleaños» es una muestra del tono pesimista en la poesía de Ángel González. El segundo, muy distinto, es un deslumbrante juego verbal en torno a la figura retórica que anuncia el título.

Cumpleaños

Yo lo noto: cómo me voy volviendo
menos cierto, confuso,
disolviéndome en aire
cotidiano, burdo
jirón de mí, deshilachado   5
y roto por los puños.

Yo comprendo: he vivido
un año más, y eso es muy duro.
¡Mover el corazón todos los días
casi cien veces por minuto!   10

Para vivir un año es necesario
morirse muchas veces mucho.

Ángel González
Poemas, Cátedra

Calambur

La axila vegetal, la piel de leche,
espumosa y floral, desnuda y sola,
niegas tu cuerpo al mar, ola tras ola,
y lo entregas al sol: que le aproveche.

La pupila de Dios, dulce y piadosa,   5
dora esta hora de otoño larga y cálida,
y bajo su mirada tu piel pálida
pasa de rosa blanca a rosa rosa.

Me siento dios por un instante: os veo
a él, a ti, al mar, la luz, la tarde.   10
Todo lo que contemplo vibra y arde,
y mi deseo se cumple en mi deseo:

dore mi sol así las olas y la
espuma que en tu cuerpo canta, canta
–más por tus senos que por tu garganta–   15
do re mi sol la si la sol la si la.

Ángel González
101+19=120 poemas, Visor

29. Analiza temáticamente el poema «Cumpleaños» y contextualízalo en su momento histórico.

30. Realiza el análisis métrico de los dos poemas.

31. Investiga sobre uno de estos dos autores: Jaime Gil de Biedma (http://amediavoz.com/gildebiedma.htm) o el malagueño Manuel Alcántara (http://amediavoz.com/alcantara.htm). Escribe una breve biografía y selecciona cuatro poemas, que después leerás en voz alta en clase.

Jaime Gil de Biedma

Obra

El barcelonés Jaime Gil de Biedma (1929-1990) es otro de los grandes poetas de la generación de los 50. Tras culminar sus estudios de Derecho, se dedica por una parte a regentar el negocio familiar mientras va escribiendo diversos libros de poesía, que recopila en una versión final llamada *Las personas del verbo* (1975). Emplea una lengua coloquial y directa, escasamente retórica, en la línea de su admirado Cernuda. Está considerado uno de los poetas más influyentes en las generaciones posteriores.

No volveré a ser joven

Que la vida iba en serio
uno lo empieza a comprender más tarde
—como todos los jóvenes, yo vine
a llevarme la vida por delante.

Dejar huella quería   5
y marcharme entre aplausos

—envejecer, morir, eran tan solo
las dimensiones del teatro.

Pero ha pasado el tiempo
y la verdad desagradable asoma: 10
envejecer, morir,
es el único argumento de la obra.

Jaime Gil de Biedma
Las personas del verbo, Seix Barral

Al libro *Sepulcro en Tarquinia* (1975) pertenece este poema de Antonio Colinas:

Simonetta Vespucci

Il vostro passo di velluto
E il vostro sguardo di vergine violata.
Dino Campana

Simonetta,
por tu delicadeza
la tarde se hace lágrima,
funeral oración,
música detenida.
Simonetta Vespucci,
tienes el alma frágil
de virgen o de amante.
Ya Judith despeinada
o Venus húmeda
tienes el alma fina de mimbre
y la asustada inocencia
del soto de olivos.
Simonetta Vespucci,
por tus dos ojos verdes
Sandro Boticelli
te ha sacado del mar,
y por tus trenzas largas
y por tus largos muslos,
Simonetta Vespucci
que has nacido en Florencia.

4.4. La generación del 68: los novísimos

La publicación en 1970 de la antología *Nueve novísimos poetas españoles*, de José María Castellet, supone la confirmación de un nuevo grupo poético que propone un cambio en las corrientes estéticas del momento. El grupo lo forman Pere Gimferrer, Leopoldo María Panero, José María Álvarez, Guillermo Carnero, Manuel Vázquez Montalbán, Antonio Martínez Sarrión, Félix de Azúa, Vicente Molina Foix y Ana María Moix. Esta es la primera generación de poetas nacidos después de la Guerra Civil.

Los *novísimos* aportaron una nueva sensibilidad basada en una incipiente **sociedad de consumo** que nace con las mejoras económicas. Su educación asimila elementos nuevos: cine, medios de comunicación de masas, cómic y música, como el pop o el jazz. Asimismo, estos escritores viajan con cierta frecuencia al exterior, atraídos por la literatura foránea. Son autores que sienten a Aleixandre o Cernuda como modelos y revitalizan al grupo Cántico y al Postismo de Carlos Edmundo de Ory. Sus **características** se podrían resumir en pocas líneas:

- Amplia formación cultural que se ve reflejada en sus poemas. Se habla de *culturalismo*.

- Cuidado exquisito de la forma. Para renovar el lenguaje poético vuelven sus ojos hacia el surrealismo y otras vanguardias, de donde toman elementos como la ruptura de la métrica, la poesía visual, el gusto por la provocación y la ironía, etc.

- Rescatan elementos del decadentismo y del modernismo, como el exotismo, la elegancia, el lujo…

- Aversión hacia la poesía social.

- Variedad de temas: desde la tristeza de corte existencialista hasta la frivolidad, el cinismo o el sarcasmo.

- Practican a veces la metapoesía: poesía basada en la propia poesía, en la reflexión sobre el propio lenguaje poético, en la intertextualidad, en citas de otros autores…

- Su poesía es, a menudo, críptica, de muy difícil interpretación.

Dentro de este grupo podemos distinguir **dos líneas**:

- Autores que comienzan a escribir en los inicios de la década de los sesenta. Muy influidos por la cultura pop (Vázquez Montalbán, *A la sombra de las muchachas sin flor*, 1971).

- Una segunda generación se da a conocer a finales de la década de los sesenta o ya en los setenta, deslumbrada por el decadentismo de Kaváfis. Son más esteticistas. Citemos a Guillermo Carnero (*Dibujo de la muerte*, 1967) o a Antonio Colinas (*Sepulcro en Tarquinia*, Premio Nacional de la Crítica en 1975).

Sin duda la propuesta de los novísimos regeneró el ambiente literario y abrió caminos a los jóvenes poetas que entonces empezaban.

Estos dos poemas ilustran cada una de las líneas mencionadas. En el primero aparecen elementos vanguardistas: ruptura de la métrica convencional, ausencia de signos de puntuación… El contenido nos acerca a la cultura de la época (el título está tomado del famoso bolero «Bésame mucho») y a la alienación de parte de la juventud. El segundo poema muestra lo mejor del decadentismo, que tanto había influido en el modernismo español y americano. El poeta es capaz de ofrecer su vida por la belleza (*Raso amarillo a cambio de mi vida*).

Como si fuera esta noche la última vez

Rota solitaria articulada muñeca
de sus alas sus gestos
                la gogo girl
reivindica parcelas de aire
en un imprevisible océano
                sin rosa de los vientos
sin norte nocturno ni sur de estío
la inutilidad de todo viaje
conduce a la isla de un pódium
para bailar la danza de una tonta
muerte fingida por no fingir la vida

no lee hasta entrada la noche
ni en invierno viaja hacia el sur

pero tiene bragas de espuma ambarina
sostenes de juguete un príncipe violeta
la despeña por los acantilados
                del goce más pequeño
submarinos ya sus ojos nocturnos
                la gogo girl
tiene la boca entreabierta por el prohibido
placer de no hablar apenas
                sobre la tierna noche
y su manto de flores ateridas reposa
su falsa cabellera de niña emancipada

guitarras nada eléctricas sumergen despedidas
rómpete actriz del deseo de amar la vida
como si fuera
      como si fuera esta noche la última vez.

Manuel VÁZQUEZ **M**ONTALBÁN
A la sombra de las muchachas sin flor, El Bardo

Capricho en Aranjuez

Raso amarillo a cambio de mi vida.
Los bordados doseles, la nevada
palidez de las sedas. Amarillos
y azules y rosados terciopelos y tules,
y ocultos por sedas recamadas,
plata, jade y sutil marquetería.
Fuera breve vivir. Fuera una sombra
o una fugaz constelación alada.
Geométricos jardines. Aletea
el hondo trasminar de las magnolias.
Difumine el balcón, ocúlteme
la bóveda de umbría enredadera.
Fuera hermoso morir. Inflorescencias
de mármol en la reja encadenada:
perpetua floración en las columnas
y un niño ciego juega con la muerte.
Fresquísimo silencio gorgotea
de las corolas de la balaustrada.
Cielo de plata gris. Frío granito
y un oculto arcaduz iluminado.
Deserten los bruñidos candelabros
entre calientes pétalos y plumas.
Trípodes de caoba, pebeteros
o delgado cristal. Doce relojes
tintinean las horas al unísono.
Juego de piedra y agua. Desenlacen
sus cendales los faunos. En la caja
de fragante peral están brotando
punzantes y argentinas pinceladas.
Músicas en la tarde. Crucería,
polícromo cristal. Dejad, dejadme
en la luz de esta cúpula que riegan
las transparentes brasas de la tarde.
Poblada soledad, raso amarillo
a cambio de mi vida.

Guillermo CARNERO
Dibujo de la muerte. Obra poética, Cátedra

5 El teatro de posguerra (1939-1975)

Las duras condiciones de la posguerra afectaron a la creación literaria y, como es de esperar, la producción teatral no se iba a ver libre de dificultades. Dadas las especiales características del espectáculo dramático, se puede afirmar que el teatro vivió durante la posguerra una intensa crisis general: los autores escasean y padecen una férrea censura; por otra parte, el público y los empresarios no están dispuestos a la innovación, lo que hace que el teatro quede reducido a un mero espectáculo para la diversión. En esta época se desarrolla, además, un competidor feroz: el cine.

Considerando todas estas cuestiones, establecemos la siguiente clasificación en forma de esquema:

Teatro de posguerra		
Inmediata posguerra (años 40)	Teatro triunfante	• Alta comedia benaventina • Teatro de humor
	Teatro soterrado	• Teatro comprometido
Década de los años 50	Generación realista	• Teatro de denuncia y protesta

5.1. El teatro triunfante. Principales autores

El teatro triunfante en la inmediata posguerra propone una clara continuidad con las formas y los temas dramáticos anteriores a la Guerra Civil española. Se trata de autores que conciben el espectáculo teatral a la manera de Jacinto Benavente: José María Pemán, Juan Ignacio Luca de Tena, Claudio de la Torre, Joaquín Calvo Sotelo, José López Rubio y Víctor Ruiz Iriarte.

La **alta comedia benaventina** no trata de innovar ni presenta una disposición a la ruptura. Es un subgénero basado en el diálogo agudo y brillante. Frecuentemente, los autores de esta tendencia realizan un teatro histórico y triunfalista, en el que se intenta recuperar las glorias del pasado Imperio español.

Además de la alta comedia, el panorama dramático de la posguerra muestra una clara tendencia al **teatro de humor.** Dos son los representantes más destacados: Enrique Jardiel Poncela y Miguel Mihura.

Representación de *Tres sombreros de copa*, de Miguel Mihura.

Enrique Jardiel Poncela (1901-1956)

El madrileño Jardiel Poncela sigue escribiendo en la posguerra el mismo tipo de teatro que le había caracterizado en la época anterior al conflicto bélico. Entre *Cuatro corazones con freno y marcha atrás* (1936), *Un marido de ida y vuelta* (1939) o *Eloísa está debajo de un almendro* (1940) existen pocas variaciones y se puede afirmar que no se produce ruptura formal ni temática.

El teatro de Jardiel Poncela busca el humor en el planteamiento de **situaciones inverosímiles y absurdas;** sin embargo, a diferencia de Valle-Inclán, quien renunció a ver representadas sus obras, Jardiel Poncela siempre trató de acomodar sus argumentos a la lógica final y a las condiciones técnicas del teatro y del escenario.

Este esfuerzo, que en realidad representó una concesión al público y una subordinación al éxito, malogró ideas y situaciones que podrían haber sido geniales.

Miguel Mihura

La evolución literaria de Miguel Mihura está marcada por la imposibilidad de representar *Tres sombreros de copa*. La obra, escrita en 1932, contiene tal poder crítico y corrosivo que se impidió su representación hasta 1952, cuando el Teatro Español Universitario (TEU) la estrenó con enorme éxito. Sin duda, la fama que ya había adquirido Mihura como periodista de la revista de humor *La Codorniz* fue un factor decisivo que ayudó a este éxito.

El resto de la producción de Mihura es posterior a estas fechas: *A media luz los tres* (1953), *Sublime decisión* (1955), *Melocotón en almíbar* (1958), *Maribel y la extraña familia* (1959) y *Ninette y un señor de Murcia* (1964). Pese al éxito de público, son obras en las que ha desaparecido el poder crítico y corrosivo de *Tres sombreros de copa*, y que se amoldan al gusto burgués.

Miguel Mihura (1905-1977)

Nacido en Madrid, con solo 18 años ya vendía historietas para periódicos como *El Sol*. En aquella época conoció a Jardiel Poncela y a Edgar Neville. En 1932 ve la luz *Tres sombreros de copa*, aunque no se estrenaría hasta 1952. Durante la Guerra Civil se traslada a San Sebastián, ciudad donde funda la revista *La Ametralladora*, que se transformó, acabada la contienda, en *La Codorniz*. Mihura fue, además, guionista y colaboró en producciones tan conocidas como *Bienvenido Mister Marshall*.

Actividades

Maribel y la extraña familia es una de las obras más celebradas de Mihura. Doña Matilde y doña Paula, protagonistas de este pasaje, son, respectivamente, madre y tía de Marcelino, un joven pueblerino, dueño de una fábrica de chocolatinas, que viaja a Madrid con la esperanza de encontrar novia. Las dos señoras charlan con dos invitados «de alquiler» y les cuentan sus expectativas sobre la novia de Marcelino, que resultará ser Maribel, chica de más que dudosa reputación que se queda atónita ante la situación que comienza a vivir y ante la posibilidad de encontrar gente buena en el mundo.

Doña Matilde.— *Y ahora hemos venido a pasar una temporada aquí, a casa de mi hermana Paula, para ver si el chico encuentra novia en Madrid y por fin se casa. Porque allí, en aquella provincia, es decir, en el pueblo donde tenemos la fábrica y donde vivimos, figúrense qué clase de palurdas se pueden encontrar... Chicas anticuadas en todos los aspectos, tanto física como moralmente...*

Doña Paula.— *Y ya conocen ustedes nuestras ideas avanzadas. Nada de muchachas anticuadas y llenas de prejuicios, como éramos nosotras... ¡Qué horror de juventud la nuestra! Porque si yo no he salido a la calle hace sesenta años, desde que me quedé viuda, no ha sido por capricho, sino porque me daba vergüenza que me vieran todos los vecinos que estaban asomados a los balcones para criticar a las que salían...* 5

Doña Matilde.— *¡Qué época aquella en que todo lo criticaban! ¡El sombrero, el corsé, los guantes, los zapatos!*

Doña Paula.— *Había un sastre en un mirador, siempre observando con un gesto soez, que me llenaba de rubor... Y después empezaron los tranvías y los automóviles, y ya me dio miedo que me atropellaran, y no salí. Y aquí lo paso tan ricamente, escuchando música de baile y escribiendo a los actores de cine de Norteamérica para que me manden autógrafos.* 10

Doña Matilde.— Por eso, para mi hijo, yo quiero una muchacha moderna, desenvuelta, alegre y simpática que llene de alegría la fábrica de chocolatinas.

Doña Paula.— Una muchacha de las de ahora. Empleada, mecanógrafa, enfermera, hija de familia, no importa lo que sea… Rica o pobre, es igual…

Doña Matilde.— El caso es que pertenezca a esta generación maravillosa… Que tenga libertad e iniciativas…

Doña Paula.— Porque mi sobrino es tan triste, tan apocado, tan poquita cosa… Un provinciano, esa es la palabra…

Doña Matilde.— Es como un niño, figúrense. Siempre sin separarse de mis faldas…

Doña Paula.— Pero por lo visto ya ha encontrado la pareja ideal.

Doña Matilde.— Y él solito, no crean…

Doña Paula.— Como yo no tengo relaciones sociales, porque las viejas me chinchan y las jóvenes se aburren conmigo, no he podido presentarle a nadie. Pero el niño se ha ambientado en seguida y parece ser que ha conocido a una señorita monísima, muy moderna y muy fina, y a lo mejor la trae esta tarde para presentárnosla.

Doña Matilde.— ¡Y tenemos tanta ilusión por conocerla!…

Doña Paula.— Siempre hemos odiado nuestra época y hemos admirado esta generación nueva, fuerte, sana, valiente y llena de bondad…

Doña Matilde.— ¡Qué hombres los de antes, que se morían enseguida!

Doña Paula.— A mí, el mío me duró solamente un día y medio. Nos casamos por la mañana, pasamos juntos la noche de bodas y a la mañana siguiente se murió.

Doña Matilde.— Y es que se ponían viejos enseguida. Yo tuve la suerte de que el mío me durase un mes y cinco días, a base de fomentos. Pero ya te acordarás, Paula. Tenía veintidós años y llevaba una barba larga, ya un poco canosa… Y tosía como un condenado.

Doña Paula.— Según dice mi médico, ahora también se mueren antes que las mujeres, pero no en semejante proporción.

Miguel Mihura
Maribel y la extraña familia, Espasa Calpe

32. Repartid los papeles en clase y leed adecuadamente la escena. Preparadla con antelación.

33. Explica cuáles son los temas fundamentales del fragmento.

34. ¿Qué visión de la realidad se nos ofrece?

35. ¿Qué elementos humorísticos se aprecian en el pasaje?

Antología

El texto de Mihura nos servirá para plantear cómo es vista la mujer en los años de posguerra. Investiga en otros testimonios de la época: cine, prensa, televisión…

Puedes recabar información entrevistando a personas que hayan vivido esa época.

5.2. Teatro comprometido. Principales autores

A finales de los años cuarenta, con el estreno de *Historia de una escalera* (1949), de **Antonio Buero Vallejo,** se produce una inflexión en el curso del teatro de posguerra que rompe con la línea de evasión común hasta entonces. Otros datos confirman esta nueva tendencia: en 1950 se estrena *En la ardiente oscuridad,* primera obra de Buero (que no fue escenificada en su momento). Se representa, además, en Madrid, *La muerte de un viajante,* de **Arthur Miller.** En 1953, el Teatro Popular Universitario estrena *Escuadra hacia la muerte,* de **Alfonso Sastre.**

Esta ruptura con la línea anterior plantea la polémica: se habla de posibilismo e imposibilismo. El iniciador del debate es **Alfonso Paso,** acusado de venderse al teatro comercial. Afirmó que, en sus obras, intentaba alternar la crítica con la frivolidad (más admitida por el público) como forma de luchar contra el sistema desde dentro. Esta idea está en la base del posibilismo: hacer un teatro moderadamente crítico que pueda estrenarse y que llegue al público. Alfonso Sastre le replicó y, de paso, incluyó a Antonio Buero Vallejo en la polémica. Para Sastre no hay un teatro imposible, sino momentáneamente imposibilitado. El autor debe escribir lo que piensa y siente, sin censuras, aunque ello implique que sus obras sean censuradas. Buero apostó por un teatro lo más arriesgado posible, pero no temerario, y criticó que Sastre hiciera un teatro imposible para contar con el mayor número de prohibiciones oficiales.

Antonio Buero Vallejo

Obra

El teatro de Buero Vallejo tiene un marcado **carácter ético.** Sus obras se basan en la negación de la existencia de un destino ciego y caprichoso: todo tiene su causa y, por tanto, su remedio. Es un teatro con frecuencia ambiguo que invita a la reflexión y que consigue aunar pureza, crítica y éxito popular. Su producción tiene un matiz trágico que no se había cultivado entre los dramaturgos españoles desde Federico García Lorca. Otro de los grandes rasgos del teatro de Buero es la dialéctica entre **contemplación y acción.** Se suele dividir la obra de Buero en tres etapas:

- **Primera época.** Teatro en esencia tradicional, respetuoso con alguna o todas las unidades dramáticas. Se la ha calificado de realismo simbólico. En su primera obra, *En la ardiente oscuridad* (1946, estrenada en 1950), aparece la ceguera como símbolo de las limitaciones humanas, bien sea por su propia condición existencial o por las circunstancias sociales; también se observa la preocupación de Buero por las taras físicas. La pregunta que nos plantea el dramaturgo es: ¿debemos conformarnos con nuestras limitaciones e intentar ser felices con ellas o rebelarnos, aunque seamos conscientes de que es imposible el remedio?

- **Segunda época.** Teatro histórico, con un tema central: el destino del pueblo en una sociedad injusta. Se vuelve a insistir en la faceta social del ser humano. Destacan *Un soñador para el pueblo* (1958), sobre Esquilache, o *Las Meninas* (1960), sobre Velázquez. Uno de los personajes de *Un soñador para el pueblo* pronuncia una frase que ilustra la intencionalidad del teatro histórico: «Se cuentan las cosas como si ya hubiesen ocurrido, y así se

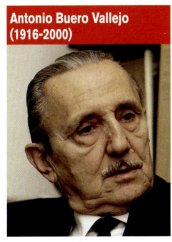

Antonio Buero Vallejo (1916-2000)

Nació en Guadalajara. Combatió en la Guerra Civil española en el bando republicano hasta que fue detenido en 1939 y condenado a muerte (pena que le fue conmutada por la de cadena perpetua). En prisión conoció a Miguel Hernández. En 1946 sale de la cárcel en libertad condicional y en 1949 obtiene el Premio Lope de Vega por *Historia de una escalera.* Fue elegido miembro de la Real Academia Española de la Lengua. Entre otras muchas distinciones, obtuvo los premios nacionales de Teatro en 1957 y 1980, y el Premio Cervantes en 1986. Murió en Madrid.

soportan mejor». Como obra de transición a la siguiente etapa se cita *El tragaluz*, composición dramática con rasgos del teatro épico (aparecen narradores que sirven de intermediarios entre la historia y los espectadores).

- **Tercera época o *la inmersión*.** Desaparecen los intermediarios. El espectador observa la historia desde el punto de vista de un personaje. Aunque trate de un personaje histórico (Goya), incluye esta etapa *El sueño de la razón* (1970) o *La Fundación* (1974), una de sus cimas dramáticas.

Actividades

En *Historia de una escalera* asistimos a la vida de unos vecinos de escalera, cuatro familias, cuyos destinos se entremezclan. El paso del tiempo y la presencia en ese escenario de los mismos personajes nos muestran el perpetuo y monótono fluir de usos y costumbres que se transmiten de generación en generación sin posibilidad de cambio. Como la escalera, la sociedad apenas cambia, aunque los sucesos que la afectan sean muy graves. Los defectos de los padres serán los defectos de los hijos. La única esperanza reside en las generaciones jóvenes que, sin embargo, parece que volverán sobre los errores de sus mayores.

CARMINA.– *¿Y Elvira?*

FERNANDO.– *¡La detesto! Quiere cazarme con su dinero. ¡No la puedo ver!*

CARMINA.– *(Con una risita.) ¡Yo tampoco!* (Ríen, felices.)

FERNANDO.– *Ahora tendría que preguntarte yo: ¿y Urbano?* 5

CARMINA.– *¡Es un buen chico! ¡Yo estoy loca por él!* (FERNANDO *se enfurruña.*) *¡Tonto!*

FERNANDO.– *(Abrazándola por el talle.) Carmina, desde mañana voy a trabajar de firme por ti. Quiero salir de esta pobreza, de este sucio ambiente. Salir y sacarte a ti. Dejar para siempre los chismorreos,* 10 *las broncas entre vecinos... Acabar con la angustia del dinero escaso, de los favores que abochornan como una bofetada, de los padres que nos abruman con su torpeza y su cariño servil, irracional...*

CARMINA.– *(Represiva.) ¡Fernando!*

FERNANDO.– *Sí. Acabar con todo esto. ¡Ayúdame tú! Escucha: voy a* 15 *estudiar mucho, ¿sabes? Mucho. Primero me haré delineante. ¡Eso es fácil! En un año... Como para entonces ya ganaré bastante, estudiaré para aparejador. Tres años. Dentro de cuatro años seré un aparejador solicitado por todos los arquitectos. Ganaré mucho dinero. Por entonces tú serás ya mi mujercita, y viviremos en otro barrio, en un pisito limpio y tranquilo. Yo seguiré* 20 *estudiando. ¿Quién sabe? Puede que para entonces me haga ingeniero. Y como una cosa no es incompatible con la otra, publicaré un libro de poesías, un libro que tendrá mucho éxito...*

CARMINA.– *(Que le ha escuchado extasiada.) ¡Qué felices seremos!*

FERNANDO.– *¡Carmina!*

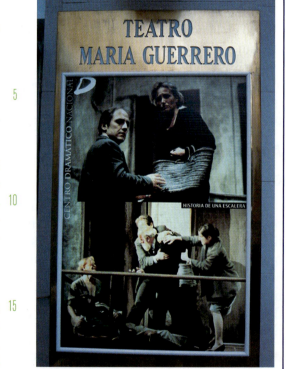

Antonio BUERO VALLEJO
Historia de una escalera, Espasa Calpe

36. Comenta la significación del texto en relación con la intención de Buero al escribir la obra.

37. Localiza esta escena y señala el suceso que tiene lugar a continuación. Comenta su valor simbólico de anticipación. Para ello compara la escena anterior con la escena final de la obra. ¿Qué conclusiones podemos sacar?

Alfonso Sastre

Obra

Alfonso Sastre concibe el teatro como un **medio de concienciación y de agitación**. Para este dramaturgo, el escritor debe actuar como si no existiera un teatro imposible de estrenar; hay que actuar como si hubiera libertad. Temáticamente, Sastre propone investigar la condición del ser humano actual y examinar sus relaciones con la sociedad; en torno a estos asuntos, elabora un teatro trágico, de protesta, que invita a reflexionar sobre la necesidad de un cambio social.

Se suele dividir su producción en tres etapas:

- **Dramas de la frustración.** Es una etapa vanguardista. El individuo se ve superado por una sociedad injusta (*Uranio 235* y *Cargamento de sueños* –ambas de 1946–). En *Escuadra hacia la muerte*, de 1953, Sastre expresa la angustia de los miembros de un destacamento militar –un cabo y cinco soldados–, cuyo probable destino es la muerte. La obra plantea claras ideas pacifistas al tiempo que propone una reflexión existencial de tono pesimista sobre la condición humana.
- **Dramas de la posibilidad.** Son obras donde lo social adquiere especial relevancia: *La mordaza* (1954), *Guillermo Tell tiene los ojos tristes* (1955).
- **Realismo distanciador.** Se trata de obras de estructura muy fragmentaria y decorados esquemáticos. Su autor las define como tragedias complejas. Destacan *La sangre y la ceniza* (1965) y *Crónicas romanas* (1968).

5.3. La generación realista. Teatro de denuncia y protesta

Esta generación engloba una serie de autores que se inician sobre los años cincuenta, tras las huellas de Buero o Sastre. Los **temas** que tratan son las injusticias sociales: la explotación del hombre por el hombre, la vida proletaria, la hipocresía, la marginación, los nuevos esclavos de la sociedad contemporánea... Su **lenguaje** es violento, incluso desafiante, directo, sin eufemismos, claramente opuesto al lenguaje altisonante y neutro del teatro «oficial». Estas actitudes les impiden estrenar la mayoría de sus obras.

Lauro Olmo (1922-1994)

Es, probablemente, el autor de esta tendencia que más ha estrenado. Desde niño conoce los aspectos más sórdidos de la sociedad: se cría en orfanatos y trabaja en oficios humildes en su Orense natal. Se trata de un escritor autodidacta que compone sus dramas a partir de su experiencia. En 1962 conoce el éxito con *La camisa*, que presenta la mísera vida de unos chabolistas, cuyo único futuro consiste en buscar trabajo en el extranjero o en conseguir un pleno en las quinielas.

José Martín Recuerda (1926-2007)

Este granadino comenzó en el realismo con *El teatrito de don Ramón* (1959, Premio Lope de Vega). Al año siguiente anunció que sus **personajes** se rebelarían siempre. Inaugura así un **realismo** con frecuentes tonos esperpénticos, que se observa perfectamente en *Las salvajes en Puente San Gil* (1963), donde

Alfonso Sastre (Madrid, 1926)

Nos hallamos ante un autor partidario del teatro comprometido. En 1949 escribió *Cargamento de sueños*, aunque el éxito no le llegó hasta 1953 con *Escuadra hacia la muerte*. Fue miembro del grupo de teatro experimental Arte Nuevo (que escenificó sus primeras obras) y cofundador del Grupo de Teatro Realista. Asimismo, ha trabajado como guionista para películas de Bardem y Forqué. Los contenidos polémicos de sus obras le provocaron frecuentes conflictos con la censura franquista. Obtuvo el Premio Nacional de Teatro en 1986.

se critica, tanto el puritanismo como la brutalidad de un pueblo andaluz que se ceba contra las actrices de una compañía de revista. Es uno de sus mayores éxitos comerciales, junto con *Las arrecogías del Beaterio de Santa María Egipciaca* (1974), sobre la figura de Mariana Pineda. Ambas obras introducen el personaje coral.

Grandes autores de la literatura europea

Imposible sería destacar todas las tendencias y autores de la literatura universal en este período. Nos limitamos a presentar dos muestras: una sobre el teatro del absurdo y otra sobre James Joyce, autor cuya repercusión en su tiempo y en las épocas posteriores ha sido incuestionable.

El teatro del absurdo

Una de las corrientes más influyentes y representativas de los años cincuenta y sesenta es el denominado teatro del absurdo. Se trata de un teatro provocativo que intenta poner en evidencia lo absurdo de la existencia. Estos autores califican sus obras de antiteatro, pues desean desmontar las convenciones teatrales tradicionales y luchar contra las normas éticas y estéticas establecidas. Los más representativos son el autor rumano-francés Eugène Ionesco (*La cantante calva*, 1948 y *El rinoceronte*, 1959) y el escritor de origen irlandés Samuel Beckett (*Esperando a Godot*, 1952). Estos dramaturgos eliminan la relación lógica de los episodios, niegan el poder comunicativo de la palabra, reducen los personajes a arquetipos, seleccionan unos paisajes inconcretos y muestran el mundo de modo alienante e incomprensible. En la literatura española esta corriente se manifestará en el denominado teatro pánico de Fernando Arrabal.

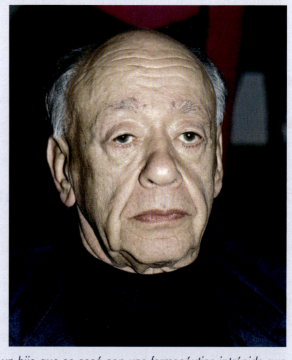

BOMBERO.– *El resfriado: Mi cuñado tenía, por el lado paterno, un primo carnal uno de cuyos tíos maternos tenía un suegro cuyo abuelo paterno se había casado en segundas nupcias con un joven indígena cuyo hermano había conocido, en uno de sus viajes, a una muchacha de la que se enamoró y con la cual tuvo un hijo que se casó con una farmacéutica intrépida que no era otra que la sobrina de un contramaestre desconocido de la marina británica y cuyo padre adoptivo tenía una tía que hablaba de corrido el español y que era, quizás, una de las nietas de un ingeniero, muerto joven, nieto a su vez de un propietario de viñedos de los que obtenían un vino mediocre, pero que tenía un primo segundo, casero y ayudante, cuyo hijo se había casado con una joven muy guapa, divorciada, cuyo primer marido era hijo de un patriota sincero que había sabido educar en el deseo de hacer fortuna a una de sus hijas, que pudo casarse con un cazador que había conocido a Rothschild y cuyo hermano, después de haber cambiado muchas veces de oficio, se casó y tuvo una hija, cuyo bisabuelo, mezquino, llevaba unas gafas que le había regalado un primo suyo, cuñado de un portugués, hijo natural de un molinero, no demasiado pobre, cuyo hermano de leche tomó por esposa a la hija de un ex médico rural, hermano de leche del hijo de un lechero, hijo natural a su vez de otro médico rural casado tres veces seguidas, cuya tercera mujer…*

SEÑOR MARTÍN.– *Conocí a esa tercera mujer, si no me engaño. Comía pollo en un avispero.*

BOMBERO.– *No era la misma.*

Eugène IONESCO
La cantante calva, Alianza

Grandes autores de la literatura europea

James Joyce (Dublín, 1882 - Zúrich, 1941)

Joyce es uno de los escritores más influyentes de la novela moderna. El irlandés, que conduce la novela por los caminos de la experimentación, destaca por su alejamiento de la narración cronológica, que es sustituida por el empleo sistemático del denominado **fluir de la conciencia** (monólogo interior y estilo indirecto libre). Con esta técnica indaga por medio de la introspección en las zonas más íntimas de la mente humana (angustias, frustraciones, conflictos…). Para ello, Joyce deja fluir la conciencia de sus personajes sin intervenir directamente (solo establece las marcas narrativas más elementales). En este tipo de novelas, el lector ha de adoptar necesariamente una postura activa y deducir ambientes, acontecimientos, pensamientos…

Asimismo, Joyce integrará en sus novelas diversas **técnicas narrativas** como la fantasía surrealista, la acción simbólica o la manipulación del lenguaje por vía asociativa. Sobresalen obras como *Dublineses* (1914), *Retrato del artista adolescente* (1916), *El velatorio de Finnegan* (1939) y, sobre todo, *Ulises* (1922), obra magistral. En esta novela se recoge un día en las vidas de dos personajes, Leopold Bloom y Stephen Dedalus, mediante la técnica del monólogo interior.

Mr. Bloom se agachó y le dio la vuelta a un trozo de papel sobre la playa. Se lo acercó a los ojos y lo examinó. ¿Carta? No. No se lee. Mejor irse. Mejor. Estoy cansado para moverme. Hoja de un viejo cuaderno. Todos esos hoyos y guijarros. ¿Quién los podría contar? Nunca se sabe lo que te puedes encontrar. Botella con la historia de un tesoro dentro, despojos de un naufragio. Paquetes postales. A los niños siempre les gusta echar cosas al mar. ¿Confianza? Pan que se echa al agua. ¿Qué es esto? Un palo pequeño. […]

Mr. Bloom con su palo suavemente removió la espesa arena a sus pies. Escribe un mensaje para ella. A lo mejor aguanta. ¿Qué?

YO.

La planta de algún caminante lo pisará por la mañana. Inútil. Borrado. La marea llega hasta aquí. Vi un charco junto al pie de ella. Inclinarse, ver mi cara ahí, espejo oscuro, respirar sobre la superficie, se estremece. Todas estas rocas con arrugas y cicatrices y letras. ¡Oh, transparentes! Además no saben. Qué quiere decir de verdad ese otro mudo. Te llamé diablillo porque no me gusta.

SOY. UN.

No queda sitio. Dejémoslo.

Mr. Bloom borró las letras con la bota lenta. Imposible en la arena. Nada crece. Todo se desvanece. No hay peligro de que los grandes barcos lleguen hasta aquí. Excepto las gabarras de Guinness. La vuelta a Kish en ochenta días. Hecho a propósito.

James Joyce
Ulises, Cátedra

Texto A

Nanas de la cebolla

[Dedicadas a su hijo, a raíz de recibir una carta de su mujer, en la que le decía que no comía más que pan y cebolla.].

La cebolla es escarcha
cerrada y pobre:
escarcha de tus días
y de mis noches.
Hambre y cebolla, 5
hielo negro y escarcha
grande y redonda.

En la cuna del hambre
mi niño estaba.
Con sangre de cebolla 10
se amamantaba.
Pero tu sangre,
escarchaba de azúcar,
cebolla y hambre.

Una mujer morena 15
resuelta en luna,
se derrama hilo a hilo
sobre la cuna.
Ríete, niño,
que te tragas la luna 20
cuando es preciso.

Alondra de mi casa,
ríete mucho.
Es tu risa en los ojos
la luz del mundo. 25
Ríete tanto
que en el alma, al oírte,
bata el espacio.

Tu risa me hace libre,
me pone alas. 30
Soledades me quita,
cárcel me arranca.
Boca *que* vuela,
corazón que en tus labios
relampaguea. 35

Es tu risa la espada
más victoriosa.
Vencedor de las flores
y las alondras.
Rival del sol. 40
Porvenir de mis huesos
y de mi amor.

La carne aleteante,
súbito el párpado,
y el niño como nunca 45
coloreado.
¡Cuánto jilguero
se remonta, aletea,
desde tu cuerpo!

Desperté de ser niño. 50
Nunca despiertes.
Triste llevo la boca.
Ríete siempre.
Siempre en la cuna,
defendiendo la risa 55
pluma por pluma.

Ser de vuelo tan alto,
tan extendido,
que tu carne parece
cielo cernido. 60
¡Si yo pudiera
remontarme al origen
de tu carrera!

Al octavo mes ríes
con cinco azahares. 65
Con cinco diminutas
ferocidades.
Con cinco dientes
como cinco jazmines
adolescentes. 70

Frontera de los besos
serán mañana,
cuando en la dentadura
sientas un arma.
Sientas un fuego 75
correr dientes abajo
buscando el centro.

Vuela niño en la doble
luna del pecho.
Él, triste de cebolla. 80
Tú, satisfecho.
No te derrumbes.
No sepas lo *que* pasa
ni lo que ocurre.

Miguel Hernández
Cancionero y romancero de ausencias, Cátedra

1. Realiza el análisis métrico de los siete primeros versos. Relaciónalo con la obra de Miguel Hernández.
2. Analiza el contenido del texto y estructúralo en partes.
3. Detecta y comenta los recursos estilísticos de los versos 20, 29-30, 36-37, 65-67.
4. Analiza los valores de *que* destacados en el texto.

Texto B

BUBY.— (Golpeando.) ¡Abre!
PAULA.— (El mismo juego.) ¡No!... Claro que, ahora que me fijo, le he asaltado a usted la habitación. Me voy. Adiós.
DIONISIO.— (Volviéndose y quedando ya frente a ella.) Adiós, buenas noches.
PAULA.— (Al notar su extraña actitud con los sombreros, que le hacen parecer un malabarista.) ¿Es usted también artista?
DIONISIO.— Mucho.
PAULA.— Como nosotros. Yo soy bailarina. Trabajo en el ballet de Buby Barton. Debutamos mañana en el Nuevo Music-Hall. ¿Acaso usted también debuta mañana en el Nuevo Music-Hall? Aún no he visto los programas. ¿Cómo se llama usted?
DIONISIO.— Dionisio Somoza Buscarini.
PAULA.— No. Digo su nombre en el teatro.
DIONISIO.— ¡Ah! ¡Mi nombre en el teatro! ¡Pues como todo el mundo!...
PAULA.— ¿Cómo?
DIONISIO.— Antonini.
PAULA.— ¿Antonini?
DIONISIO.— Sí. Antonini. Es muy fácil. Antonini. Con dos enes...
PAULA.— No recuerdo. ¿Hace usted malabares?
DIONISIO.— Sí. Claro. Hago malabares.
BUBY.— (Dentro.) ¡Abre!
PAULA.— ¡No! (Se dirige a DIONISIO.) ¿Ensayaba usted?
DIONISIO.— Sí. Ensayaba.
PAULA.— ¿Hace usted solo el número?
DIONISIO.— Sí. Claro. Yo hago solo el número. Como mis papás se murieron, pues claro...
PAULA.— ¿Sus papás también eran artistas?
DIONISIO.— Sí. Claro. Mi padre era comandante de Infantería. Digo, no.
PAULA.— ¿Era militar?
DIONISIO.— Sí. Era militar. Pero muy poco. Casi nada. Cuando se aburría solamente. Lo que más hacía era tragarse el sable. Le gustaba mucho tragarse su sable. Pero claro, eso les gusta a todos...
PAULA.— Es verdad... Eso les gusta a todos... ¿Entonces, todos, en su familia, han sido artistas de circo?
DIONISIO.— Sí. Todos. Menos la abuelita. Como estaba tan vieja, no servía. Se caía siempre del caballo... Y todo el día se pasaban los dos discutiendo...
PAULA.— ¿El caballo y la abuelita?
DIONISIO.— Sí. Los dos tenían un genio terrible... Pero el caballo decía muchas más picardías...
PAULA.— Nosotras somos cinco. Cinco girls. Vamos con Buby Barton hace ya un año. Y también con nosotros viene madame Olga, la mujer de las barbas. Su número gusta mucho. **Hemos llegado esta tarde para debutar mañana.** Los demás, después de cenar, se han quedado en el café que hay abajo... Esta población es tan triste... No hay adónde ir y llueve siempre... Y a mí el plan del café me aburre... Yo no soy una muchacha como las demás... Y me subí a mi cuarto para tocar un poco mi gramófono... Yo adoro la música de los gramófonos... Pero detrás subió mi novio, con una botella de licor, y me quiso hacer beber, porque él bebe siempre... Y he reñido por eso... y por otra cosa, ¿sabe? **No me gusta que él beba tanto...**
DIONISIO.— Hace mucho daño para el hígado... Un señor que yo conocía...
BUBY.— (Dentro.) ¡Abre!
PAULA.— ¡No! ¡Y no le abro! Ahora me voy a sentar para que se fastidie. (Se sienta en la cama.) ¿No le molestaré?
DIONISIO.— Yo creo que no.

Miguel MIHURA
Tres sombreros de copa, Cátedra

1. Resume el contenido del texto.
2. Caracteriza brevemente la obra de Mihura y sitúa en qué momento de su trayectoria literaria escribió *Tres sombreros de copa*.
3. Indica a qué corriente estética pertenece el autor y a qué subgénero pertenece la escena analizada.
4. Descubre los elementos que generan algún tipo de comicidad a la escena. Considera que el humorismo se obtiene no solo por medios lingüísticos sino también escénicos.
5. Analiza sintácticamente las oraciones destacadas en negrita.

Texto literario

Fidelidad

Creo en el hombre. He visto
espaldas astilladas a trallazos,
almas cegadas avanzando a brincos
(españas a caballo
del dolor y del hambre). Y he creído.   5

Creo en la paz. He visto
altas estrellas, llameantes ámbitos
amanecientes, incendiando ríos
hondos, caudal humano
hacia otra luz: he visto y he creído.   10

Creo en ti, patria. Digo
lo que he visto: relámpagos
de rabia, amor en frío, y un cuchillo
chillando, haciéndose pedazos
de pan: aunque hoy hay solo sombra, he visto   15
y he creído.

Blas De Otero
Pido la paz y la palabra, Lumen

De los poetas cuyas obras literarias han estado condicionadas por sus acontecimientos vitales, destaca sin duda Blas de Otero. Hechos como la Guerra Civil, su nacimiento en Bilbao, la muerte de personas allegadas, la dictadura… marcan de forma importante su carácter y su estética. La crítica ha considerado varias fases en su producción literaria: una etapa religiosa (hasta 1944), una segunda existencial o desarraigada (1944-1955) y una última poesía social. Las obras más destacadas del bilbaíno son *Angel fieramente humano* (1950), *Redoble de conciencia* (1951) y *Ancia* (1958).

La crisis existencial que vive el poeta le sirve para afrontar con valentía el presente y asumir con coraje su humana mortalidad. Estamos ya en la fase social, donde decide comunicar a los demás hombres sus experiencias anteriores. Como consecuencia inmediata, sus destinatarios poéticos cambian en beneficio de un receptor único, el hombre.

A partir de este momento la palabra tendrá valor estético y ético. Servirá para denunciar y comunicar los horrores del hombre, la estupidez de un presente que lo condena al dolor y al sufrimiento.

Formalmente, la «fidelidad» de Blas de Otero se expresa de un modo cuasi religioso, a modo de un «credo». En cambio, el credo oteriano nada tiene de religioso sino que es ético y humano.

Blas de Otero se decide a expresar y propagar su verdad, su «fe» y sus experiencias al resto de los hombres: la paz, la justicia, la libertad, la patria… el hombre. Bajo un humanismo utópico, coincidente con los principios marxistas –recordemos que el poeta se afilia al Partido Comunista en 1952–, propone una salida a un presente en evidente crisis: ausencia de paz, injusticias, explotación del trabajador, miserias humanas… Tras superar su crisis existencial se compromete con la realidad y sienta las bases de un futuro digno, libre y en paz. Por lo tanto, Blas de Otero se convierte en mensajero de esta nueva verdad, que vemos encarnada en el poema, con los postulados *hombre, paz, patria*.

Pero es aquí donde se plantea uno de los mayores problemas de la llamada «literatura social»: para que la palabra tenga alguna posibilidad de conseguir con éxito una auténtica transformación social o, lo que es lo mismo, para que llegue «a la inmensa mayoría», es necesario desequilibrar la balanza mensaje/forma en beneficio del primero. Es decir, lo formal se ve dominado por esos principios éticos y humanos antes citados. Sin embargo, no es el caso del poema que comentamos, puesto que la finalidad del mensaje no evita un elevado grado de elaboración formal que distancia al texto de todo amago de prosaísmo.

Métricamente podemos hablar de dos estrofas de cinco versos y una última de seis, con una doble rima asonante según el esquema aBAbA aBAbA abABAa. Se alternan fundamentalmente versos heptasílabos y endecasílabos, encontrándose algunas variantes en la parte final del poema, donde se renuncia al esquema métrico anterior en beneficio del mensaje.

La disposición estructural del poema es sencilla y fácilmente reconocible: tres estrofas en las que aparecen expresados los tres ejes temáticos antes aludidos: el hombre, la paz, la patria.

La cohesión textual viene dada gracias a la anáfora *creo en…* y una disposición simétrica de los elementos que componen la estrofa. Obsérvese, como ejemplo, la situación que adoptan los distintos gerundios que surcan el poema.

Para una mejor comprensión realizaremos un análisis pormenorizado de cada una de las estrofas.

Estrofa I

La aparente sencillez en la distribución de los elementos poéticos también se advierte en la técnica utilizada para su desarrollo. El autor sigue un mismo procedimiento:

1.º) Presentación-afirmación de su creencia (*Creo en el hombre*).

2.º) Argumentación-ejemplificación a través del verbo perceptivo *he visto: espadas, almas, españas.*

3.º) Efecto posterior de la visión: *he creído.*

Otero mantiene un denodado esfuerzo por unir ética y estética. Por ello, se sirve de procedimientos tan diversos como los siguientes:

- la enumeración: *espaldas, almas, españas.*
- la reiteración del grupo preposicional: *a trallazos, a brincos, a caballo.*
- las aliteraciones: *a* y *ll* en el verso 2 (*astilladas a trallazos*).
- las paronomasias *espaldas* (v. 2) *españas* (v. 4); incluso podemos observar este recurso, aunque sea lejanamente, entre *hombre* y *hambre* (vv. 1 y 5).

En definitiva, se trata de la combinación de elementos estilísticos que, sumados entre sí, no hacen más que desazonar y estremecer a un lector sobrecogido.

Estrofa II

El desarrollo de esta estrofa es semejante al de la anterior: creencia en la paz y posterior ejemplificación y selección de los hechos que niegan el ideal pacífico en el momento de escribir el poema. Sin duda, el mecanismo más llamativo que expresa el clima de violencia que vive la sociedad de su tiempo viene dado desde un punto de vista semántico. Otero acumula palabras que dan una idea de un mundo en llamas: *llameantes… incendiando ríos,* además de otras que ofrecen una idea de luz: *estrellas… amanecientes… hacia otra luz.*

Al plano semántico cabe añadir otros recursos versales como los encabalgamientos –muy presentes en todo el poema: *He visto/altas…, ríos/hondos*– y las aliteraciones de *m, ll* y *n* de los vv. 7-8. Igualmente destaca el uso abundante de adjetivos y concretamente de participios de presente: *altas, llameantes, amanecientes, hondos* y *humano.*

Estrofa III

El dramatismo se reitera definitivamente: *Digo lo que he visto* o *aunque hoy hay solo sombra.* De la luz de la estrofa anterior se llega a la oscuridad, a la inexistencia de los valores propuestos, en la situación presente. Aunque la estructura es similar a las anteriores, surgen variaciones que fijan la atención del lector, evitando cualquier amago de monotonía. Son por ejemplo:

- Adición de un sexto verso.
- Variación en la estructura métrica: el heptasílabo *he visto y he creído* se parte en dos para remarcar el plano temático.
- Apóstrofe (v. 11).
- Presencia de dos gerundios (con claro valor durativo), frente a uno en las estrofas anteriores.
- Ampliación de la fórmula: **Digo lo que** *he visto.*

De forma paralela al dramatismo antes citado, comprobamos cómo se extreman los procedimientos estilísticos. El ejemplo más destacado lo encontramos en la abundancia de encabalgamientos que afectan a todos los versos (la violencia sintáctica refuerza la violencia del contenido). No es más que un rasgo característico de este autor, muy presente en todas sus etapas. Otros recursos no menos importantes y recurrentes son la enumeración y los juegos fónico-semánticos tales como *cuchillo/chillando* o la paronomasia *hoy hay.* Todos ellos sumados a la premeditada dureza de un léxico material, accesible a todos los hipotéticos lectores (*cuchillo, pedazos de pan, relámpagos,* y anteriormente *trallazos, dolor, caballo, ríos…*), generan un sentimiento de absoluta brusquedad y desalentadora frustración por el presente. Pero, como antes, la esperanza vuelve a renacer tras ese salmódico y cuasi-religioso *y he creído.*

Por último, la patria, España. Si recordamos, existe en nuestra tradición literaria una larga nómina de escritores, preocupados, de una u otra manera, por la realidad nacional, incluso desde la crisis decadente del siglo XVII. Así, tenemos autores como Cervantes, Quevedo, Feijoo, Cadalso, Larra, el grupo generacional del 98, los numerosos escritores del exilio… hasta bien entrado el siglo XX (Goytisolo, Martín Santos…).

Igual que la mayoría de ellos, Blas de Otero se muestra muy crítico con determinados aspectos de la realidad, y concretamente en el plano político (dictadura), socioeconómico (explotación laboral, opresión…) y religioso. Además, en Blas de Otero convive una contradictoria visión de España, que va desde la visión positiva (casi intrahistórica) de los valores esenciales de lo español hasta la crítica. Así, en el poema se constatan ambas posturas: *Creo en ti, patria* (visión positiva) frente a la cruda realidad objetiva de *Digo lo que he visto* (visión crítica).

Texto literario

«En esto hemos conocido la caridad, en que Él dio su vida por nosotros y nosotros debemos dar nuestra vida por nuestros hermanos. El que tuviera bienes de este mundo y viendo a su hermano pasar necesidad le cierra sus entrañas, ¿cómo mora en él la caridad de Dios?... Si alguno dijere: "Amo a Dios" pero aborrece a su hermano, miente. Pues el que no ama a su hermano a quien ve, no ama a Dios a quien no ve», que es precisamente lo que siempre he sostenido, cariño, que tus ideas sobre la caridad son como para recogerlas en un libro, y no te enfades, que todavía me acuerdo de tu conferencia, ¡vaya un trago!, hijo mío, que te pones a mirar, y no hay quien te entienda, que te metías conmigo cada vez que iba a los suburbios a repartir naranjas y chocolate como si a los críos de los suburbios les sobrasen, válgame Dios, y no digamos la tarde que se me ocurrió ir con Valen al Ropero. ¿Puede saberse qué es lo que te pasa? Siempre hubo pobres y ricos, Mario, y obligación de los que, a Dios gracias, tenemos suficiente, es socorrer a los que no tienen, pero tú enseguida a enmendar la plana, que encuentras defectos hasta en el Evangelio, hijo, que a saber si tus teorías son tuyas o del Perret ese de mis pecados, o de don Nicolás, o de cualquiera otro de la cuadrilla que son todos a cual más retorcido, no me vengas ahora. «Aceptar eso es aceptar que la distribución de la riqueza es justa», habráse visto, que cada vez me dabas un mitin, cariño, con que si la caridad solamente debe llenar las grietas de la justicia pero no los abismos de la injusticia, que lo decía Armando, «buena frase para un diputado comunista», a ver, que a los pobres les estáis revolviendo de más y el día que os hagan caso y todos estudien y sean ingenieros de caminos, tú dirás dónde ejercitamos la caridad, querido, que esa es otra, y sin caridad, ¡adiós el Evangelio!, ¿no lo comprendes?, todo se vendrá abajo, es de sentido común... [...] Bien mirado, todo está ahora patas arriba, Mario, que a este paso cualquier día nos salen con que los malos somos nosotros, visto lo visto, cualquier cosa... Y así nos crece el pelo, que te pones a ver y hasta los negros de África quieren ya darnos lecciones cuando no son más que caníbales, por más que tú vengas con que no les enseñamos otra cosa, que mira papá qué bien enfocó el problema por la tele la otra noche, había que oír a Valen. Una cosa, Mario, aquí, para inter nos, que no me he atrevido a decirte antes, escucha; yo no daré un paso por informarme si es cierto lo que dice Higinio Oyarzun de que te reunías los jueves con un grupo de protestantes para rezar juntos, pero si, sin ir a buscarlo, alguien me lo demostrase, aun sintiéndolo mucho, hazte a la idea de que no nos hemos conocido, de que nuestros hijos no volverán a oírme una palabra de ti, antes prefiero, fíjate bien, que piensen que son hijos naturales, que con gusto tragaré ese cáliz, que decirles que su padre era un renegado. Sí, Mario, sí, estoy llorando, pero bueno está lo bueno, que yo paso por todo, ya lo sabes, que a comprensiva y a generosa pocas me ganarán, pero antes la muerte, fíjate bien, la muerte, que rozarme con un judío o un protestante. Pero ¿es que vamos a olvidarnos, cariño, de que los judíos crucificaron a nuestro Señor? ¿Adónde vamos a parar por este camino, si me lo puedes decir? Y, por favor, no me vengas con historias de que a Cristo le crucificamos todos, todos los días, cuentos chinos, que si Cristo levantara la cabeza, ten por seguro de que no vendría a rezar con los protestantes, ni a decir que los pobres vayan a la Universidad, ni a comprar Carlitos a todos los vagos de Madrid, ni a ceder la vez en las tiendas, ni, eso fijo, a tirar lechazos a Hernando de Miguel por el hueco de la escalera. Tenéis un concepto muy pobre de Cristo, a lo que veo, querido.

Miguel Delibes
Cinco horas con Mario, Cátedra

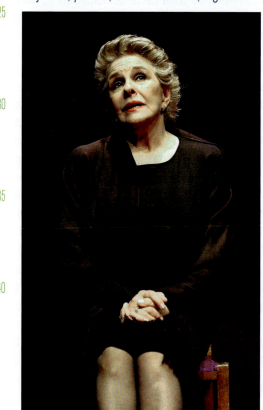

1 Fase previa

- Resuelve todas las dudas de vocabulario del texto antes de proceder a comentarlo. Para ello consulta un diccionario en papel o digital.

2 Presentación y localización del texto

- Investiga sobre el autor y sus etapas de producción novelística. ¿A cuál de ellas pertenece esta obra?
- Brevemente, explica el sentido del título de la obra.

3 Análisis de las técnicas narrativas

- Analiza la técnica usada por Delibes, el *monodiálogo*:
  - ¿Cómo es posible que Mario converse con Carmen, si está muerto?
  - ¿Cuál es el elemento dinamizador, generador de las réplicas de Carmen?
- Localiza y describe a los protagonistas del texto propuesto y de la obra en general.
- La aparición de Mario –hijo– al final de la obra aporta una visión distinta a la desarrollada a lo largo de la obra. Investiga esta cuestión.
- Analiza el espacio y el tiempo, tanto externo como interno.

4 Análisis del contenido y de la forma

- La estructura de los capítulos de la obra sigue siempre una misma línea: junto al cadáver, pues, con la Biblia entre las manos, se dispone Carmen a pasar las últimas horas ante a su marido. La lectura, a continuación, de los textos subrayados por Mario dará lugar a la réplica, la interpretación personal de Carmen que aprovecha para realizar múltiples reproches a su marido.
- En su dimensión social, el sentido de la obra apunta, a la esperanza en la conciliación de los dos mundos representados por Carmen y Mario. En este sentido, el personaje de Mario, el hijo del difunto, cobra importancia trascendental: significa la reflexión ante las ideas heredadas (en este y en otros textos es posible observar la dependencia absoluta de Carmen hacia las opiniones de su padre, que son aceptadas ciegamente. El padre, quizás sea ello significativo, escribe en *ABC*).
- La doble dimensión del conflicto planteado puede observarse en el texto que proponemos en relación a uno de los aspectos problemáticos que censura Carmen en su marido: su concepto de la caridad. De forma resumida, este concepto es entendido de la siguiente forma por ambos personajes:

El concepto de caridad en *Cinco horas con Mario*	
Nivel individual	**Nivel social**
Mario: defensa de *Caritas*. Carmen: ataque a *Caritas*.	Mario: sociedad igualitaria. Carmen: sociedad clasista.
Mario: defensa del oprimido y marginado. Carmen: defensa de la existencia de marginados y oprimidos.	Mario: la justicia frente a la caridad; distribución justa de la riqueza. Carmen: la caridad como excusa para el sostenimiento de las clases pudientes frente a los oprimidos.
Mario: comulga con protestantes y judíos. Carmen: odia a protestantes y judíos.	Mario: respeto a la opción religiosa. Carmen: estado confesional intransigente frente a otras religiones.
Mario: opción social. Carmen: opción individual; provecho propio.	Mario: liberalismo, justicia, socialismo, honradez, respeto a las diversas razas. Carmen: reacción, consumismo, capitalismo, corrupción, racismo.

- De forma textual, el concepto doble de la caridad se manifiesta en múltiples frases. Señálalas.
- Los reproches de Carmen intentan justificar su comportamiento, especialmente su adulterio. Investiga y reflexiona sobre eso.
- Analiza los rasgos de lengua oral que emplea Carmen en el texto.

5 Análisis sociológico

- La obra plantea un conflicto entre dos modos de entender el mundo, dos representantes de dos modelos de sociedad de mediados del siglo XX en España. Comenta este aspecto.

6 Conclusión final

- Recapitula lo más significativo y expresa tu valoración personal del texto y la impresión que te ha causado.

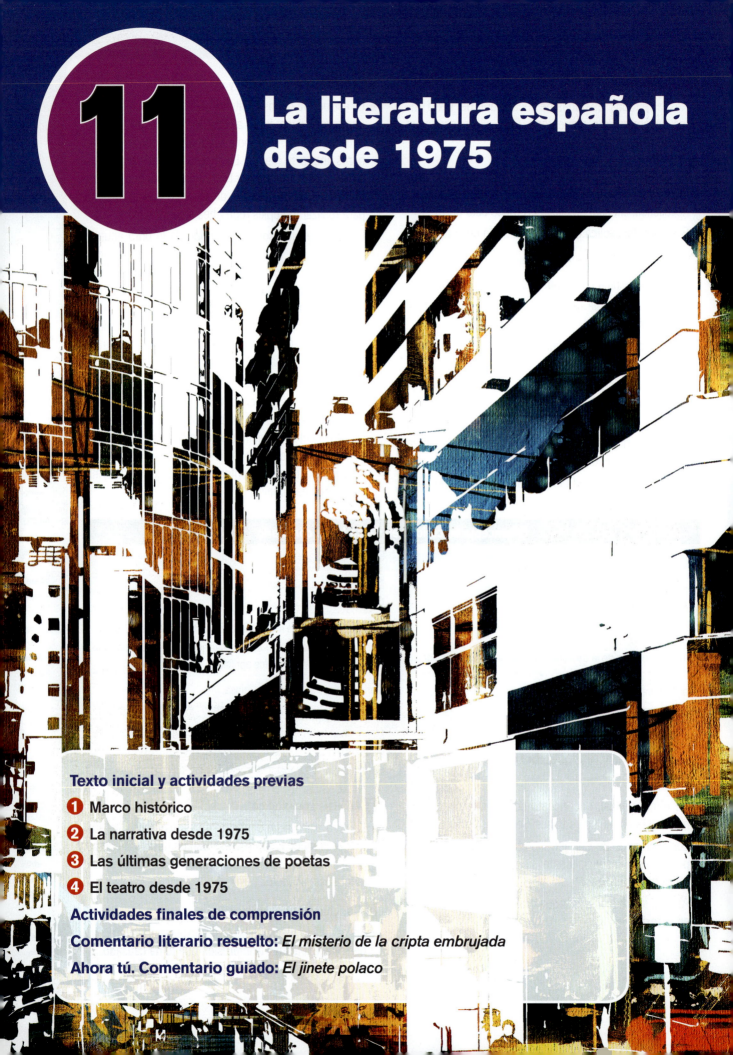

11 La literatura española desde 1975

Texto inicial y actividades previas
1. Marco histórico
2. La narrativa desde 1975
3. Las últimas generaciones de poetas
4. El teatro desde 1975

Actividades finales de comprensión

Comentario literario resuelto: *El misterio de la cripta embrujada*

Ahora tú. Comentario guiado: *El jinete polaco*

Texto inicial

Texto 1. Tú me llamas, amor...

Tú me llamas, amor, yo cojo un taxi,
cruzo la desmedida realidad
de febrero por verte,
el mundo transitorio que me ofrece
un asiento de atrás,
su refugiada bóveda de sueños,
luces intermitentes como conversaciones,
letreros encendidos en la brisa,
que no son el destino,
pero que están escritos encima de nosotros.
Ya sé que tus palabras no tendrán
ese tono lujoso, que los aires
inquietos de tu pelo
guardarán la nostalgia artificial
del sótano sin luz donde me esperas,
y que, por fin, mañana
al despertarte,
entre olvidos a medias y detalles
sacados de contexto,
tendrás piedad o miedo de ti misma,
vergüenza o dignidad, incertidumbre
y acaso el lujurioso malestar,
el golpe que nos dejan
las historias contadas una noche de insomnio.
Pero también sabemos que sería
peor y más costoso
llevárselas a casa, no esconder su cadáver
en el humo de un bar.
Yo vengo sin idiomas desde mi soledad,
y sin idiomas voy hacia la tuya.
No hay nada que decir,
pero supongo
que hablaremos desnudos sobre esto,
algo después, quitándole importancia,
avivando los ritmos del pasado,
las cosas que están lejos
y que ya no nos duelen.

Luis García Montero
Diario cómplice, Hiperión

Texto 2. Tempus fugit

Lo dijeron Horacio y el Barroco:
cada hora nos va acercando un poco
más al negro cuchillo de la Parca.
¿Qué es esta vida sino un breve sueño?

Hoy lo repite, a su manera, el Marca:
en junio se retira Butragueño.

Miguel D'Ors

Texto 3. Viene el olvido

La luz hierve debajo de mis párpados.

De un ruiseñor absorto en la ceniza, de sus negras entrañas musicales, surge una tempestad. Desciende el llanto a las antiguas celdas, advierto látigos vivientes

y la mirada inmóvil de las bestias, su aguja fría en mi corazón.

Todo es presagio. La luz es médula de sombra: van a morir los insectos

en las bujías del amanecer. Así

arden en mí los significados.

Antonio Gamoneda
Arden las pérdidas, Tusquets

Texto 4. Negro

En un coche pequeño. Solo, en la carretera, con más de cincuenta millones en el maletero. Un dinero que no es tuyo, que tienes que entregar esta tarde, tiene que estar antes de las cuatro. Un audi te sigue desde hace varios kilómetros. Ya no piensas en todo lo que harías con ese dinero. Solo quieres llegar y hacer la entrega, deshacerte de él como si fuera un cadáver.

Pablo García Casado
Dinero, DVD Ediciones

Actividades previas

A. Por parejas, resumid el contenido de los textos. ¿Cuál os ha resultado más difícil?

B. Analizad la métrica de los poemas 2 y 3.

C. ¿Por qué podemos considerar como poema el texto 4?

D. ¿Cuál de los cuatro textos te ha gustado más? ¿Por qué?

1 Marco histórico

En 1975, la muerte del general Francisco Franco, jefe de gobierno durante cuarenta años, supone el final de la dictadura y la restauración de la democracia. La delicada actuación política, encabezada por el rey Juan Carlos I y secundada por políticos como Adolfo Suárez, Felipe González, Santiago Carrillo, da paso a un período de transición ejemplar que ha sido reconocido como modelo en otros muchos países.

Durante esta época, y hasta la actualidad, la literatura en lengua española se abre nuevamente al mundo y conecta con el vertiginoso cambio que está provocando la sociedad de la información. En esta nueva realidad, el ocio se ha convertido en un factor propicio para fomentar todo tipo de consumismo, y la literatura compite con numerosas formas de entretenimiento, de las que muchas veces se nutre (el mundo de las nuevas tecnologías entra de lleno en algunas de las últimas tendencias literarias). Daremos cuenta en las siguientes páginas de las principales tendencias en la novela, la poesía y el teatro español más reciente.

2 La narrativa desde 1975

2.1. Los novelistas del 68

Coincidiendo con el auge de la novela experimental gracias a Luis Martín-Santos y Juan Goytisolo, aparece una nueva generación de narradores, formada por novelistas nacidos y educados en los años de restricciones de la posguerra. Se trata de autores que vivieron la rebeldía contra el franquismo en las protestas universitarias del 68 (inspiradas en el «Mayo francés»). A estos novelistas también se les ha designado como generación del 66 (Ley de Prensa) o del 75 (fin de la dictadura).

Las primeras obras de esta generación de escritores están influidas por los modelos de la **novela estructural** de los sesenta, aunque ya desde *La saga/fuga de J. B.* se tiende a recuperar los elementos tradicionales del relato. Con tan eminente precedente, los autores del 68, encabezados por José María Guelbenzu (*El mercurio*, 1968), Félix de Azúa, Manuel Vázquez Montalbán o José María Vaz de Soto, contribuirían poco más tarde al asentamiento de esta tendencia.

En un primer momento, se apartan de la novela social y defienden un concepto de novela basado en la investigación de la **estructura** y el **lenguaje.** Posteriormente, tenderán a abordar los **problemas del hombre** considerado en su individualidad, aislado de la realidad colectiva. De ahí pasan a realizar una reflexión serena sobre **el arte de la novela,** que les lleva a abandonar el experimentalismo puro y a recuperar elementos tradicionales del relato, aunque sin olvidar los logros conseguidos por la novela estructural. En este nuevo rumbo se adscriben autores que forman la segunda oleada generacional: Eduardo Mendoza, José María Merino y Juan José Millás; Manuel Vázquez Montalbán también se uniría a esta tendencia.

Además de la ya comentada *La saga/fuga de J. B.*, destaca otra novela en la configuración de la nueva fórmula narrativa: *La verdad sobre el caso Savolta* (1975), de Eduardo Mendoza.

Cartel de la adaptación cinematográfica de *La verdad sobre el caso Savolta*.

Eduardo Mendoza (Barcelona, 1943)

Vivió en Nueva York de 1973 a 1982. Ha trabajado como traductor e intérprete para Naciones Unidas. Premio de la Crítica en 1975. Entre 1995 y 1999 ejerce como profesor en la Facultad de Traducción e Interpretación de la Universidad Pompeu Fabra de Barcelona.

Con *La verdad sobre el caso Savolta* (1975), Eduardo Mendoza inicia una brillante trayectoria como novelista. Conjuga magistralmente la intriga tradicional con diversas técnicas experimentales: folletín, parodias del estilo periodístico, de documentos judiciales, de discursos políticos… La obra avanza desde un principio experimental (recortes breves, inconexos aparentemente, sin orden cronológico) hasta un final lineal propio de la novela policíaca, donde se plantea una reconstrucción casi detectivesca de los hechos que han quedado sin explicar.

En esta misma línea podemos situar otras obras de Eduardo Mendoza como *La ciudad de los prodigios* (1986), *La isla inaudita* (1989) o *El año del diluvio* (1992). Ha escrito una obra de teatro (*Restauración*), estrenada con éxito, y dos novelas por entregas (*Sin noticias de Gurb* y *El último trayecto de Horacio Dos*). En *Una comedia ligera* (1996), y mediante la técnica del discurso directo narrativizado (por la supresión de las marcas formales del diálogo), cuenta un verano conflictivo («el último verano de su juventud») en la historia de Carlos Prullàs, maduro autor dramático de obras intrascendentes y pasadas de moda.

Se retrata la alta burguesía catalana y el ambiente teatral barcelonés. Además, irrumpe la intriga detectivesca. Maneja Mendoza los más diversos registros, alcanzando altas cotas en la descripción de los ambientes más sórdidos.

Destaca asimismo como ingenioso escritor en las divertidísimas novelas *El misterio de la cripta embrujada* (1979) y *El laberinto de las aceitunas* (1982).

En *La aventura del tocador de señoras* (2001), el protagonista –más mordaz que en anteriores entregas– debe resolver un asesinato. El final es una parodia de las novelas de Agatha Christie: todos los sospechosos son reunidos para desvelar al asesino. El humor y la desazón son constantes. Las dos últimas novelas de la serie son *El enredo de la bolsa y la vida* (2012) y *El secreto de la modelo extraviada* (2015).

En 2008 publica *El asombroso viaje de Pomponio Flato*. Se trata de una parodia del género policíaco, histórico y hagiográfico. En el año 2010 gana el Premio Planeta con *Riña de gatos. Madrid, 1936*, una intriga ambientada en los días previos al inicio de la Guerra Civil.

Actividades

La aventura del tocador de señoras nos presenta un amplio repertorio de personajes caricaturescos y esperpénticos. Uno de ellos es el alcalde de Barcelona, que pronuncia un discurso un tanto atípico, como vamos a ver.

—Ciudadanas y ciudadanos, amigos míos, permitidme interrumpir vuestra vacía cháchara para explicaros el motivo de esta convocatoria intempestiva y del sablazo que la acompaña. Hace un momento nuestro gentil anfitrión, el amigo Arderiu, a quien tanto debemos, sobre todo en metálico, me decía que el tiempo vuela. Al amigo Arderiu, Dios no le ha concedido muchas luces; todos estamos de acuerdo en que es un imbécil. Pero a veces, pobre Arderiu, dice cosas sensatas. Es cierto: el tiempo vuela. Acabamos de guardar los esquís y ya hemos de poner a punto el yate. Suerte que mientras la bolsa sigue subiendo. Os preguntaréis, ¿a qué viene ahora esta declaración de principios? Yo os lo diré. Se avecinan las elecciones municipales. ¿Otra vez? Sí, majos, otra vez.

El señor alcalde hizo una pausa, miró a la concurrencia, y luego, animado por el silencio respetuoso con que aquélla hacía ver que le escuchaba, prosiguió diciendo:

—No hace falta que os diga que me presento a la reelección. Gracias por los aplausos con que sin duda recibiríais este anuncio si no tuvierais las manos ocupadas. Vuestro silencio elocuente me anima a seguir. Sí, amigos, vuelvo a presentarme y volveré a ganar. Volveré a ganar porque tengo a mis espaldas un historial que me avala, porque lo merezco. Pero sobre todo porque cuento con vuestro apoyo moral. Y material.

»No será fácil. Nos enfrentamos a un enemigo fuerte, decidido, con tan pocos escrúpulos como nosotros, y encima un poco más joven. Arderiu tenía razón: el tiempo vuela, y hay quien pretende aprovecharse de esta enojosa circunstancia. Los que pretenden tomar el relevo alegan que ya hemos cumplido nuestro ciclo, que ahora les toca a ellos el mandar y el meter mano en las arcas. Tal vez tengan razón, pero ¿desde cuándo la razón es un argumento válido? Desde luego, no es con razones con lo que me moverán de mi poltrona.

Eduardo Mendoza
La aventura del tocador de señoras, Seix Barral

1. El tono paródico del discurso es evidente, ¿en qué elementos se sustenta?

2. Reelabora el discurso de modo que, aun diciendo lo mismo, termine siendo *políticamente correcto*.

Francisco Umbral (Madrid, 1935-2007)

Ha dedicado su vida a la literatura y al periodismo, y es uno de los escritores más prolíficos y polémicos de la actualidad. Está considerado como uno de los mejores cronistas de la España de hoy. Ha escrito en gran parte de las revistas y periódicos españoles, generalmente con secciones fijas que le han consagrado como uno de los grandes autores de periodismo literario. Entre otros, ha obtenido los premios Príncipe de Asturias en 1996 y Cervantes en 2000.

Entre los títulos de la amplia producción de **Francisco Umbral** destacan: *Balada de gamberros* (1965), *El giocondo* (1970), *Memorias de un niño de derechas* (1972), *Las ninfas* (1975, Premio Nadal), **Mortal y rosa** (1975) –considerada por la crítica como su mejor novela–, *Mis paraísos artificiales* (1976), *Nada en domingo* (1988), *Crónica de esa gente guapa* (1991, una sátira social), *Leyenda del césar visionario* (1991, Premio de la Crítica), *La república bananera USA* (2002), *Los metales nocturnos* (2003)…

Ha publicado también **biografías** literarias sobre Lorca, Valle-Inclán, Larra y Gómez de la Serna; **ensayos** (*España cañí*, 1975; *El fetichismo*, 1986; *Las palabras de la tribu*, 1994); un *Diccionario para pobres* (1977); un *Diccionario cheli* (1982); y un *Diccionario de literatura* (1995).

Umbral es autor de una vasta **obra periodística y ensayística** incisiva, expresiva, irónica y lírica. Se considera discípulo de Larra, Valle-Inclán, González Ruano y Gómez de la Serna. Ha desarrollado un **lenguaje** inimitable y efectivo, abundante en hallazgos propios y elementos del habla popular estilizados.

Actividades

En *Mortal y rosa*, Umbral nos transmite una sobrecogedora y tierna elegía de la infancia, basada en la evocación de su hijo muerto. El escritor construye un largo monólogo en que el recuerdo del hijo actúa como mecanismo que convierte su pesar en nueva fuerza vital y liberadora.

Cuando leo, en la soledad de la casa, en el silencio de la noche o en la blancura absorta de la tarde, el niño duerme, y todo reposa en su sueño, y el discurso del libro corre por sobre ese lecho cándido del sueño de un niño. Cómo se apoya el mundo, tan caído y pesado, en la levedad del dormir infantil. Es su sueño el rumor del mundo, la levedad última de la vida, y las batallas de la prosa que leo se enzarzan sobre la inocencia doble de un niño dormido.

Mi hijo en el mercado, entre el fragor de la fruta, quemado por todas las hogueras de lo fresco, iluminado por todos los olores del campo. La fruta –ay– le contagia por un momento su salud, y el niño ríe, mira, toca, corre, sintiendo y sin saber un mundo natural, el bosque podado en que se encuentra, esa consecuencia de bosque que es un cesto de fruta, una frutería. Mi hijo en el mercado, entre el crimen matinal de las carnes, el naufragio azteca de los pescados y, sobre todo, entre los fuegos quietos de la fruta, que le abrasa de verdes, de rojos, de malvas, de amarillos. Él, fruta que habla, calabaza que vive, está ahora entre dos fuegos, entre los mil fuegos fríos de la fruta, y grita, chilla, ríe, vive, lleno de pronto de parientes naturales, primo de los melocotones, hermano de los tomates, con momentos de hortaliza y momentos de exquisita fruta tropical. Es como si le hubiéramos traído de visita a una casa de mucha familia, a un hogar con muchos niños. Como cuando se reencuentra con la hueste ruidosa de los primos. Qué fragor de colores en el mercado de la fruta. El niño corre entre las frutas, entre los niños, entre los primos, entre los albaricoques.

Francisco UMBRAL
Mortal y rosa, Cátedra

3. Resume el contenido del texto. ¿Qué sentimientos se reflejan en él?

4. Detecta y analiza las diversas figuras estilísticas del fragmento.

5. ¿Recuerdas otro caso parecido de liberación a través de la escritura?

José Manuel **Caballero Bonald** representa uno de los novelistas más completos de las últimas décadas. Integrante de la generación de los 50, ha sabido evolucionar con el tiempo y proponer –manteniendo su peculiar estilo– una obra en permanente renovación hasta hoy.

Ha escrito con fortuna algunos libros de **poemas,** entre los que señalamos *Pliegos de cordel* (1961) o *Vivir para contarlo* (1969). En 2003 recibió el premio internacional de poesía «Reina Sofía». En 2004 publica su poesía completa bajo el título *Somos el tiempo que nos queda.* Asimismo, es autor de libros de viajes y de ensayos, básicamente sobre flamenco. Su obra narrativa le ha valido fama y reconocimiento. Su última novela es ***Campo de Agramante*** (1992), en la que –sin abandonar la ambientación andaluza peculiar de sus obras– narra las vicisitudes de un personaje que puede oír sonidos con antelación en el tiempo. Además de su obra narrativa, ha escrito dos volúmenes de **memorias:** *Tiempo de guerras perdidas* (1995) y *La costumbre de vivir* (2001).

José Manuel Caballero Bonald (Jerez de la Frontera, Cádiz, 1926)

Estudia Astronomía y Náutica en Cádiz y, posteriormente, Filosofía y Letras en Sevilla. De 1971 a 1975 trabaja en el Seminario de Lexicografía de la Real Academia Española. Ha impartido clases de literatura española en diversas universidades extranjeras. Entre otros reconocimientos, le fue concedido el Premio Biblioteca Breve (1961) por *Dos días de setiembre,* el Premio Crítica de Novela (1975) por *Agata ojo de gato* y el Premio Ateneo de Sevilla (1981) por *Toda la noche oyeron pasar pájaros.* En 1996 fue nombrado Hijo predilecto de Andalucía.

Actividades

El comienzo de *Tiempo de guerras perdidas* muestra las claves de la escritura autobiográfica de Caballero Bonald: fidelidad al recuerdo, evocaciones fragmentarias, recomposiciones…

Las fronteras de la infancia suelen coincidir con las del verano. Yo, al menos, nunca he logrado situarlas de otra manera en el territorio general de la memoria, como si lo más notable que me hubiese ocurrido cuando era niño permaneciera enmarcado en un campo estival o en una playa radiante de la Andalucía atlántica o en los tórridos atajos callejeros de Jerez. Las otras imágenes infantiles, por muy copiosas que sean, perseveran en la evocación dentro de un relieve mucho más desvaído y una tonalidad mucho menos acusada, con lo que han terminado por adquirir cierta condición de subalternas. Incluso tiendo instintivamente a desplazarlas de ese núcleo de sensaciones imborrables que determinan la densidad del recuerdo. Supongo que esa hipótesis tampoco es ajena a la ambigüedad selectiva con que se coteja el pasado, y no me parece mal que sea así, sobre todo porque lo único que pretendo es compulsar la verosimilitud de ciertas memorias que han sobrevivido a su natural decrepitud. A lo mejor no se trata más que de una simple coartada de la imaginación, fijada ahora gratuitamente en el desorden retrospectivo de los veranos.

En la casa de la jerezana calle Caballeros donde nací –y donde viví hasta los diecisiete años– había una escalera que conducía directamente a una ciudad solar.

José Manuel C<small>ABALLERO</small> B<small>ONALD</small>
Tiempo de guerras perdidas, Círculo de Lectores

6. ¿Cómo podemos enunciar el tema del fragmento que acabas de leer?

7. Justifica el carácter literario del fragmento.

8. Investiga sobre Caballero Bonald: vida, obra, época… En esta ocasión, Internet puede ser un buen punto de partida. Consulta www.fcbonald.com, página web de la Fundación Caballero Bonald.

2.2. Tendencias de la novela actual

Desde 1975 a la actualidad, el panorama de la novela española se hace más complejo:

- Se publican en España obras censuradas y editadas en el extranjero (por ejemplo, las de Juan Goytisolo o Juan Marsé).
- Textos inéditos o mutilados aparecen ahora en su integridad (*Tiempo de silencio*, de Luis Martín-Santos).
- Se recupera la narrativa de los exiliados (algunos como Ramón J. Sender, Francisco Ayala o Rosa Chacel reciben importantes premios literarios).
- Se traducen obras extranjeras antes prohibidas.

Los primeros años de la democracia traen, por otra parte, un auge de la **novela política** (Jorge Semprún: *Autobiografía de Federico Sánchez*), pero rápidamente comienzan a diversificarse los temas y aparecen ejemplos de todas las tendencias narrativas.

A este panorama tan variado contribuye la coexistencia de distintas generaciones de escritores: la del 36 (Camilo José Cela, Miguel Delibes, Gonzalo Torrente Ballester), la del 50 (Juan Goytisolo, Juan Marsé), la del 68 (José María Vaz de Soto, José María Guelbenzu, Manuel Vázquez Montalbán, Eduardo Mendoza) y los novelistas de los 80, entre quienes destacan Rosa Montero, Arturo Pérez Reverte, Jesús Ferrero, Justo Navarro, Julio Llamazares y Antonio Muñoz Molina.

El panorama narrativo actual presenta una enorme **variedad de temas** y una gran **calidad formal**. Esta circunstancia, unida a la escasa perspectiva temporal, hace difícil describir el paisaje novelesco y establecer tendencias unificadoras. La mezcla de cuatro generaciones narrativas, la llegada de autores exiliados, el auge de los premios literarios y el *boom* editorial dificultan enormemente el trabajo crítico.

A continuación presentamos las principales tendencias actuales.

La metanovela

La metanovela consiste en incluir la propia narración como centro de atención del relato. El narrador no esconde los procesos creativos y provoca que la novela se mire a sí misma (**novela especular**), de tal modo que el texto narrativo ofrece tanto el resultado final como el camino que ha llevado hasta él. Se trata de un ejemplo claro de **literatura dentro de la literatura**. En esta línea, encontramos obras como:

- *Novela de Andrés Choz* (1976), de José María **Merino**.
- *Fabián* (1977), de José María **Vaz de Soto**.
- *Larva* (1983) y *Poundemonium* (1988), de **Julián Ríos**.
- **Luis Landero** (*Juegos de la edad tardía*, 1989; *El guitarrista*, 2002), **Juan José Millás** (*La soledad era esto*, 1990; *El mundo*, 2007) son dos de los más recientes cultivadores de esta modalidad.

Juan Marsé, Premio Cervantes en 2008.

Actividades

En *Papel mojado,* Juan José Millás plantea una novela policíaca que solo es posible entender en el ámbito de la propia literatura. Las reflexiones del autor sobre su texto se encuentran al final del relato.

—Es mentira que no volvieron a verse después de aquella tarde que pasaron juntos en el teleférico, detrás de Campuzano. Su amigo le llamó a los pocos días y se encontraron en la buhardilla que este tenía en la calle de La Palma. Hablaron de los tiempos pasados, quizá también de las ambiciones adolescentes no realizadas, y entonces Luis María le enseñó esta novela en la que al final nos encontramos usted y yo en una comisaría de Madrid. Por si fuera poco, y por uno de esos juegos a los que sin duda era muy aficionado, la había escrito en primera persona utilizando el nombre de usted y colocándose a sí mismo en el papel del muerto. Usted leyó el relato y le gustó, llegó a creer incluso que era suyo, pero había un testigo. Eliminó, pues, al testigo, al verdadero escritor, y cambió la firma. Le dije el otro día que en tiempos fui un buen aficionado al género policíaco y por lo tanto sé que, cuando un autor conoce el final, no puede evitar contarlo en el transcurso de la acción. Luis María sabía ese final y no deja de lanzar señales que lo explican. ¿Acaso no recuerda un capítulo en el que Carolina y usted están en la buhardilla de su amigo cuando ésta descubre un papel en el que hay una idea para una novela? Para esta novela precisamente. Por eso se encarga usted de destruir esa prueba. Teresa dice en otra ocasión, no sé en qué capítulo, que Luis María había escrito o estaba escribiendo una novela en la que sacaba a todos los amigos; hablaba también de esta novela. Y, en fin, ¿no recuerda las preguntas que hace usted a todo el mundo sobre si el muerto ha dejado algún manuscrito? Temía que hubiera una copia fuera de su control que pudiera delatarle. A todo esto aún habría que añadir el canto que hace su personaje al asesino solitario en el capítulo once, pero creo que no vale la pena insistir más en algo que resulta evidente.

El inspector puso las manos sobre la mesa en un gesto que quería decir que la función había terminado. Yo estudié sus ojos con desconfianza durante algunos segundos y al fin pregunté:

—¿Por qué no me detiene, pues?

—Porque no vale la pena, amigo —respondió—. Mi carrera profesional termina con este capítulo y a estas alturas me encuentro algo cansado. Recibirá usted un castigo peor que la cárcel: ser un mal detective de ficción. Irá de una novela a otra como un Caín imaginario, despojado de la realidad y de sus adherencias. No lo lamente; a fin de cuentas todo es tan imaginario como esta situación absurda que nos ha tocado vivir a usted y a mí durante estos últimos días.

Juan José Millás
Papel mojado, Anaya

9. Resume el contenido del fragmento que acabas de leer.

10. Aplica el concepto de metanovela al fragmento.

Imagen de la adaptación cinematográfica de *Los santos inocentes*

Novela poemática o lírica

La llamada **novela poemática** aspira a convertirse en un texto creativo autónomo y a difuminar las fronteras con el género lírico. De claro **tono subjetivo,** manifiesta una marcada tendencia a la **concentración máxima.** En este tipo de obras no existe imitación de la realidad y los personajes suelen ser insondables. Abundan el elemento onírico y las referencias a mitos y símbolos. El lenguaje, en consecuencia, es más sugerente que referencial. Son textos poemáticos:

- *La isla de los jacintos cortados* (1980), de Gonzalo Torrente Ballester.
- *Mazurca para dos muertos* (1983) y *Madera de boj* (1999), de Camilo José Cela.
- *Los santos inocentes* (1981), de Miguel Delibes.
- *La lluvia amarilla* (1988), de Julio Llamazares.
- *Makbara* (1980) y *Las virtudes del pájaro solitario* (1988), de Juan Goytisolo.

Novela histórica

La novela histórica plantea la **recuperación de hechos históricos** pasados desde distintos puntos de vista: fabulación imaginaria del pasado, proyección del pasado sobre el presente o aprovechamiento de la historia para indagaciones intelectuales y ejercicios de estilo. Son históricas las siguientes novelas:

Edad Media	• *En busca del unicornio* (1987), de Juan Eslava Galán. • *El manuscrito carmesí* (1990), de Antonio Gala.
Siglo de Oro	• *El hereje* (1998), de Miguel Delibes.
Siglo XIX	• *El maestro de Esgrima* (1988), *Cabo de Trafalgar* (2004), de Arturo Pérez Reverte.

En propiedad, el término *novela histórica* se aplica a obras que se sitúan en un pasado remoto; existe, no obstante, otro conjunto de obras muy significativas sobre diversos acontecimientos del siglo XX.

Son numerosas las novelas dedicadas a la contienda civil y a la inmediata posguerra. Se trata de un referente casi obligado tras el fin de la dictadura, cuando ya es posible ofrecer una visión completa de nuestro pasado reciente.

Siglo XX	• *Octubre, octubre* (1981), de José Luis Sampedro. • *La verdad sobre el caso Savolta* (1975) y *La ciudad de los prodigios* (1986), de Eduardo Mendoza.
Guerra Civil	• *Beatus ille* (1986), de Antonio Muñoz Molina. • *Herrumbrosas lanzas* (1983-1986), de Juan Benet. • *Los jinetes del alba* (1984), de Jesús Fernández Santos. • *Soldados de Salamina* (2001), de Javier Cercas. • *Riña de gatos. Madrid, 1936*, de Eduardo Mendoza.

Cartel de la adaptación cinematográfica de *Soldados de Salamina.*

Novela de intriga y novela negra

Este tipo de novelas potencia la intriga por medio de esquemas policíacos y otros procedimientos de la novela negra. Su auge se debió al gran éxito de ***El nombre de la rosa*** (1980), de Umberto Eco, en la que se combinan lo intelectual, lo histórico y lo policíaco. En esta línea ya se encontraba *La verdad sobre el caso Savolta* o la serie dedicada a Pepe Carvalho, de Manuel Vázquez Montalbán, en la que sobresale, entre otras, *La soledad del manager* (1977).

Otros autores destacados son **Juan Madrid** (*Tángeri*, 1997); **Lorenzo Silva** (*El alquimista impaciente*, Premio Nadal 2000) y **Andrés Trapiello** (*Los amigos del crimen perfecto*, Premio Nadal 2003).

Autoficción

En el panorama reciente de la narrativa española ha despuntado una corriente denominada **autoficción**, caracterizada por utilizar la vida real del escritor como materia novelable. En estos relatos autobiográficos se difumina la frontera entre realidad y ficción: *Soldados de Salamina* (2001), de Javier Cercas; *Negra espalda del tiempo* (1998), de Javier Marías; *París no se acaba nunca* (2003) y *Doctor Pasavento* (2005), de Enrique Vila-Matas.

La generación *afterpop*

La generación Nocilla o *afterpop* tiene en Agustín **Fernández Mallo** (A Coruña, 1967) uno de sus principales representantes. Iniciado en la poesía (más concretamente, en la «postpoesía»), su serie Nocilla ha supuesto su consagración como novelista: *Nocilla dream* (2006), *Nocilla experience* (2008) y *Nocilla lab* (2009).

Entre las características literarias de esta generación *afterpop* está la fragmentación, la interdisciplinariedad, el énfasis en la sobresaturación de la cultura pop entre la juventud española de principios del siglo XXI. También se les ha definido como «literatura *zapping*», poblada por gran número de personajes que vienen y van y no entienden de nudos ni desenlaces. Es frecuente el *collage* y las apropiaciones de textos ajenos en nombre del «noble arte del reciclaje» y las estructuras abiertas, con historias que se sabe cómo empiezan pero no cuándo terminan. Se percibe en ellos el influjo de la estética híbrida y fragmentaria de las nuevas tecnologías (*Twitter*, *blogs*, *wikis*, *YouTube*, *chats*). Hibridan además los géneros literarios.

Entre los componentes de esta generación se suele citar, entre otros, a poetas y novelistas como Vicente Luis Mora (1970) y Jorge Carrión (1976), Eloy Fernández Porta (1974), Javier Fernández (1970), Milo Krmpotic (1974), Mario Cuenca Sandoval (1975), Lolita Bosch (1978), Javier Calvo (1973), Domenico Chiappe (1970) y Gabi Martínez (1971), entre otros.

El cuento actual

En la actualidad, asistimos a un auge del subgénero del cuento y de la novela corta. Autores destacados son **Manuel Rivas** (*El lápiz del carpintero*, escrita en gallego y traducida en 2002) o **José María Merino**, entre otros.

2.3. Principales novelistas de la actualidad

Tras sus primeras novelas, **Felipe Benítez Reyes** publica algunas obras que lo sitúan como uno de los novelistas de referencia en la actualidad. *La propiedad del paraíso* (1995) es sin duda una de las mejores, y un claro ejemplo de novela poemática: su débil hilo argumental se estructura sobre sus recuerdos de infancia. No obstante, su prestigio como narrador le llegó por su obra *Humo* (1995), cuyo mayor mérito es el dominio del lenguaje. Ha escrito también un libro de relatos cortos titulado *Un mundo peligroso* (1994). En 1998 publica *El novio del mundo* –novela sorprendente tanto por su argumento como por su técnica– y en 2002, *El pensamiento de los monstruos*.

Felipe Benítez Reyes (Rota, Cádiz, 1960)

Se dedica a la poesía, a la crítica y a la narrativa. Ha obtenido prestigiosos premios poéticos (Luis Cernuda, Ojo Crítico, Fundación Loewe, Nacional de la Crítica y Nacional de Poesía). Sus novelas (*Humo*, *El novio del mundo*, *El pensamiento de los monstruos*) han deslumbrado en el panorama narrativo actual. En 2007 obtuvo el Premio Nadal con *Mercado de espejismos*.

Actividades

En *El novio del mundo*, Walter Arias, protagonista y narrador del relato, se despierta una mañana en Melilla, descalzo, vestido tan solo con un camisón de mujer, después de haberse acostado en un hotel de Amsterdam la noche anterior. Al poco de comenzar a deambular por la ciudad, se encuentra con una caja llena de gafas graduadas; más tarde, topa con un pastor de cabras. El lector se encuentra, al final del primer capítulo de la novela, ciertamente sorprendido con el héroe del relato, que se dispone a contarle en las más de cuatrocientas páginas siguientes el porqué de su estado.

Si las galaxias oliesen a algo, las galaxias cabrían en un olor. (El miedo es un olor. El amor es un olor.) Olores aparte, cuando estás en un medio hostil tienes que establecer mecanismos de defensa personal. Digo esto porque los niños de España tenían la mano muy suelta y andaban todo el tiempo pegándose cates. Ibas por un pasillo y sentías una palmotada en el cogote. Bajabas una escalera y un pie surgía de la Nada con la indudable intención de que tropezaras con él y salieses rodando como una pelota humana y fatalista. Estabas en el recreo comiéndote tu bocadillo y una mano hostil te arrancaba el bocadillo, y el bocadillo padecía al instante un proceso de desintegración.

En Viena, por ejemplo, los niños, antes de saber incluso por dónde tienen que orinar, ya han cantado a Mozart a siete voces. Pero en Madrid la prodigiosidad se medía con otra vara. El niño más prodigioso de mi colegio era una especie de gigante gordo y de piel muy blanca que se creía con derecho a pegarle a todo el mundo por el simple hecho de saberse de memoria las aventuras del Capitán Trueno, por haber ganado un premio en el campeonato escolar de carreras de sacos, por conocer el nombre científico del pito y del tete (su padre era médico: una gran biblioteca llena de guarrerías, con cromos de tejidos diseccionados y de gente despellejada), por ser dueño de una bicicleta con cambio de piñón y por tener la habilidad de beberse un litro de gaseosa de un solo trago y con la nariz tapada con plastilina: un niño prodigio genuino, ya digo. (Auténticamente prodigioso: uno de esos monstruos que crea de vez en cuando la Naturaleza para no extinguir la raza de los policías torturadores, de los banqueros especializados en desfalcos o de los asesinos que previamente torturan a sus víctimas.) Había otro niño que siempre estaba acariciando y transmitiendo calor a las crías de pájaro que se caían de los nidos, pero aquellos volantones se le morían siempre entre las manos, y él los enterraba, y clavaba una cruz de caña en la tumba del pajarillo. Otro, por el contrario, andaba siempre tirándoles piedras a los gatos, y presumía de haberse cargado ya a tres en su aún corta carrera profesional como matagatos. También había uno que se sabía al dedillo la vida de Hitler. Y es que la gente es como una caja de galletas surtidas: hay de todo.

La vida en el colegio, en fin, resultaba peligrosa.

Felipe BENÍTEZ REYES
El novio del mundo, Tusquets

11. Resume el contenido del texto.

12. Detecta los elementos humorísticos e irónicos y explícalos.

13. Piensa en alguna escena de tu infancia en la escuela y escribe un pasaje a imitación del anterior.

Las dos primeras novelas de **Antonio Muñoz Molina**: *El invierno en Lisboa* (1987) y *Beltenebros* (1989), insertas dentro de la llamada *novela negra* o *de intriga*, le supusieron un amplio reconocimiento. ***El jinete polaco*** (1992) lo confirmó como uno de los mejores narradores actuales. En esta novela, la intriga policíaca desaparece para dejar paso a una novela rica, compleja y tendente a lo autobiográfico. En 1993 publica una interesante colección de cuentos, *Nada del otro mundo*, y en 1994 *El dueño del secreto*. En ese mismo año aparece *Ardor guerrero, una memoria militar*, en la que recrea sus vivencias durante la prestación del servicio militar. *Plenilunio* (1997) supone el abandono de la tendencia autobiográfica y la vuelta al ámbito de la novela negra. En esta obra nos cuenta unos crímenes en serie sucedidos en una ciudad del Sur (aunque no se menciona, reconocemos que se trata de Mágina, el escenario predilecto del autor). En 1999 publica *Carlota Fainberg,* novela breve en la que un pusilánime profesor de literatura de una universidad norteamericana narra la historia que sobre esta misteriosa mujer le refiere un viajante español con quien coincide en un aeropuerto. En la misma línea de novela corta, escribe *En ausencia de Blanca.* Su obra *Sefarad* (2001), supone una recuperación de historias de destierros y desarraigos acontecidos durante el siglo XX. En 2004 publica *Ventanas de Manhattan,* fruto de sus vivencias en la capital neoyorkina. Más tarde, en 2006 publica *El viento de la luna,* donde evoca de nuevo el paisaje mítico de Mágina y la visión de un joven sobre el momento histórico.

Otras novelas suyas son *La noche de los tiempos* (2009) y *Como la sombra que se va* (2014).

Antonio Muñoz Molina (Úbeda, Jaén, 1956)

Licenciado en Historia del Arte, ha obtenido algunos de los premios de narrativa más prestigiosos de la actualidad: de la Crítica y Nacional de Literatura. Con *El jinete polaco,* su mejor novela, obtuvo el Premio Planeta en 1991. En 1995 se convirtió en el miembro más joven de la Real Academia Española de la Lengua. Escribe habitualmente en diversos medios de comunicación.

Actividades

En *El invierno en Lisboa,* Antonio Muñoz Molina narra las vicisitudes amorosas de Biralbo y Lucrecia. En el siguiente fragmento, él va a buscarla a su apartamento para salir a cenar. La obra representa un homenaje al cine negro americano y a la música de jazz.

Al fin subió. Ante una puerta hostil hizo sonar varias veces el timbre antes de que ella le abriera. La oyó disculparse por la suciedad de la casa y las habitaciones vacías, la esperó mucho tiempo en el comedor, donde solo había una butaca y una máquina de escribir, oyendo el ruido de la ducha, examinando los libros alineados en el suelo, contra la pared. Había cajas de cartón, un cenicero lleno de colillas, una estufa apagada. Sobre ella, un bolso negro y entreabierto. Imaginó que era el mismo donde ella había guardado la carta que le entregó a Billy Swann. Lucrecia aún estaba en la ducha, se oía el ruido del agua contra la cortina de plástico. Biralbo abrió del todo el bolso, sintiéndose ligeramente abyecto. Pañuelos de papel, un lápiz de labios, una agenda llena de notas en alemán que a Biralbo le parecieron dolorosamente las direcciones de otros hombres, un revólver, una pequeña cartera con fotografías: en una de ellas, ante un bosque de árboles amarillos, Lucrecia, con un chaquetón azul marino, se dejaba abrazar por un hombre muy alto, sujetándole las manos sobre su cintura. También una carta en la que a Biralbo le extrañó reconocer su propia escritura, y una lámina doblada cuidadosamente, la reproducción de un cuadro: una casa, un camino, una montaña azul surgiendo entre árboles. Demasiado tarde advirtió que había dejado de oír el ruido de la ducha. Lucrecia lo miraba desde el umbral, descalza, con el pelo húmedo, envuelta en un albornoz que no le cubría las rodillas. Le brillaban los ojos y la piel y parecía más delgada: solo la vergüenza mitigó el deseo de Biralbo.

—Buscaba cigarrillos —dijo, con el bolso todavía en las manos. Lucrecia se le acercó unos pasos para recogerlo y señaló un paquete que había junto a la máquina de escribir. Olía intensamente a jabón y a colonia, a piel desnuda y húmeda bajo la tela azul del albornoz.

—Malcolm hacía eso —le dijo—. Me registraba el bolso cuando yo estaba en la ducha. Una vez esperé a que se durmiera para escribirte una carta. La rompí luego en trozos muy pequeños y me acosté. ¿Sabes qué hizo? Se levantó, anduvo buscando en la papelera y en el suelo, reunió uno por uno todos los pedazos hasta reconstruir la carta. Tardó toda la noche. Trabajo inútil, era una carta absurda. Por eso la rompí.

—Billy Swann me dijo que tenías un revólver.

—Y una lámina de Cézanne. —Lucrecia la dobló para guardarla en el bolso—. ¿También te dijo eso?

Antonio Muñoz Molina
El invierno en Lisboa, Seix Barral

14. Analiza los elementos narrativos que conforman el texto.

15. ¿Qué rasgos de la novela negra se aprecian en el texto anterior?

Javier Marías (Madrid, 1951)

Su obra ha sido traducida a distintos idiomas y ha obtenido varios premios literarios tanto en España como en el extranjero, entre ellos el Premio Herralde de Novela (1986) y el Premio de la Crítica (1993). Como traductor ha recibido el Premio Nacional de Traducción (1979). Ha sido profesor en la Universidad de Oxford y en la Universidad Complutense de Madrid. Colabora habitualmente como articulista en varios periódicos.

La narrativa de **Javier Marías** se inició bajo la influencia de la cultura de masas, del cine y de la novela negra. A partir de su segunda novela, aparece ya la impronta de la inriga que mueve los hilos de la historia.

En *Todas las almas* (1989), el recuerdo de un profesor de sus años de estancia en Oxford congela un período de tiempo como si se tratase de una fotografía. *Corazón tan blanco* (1993) presenta los temas más característicos del autor: el azar, como instrumento de un destino que juega con los individuos en un mundo marcado por la muerte, el amor, las amistades, las traiciones y las lealtades. La intriga da pie a la creación de la sensación de misterio que rodea al protagonista y a su familia. *Mañana en la batalla piensa en mí* (1994) se construye también sobre una intriga desencadenada por la casualidad. En *Negra espalda del tiempo* (1998), Javier Marías plantea cómo toda narración convierte un hecho en ficticio, pues constituye la visión del que narra. De esta manera, la literatura llega a ser más convincente que la realidad y, por ello, muchas veces el lector confunde al narrador con el autor, ya que le atribuye a uno experiencias del otro. En 2007 publica el tercer volumen de *Tu rostro mañana*.

Posteriormente ha publicado *Los enamoramientos* (2011) y *Así empieza lo malo* (2014).

Otros novelistas actuales

- **Luis Landero** (Albuquerque, 1948) consigue con su primera obra (*Juegos de la edad tardía*, 1989) el Premio Nacional y el Premio de la Crítica. En 1994 publica su segunda obra, *Caballeros de Fortuna*, cuatro historias relativamente independientes que van confluyendo hasta unirse en el punto final de la obra. Tras ellas publica *El médico aprendiz* (1999), *El guitarrista* (2002), *Hoy, Júpiter* (2007), *Retrato de un hombre inmaduro* (2009), *Absolución* (2012) o *El balcón en invierno* (2014).

- Enorme popularidad ha alcanzado **Arturo Pérez Reverte** (Cartagena, 1951) desde la publicación de *El maestro de esgrima* (1988), a la que han seguido *El club Dumas*, *La tabla de Flandes*, *Territorio comanche* o *La piel del tambor*. Destaca este escritor por su capacidad para mantener la intriga. En *La piel del tambor* recrea una Sevilla tópica en la que predominan los toreros, ladronzuelos, aristócratas y curas. En 1996 publica *El Capitán Alatriste*, primera novela de una serie inacabada de aventuras, ambientadas en la España barroca. Sus obras más recientes son *La reina del Sur* (2002), *Cabo Trafalgar* (2004), *El tango de la vieja guardia* (2012) u *Hombres buenos* (2015), entre muchas otras.

- En la misma línea, **Carlos Ruiz Zafón,** también especialista en literatura juvenil, es autor de *best sellers* con éxitos como *La sombra del viento* (2001) y *El juego del ángel* (2008).

- **Almudena Grandes** (Madrid, 1960) es otra de nuestras más destacadas autoras. Se dio a conocer en 1989 con el Premio Sonrisa Vertical de novela erótica por *Las edades de Lulú*, novela que obtuvo un gran éxito internacional y fue llevada al cine por Bigas Luna. Habitualmente, colabora en la prensa radiofónica y escrita. Otras obras destacadas son *Malena es un nombre de tango* (1994), *Modelos de mujer* (1996), *Atlas de geografía humana* (1998), *Los aires difíciles* (2002), *Castillos de cartón* (2004) o *El corazón helado* (2007). Recientemente ha completado una trilogía *Episodios de una*

Almudena Grandes.

guerra interminable formada por *Inés y la alegría* (2010), *El lector de Julio Verne* (2012) y *Las tres bodas de Manolita* (2014).

- **Espido Freire** (Bilbao, 1974), publicó en 1998 su novela *Irlanda,* al año siguiente *Donde siempre es Octubre* y solo medio año más tarde consigue el Premio Planeta de Novela con *Melocotones helados.* Se convierte a los 25 años en la ganadora más joven en obtener este galardón. Posteriormente, escribirá ensayos y su primer libro de poemas, *Aland la blanca.* Recibe el Premio Ateneo de Sevilla por su novela *Soria Moría* (2007). También ha publicado, entre otras, las novelas *La flor del norte* (2011), *Quería volar* (2014) o *Para vos nací* (2015).

3 Las últimas generaciones de poetas

Desde los años 70 se advierte una mayor variedad en la lírica española. La década se inicia bajo la influencia de los novísimos (culturalismo, arte pop) y aparecen nuevas tendencias:

- **Experimentalismo** (José Miguel Ullán), basado en la utilización de las antiguas técnicas vanguardistas *collages,* poemas visuales…
- **Culturalismo** (Antonio Colinas, Julio Martínez Mesanza, Aurora Luque), influencia del mundo clásico grecolatino o la Edad Media. El poeta manifiesta un vasto dominio cultural.

Aurora Luque.

Carpe noctem

Carpe noctem, amor. Coge el brusco deseo
ciego como adivino,
los racimos del pubis y las constelaciones,
el romper y romper
de besos con dibujos de olas y espirales.   5
Miles de arterias fluyen
mecidas como algas. *Carpe marem.*
Seducción de la luz,
de los sexos abiertos como tersas actinias,
de la espuma en las ingles y las olas   10
y el vello en las orillas, salpicado de sed.

Desear es llevar
el destino del mar dentro del cuerpo.

Aurora LUQUE
Carpe noctem, Visor

Giacomo Casanova acepta el cargo de bibliotecario que le ofrece, en Bohemia, el conde de Waldstein

*Escuchadme, Señor, tengo los miembros tristes.
Con la Revolución francesa van muriendo
mis escasos amigos. Miradme, he recorrido
los países del mundo, las cárceles del mundo,
los lechos, los jardines, los mares, los conventos,   5
y he visto que no aceptan mi buena voluntad.
Fui abad entre los muros de Roma y era hermoso
ser soldado en las noches ardientes de Corfú.
A veces, he sonado un poco el violín
y vos sabéis, Señor, cómo trema Venecia   10
con la música y arden las islas y las cúpulas.
Escuchadme, Señor, de Madrid a Moscú
he viajado en vano, me persiguen los lobos
del Santo Oficio, llevo un huracán de lenguas
detrás de mi persona, de lenguas venenosas.   15
Y yo solo deseo salvar mi claridad,
sonreír a la luz de cada nuevo día,
mostrar mi firme horror a todo lo que muere.
Señor, aquí me quedo en vuestra biblioteca,
traduzco a Homero, escribo de mis días de entonces,   20
sueño con los serrallos azules de Estambul.*

Antonio COLINAS
Sepulcro en Tarquinia, Visor

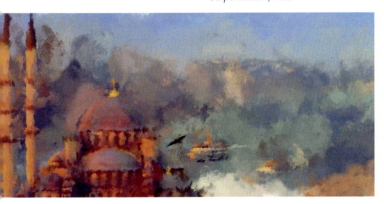

- **Poesía de la experiencia.** La vertiente más cultivada a finales del siglo XX es la «poesía de la experiencia». Esta poesía la realizan, entre muchos otros, Luis Alberto de Cuenca, Miguel D'Ors, Luis García Montero, Luis Muñoz, Carlos Marzal, José Julio Cabanillas, Juan Lamillar, José Antonio Mesa Toré o Felipe Benítez Reyes. Es, en nuestros días, una de las líneas más cultivadas, la que más premios poéticos acapara. Se basa esta poesía en los recuerdos de la infancia o adolescencia, con unos temas y un lenguaje siempre apegados a la realidad. Frente al pop de los novísimos, que consideran demasiado trivial, vuelven sus ojos a la infancia, a los orígenes; realizarán una poesía que ha sido definida como *lárica* (del latín LARES). Son poetas que cuidan el lenguaje, sin que ello se convierta en una obsesión. Se observa una tendencia a la recuperación de ciertas formas métricas (empleo generalizado de endecasílabos y alejandrinos blancos) combinada con el uso de un lenguaje perteneciente al mundo de lo cotidiano. Tampoco faltan elementos irónicos y humorísticos.

Otro poema de amor

Qué dicha no ser Basho, en cuya voz
florecían tan leves los ciruelos,
ni ser Beethoven con su borrasca en la frente
ni Tomás Moro en el taller de Holbein.
Qué dicha no tener
un bungalow en Denver (Colorado)   5
ni estar mirando desde el Fitz Roy el silencio
mineral de la tarde patagónica
ni oler la bajamar de Saint-Malo

y estar aquí contigo, respirándote, viendo
la lámpara del techo reflejada en tus ojos.   10

Miguel D'ors
Curso superior de ignorancia, Universidad de Murcia

- Frente a la poesía de la experiencia, se ha hablado de **la «poesía de la diferencia».** Las bases estilísticas y conceptuales de la literatura de la diferencia resultan difíciles de establecer. El sentir general, y unánimemente aceptado por todos sus integrantes, es que la literatura de la diferencia no es una estética, sino una pluralidad de estéticas. Esta pluralidad se debe a que la idea constituyente de este movimiento fue la integración de todas aquellas corrientes literarias no acordes con el estilo estrictamente urbano y cotidiano característico de la llamada «literatura de la experiencia», surgida a partir de los presupuestos del profesor granadino Juan Carlos Rodríguez que alentaron la antología *La otra sentimentalidad*. Dentro de esta corriente de la diferencia destacan los escritores Antonio Enrique, José Lupiáñez y Fernando de Villena.

- En cuanto a la **«poesía épica»,** destacan los nombres de Julio Martínez Mesanza, Julio Llamazares y Juan Carlos Suñén. En ellos domina el trasfondo moral. Mesanza, a través de endecasílabos, recrea en su poemario *Europa* los temas de la valentía y el honor, con escenarios clásicos o medievales pero con un reflejo en la vida moderna. Suñén es autor de *Un hombre no debe ser recordado*, Premio Rey Juan Carlos.

De amicitia

*Si tuvieses al justo de enemigo
sería la justicia mi enemiga.
A tu lado en el campo victorioso
y junto a ti estaré cuando el fracaso.
Tus secretos tendrán tumba en mi oído.   5
Celebraré el primero tu alegría.
Aunque el fraude mi espada no consienta
engañaremos juntos si te place.
Saquearemos juntos si lo quieres
aunque mucho la sangre me repugne.   10
Tus rivales ya son rivales míos:
mañana el mar inmenso nos espera.*

Julio Martínez Mesanza
Soy en mayo (Antología 1982-2006), Renacimiento

- Surge asimismo una corriente de «**poesía irracionalista**», alejada de los postulados de la poesía de la experiencia. Dentro de este grupo destacan poetas como el leonés Juan Carlos Mestre, autor de poemarios como *Antífona de otoño en el valle del Bierzo*, Premio Adonais, *La poesía ha caído en desgracia* o *En la tumba de Keats*; o Blanca Andreu, ganadora del Adonáis con *De una niña de provincias que se vino a vivir en un Chagall*, poemario que justifica su neosurrealismo y su postura irracional con las constantes alusiones a la droga. Otro lugar destacado lo ocupa Fernando Beltrán, cuyo *Aquelarre en Madrid*, accésit del Premio Adonáis el año que lo gana Luis García Montero, supone un claro ejemplo de poesía rupturista con el pasado culturalista y una apuesta por la vanguardia poética. Otros nombres asociados a la corriente irracionalista son Luisa Castro, Amalia Iglesias o Ángel Petisme.

- Otra corriente es la «**poesía metafísica o del silencio**», representada por autores como Miguel Casado, Esperanza López Parada, Andrés Sánchez Robayna, Álvaro Valverde, Vicente Valero, Olvido García Valdés, Pedro Provencio, Ada Salas y Amparo Carballo Blanco, que defienden una poesía minimalista en la que cobran suma importancia los espacios entre palabras. Partícipe de la reflexión metafísica y del hermetismo formal es la poesía de José Carlos Cataño. Son rasgos de esta poética la ausencia de adornos superfluos y el antirretoricismo. Se ha hablado de poetas profesores, debido a la profesión de muchos de sus cultivadores.

- La «**poesía de la conciencia**» (Jorge Riechmann, Enrique Falcón, Antonio Méndez Rubio). Se trata de poetas que pretenden sacudir la conciencia. La poesía se concibe como acción social y hasta política. Incluimos dentro de esta tendencia el «**realismo sucio**» de David González, Pablo García Casado o Roger Wolf, que se centra en explorar emociones que redundan en el hastío y el desengaño, con un lenguaje frecuentemente «antipoético».

*Tienes veinte años,
tienes a la vida
por el cuello,
a tu merced;
pero no es suficiente,   5
quieres más.
Conozco
esa sensación.
Y te deseo mucha suerte,
porque la vas a necesitar.   10*

Karmelo C. Iribarren

Luis García Montero (Granada, 1958)

Octavio Paz definió su obra como «una poesía de la vida que trata de explorar la realidad de todos los días, que colinda con lo maravilloso y lo cotidiano». El poeta más representativo de la poesía de la experiencia (o de la otra sentimentalidad) mantiene una obra sólida y coherente formada por libros como *Diario cómplice* (1987), *Las flores del frío* (1990), *Habitaciones separadas* (1994), *Completamente viernes* (1998), *La intimidad de la serpiente* (2003), *Vista cansada* (2008), *Canciones* (2009), *Un invierno propio* (2011), *Ropa de calle* (2011) o *Habitaciones separadas* (2014).

*Dar amor, lo sé,
pero no funciona.
Mostrar piedad, lo sé,
pero no funciona.
Eliminar el yo, lo sé,* 5
*pero no funciona.
Acabar con el deseo, lo sé,
pero no funciona.
Vivir el hoy y no el mañana ni el ayer, lo sé,
pero no funciona.* 10
*Poner la otra mejilla, lo sé,
pero no funciona.
¿Qué hacer entonces? No lo sé
y no funciona.*

Roger Wolfe

■ La «**postpoesía**» de la generación *afterpop* es otra de las tendencias más destacadas del panorama actual. Entre las características literarias de esta generación está la fragmentación, la interdisciplinaridad, el énfasis en la sobresaturación de la cultura pop entre la juventud española de principios del siglo XXI. Es frecuente el *collage* y las apropiaciones de textos ajenos. Muchos de ellos hibridan los géneros literarios. Destacan Agustín Fernández Mallo o Vicente Luis Mora, entre otros.

Actividades

16. Resume en un par de líneas la idea principal de cada uno de los poemas de este epígrafe.

17. Justifica la pertenencia de los textos a las tendencias poéticas estudiadas.

18. Analiza la métrica de los poemas de Martínez Mesanza y Aurora Luque, respectivamente.

19. El poema de Miguel D'Ors supone una crítica irónica a otras tendencias de la lírica española actual. ¿A cuáles?

20. Detecta y comenta los recursos estilísticos del poema de Aurora Luque.

21. Por grupos, seleccionad uno de los poetas citados en esta unidad y elaborad una presentación digital con su biografía, bibliografía y una selección de textos representativos.

4 El teatro desde 1975

A continuación, realizaremos un recorrido por los principales autores e hitos dramáticos en las últimas décadas del siglo XX.

Fernando **Arrabal** integra en su arte escénico tanto las influencias hispánicas (Quevedo, Valle-Inclán, Postismo…) como las vanguardistas europeos. Cultiva el absurdo, el esperpento y, sobre todo, es conocido por la creación del ***teatro pánico***, con el que pretende «conciliar lo absurdo con lo cruel e irónico, identificar el arte con el acto vivido y la adopción de la ceremonia como forma de expresión». Son representativas de esta línea dramática obras como *Pic-Nic* (1957), *Cementerio de automóviles* (1958), *El laberinto* (1961), *El arquitecto y el emperador de Asiria* (1967). Más adelante, su teatro adquiere un carácter político y combativo como en *Teatro de guerrilla* (1969). Sus obras, siempre en contra el régimen franquista, estuvieron prohibidas en España hasta la llegada de la democracia.

Actividades

Zapo es un joven soldado que se encuentra solo en el frente de batalla. Únicamente recibe las llamadas de un superior que le dicta órdenes. Sus padres, los señores Tepán, van a visitarlo a la guerra con la intención de disfrutar de una merienda campestre. Más tarde, entra en escena un soldado enemigo, Zepo, que es hecho prisionero por Zapo. Tras convencerse de que no existen demasiadas diferencias entre ellos, acuerdan una paz individual que no tiene un correlato colectivo. Finalmente mueren ametrallados.

SEÑORA TEPÁN.– *No, no eran verdes los trajes del enemigo, eran azules. Lo recuerdo muy bien, eran azules.*

SEÑOR TEPÁN.– *Te digo que eran verdes.*

SEÑORA TEPÁN.– *No, te repito que eran azules. Cuántas veces, de niñas, nos asomábamos al balcón para ver batallas y yo le decía al vecinito: «Te apuesto una chocolatina a que ganan los azules». Y los azules eran nuestros enemigos.*

SEÑOR TEPÁN.– *Bueno, para ti la perra gorda.*

SEÑORA TEPÁN.– *Yo siempre he sido muy aficionada a las batallas. Cuando niña, yo siempre decía que sería, de mayor, coronel de caballería. Mi mamá se opuso, ya conoces sus ideas anticuadas.*

SEÑOR TEPÁN.– *Tu madre siempre tan burra.*

ZAPO.– *Perdonadme. Os tenéis que marchar. Está prohibido venir a la guerra si no se es soldado.*

SEÑOR TEPÁN.– *A mí me importa un pito. Nosotros no venimos al frente para hacer la guerra. Solo queremos pasar un día de campo contigo, aprovechando que es domingo.*

SEÑORA TEPÁN.– *Precisamente he preparado una comida muy buena. He hecho una tortilla de patatas que tanto te gusta, unos bocadillos de jamón, vino tinto, ensalada y pasteles.*

ZAPO.– *Bueno, lo que queráis, pero si viene el capitán, yo diré que no sabía nada. Menudo se va a poner. Con lo que le molesta a él eso de que haya visitas en la guerra. Él nos repite siempre: «en la guerra, disciplina y bombas, pero nada de visitas».*

SEÑOR TEPÁN.– *No te preocupes, ya le diré yo un par de cosas a ese capitán.*

ZAPO.– *¿Y si comienza otra vez la batalla?*

SEÑOR TEPÁN.– *¿Te piensas que me voy a asustar? En peores me he visto. Y si aún fuera como antes, cuando había batallas con caballos gordos. Los tiempos han cambiado, ¿comprendes? (Pausa.) Hemos venido en motocicleta. Nadie nos ha dicho nada.*

ZAPO.– *Supondrían que erais los árbitros.*

SEÑOR TEPÁN.– *Lo malo fue que, como había tantos tanques y jeeps, resultaba muy difícil avanzar.*

SEÑORA TEPÁN.– *Y luego, al final, acuérdate de aquel cañón que hizo un embotellaje.*

SEÑOR TEPÁN.– *De las guerras, es bien sabido, se puede esperar todo.*

Fernando ARRABAL
Pic-Nic, Cátedra

22. Analiza los elementos que consideres característicos del *teatro pánico*.

23. ¿Qué intención se esconde tras una actitud tan aparentemente ingenua de los personajes?

24. Investiga acerca de la influencia de algún acontecimiento histórico del siglo XX en el teatro europeo.

Fernando Arrabal (Melilla, 1932)

Este autor combatió el régimen franquista y la sociedad industrializada que destruye al individuo. Desde joven viaja a París, ciudad donde encuentra la atmósfera adecuada para la creación y donde termina por instalarse. Tras la pobre acogida del público español de su obra *Los hombres del triciclo,* decide escribir en francés. Desarrolla una actividad cinematográfica como actor y director. Hoy día ha alcanzado en todo el mundo gran prestigio como autor renovador de la escena dramática.

Francisco Morales Nieva (Valdepeñas, Ciudad Real, 1927)

Ha alternado la creación dramática con la dirección teatral y el trabajo de escenógrafo, que desempeñó durante varios años en París. En la actualidad, es miembro de la Real Academia de la Lengua Española y catedrático de la Real Escuela Superior de Arte Dramático. Ha recibido numerosos galardones, entre los que sobresalen el Premio Nacional de Teatro (1979), el Mariano de Cavia (1991), el Príncipe de Asturias de las Letras (1992) y el Nacional de Literatura (1992).

Miguel Romero Esteo (Montoro, Córdoba, 1930)

Reside en Málaga desde hace años. Es un escritor de sólida formación intelectual. Romero Esteo es uno de esos autores llamados malditos que posee gran reconocimiento fuera de nuestras fronteras, mientras que en España apenas es conocido. Ha obtenido el Premio Europa (1985), el Premio Andalucía de Teatro (1991) y en 2008 le conceden el Premio Nacional de Teatro por su obra *Pontifical*.

Aunque fuera conocido en el mundo teatral como escenógrafo, no empezó a estrenar y publicar hasta 1971. La obra dramática de Francisco Nieva puede dividirse en dos grandes grupos: «Teatro furioso», con títulos como *La señora tártara* (1970) o *La carroza de plomo candente* (1971), y «Teatro de farsa y calamidad», con obras como *Funeral y pasacalle* (1971) o *Coronada y el toro* (1974). Supone una reacción imaginativa y surrealista frente a la mediocridad del teatro de clase media de la posguerra española.

El **estilo** de Nieva se caracteriza por su carácter culto; integra arcaísmos populares junto con largos períodos barroquizantes. Destaca por su ironía, su agudeza de ingenio y su brillantez léxica, que se unen a su gran capacidad para crear situaciones dramáticas.

La producción teatral de Romero Esteo es difícilmente clasificable dada la especial configuración de sus obras. Su teatro se ha considerado como puramente **literario** y sin posibilidades de llevarlo a escena. En algún caso, las posibles representaciones llegarían a durar hasta ocho horas.

En sus textos son reconocibles el interés por la condición humana y sus propias experiencias; a ello aporta un enfoque que acaba distorsionando la realidad (*realismo grotesco*).

El dramaturgo no solo rompe con la «cultura oficial», sino también con los rasgos formales tradicionales: división de la obra en secuencias en lugar de actos, intento de dramatizar las acotaciones, tendencia a la parodia y desmitificación de lo oficial, etc.

Su primera obra es *Pizzicato irrisorio y gran pavana de lechuzos* (1966), en la que nos cuenta la confusión en una familia convencional con un hijo revolucionario: curas, policías, una criada y diversas amigas de la madre intervienen para «curar» al joven. El lenguaje presenta numerosos ripios, chistes obscenos y juegos de palabras.

El teatro independiente

Teatro *underground*

Teatro independiente situado al margen de los circuitos comerciales, por lo que cuenta con enormes dificultades para ser representado. Se trata de un teatro muy condicionado por motivos políticos, morales y económicos.

Teatro colectivo

Nace con la intención de combatir los recursos lingüísticos convencionales del espectáculo teatral. En los años setenta surgen el grupo Tábano, La Cuadra (de Salvador Távora), Els Joglars (de Albert Boadella) y Els Comediants (de Joan Font). Estas formas de **teatro independiente**, opuestas al comercial, se caracterizan por los siguientes rasgos:

- Concepción del repertorio como expresión del grupo. No hay separación entre teatro y vida.

- Reflexión sobre nuevos lenguajes que permitan la creación de montajes teatrales originales.

- El teatro como labor de conjunto. Limitan la importancia del trabajo individual de los actores.
- Pérdida de valor del texto teatral, que se convierte en un mero apoyo del espectáculo. La obra se crea de modo colectivo.
- El espectáculo se configura según los destinatarios. Se prefiere un público popular.

Teatro de calle

A finales de los setenta y principios de los ochenta se produce una ruptura en nuestra escena que traerá consigo las siguientes consecuencias:

- Alejamiento de la concepción tradicional de emisor y receptor.
- Integración de los diversos espacios urbanos en la creación teatral.
- La experimentación lleva a una menor valoración de la palabra en beneficio de los elementos plásticos (sonoros, musicales, *atrezzo*…).
- Frente a las representaciones tradicionales, los espectáculos son itinerantes (desfiles, pasacalles…).

El teatro español de los últimos años

En los últimos años, nuestra escena ha atravesado una situación de crisis: se cierran numerosos teatros; escasean los autores y las obras de calidad; decrecen las subvenciones públicas; desaparecen las representaciones en televisión… En cualquier caso, existen premios teatrales de relevancia pública y el teatro comercial subsiste, tanto con la reposición de obras de éxito como con la puesta en escena de obras extranjeras que han triunfado fuera de nuestro país. El panorama del teatro español actual presenta las siguientes tendencias:

- Subsisten los grupos independientes (La cuadra, Els joglars, Els comediants) y surge otros nuevos, como La Fura dels Baus o La Cubana.
- En los primeros años de la transición, se apuesta por un teatro más innovador en técnicas y temas. Hay que destacar a los grandes renovadores de la escena española de principios del XX, cuyas obras se representan por fin en esta época. Es el caso de García Lorca (*El público*) o Valle-Inclán (*Voces de Gesta*).

Albert Boadella.

Ana Diosdado (1938-2015)

Nació en Buenos Aires, aunque es de nacionalidad española. Estudió Filosofía y Letras. Es novelista y escritora teatral de obras como *Olvida los tambores* o *Los comuneros*. Además, guionista, actriz y autora de series de televisión. Ha obtenido varios premios, entre los que destacan el Premio Mar del Plata, el premio Mayte, la Medalla de Oro de Valladolid y el Fastenrath de la Real Academia Española, por su aportación a la renovación del lenguaje en los personajes teatrales.

Unidad 11 La literatura española desde 1975

José Sanchis Sinisterra (Valencia, 1940)

A los dieciocho años ya dirigía el Teatro Español Universitario (TEU) de la Facultad de Filosofía y Letras de Valencia. En 1977 crea El Teatro Fronterizo, en Barcelona. Sanchis Sinisterra es un escritor muy crítico, tanto con su propia producción teatral como con las convenciones formales que demanda el público. Del mismo modo, ha denunciado la vana espectacularidad de las representaciones que subvenciona la Administración.

José Luis Alonso de Santos (Valladolid, 1942)

Reside en Madrid desde los dieciocho años. Es un hombre que conoce con profundidad los entresijos del teatro: trabaja como actor, forma parte de los grupos de teatro independiente y dirige varias obras en el Teatro Libre de Madrid. En 1986 obtuvo el Premio Nacional de Teatro.

■ Entre los autores más aplaudidos de las últimas décadas están:

- **Fernando Fernán Gómez,** autor de *Las bicicletas son para el verano* (1982) y de algunas obras sobre el género picaresco: *Lazarillo de Tormes* (1990) y *Lucas Malara* (1992).

- **María Manuela Reina,** que inicia su carrera dentro del teatro histórico (*Lutero o la libertad esclava,* 1987) y evoluciona hacia la comedia con ingredientes de crítica social (*Alta seducción,* de 1989, y *Reflejos de cenizas,* de 1990).

- En una línea similar está **Ana Diosdado** con *Los ochenta son nuestros* (1988).

Pese a su tardía aparición, la obra de **José Sanchis Sinisterra** ha obtenido un gran éxito, sobre todo a partir de *¡Ay Carmela!* (1986), que cuenta cómo la Guerra Civil sorprende por azar a Carmela y Paulino justo cuando la ciudad de Belchite pasa a manos de los nacionales. Ambos personajes, procedentes del mundo de las variedades, se ven obligados a entretener a los soldados durante una velada.

Representación teatral de *¡Ay Carmela!*

José Sanchis es, sin duda, un dramaturgo de gran nivel literario y escénico. Sus obras están a menudo en el límite de la teatralidad y de la narración, de donde parten muchos de sus temas. De su abundante obra destacamos *La Edad Media va a empezar* (1976), *Ñaque o de piojos y actores* (1980), *Perdida en los Apalaches* (1990), *Claroscuros* (1994), *Valeria y los pájaros* (1995) y *El lector por horas* (1999).

José Luis Alonso de Santos es un gran conocedor de la escena por dentro. En sus piezas suele seleccionar **temas de actualidad** (la droga, los problemas de la juventud…) para presentarlos con un enfoque realista y a los que añade ingredientes sainetescos. Sus obras han alcanzado un gran éxito de público y de crítica. Destacan especialmente *La estanquera de Vallecas* (1981) y *Bajarse al moro* (1985), ambas llevadas al cine. En 1994 estrenó una obra monologada, *La sombra del Tenorio;* en 1996 *Yonquis y yanquis;* y en 1998 *Salvajes.* Sus últimas piezas publicadas son *Un hombre de suerte* (2004) y *La comedia de Carla y Luisa* (2005).

La literatura española desde 1975 **Unidad 11**

Actividades finales de comprensión

Texto A

Nuevas confesiones

Es que no eras el mismo,
me dices con los ojos quemados de mirarme.
Te dolía la casa,
viajabas demasiado y sin motivo,
rodabas por el humo de la noche   5
igual que el sueño roto de la mesa,
parecías amargo,
muy perdido,
tal vez por otros cuerpos,
tal vez por una fecha   10
en la vida de nadie,
una cita sin año ni estación.
El cuervo de la lluvia cruza por la ventana.
Cuando yo no era el mismo,
te quería también.   15

Luis García Montero
Vista cansada, Visor

1. Resume el contenido del poema. ¿Cuál es la idea principal?
2. Realiza un análisis métrico del mismo.
3. Detecta y comenta los principales recursos estilísticos del poema.
4. ¿En qué tendencia poética se sitúa el autor? ¿Qué otras tendencias se dan en la actualidad?
5. Analiza sintácticamente los dos primeros versos y los dos últimos.

Unidad 11 La literatura española desde 1975

Texto B

Todos los días salía de casa subiéndose sus imaginarias solapas de espía, un cigarrillo colgado del labio y la mirada esquinada de astucia. Deteniéndose en los escaparates y simulando curiosidades imprevistas, angulando reojos, hurtando el perfil, burlando persecuciones y salvando emboscadas, vencía sin novedad la primera etapa del trayecto. A partir de allí, le esperaba otra suerte de peligros. Si aguardaba la luz verde para cruzar una calle y se ponía a su altura una mujer con alguna prenda negra, perdía una baza de semáforo. Si azul, ganaba el derecho a acelerar el paso durante un minuto. Si alcanzaba a un transeúnte ciego o cojo, no podía adelantarlo mientras no lo liberase algún hombre con un peso a la espalda. Quedaba cautivo de una plaza si la estaban regando o había un niño con un gorro, y no podía franquearla hasta que cruzase un perro o levantase el vuelo una paloma. Pero si el perro se paraba a hacer una necesidad, también él debía pararse y contener la respiración, pues en caso contrario las reglas del juego lo obligaban a retroceder hasta encontrar una monja o cualquier otra persona de uniforme. Por momentos la vida le parecía apasionante.

En la oficina –donde tras cinco años de botones había ascendido a auxiliar administrativo–, trabajaba con tan pacífica diligencia, que nadie hubiese adivinado en él a un poeta y a un futuro técnico en la selva. Cuando los otros auxiliares lo animaban a acompañarlos de farra, a la salida del trabajo, Gregorio casi siempre balbuceaba alguna excusa, y si accedía, apenas hablaba, y enseguida se iba con el pretexto de compromisos urgentes. Se vio así obligado a inventarse una novia, a la que puso el nombre de Crispinela, y un gato al que llamó Echeverría, y eran nombres tan poco afortunados porque las disculpas lo cogieron por sorpresa, y dijo lo primero que se le vino encima.

De vuelta a casa, a veces pasaba por unos espejos deformantes que había gratis en una de las calles comerciales del barrio. Había engordado, y el último estirón le dejó una estatura media y una expresión cualquiera, donde apenas eran ya reconocibles los rescoldos de su antiguo relumbre de poeta. Pero a cambio, pensaba, buscándose en los espejos los mejores efectos, había adquirido un aire impenetrable, de hombre curtido por los azotes de la vida. Y era más fuerte, y de empaque más seguro, y sin el aspecto de estupor de otros años, que parecía un perro con pulgas medroso ante un paso de agua, y más elegante y más mundano; y aunque –reconocía sin apuro– no era guapo ni llamativo de envoltura, así y todo el perfil tenía la seducción del hielo, y en los ojos había asomadas miradas burlonas que también sabrían ser dulces cuando lo requiriese la ocasión. Esa era la imagen que perduraba en su memoria la mañana de octubre, y tuvo que hacer un esfuerzo de concentración para recordarse en su cuarto, sentado a una mesa al atardecer y con una estampa muy diferente a la que le robaba a los espejos. Allí estudiaba las lecciones diarias, y de vez en cuando caía un copo de caspa, y a veces la página se llenaba de copos antes de que él hubiese asimilado la lección. Cuando el cansancio le impedía seguir, repasaba su colección de entradas de cine, que guardaba entre las hojas de los libros de texto, con el título de la película, el nombre de los actores y la fecha en que fue vista escritos al dorso. O bien se pasaba las horas arreglándose las uñas o sacándose la cera de los oídos o manejando por puro gusto una navaja de uso múltiple que había comprado en un puesto ambulante, y que llevaba siempre colgada con una cadena de la trabilla del pantalón.

Luis Landero
Juegos de la edad tardía, Tusquets

1. ¿En qué lugares se desarrolla el fragmento? ¿Qué le ocurre al protagonista en cada uno de ellos?

2. ¿Qué tipo de narrador aparece en el texto? Aporta ejemplos que lo demuestren.

3. ¿Cómo podemos describir la personalidad de Gregorio, el protagonista del pasaje?

4. ¿Has detectado algún recurso literario en el fragmento? Explícalo y di qué efecto produce su lectura.

5. Analiza las funciones de los pronombres destacados en el texto.

6. Clasifica en simples, derivadas, compuestas o parasintéticas las siguientes palabras del texto: *esquinada, escaparates, reojos, novedad, semáforo, uniforme, apasionante, afortunados, engordado, relumbre, diarias, actores.*

Texto literario

Calló la monja y se hizo en el despacho del doctor Sugrañes el silencio. Me pregunté si eso sería todo. No parecía lógico que aquellas dos personas, abrumadas por sus respectivas responsabilidades, malgastaran tiempo y saliva en contarme semejante historia. Quise alentarles a que siguieran hablando, pero solo conseguí bizquear de un modo horrible. La monja ahogó un grito y el comisario arrojó el resto del puro, en perfecta parábola, por la ventana. Transcurrió otro embarazoso minuto, al cabo del cual volvió a entrar el puro volando por la ventana, lanzado, con toda certeza, por uno de los asilados, que debió de pensar que se trataba de una prueba cuya resolución satisfactoria podía valerle la libertad.

Acabado el incidente del puro e intercambiadas entre el comisario y la monja miradas de inteligencia, el primero de ambos murmuró algo tan por lo bajo que no logré captarlo. Le supliqué que repitiera sus palabras y, si efectivamente lo hizo, fueron estas:

—Que ha vuelto a suceder.

—¿Qué es lo que ha vuelto a suceder?— pregunté.

—Que ha desaparecido otra niña.

—¿Otra o la misma?

—Otra, imbécil —dijo el comisario—. ¿No te han dicho que a la primera la habían expulsado?

—¿Y cuándo pasó esto?

—Ayer noche.

—¿En qué circunstancias?

—Las mismas, salvo que todos los protagonistas eran distintos: la niña desaparecida, sus compañeras, la celadora, si así se llama, y la superiora, respecto de la cual reitero mi desfavorable opinión.

—¿Y los padres de la niña?

—Y los padres de la niña, claro.

—No tan claro. Podía tratarse de una hermana menor de la primera.

El comisario acusó el golpe asestado a su orgullo.

—Podría, pero no es —se limitó a decir—. Sí sería, en cambio, necio negar que el asunto, pues cabe que nos encontremos ante dos episodios del mismo, o los asuntos, si son dos, desprenden un tufillo algo enojoso. Huelga asimismo decir que tanto yo como aquí la madre estamos ansiosos de que el asunto o asuntos ya mencionados se arreglen pronto, bien y sin escándalos que puedan empañar la ejecutoria de las instituciones por nosotros representadas. Necesitamos, por ello, una persona conocedora de los ambientes menos gratos de nuestra sociedad, cuyo nombre pueda ensuciarse sin perjuicio de nadie, capaz de realizar por nosotros el trabajo y de la que, llegado el momento, podamos desembarazarnos sin empacho. No te sorprenderá saber que tú eres esa persona. Antes te hemos insinuado cuáles podrían ser las ventajas de una labor discreta y eficaz, y dejo a tu criterio imaginar las consecuencias de un error accidental o deliberado. Ni de lejos te acercarás al colegio ni a los familiares de la desaparecida, cuyo nombre, para mayor garantía, no te diremos; cualquier información que obtengas me la comunicarás sin tardanza a mí y solo a mí; no tomarás otras iniciativas que las que yo te sugiera u ordene, según esté de humor, y pagarás cualquier desviación del procedimiento antedicho con mis iras y el modo habitual de desahogarlas. ¿Está bastante claro?

Como con esta ominosa admonición, a la que no se esperaba respuesta por mi parte, parecíamos haber coronado la cima de nuestra charla, el comisario pulsó de nuevo el botón del semáforo y no tardó en comparecer el doctor Sugrañes, que, me huelo yo, había aprovechado el tiempo libre para beneficiarse a la enfermera.

—Todo listo, doctor —anunció el comisario—. Nos llevamos a esta, ejem ejem, perla y en su debido momento le notificaremos el resultado de este interesante experimento sicopático. Muchas gracias por su amable colaboración y que siga usted bien. ¿Estás sordo, tú? —huelga decir que esto iba dirigido a mí, no al doctor Sugrañes—, ¿no ves que estamos saliendo?

Y emprendimos la marcha, sin darme siquiera ocasión de recoger mis escasos objetos personales, lo que no suponía una gran pérdida, y, peor, aún, sin darme ocasión tampoco a ducharme, con lo cual la fetidez de mis emanaciones pronto impregnó el interior del coche-patrulla, que, entre bocinazos, sirenas y zarandeos, nos condujo en poco más de una hora al centro de la ciudad y, por ende, al final de este capítulo.

Eduardo MENDOZA
El misterio de la cripta embrujada, Seix Barral

Unidad 11 La literatura española desde 1975

Comentario literario resuelto

Nos encontramos ante un pasaje de *El misterio de la cripta embrujada,* novela de Eduardo Mendoza publicada en 1979. Es su segunda obra importante tras *La verdad sobre el caso Savolta* (1975). Esta, clave en la evolución de la narrativa española de los últimos años, presenta el paso de la experimentación a la recuperación de la narratividad como elemento estructurador, con un final en el que se explica todo el proceso de creación de la novela.

El misterio... es una obra menor si la comparamos con la anterior. Menos ambiciosa en su estructura, no por ello carece de valía. En ella se cuentan, en primera persona, las peripecias de un peculiar detective privado (un loco sacado exprofeso del manicomio por un comisario de policía para solucionar un caso) que, a base de ingenio y de implicarse en situaciones tan curiosas como divertidas, consigue su propósito de esclarecer unas misteriosas desapariciones, aunque, al final, no reciba ningún premio por el éxito obtenido.

El fragmento que analizamos pertenece al final del segundo capítulo. Previamente hemos conocido algunos datos importantes: el protagonista se encuentra recluido en un manicomio (en la primera escena se presenta jugando al fútbol en el sanatorio y, a la vez, ejerciendo de árbitro); su médico, el doctor Sugrañes, lo considera curado pero problemas burocráticos lo retienen en el centro.

El comisario Flores y una monja (directora del colegio de las lazaristas de San Gervasio) han ido a buscarlo para solicitar que colabore en la resolución de un caso: dos niñas desaparecieron (sin explicación posible) del colegio en una noche de 1971 y, al día siguiente, volvieron a aparecer. Seis años más tarde ese hecho se repite. ¿Qué ha sucedido? ¿Hay alguna relación entre estas dos desapariciones? ¿Qué hay detrás de toda aquella historia? Son las preguntas que el protagonista deberá contestar.

Al final del segundo capítulo encontramos ya los ingredientes imprescindibles para el desarrollo de una novela policíaca: un detective y un misterio que resolver. Pero *El misterio de la cripta embrujada* no es una novela de intriga habitual. El detective va a sufrir una serie de impedimentos que, en principio, hacen imposible su actuación: no se puede acercar al colegio ni a los familiares de la desaparecida, cuyos nombres, para mayor dificultad, no le son comunicados. Lo insólito es que, pese a todo, consigue solucionar el misterio, recurriendo a todas sus habilidades, sobre todo a una inteligencia agudísima.

La personalidad del protagonista anónimo se refleja, ante todo, en su forma de hablar y razonar. Es él quien, en primera persona, narra la obra. Este rasgo aproxima la novela al género picaresco: un antihéroe narra en primera persona una historia, en la que se entremezclan fortuna y desgracia; el final deja a cada uno en su sitio, sin mejoras. El protagonista, pese a su humilde condición habla (escribe) en un lenguaje de registro elevado, muy culto, que nos llama la atención: ¿cómo un personaje así puede expresarse de esta forma? Podríamos considerarlo como un detalle de distanciamiento: Mendoza no quiere que olvidemos que esta novela es ficción. Lo que se pierde en verosimilitud se gana en humor.

A lo largo de la narración podemos observar otros detalles curiosos sobre el protagonista; uno de ellos es su imposibilidad de ducharse durante toda la obra, con el aumento progresivo de su fetidez. Ya hemos visto cómo es recogido cuando juega al fútbol y, sin adecentarse, es conducido al despacho del doctor Sugrañes. Al final de este fragmento vuelve a mencionar el asunto: *sin darme ocasión tampoco a ducharme, con lo cual la fetidez de mis emanaciones pronto impregnó el interior del coche-patrulla.* En ningún momento de la obra tendrá oportunidad de hacerlo, creando nuevas situaciones humorísticas.

También constatamos diversos aspectos del carácter del personaje: en un principio, ante sus visitantes no consigue articular palabra; solo bizquea *de un modo horrible,* causando un desfavorable efecto en la monja y el comisario (este arroja el puro, dando lugar a una nueva situación cómica: al cabo de un minuto el cigarro vuelve a entrar lanzado por uno de los locos del sanatorio, pensando que se trata de una prueba para obtener el alta). Es tratado con desprecio (*imbécil* le llama el comisario). No debemos olvidar que, anteriormente, había sido un soplón de la policía, y que Flores estaba acostumbrado a tratarlo así: *pagarás cualquier desviación del procedimiento antedicho con mis iras y el modo habitual de desahogarlas.*

De vez en cuando se interrumpe el desarrollo lineal de la acción para hacer alguna aclaración humorística. Así sucede cuando el protagonista-narrador nos habla del regreso del doctor, que según su opinión *había aprovechado el tiempo libre para beneficiarse a la enfermera.*

En definitiva, ¿qué conclusión obtenemos de este texto?

En primer lugar, queda clara su intención humorística: pocos párrafos carecen de algún toque cómico (bien por una situación, bien por una frase). El humor es palpable en la elección del protagonista (con todos los condicionantes en contra para no ser un detective) y en los impedimentos para investigar que se le imponen; también lo vemos en el trato que recibe (ni siquiera se le llama por su nombre); en su forma de hablar (inesperada por lo culta); en su suciedad acumulada… El humor es, pues, un recurso estructurador, base de la obra.

El texto también posee interés como novela policíaca. Para lograr su propósito de intrigar Mendoza impone unas condiciones increíbles en la base del relato. El lector se pregunta cómo se puede investigar así y qué va a hacer. Para hallar la solución, debemos seguir leyendo.

Humor e intriga son dos pilares en una novela del final de los años 70. Después de la década del 60 en la que, con frecuencia, la anécdota desarrollada en la novela era lo de menos (si es que llegaba a ser algo) aparece ahora un grupo de escritores que vuelven a contar para un público, por lo general, ansioso por leer argumentos interesantes. Quizás este apego a la voluntad del público les haga caer a veces en obras menores, pero, con sus aciertos y sus errores, el rumbo de la narrativa varía definitivamente con autores de la talla de Eduardo Mendoza.

Texto literario

    Era una mañana de noviembre transparente y azul, dorada, muy fría, con esa frialdad luminosa de Madrid que vuelve nítidas las distancias y da una precisión de cristal tallado a las pupilas. Se parecía a la primera mañana que alguien pasa en una ciudad extranjera de donde ya no saldrá en el resto de su vida. Dócil, ajeno a todo, muerto, ocupé a las nueve en punto la cabina que me habían asignado en el palacio de Congresos, comprobé el micrófono, los interruptores, los auriculares acolchados, salí al corredor para fumar un cigarrillo, deseando no encontrarme con nadie que me conociera, incapaz de urdir las dos o tres frases habituales de saludo. Los muertos no hablan, mueven los labios y ningún sonido fluye de su boca, entran en su cabina de traducción y se acomodan en ella como ante los mandos de un batiscafo y miran la sala que hay al otro lado del cristal como mirarían el espectáculo de las profundidades submarinas, las filas de butacas que empiezan poco a poco a ser ocupadas por cabezas idénticas, la mesa que se extiende de un lado a otro del escenario, con figuras semejantes entre sí, sobre todo en la distancia, hombres con corbatas oscuras y trajes grises y mujeres de mediana edad con el pelo cardado, guardaespaldas que se reconocen a la legua por sus gafas de sol y por su forma de mirar por encima del hombro, azafatas jóvenes y vestidas de azul, grandes ramos de flores en las esquinas, fotógrafos y cámaras de televisión al pie del escenario, disparos multiplicados de flashes, y luego un silencio como el que preludia la señal para el comienzo de una prueba atlética, el zumbido tenue en los auriculares, las primeras palabras, lentas todavía, protocolarias, previsibles, fotocopiadas en la carpeta que me entregaron cuando vine, la urgencia ávida de atraparlas en el instante en que suenan y convertirlas en otras unas décimas de segundo después, el miedo a perder una sola, una palabra clave, porque entonces las que vienen tras ella se desbordarán como una catarata y ya no será posible restituirles el orden, palabras de niebla que se extinguen una vez que han sonado como la línea blanca de la carretera en la oscuridad del retrovisor, abstractas, fugaces, repetidas mil veces, resonando en los altavoces de la sala y al mismo tiempo, vertidas a tres o cuatro idiomas distintos, en mis oídos y en los de cada uno de los hombres y mujeres que miran hacia el estrado con caras semejantes de monotonía o de sueño, igualadas en su palidez por esta luz de aeropuerto, tan diferente de la luz exterior como las caras con las que uno se cruza por las calles, pero tampoco las voces ni las palabras se parecen a las que pueden oírse en un bar o en una tienda, son monocordes, civilizadas, metálicas, al cabo de media hora ya confunden sus sonidos y sus significados entre sí, en una pulpa neutra, como el rumor de los acondicionadores de aire. Cambian después, aunque no del todo, en los vestíbulos y en la cafetería, suenan más alto e incluso es posible distinguir unas de otras, asociarlas a la cara de quien las pronuncia, al color y a la expresión de sus ojos, como cuando en un autobús se escucha la conversación de dos desconocidos que ocupan los asientos de atrás y uno se vuelve para verlos, descubriendo entonces, casi siempre, que las caras y las voces no se corresponden, igual que una mujer vista de espaldas no parece la misma si uno la adelanta incitado por su figura o su manera de andar para verla de frente.

Antonio Muñoz Molina
El jinete polaco, Seix Barral

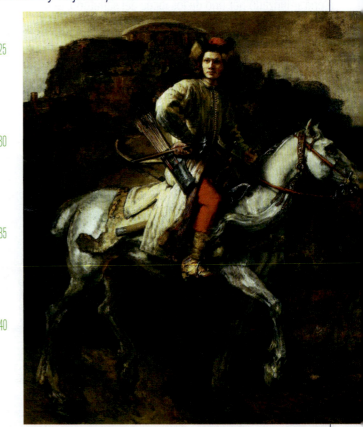

El jinete polaco, por John Berger.

La literatura española desde 1975 — Unidad 11

Ahora tú: comentario guiado

1 Fase previa

Antes de realizar el análisis de un texto perteneciente a una obra de la extensión y complejidad de esta novela, conviene realizar previamente la lectura de algunas de sus secuencias con la intención de conocer y al mismo tiempo captar los rasgos más característicos del novelista.

- Investiga acerca del argumento general de la obra así como de los elementos que rodearon la publicación de la novela. Indaga especialmente en los aspectos autobiográficos.
- Recopila datos en torno a la trayectoria literaria y personal de Antonio Muñoz Molina.
- A continuación, busca en un diccionario los términos cuyo significado desconozcas: *ávida, batiscafo, pelo cardado, protocolarias…*

2 Presentación

- Selecciona los datos biográficos más significativos del autor. Indaga sobre las relaciones biográficas del autor con la obra.
- ¿A qué parte de la obra pertenece esta secuencia?
- ¿En qué momento se publica? ¿Se podría encuadrar en algún movimiento estético?
- Indica a qué género pertenece el fragmento.

3 Análisis de las técnicas narrativas

Plantea un recorrido por los principales componentes de la narración. Para realizarlo no podemos olvidar que el comentario es un texto coherente y cuyas partes deben estar adecuadamente conectadas. Para ello, utiliza los conectores textuales más apropiados.

- ¿Quién es el narrador? ¿Qué focalización ha elegido? ¿Qué motivos hacen que se elige este punto de vista narrativo? ¿Qué efectos produce en la narración?
- Describe y analiza los personajes de la secuencia a partir de los datos que ofrece el texto.
- ¿Qué espacios se han seleccionado? ¿Poseen un valor simbólico? ¿Se presentan con objetividad?
- ¿Cómo transcurre el tiempo narrativo? ¿Encuentras elipsis y digresiones que detengan el relato? ¿Se advierte una percepción psicológica del tiempo?

4 Análisis de contenido y forma

- Enumera los acontecimientos que se desarrollan en el texto.
- Indica cuáles son los temas principales y secundarios del fragmento. ¿Poseen alguna relación con la temática general de la obra?
- ¿De qué aspectos estilísticos se sirve el autor para expresar tales temas? Presta especial atención al período oracional empleado. ¿Qué sensación produce en el lector?
- Relaciona la actitud del personaje ante los temas analizados. ¿Crees que Muñoz Molina ofrece una visión deshumanizada de la sociedad actual?
- ¿Qué organización presenta el texto? ¿Su estructura es intencionada? Indica qué criterio has utilizado para establecer sus partes (formal, temático…).
- ¿Qué tipología textual ha empleado Muñoz Molina? ¿Tiene alguna relación con el desarrollo de la secuencia?
- ¿Crees que el novelista adopta una actitud crítica ante los medios de comunicación?
- ¿Qué elementos silencia u omite en las descripciones? ¿Sigue un orden establecido? ¿Utiliza los mismos procedimientos formales en dichas descripciones?
- ¿Ofrece algún guiño humorístico en la narración? ¿Con qué finalidad?

5 Análisis sociológico

- ¿Qué intención guio al autor al elaborar la novela?
- ¿Escribe para un público concreto?

6 Conclusión

- Realiza una valoración del fragmento y de la novela.
- ¿Qué repercusiones ha tenido esta novela? Comprueba el número de ediciones que se han realizado, la presencia en libros de texto, las referencias periodísticas, la obtención de premios literarios…
- Reconoce la valía del novelista en la literatura hispánica.

12 La literatura hispanoamericana desde el siglo XX

Texto inicial y actividades previas
1. La novela hispanoamericana desde el siglo XX
2. La poesía hispanoamericana desde el siglo XX

Actividades finales de comprensión

Comentario literario resuelto: «La forma de la espada»

Ahora tú: comentario guiado: «La canción desesperada»

La literatura hispanoamericana desde el siglo XX | **Unidad 12**

Texto inicial

Uno de los libros de poesía más veces reimpreso desde su publicación es *Veinte poemas de amor y una canción desesperada,* del chileno Pablo Neruda. A él pertenece el famoso poema que te ofrecemos a continuación:

*Me gustas cuando callas porque estás como ausente,
y me oyes desde lejos, y mi voz no te toca.
Parece que los ojos se te hubieran volado
y parece que un beso te cerrara la boca.*

*Como todas las cosas están llenas de mi alma
emerges de las cosas, llena del alma mía.
Mariposa de sueño, te pareces a mi alma,
y te pareces a la palabra melancolía.*

*Me gustas cuando callas y estás como distante.
Y estás como quejándote, mariposa en arrullo.
Y me oyes desde lejos, y mi voz no te alcanza:
déjame que me calle con el silencio tuyo.*

*Déjame que te hable también con tu silencio
claro como una lámpara, simple como un anillo.
Eres como la noche, callada y constelada.
Tu silencio es de estrella, tan lejano y sencillo.*

*Me gustas cuando callas porque estás como ausente.
Distante y dolorosa como si hubieras muerto.
Una palabra entonces, una sonrisa bastan.
Y estoy alegre, alegre de que no sea cierto.*

Actividades previas

A. Leed el texto y preparad su recitación. Podéis formar grupos de cinco y que cada uno recite una de las estrofas.

B. Explica qué te ha parecido el poema: qué ideas transmite, qué sensación te ha causado.

C. Interpretad el último verso. ¿A qué se puede referir?

D. Realizad el análisis métrico. ¿En qué movimiento literario estudiado en este curso se usaba este tipo de verso?

Resulta una tarea ardua la de describir la literatura de este período, especialmente, si atendemos a la diversidad de estilos y procedencias. Nos detendremos en el estudio de la novela y la lírica, los dos géneros que han tenido más repercusión.

1 La novela hispanoamericana desde el siglo XX

La evolución de la narrativa hispanoamericana durante el siglo XX puede describirse en seis momentos:

- Años iniciales del siglo: sigue fiel al realismo decimonónico.
- A partir de 1920: se consolida un realismo con temas americanos e interés social.
- Años 40 y 50: se suceden experiencias renovadoras, compatibles con el acento social.
- Años 60 y 70: se produce el *boom* o auge de la nueva narrativa, que sitúa a sus autores en la primera línea de la narrativa mundial.
- *Postboom:* consolidan el éxito comercial de la novela hispanoamericana.
- Últimas promociones literarias, autores hijos de la globalización.

1.1. La novela realista: regionalismo y problemas sociales

Cuando ya la poesía se había renovado profundamente a través del modernismo, la novela seguía aún los cauces heredados del siglo XIX. El Realismo domina la novela hasta los años 40.

Entre 1910 y 1920 destacan obras como *Los de abajo* (1916) de **Mariano Azuela,** sobre la revolución mexicana, y *Raza de bronce* (1919) de **Alcides Arguedas,** sobre los indios explotados. Indigenismo, enfoque político-social y presencia de la naturaleza son sus principales ingredientes.

De 1920 a 1940 se consolidan estas tendencias, incidiendo en la lucha del hombre con la naturaleza, la miseria y las dictaduras. Las siguientes novelas son características de este período: *La vorágine* (1924), de **José Eustaquio Rivera,** ambientada en la selva amazónica; *Don Segundo Sombra* (1926), de **Ricardo Güiraldes,** sobre la pampa y el gaucho argentino; *Doña Bárbara* (1929), de **Rómulo Gallegos,** amplio fresco de las tierras venezolanas; y *El mundo es ancho y ajeno* (1941), de **Ciro Alegría,** sobre unos indios despojados de sus tierras.

1.2. Hacia la renovación: la superación del Realismo

A partir de 1940 se buscarán otros temas y otras técnicas con las que tratar los motivos tradicionales. Se aprecian varias novedades:

- Aparición de temas urbanos, junto a los rurales dominantes.
- Se abordan problemas humanos, y no solo sociales.
- Aparece la fantasía junto a la realidad: será el llamado «**realismo mágico**» o «lo real maravilloso», que supone la unión de lo mágico con la realidad,

formando mundos donde lo verosímil y lo inverosímil se tratan del mismo modo.

- Hay una mayor preocupación por las estructuras y el estilo, gracias al influjo de los grandes novelistas europeos y norteamericanos.

En este momento surge un panorama muy rico de autores en el que destacamos a los siguientes:

- **Jorge Luis Borges** (Argentina, 1899-1986). Uno de los más asombrosos autores de **cuentos** de nuestra época. Sus relatos nos ponen en contacto con lo insólito y excepcional, proponiéndonos sutiles juegos mentales llenos de inteligencia. Sus cuentos se recogen en volúmenes como *Ficciones* y *El Aleph*.

- **Miguel Ángel Asturias** (Guatemala, 1899-1974). Aborda de forma muy nueva los viejos temas. En *El Señor Presidente* (1946) trata la dictadura con técnica expresionista y alucinante. Obtuvo el Premio Nobel en 1967.

- **Alejo Carpentier** (Cuba, 1904-1980). En *Los pasos perdidos* (1953) y *El siglo de las luces* (1962) no dejó de avanzar en la renovación narrativa.

- **Juan Rulfo** (México, 1918-1986). Aporta una colección excepcional de **cuentos** con *El llano en llamas* (1953). También es autor de una novela magistral, *Pedro Páramo* (1955), donde se mezclan la vida y la muerte, lo real y lo sobrenatural, lo personal y lo social, que influirá decisivamente sobre los autores más jóvenes.

Actividades

Juan Preciado busca a su padre perdido en un pueblo fantasma, Comala, donde habitan diversos personajes enigmáticos. El pueblo había vivido bajo la tiranía del cacique Pedro Páramo, el padre de Juan Preciado. En el pueblo, donde se confunden los límites entre la vida y la muerte, escuchará los lamentos de los espíritus.

Vine a Comala porque me dijeron que acá vivía mi padre, un tal Pedro Páramo. Mi madre me lo dijo. Y yo le prometí que vendría a verlo en cuanto ella muriera. Le apreté sus manos en señal de que lo haría; pues ella estaba por morirse y yo en plan de prometerlo todo. «No dejes de ir a visitarlo —me recomendó—. Se llama de este modo y de este otro. Estoy segura de que le dará gusto conocerte». Entonces no pude hacer otra cosa sino decirle que así lo haría, y de tanto decírselo se lo seguí diciendo aun después que a mis manos les costó trabajo zafarse de sus manos muertas.

Todavía antes me había dicho:

—No vayas a pedirle nada. Exígele lo nuestro. Lo que estuvo obligado a darme y nunca me dio... El olvido en que nos tuvo, mi hijo, cóbraselo caro.

—Así lo haré, madre.

Pero no pensé cumplir mi promesa. Hasta que ahora pronto comencé a llenarme de sueños, a darle vuelo a las ilusiones. Y de este modo se me fue formando un mundo alrededor de la esperanza que era aquel señor llamado Pedro Páramo, el marido de mi madre. Por eso vine a Comala.

Era ese tiempo de la canícula, cuando el aire de agosto sopla caliente, envenenado por el olor podrido de las saponarias.

El camino subía y bajaba: «Sube o baja según se va o se viene. Para el que va, sube; para el que viene, baja».

—¿Cómo dice usted que se llama el pueblo que se ve allá abajo?

—Comala, señor.

—¿Está seguro de que ya es Comala?

—Seguro, señor.

—¿Y por qué se ve esto tan triste?

—Son los tiempos, señor.

Yo imaginaba ver aquello a través de los recuerdos de mi madre; de su nostalgia, entre retazos de suspiros. Siempre vivió ella suspirando por Comala, por el retorno; pero jamás volvió. Ahora yo vengo en su lugar. Traigo los ojos con que ella miró estas cosas, porque me dio sus ojos para ver: «Hay allí, pasando el puerto de Los Colimotes, la vista muy hermosa de una llanura verde, algo amarilla por el maíz maduro. Desde ese lugar se ve Comala, blanqueando la tierra, iluminándola durante la noche». Y su voz era secreta, casi apagada, como si hablara consigo misma... Mi madre.

—¿Y a qué va usted a Comala, si se puede saber? —oí que me preguntaban.

—Voy a ver a mi padre —contesté.

—¡Ah! —dijo él.

Y volvimos al silencio.

Juan Rulfo
Pedro Páramo, Cátedra

1. Realiza un breve resumen del fragmento.

2. Visita la página http://www.pedroparamo.org/ y lee las primeras páginas de la historia. Explica oralmente qué impresión te han causado.

1.3. El *boom* de la novela hispanoamericana

En los años 60, los lectores europeos quedan fascinados por autores como Cortázar, Vargas Llosa, García Márquez, Sábato, Fuentes…, sumados a los que hemos citado con anterioridad, situando en el primer nivel mundial a la narrativa hispanoamericana. Estos novelistas continuaban las innovaciones emprendidas por sus predecesores, llevándolas más lejos y aportando nuevos recursos, ampliando el universo temático, ahondando en el **realismo mágico**, experimentando con las estructuras, el lenguaje y el estilo, derrochando creatividad.

Nos centraremos en la obra de cinco autores, aunque la nómina de narradores valiosos debe incluir a otros como **Mujica Láinez, Onetti, Lezama Lima, Uslar Pietri, Roa Bastos, Arreola, Donoso, Sarduy, Cabrera Infante**, etc.

- **Gabriel García Márquez** (Colombia, 1928-2014). En sus novelas y cuentos destaca un pueblo imaginario llamado Macondo, trasunto de su Aracataca natal. En él ambienta *El coronel no tiene quien le escriba* y *Cien años de soledad* (1967). En esta última se narra la historia de la familia Buendía a través de varias generaciones, mezclando realidad y fantasía de modo singular. La imaginación creadora y la facilidad para contar son las principales virtudes de García Márquez. Otras obras destacables son *Crónica de una muerte anunciada* (1981) y *El amor en los tiempos del cólera* (1986). Recibió el Premio Nobel en 1982.

Gabriel García Márquez.

Actividades

Considerada una de las mejores novelas escritas en nuestra lengua, *Cien años de soledad* nos narra la genealogía de la familia Buendía, fundadores de la mítica Macondo. Úrsula y José Arcadio, junto a otros acompañantes, se asentaron en un lugar perdido en medio de ninguna parte y allí tuvieron dos hijos, Arcadio y Aureliano. Todos los varones de la estirpe recibirán los mismos nombres, durante siete generaciones; la historia de los cien años desde la fundación de Macondo hasta su desaparición se narran en esta obra, prodigio de imaginación y escrita con un estilo brillante y cuidado. Te ofrecemos el inicio de la obra.

Muchos años después, frente al pelotón de fusilamiento, el coronel Aureliano Buendía había de recordar aquella tarde remota en que su padre lo llevó a conocer el hielo. Macondo era entonces una aldea de veinte casas de barro y cañabrava construidas a la orilla de un río de aguas diáfanas que se precipitaban por un lecho de piedras pulidas, blancas y enormes como huevos prehistóricos. El mundo era tan reciente, que muchas cosas carecían de nombre, y para mencionarlas había que señalarlas con el dedo. Todos los años, por el mes de marzo, una familia de gitanos desarrapados plantaba su carpa cerca de la aldea, y con un grande alboroto de pitos y timbales daban a conocer los nuevos inventos. Primero llevaron el imán. Un gitano corpulento, de barba montaraz y manos de gorrión, que se presentó con el nombre de Melquíades, hizo una truculenta demostración pública de lo que él mismo llamaba la octava maravilla de los sabios alquimistas de Macedonia. Fue de casa en casa arrastrando dos lingotes metálicos, y todo el mundo se espantó al ver que los calderos, las pailas, las tenazas y los anafes se caían de su sitio, y las maderas crujían por la desesperación de los clavos y los tornillos tratando de desenclavarse, y aun los objetos perdidos desde hacía mucho tiempo aparecían por donde más se les había buscado, y se arrastraban en desbandada turbulenta detrás de los fierros mágicos de Melquíades. «Las cosas tienen vida propia —pregonaba el gitano con áspero acento—, todo es cuestión de despertarles el ánima». José Arcadio Buendía, cuya desaforada imaginación iba siempre más lejos que el ingenio de la naturaleza, y aun más allá del milagro y la magia, pensó que era posible servirse de aquella invención inútil para desentrañar el oro de la tierra. Melquíades, que era un hombre honrado, le previno: «Para eso no sirve».

Pero José Arcadio Buendía no creía en aquel tiempo en la honradez de los gitanos, así que cambió su mulo y una partida de chivos por los dos lingotes imantados. Úrsula Iguarán, su mujer, que contaba con aquellos animales para ensanchar el desmedrado patrimonio doméstico, no consiguió disuadirlo. «Muy pronto ha de sobrarnos oro para empedrar la casa», replicó su marido. Durante varios meses se empeñó en demostrar el acierto de sus conjeturas. Exploró palmo a palmo la región, inclusive el fondo del río, arrastrando los dos lingotes de hierro y recitando en voz alta el conjuro de Melquíades. Lo único que logró desenterrar fue una armadura del siglo XV con todas sus partes soldadas por un cascote de óxido, cuyo interior tenía la resonancia hueca de un enorme calabazo lleno de piedras. Cuando José Arcadio Buendía y los cuatro hombres de su expedición lograron desarticular la armadura, encontraron dentro un esqueleto calcificado que llevaba colgado en el cuello un relicario de cobre con un rizo de mujer.

Gabriel García Márquez
Cien años de soledad, Cátedra

3. Resume el fragmento anterior.

4. Investiga los siguientes personajes: Úrsula, Melquíades, Coronel Aureliano, Remedios (la bella). Puedes hallar información en Internet.

5. Consulta el árbol genealógico de la estirpe de los Buendía en http://lia.univ-avignon.fr/chercheurs/torres/arte/literatura/ggm/index.html.

■ **Julio Cortázar** (1914-1984). Novelista argentino (aunque nacido en Bruselas, por motivos del trabajo de su padre, y muerto en el exilio en París), destaca como un estupendo autor de **cuentos** (*Historias de cronopios y de famas*) y como un novelista en el que lo fantástico surge dentro de lo cotidiano mostrando la complejidad de lo real. Su novela *Rayuela* (1963) es un alarde de maestría estilística y estructural (admite varios itinerarios de lectura).

Actividades

Rayuela comienza ya de forma sorprendente: con unas instrucciones de cómo hay que leer la obra: «A su manera este libro es muchos libros, pero sobre todo es dos libros. El lector queda invitado a elegir una de las dos posibilidades siguientes: El primer libro se deja leer en la forma corriente, y termina en el capítulo 56, al pie del cual hay tres vistosas estrellitas que equivalen a la palabra *Fin*. Por consiguiente, el lector prescindirá sin remordimientos de lo que sigue. El segundo libro se deja leer empezando por el capítulo 73 y siguiendo luego en el orden que se indica al pie de cada capítulo». Desde el inicio, pues, el lector adquiere un papel protagonista, pues es él quien decide cómo leer la obra, lo que supone una novedad absoluta. Te ofrecemos el primer párrafo del primer capítulo.

¿Encontraría a la Maga? Tantas veces me había bastado asomarme, viniendo por la rue de Seine, al arco que da al Quai de Conti, y apenas la luz de ceniza y olivo que flota sobre el río me dejaba distinguir las formas, ya su silueta delgada se inscribía en el Pont des Arts, a veces andando de un lado a otro, a veces detenida en el pretil de hierro, inclinada sobre el agua. Y era tan natural cruzar la calle, subir los peldaños del puente, entrar en su delgada cintura y acercarme a la Maga que sonreía sin sorpresa, convencida como yo de que un encuentro casual era lo menos casual en nuestras vidas, y que la gente que se da citas precisas es la misma que necesita papel rayado para escribirse o que aprieta desde abajo el tubo de dentífrico. Pero ella no estaría ahora en el puente. Su fina cara de translúcida piel se asomaría a viejos portales en el ghetto del Marais, quizá estuviera charlando con una vendedora de papas fritas o comiendo una salchicha caliente en el boulevard de Sébastopol. De todas maneras subí hasta el puente, y la Maga no estaba. Ahora la Maga no estaba en mi camino, y aunque conocíamos nuestros domicilios, cada hueco de nuestras dos habitaciones de falsos estudiantes en París, cada tarjeta postal abriendo una ventanita Braque o Ghirlandaio o Max Ernst contra las molduras baratas y los papeles chillones, aun así no nos buscaríamos en nuestras casas. Preferíamos encontrarnos en el puente, en la terraza de un café, en un cine-club o agachados junto a un gato en cualquier patio del barrio latino. Andábamos sin buscarnos pero sabiendo que andábamos para encontrarnos. Oh Maga, en cada mujer parecida a vos se agolpaba como un silencio ensordecedor, una pausa filosa y cristalina que acababa por derrumbarse tristemente, como un paraguas mojado que se cierra. Justamente un paraguas, Maga, te acordarías quizá de aquel paraguas viejo que sacrificamos en un barranco del Parc Montsouris, un atardecer helado de marzo. Lo tiramos porque lo habías encontrado en la Place de la Concorde, ya un poco roto, y lo usaste muchísimo, sobre todo para meterlo en las costillas de la gente en el metro y en los autobuses, siempre torpe y distraída y pensando en pájaros pintos o en un dibujito que hacían dos moscas en el techo del coche, y aquella tarde cayó un chaparrón y vos quisiste abrir orgullosa tu paraguas cuando entrábamos en el parque, y en tu mano se armó una catástrofe de relámpagos fríos y nubes negras, jirones de tela destrozada cayendo entre destellos de varillas desencajadas, y nos reíamos como locos mientras nos empapábamos, pensando que un paraguas encontrado en una plaza debía morir dignamente en un parque, no podía entrar en el ciclo innoble del tacho de basura o del cordón de la vereda; entonces yo lo arrollé lo mejor posible, lo llevamos hasta lo alto del parque, cerca del puentecito sobre el ferrocarril, y desde allí lo tiré con todas mis fuerzas al fondo de la barranca de césped mojado mientras vos proferías un grito donde

vagamente creí reconocer una imprecación de walkyria. Y en el fondo del barranco se hundió como un barco que sucumbe al agua verde, al agua verde y procelosa, a la mer qui est plus félonesse en été qu'en hiver, a la ola pérfida, Maga, según enumeraciones que detallamos largo rato, enamorados de Joinville y del parque, abrazados y semejantes a árboles mojados o a actores de cine de alguna pésima película húngara. Y quedó entre el pasto, mínimo y negro, como un insecto pisoteado. Y no se movía, ninguno de sus resortes se estiraba como antes. Terminado. Se acabó. Oh Maga, y no estábamos contentos.

Julio Cortázar
Rayuela, Alfaguara

6. Lee en voz alta el fragmento. Deberás preparar con antelación la lectura, especialmente las palabras en francés.

7. El texto va hilando frases e ideas de manera que empieza un monólogo del protagonista buscando a la Maga y termina centrándose en una anécdota. ¿En cuál?

8. Destaca las ideas que más te hayan llamado la atención.

■ **Mario Vargas Llosa** (Perú, 1936). Asombró con *La ciudad y los perros* (1962), aunque quizá su obra cumbre sea *Conversación en la catedral* (1969), extensa novela en la que dos personas hablan de sus vidas fracasadas, logrando evocar todo un mundo. Tras una primera etapa dominada por un intenso experimentalismo, a partir de los años ochenta regresa a los caminos de la narratividad y el humor con obras como *Lituma en los Andes* (1993), *Los cuadernos de don Rigoberto* (1997), *La fiesta del chivo* (2000) o *El sueño del celta* (2010), entre otras. Recibió el Premio Nobel de Literatura en 2010.

Actividades

La ciudad y los perros, primera novela de Vargas Llosa, narra la vida en una escuela militar, donde los jóvenes reciben una educación represora y alienante. Este es el inicio de la obra:

—Cuatro —dijo el Jaguar.

Los rostros se suavizaron en el resplandor vacilante que el globo de luz difundía por el recinto, a través de escasas partículas limpias de vidrio: el peligro había desaparecido para todos, salvo para Porfirio Cava. Los dados estaban quietos, marcaban tres y uno, su blancura contrastaba con el suelo sucio.

—Cuatro —repitió el Jaguar— ¿Quién?

—Yo —murmuró Cava—. Dije cuatro.

—Apúrate —replicó el Jaguar—. Ya sabes, el segundo de la izquierda.

Cava sintió frío. Los baños estaban al fondo de las cuadras, separados de ellas por una delgada puerta de madera, y no tenían ventanas. En años anteriores, el invierno solo llegaba al dormitorio de los cadetes, colándose por los vidrios rotos y las rendijas; pero este año era agresivo y casi ningún rincón del colegio se libraba del viento, que, en las noches, conseguía penetrar hasta en los baños, disipar la hediondez acumulada durante el día y destruir su atmósfera tibia. Pero Cava había nacido y vivido en la sierra, estaba acostumbrado al invierno: era el miedo lo que erizaba su piel.

—¿Se acabó? ¿Puedo irme a dormir? —dijo Boa: un cuerpo y una voz desmesurados, un plumero de pelos grasientos que corona una cabeza prominente, un rostro diminuto de ojos hundidos por el sueño. Tenía la boca abierta, del labio inferior adelantado colgaba una hebra de tabaco. El Jaguar se había vuelto a mirarlo.

—Entro de imaginaria a la una—dijo Boa—. Quisiera dormir algo.

—Váyanse —dijo el Jaguar—. Los despertaré a las cinco.

Boa y Rulos salieron. Uno de ellos tropezó al cruzar el umbral y maldijo.

—Apenas regreses, me despiertas —ordenó el Jaguar—. No te demores mucho. Van a ser las doce.

—Sí —dijo Cava. Su rostro, por lo común impenetrable, parecía fatigado—. Voy a vestirme.

Salieron del baño. La cuadra estaba a oscuras, pero Cava no necesitaba ver para orientarse entre las dos columnas de literas; conocía de memoria ese recinto estirado y alto. Lo colmaba ahora una serenidad silenciosa, alterada instantáneamente por ronquidos o murmullos. Llegó a su cama, la segunda de la derecha, la de abajo, a un metro de la entrada. Mientras sacaba a tientas del ropero el pantalón, la camisa caqui y los botines, sentía junto a su rostro el aliento teñido de tabaco de Vallano, que dormía en la litera superior. Distinguió en la oscuridad la doble hilera de dientes grandes y blanquísimos del negro y pensó en un roedor. Sin bulla, lentamente, se despojó del pijama de franela azul y se vistió. Echó sobre sus hombros el sacón de paño. Luego, pisando despacio porque los botines crujían, caminó hasta la litera del Jaguar, que estaba al otro extremo de la cuadra, junto al baño.

—Jaguar.

—Sí. Toma.

Cava alargó la mano, tocó dos objetos fríos, uno de ellos áspero. Conservó en la mano la linterna, guardó la lima en el bolsillo del sacón.

Mario Vargas Llosa
La ciudad y los perros

9. Resume el fragmento. ¿En qué lugares se desarrolla la historia?

10. Busca información acerca del argumento de la novela y explica qué pretenden hacer los protagonistas. Puedes buscar en http://www.diarioinca.com/2008/08/resumen-la-ciudad-y-los-perros-de-mario.html.

- **Ernesto Sábato** (Argentina, 1911-2011). Es autor de *El túnel* (1948), *Sobre héroes y tumbas* (1961) y *Abaddón el exterminador* (1974). Las dos últimas ofrecen una visión apocalíptica y crítica de nuestro mundo, y con estructuras narrativas libres y complejas.

- **Carlos Fuentes** (México, 1928-2012). Aúna virtuosismo técnico y carga crítica. Entre sus títulos sobresalen *La región más transparente* (1958) y *La muerte de Artemio Cruz* (1962). Recibió el Premio Cervantes en 1987.

1.4. El *postboom*

Tras la internacionalización de la narrativa hispanoamericana, sus mejores autores siguen publicando, al mismo tiempo que se abren paso las nuevas generaciones. Los nuevos narradores acceden a un mercado mucho más atento a las novedades procedentes de Hispanoamérica, pero deben luchar por estar a la altura, cuando no a la sombra, de sus predecesores. Por lo general, escriben novelas realistas, de estilo directo. Entre los novelistas destacan:

- **Manuel Puig** (Argentina, 1932-1990). Con obras modernas y culturalistas como *La traición de Rita Hayworth* (1968), *The Buenos Aires affair* (1973) y *El beso de la mujer araña* (1976).

- **Alfredo Bryce Echenique** (Perú, 1939). Sorprende por su sentido del humor y su capacidad para caricaturizar personajes y situaciones. Algunas de sus obras más representativas son *Un mundo para Julius* (1970), *La vida exagerada de Martín Romaña* (1981) y *El hombre que hablaba de Octavia de Cádiz* (1985).

- **Isabel Allende** (Chile, 1942). Tras estudiar periodismo en Chile, debió exiliarse a Venezuela tras el golpe militar contra Salvador Allende, su tío. Su obra es una muestra clara del influjo de García Márquez en la narrativa posterior. En ella se aprecian vetas mágicas, compromiso social y la voluntad de contar con sencillez. Su novela *La casa de los espíritus* (1982) supuso un éxito de ventas mundial. Otras narraciones suyas son *Eva luna* (1987), *Paula* (1994), *Hija de la fortuna* (1999) o *Retrato en sepia* (2000).

Homenaje a Alfredo Bryce Echenique (en el centro) en la Casa de América de Madrid.

Actividades

La casa de los espíritus supone un intento de rescatar la memoria del pasado, contando la historia de tres generaciones de chilenos desde comienzos del siglo XX hasta la década de los setenta. El protagonista masculino es Esteban Txueba, quien, gracias a su tesón, pasa de ser humilde minero a poderoso terrateniente. Vive un matrimonio frustrado con Rosa, que muere envenenada por error y, posteriormente, con una hermana de esta, Clara, mujer capaz de interpretar los sueños y de predecir el futuro con sorprendente exactitud. Los conflictos rugen por la brutalidad de Esteban, y los conflictos que de ahí derivan afectarán a sus hijos y nietos, las tres generaciones que se narran en la novela. Te ofrecemos el inicio de la obra.

Barrabás llegó a la familia por vía marítima, anotó la niña Clara con su delicada caligrafía. Ya entonces tenía el hábito de escribir las cosas importantes y más tarde, cuando se quedó muda, escribía también las trivialidades, sin sospechar que cincuenta años después, sus cuadernos me servirían para rescatar la memoria del pasado y para sobrevivir a mi propio espanto. El día que llegó Barrabás era Jueves Santo. Venía en una jaula indigna, cubierto de sus propios excrementos y orines, con una mirada extraviada de preso miserable e indefenso, pero ya se adivinaba –por el porte real de su cabeza y el tamaño de su esqueleto– el gigante legendario que llegó a ser. Aquel era un día aburrido y otoñal, que en nada presagiaba los acontecimientos que la niña escribió para que fueran recordados y que ocurrieron durante la misa de doce, en la parroquia de San Sebastián, a la cual asistió con toda su familia. En señal de duelo, los santos estaban tapados con trapos morados, que las beatas desempolvaban anualmente del ropero de la sacristía, y bajo las sábanas de luto, la corte celestial parecía un amasijo de muebles esperando la mudanza, sin que las velas, el incienso o los gemidos del órgano, pudieran contrarrestar ese lamentable efecto. Se erguían amenazantes bultos oscuros en el lugar de los santos de cuerpo entero, con sus rostros idénticos de expresión constipada, sus elaboradas pelucas de cabello de muerto, sus rubíes, sus perlas, sus esmeraldas de vidrio pintado y sus vestuarios de nobles florentinos.

Isabel Allende
La casa de los espíritus, Espasa Calpe

11. Busca en Internet el argumento de la novela *La casa de los espíritus* y exponlo oralmente en clase.

12. Se ha destacado el papel predominante de las mujeres en la obra de Isabel Allende. Busca información acerca de este asunto.

Como **cuentistas,** además de los ya señalados, debe destacarse la importancia de los siguientes escritores:

- **Augusto Monterroso** (Guatemala, 1921-2003). Autor de cuentos y ensayos, con obras como *Lo demás es silencio* (1978) o *Literatura y vida* (2004). Es el creador del que pasa por ser el microrrelato más famoso de nuestras letras: *Cuando despertó, el dinosaurio todavía estaba allí.*

- **Eduardo Galeano** (Uruguay, 1940-2015). Periodista y escritor, del que destacamos sus colecciones de cuentos *El libro de los abrazos* (1989), *Bocas del tiempo* (2004) o *Espejos* (2008).

Actividad

Te presentamos uno de los microrrelatos de Eduardo Galeano, que aúna ternura y denuncia social, dos constantes en muchos de sus mejores textos.

Nochebuena

Fernando Silva dirige el hospital de niños en Managua.

En vísperas de Navidad, se quedó trabajando hasta muy tarde. Ya estaban sonando los cohetes, y empezaban los fuegos artificiales a iluminar el cielo, cuando Fernando decidió marcharse. En su casa lo esperaban para festejar.

Hizo una última recorrida por las salas, viendo si todo queda en orden, y en eso estaba cuando sintió que unos pasos lo seguían. Unos pasos de algodón; se volvió y descubrió que uno de los enfermitos le andaba atrás. En la penumbra lo reconoció. Era un niño que estaba solo. Fernando reconoció su cara ya marcada por la muerte y esos ojos que pedían disculpas o quizá pedían permiso.

Fernando se acercó y el niño lo rozó con la mano:

—Decile a… —susurró el niño—. Decile a alguien, que yo estoy aquí.

Eduardo GALEANO
El libro de los abrazos, Siglo XXI

13. Busca más microrrelatos de Galeano. Puedes empezar por estas direcciones:
- http://www.loscuentos.net/cuentos/other/10/16/
- http://lateclaconcafe.blogia.com/2012/011303-eduardo-galeano-cuentos-cortos.php

Selecciona el que más te haya impactado y léelo en clase.

- **Mario Benedetti** (Uruguay, 1920-2009). Es uno de los poetas y cuentistas más afamados de su tiempo. Entre sus colecciones de cuentos destacan *Buzón de tiempo* (1999) o *El porvenir de mi pasado* (2003); como novelas, señalamos *Primavera con una esquina rota* (1982). Volveremos a él para centrarnos en su obra poética.

1.5. Últimas promociones de la narrativa hispanoamericana: los hijos de la globalización

En la actualidad, coexisten en la narrativa hispanoamericana autores del *boom*, del *postboom* y nuevas generaciones de narradores, hijos de la globalización, que pretenden hacerse un hueco entre las grandes figuras. En general, las últimas generaciones de narradores huyen de la novela directa y comercial del *postboom* en busca de nuevas alternativas. En este sentido, cabe destacar la publicación de la antología de nuevos narradores *McOndo* (irónico juego de palabras en el que se mezcla la mítica ciudad de García Márquez, con el prefijo *Mc* de hamburgueserías y ordenadores).

Las últimas tendencias narrativas reivindican una Latinoamérica mestiza, global, hija de la televisión, la moda, el cine, la música y el periodismo. Se percibe en la actualidad una tendencia a la escritura de novelas totales, ambiciosas, extensas, con ejemplos tan claros como la novela del chileno Roberto Bolaño, *2666* (2004). Con frecuencia, se revitalizan, en la estela del postboom, los géneros menores (novela negra, novela histórica, ciencia ficción) y asistimos a una reivindicación de la memoria a través de las autobiografías.

Por lo general, se detecta en estas obras la influencia de la cultura de masas y la desaparición de los límites nacionales, en un mundo global. La intertextualidad y la difuminación de los límites entre realidad y ficción son otros de los rasgos de esta nueva narrativa hispanoamericana.

Además del ya citado **Roberto Bolaño** (1953-2003), podemos destacar otros nombres como **María Rosa Lojo** (Argentina, 1954, con *La princesa Federal*, 1998), **Fernando Iwasaki** (Perú, 1961, autor de la interesantísima colección de microrrelatos *Ajuar funerario*, en 2004), **Cristina Rivera Garza** (México, 1964, autora de *La muerte me da*, 2007), **Santiago Gamboa** (Colombia, 1965, autor de *Los impostores*, en 2001), **Jorge Volpi** (México, 1968, autor, entre otras, de *El juego del Apocalipsis*, 2001), **Santiago Roncagliolo** (Perú, 1975, autor de *Abril rojo*, 2006) o **Andrés Neuman** (Argentina, 1977, obtuvo el Premio Primavera de Novela con *El viajero del siglo*, 2009), entre tantísimos otros.

Roberto Bolaño.

2 La poesía hispanoamericana desde el siglo XX

El panorama de la lírica no es menos complejo que el que acabamos de describir para la narrativa. Nos centramos en la poesía cultivada tras el modernismo, que ya quedó estudiada en la unidad 8.

2.1. El posmodernismo

Se abre el siglo con el **posmodernismo**, que bebe aún en las fuentes de Rubén Darío. Citemos como ejemplo al mejicano Amado Nervo (*Jardines interiores*, 1905). Por entonces se desarrolla una **poesía sentimental**, que supone una ruptura con los moldes estéticos anteriores en busca de la sencillez o incluso de la oposición a las normas sociales. La chilena **Gabriela Mistral** (*Desolación*, 1922), ganadora del Premio Nobel, es una de las autoras más destacadas, junto a la argentina **Alfonsina Storni** o la uruguaya **Juana de Ibarbourou**.

Gabriela Mistral.

Unidad 12 La literatura hispanoamericana desde el siglo XX

Los caminos abiertos por el modernismo fueron variados, y a veces de apariencia contradictoria. De sus posiciones más experimentales nació una orientación que conduciría a las manifestaciones poéticas vanguardistas: la mirada de los escritores se centró en la intimidad y en lo cotidiano, y a la vez, de la mano de una preocupación americanista cada vez más acentuada, descubrió la vasta geografía del nuevo mundo.

La poesía se enriqueció así de matices nacionales o regionales, empezó a indagar en la esencia de lo americano, trató de contribuir a su definición. Con el tiempo, el término posmodernismo se ha reservado para todas esas manifestaciones literarias que parecen ajenas al vanguardismo.

2.2. Las vanguardias

Ciertas vanguardias como el ultraísmo de **Jorge Luis Borges** o el creacionismo de **Vicente Huidobro** se extendieron rápidamente a toda Europa. En esta línea vanguardista cabe destacar el peruano **César Vallejo** (1892-1938), uno de los mayores innovadores de la poesía contemporánea, con obras como *Trilce* (1922) y sus poemarios póstumos *Poemas humanos* y *España, aparta de mí este cáliz*, publicados ambos en 1939, con poemas de corte social.

César Vallejo.

*Hoy me gusta la vida mucho menos,
pero siempre me gusta vivir: ya lo decía.
Casi toqué la parte de mi todo y me contuve
con un tiro en la lengua detrás de mi palabra.
Hoy me palpo el mentón en retirada   5
y en estos momentáneos pantalones yo me digo:
¡Tanta vida y jamás!
¡Tantos años y siempre mis semanas!...
Mis padres enterrados con su piedra
y su triste estirón que no ha acabado;   10
de cuerpo entero hermanos, mis hermanos,
y, en fin, mi ser parado y en chaleco.
Me gusta la vida enormemente
pero, desde luego,
con mi muerte querida y mi café   15
y viendo los castaños frondosos de París
y diciendo:
Es un ojo este, aquel; una frente esta, aquella... Y repitiendo:
¡Tanta vida y jamás me falla la tonada!
¡Tantos años y siempre, siempre, siempre!   20
Dije chaleco, dije
todo, parte, ansia, dije casi, por no llorar.
Que es verdad que sufrí en aquel hospital que queda al lado
y está bien y está mal haber mirado
de abajo para arriba mi organismo.   25
Me gustará vivir siempre, así fuese de barriga,
porque, como iba diciendo y lo repito,
¡tanta vida y jamás! ¡Y tantos años,
y siempre, mucho siempre, siempre, siempre!*

César Vallejo
Poemas humanos, Castalia

2.3. La poesía negra

En los años treinta se pone de moda la **poesía negra,** una mezcla entre folclorismo y denuncia social. La obra del cubano Nicolás Guillén, *Sóngoro cosongo* (1931), es el modelo del género.

*Para hacer esta muralla,
tráiganme todas las manos:
Los negros, sus manos negras,
los blancos, sus blancas manos.
Ay,
una muralla que vaya
desde la playa hasta el monte,
desde el monte hasta la playa, bien,
allá sobre el horizonte.
—¡Tun, tun!
—¿Quién es?
—Una rosa y un clavel...
—¡Abre la muralla!
—¡Tun, tun!
—¿Quién es?
—El sable del coronel...
—¡Cierra la muralla!
—¡Tun, tun!
—¿Quién es?
—La paloma y el laurel...
—¡Abre la muralla!
—¡Tun, tun!
—¿Quién es?
—El alacrán y el ciempiés...
—¡Cierra la muralla!
Al corazón del amigo,
abre la muralla;
al veneno y al puñal,
cierra la muralla;
al mirto y la yerbabuena,
abre la muralla;
al diente de la serpiente,
cierra la muralla;
al ruiseñor en la flor,*

*Alcemos una muralla
juntando todas las manos;
los negros, sus manos negras,
los blancos, sus blancas manos.
Una muralla que vaya
desde la playa hasta el monte,
desde el monte hasta la playa, bien,
allá sobre el horizonte...*

Nicolás Guillén

2.4. La poesía social

Se da también una importante vertiente de **poesía social,** preocupada por los problemas de América. Destacan, desde Perú, el ya citado César Vallejo y el chileno Pablo Neruda.

Pablo Neruda (Chile, 1904-1973)

Uno de los autores hispanoamericanos más influyentes en la generación del 27 es el chileno Pablo Neruda –seudónimo de Neftalí Ricardo Reyes–, amigo de los poetas de la generación del 27, en especial de Federico García Lorca. Su vida se halla muy relacionada con su modo de hacer poesía. Recibió el Premio Nobel de Literatura en 1971.

■ En 1919 se abre la **primera etapa** de su obra, que se caracteriza por ser intuitiva y subjetiva, por combinar los tonos románticos y posmodernistas con algunas imágenes novedosas procedentes de la vanguardia. A este período pertenecen *Veinte poemas de amor y una canción desesperada* (1924) y *Residencia en la tierra* (1933). En el primer libro refleja el paso del amor imaginado a la experiencia vivida, por lo que su autor lo definió en su autobiografía (*Confieso que he vivido*) como un «libro de goce del amor pleno». En este poemario de juventud se advierten toques surrealistas, fundamentales en las imágenes de la naturaleza. En los textos que lo componen, el amor se entiende como apoyo metafísico; la mujer no es tanto una entidad separada del poeta como el refugio de este, a quien transmitir todas sus angustias existenciales.

■ Su **segunda etapa** marca un cambio evidente en su estética, al percibirse un alto grado de compromiso. Escribe su obra cumbre, *Canto general* (1950), un largo poema épico de exaltación del mundo americano. En este período no renuncia a la temática amorosa: *Los versos del capitán* (1952), escribe también poemas de asuntos sencillos y cotidianos, como *Odas elementales*

Pablo Neruda.

(1954) y *Nuevas odas elementales* (1955), en los que el humor aparece con frecuencia. La ideología comunista influye poderosamente tanto en su vida –hubo de desterrarse– como en su poesía.

■ Finalmente podemos establecer una **tercera etapa** marcada por la reflexión autobiográfica, como se refleja en *Cien sonetos de amor* (1960), *Memorial de la Isla Negra* (1964) y *Barcarola* (1967).

2.5. La antipoesía

La línea más radical de la poesía social es la llamada *antipoesía* del chileno **Nicanor Parra** (1914, Premio Cervantes en 2011). Se trata de una poesía crítica, política, con toques de humor y de absurdo, arte callejero y cultura popular. Su interés es el de democratizar la poesía, haciéndola accesible a todo tipo de público. Por ello, echa mano de un lenguaje con frecuencia coloquial, directo, cotidiano, abriendo un camino que aún perdura en el resto de la literatura universal.

La montaña rusa

Durante medio siglo
La poesía fue
El paraíso del tonto solemne.
Hasta que vine yo

Y me instalé con mi montaña rusa.   5

Suban, si les parece.
Claro que yo no respondo si bajan
Echando sangre por boca y narices.

Nicanor P<small>ARRA</small>

2.6. Tendencias de la segunda mitad del siglo XX

Desde los años cincuenta se aprecia la superación de las corrientes anteriores en busca de una estética más integradora y universal. Destacamos la labor de algunos de los poetas que más prestigio han alcanzado en las últimas décadas.

Octavio Paz (México, 1914-1998)

Dedicado casi por entero a la literatura fue conocido como fundador y colaborador de revistas literarias. Entre sus títulos destacan *A la orilla del mundo* (1942), *Salamandra* (1962) o *Hijos del aire* (1981). Recibió el Premio Cervantes en 1981 y en 1990 el Premio Nobel. Destaca en su obra la mezcla entre la vanguardia y la mitología mejicana, lo puramente sentimental y lo reivindicativo.

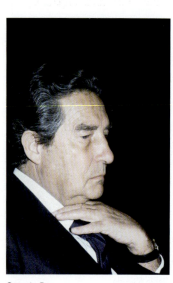

Octavio Paz.

La Dulcinea de Marcel Duchamp
Ardua pero plausible, la pintura
cambia la tela blanca en pardo llano
y en Dulcinea al polvo castellano
torbellino resuelto en escultura.   5
Transeúnte de París, en su figura
—molino de ficciones, inhumano
rigor y geometría— Eros tirano

desnuda en cinco chorros su estatura.
Mujer en rotación que se disgrega   10
y es surtidos de sesgos y reflejos:
mientras más se desviste más se niega.
La mente es una cámara de espejos;
invisible en el cuadro, Dulcinea
perdura: fue mujer y ya es idea.   15

Octavio P<small>AZ</small>
Árbol adentro, Seix Barral

Juan Gelman (Buenos Aires, 1930 - México D. F., 2014)

Además de poeta, destacó como traductor y periodista. Vivió de cerca las consecuencias de la dictadura en Argentina, ya que su hijo y su nuera llegaron a estar desaparecidos; fue condenado a muerte y hubo de exiliarse.

Su poesía presenta notas de realismo crítico y de intimismo. En su poesía son constantes la presencia de la cotidianeidad, el tono político, la denuncia y la indignación ante la injusticia.

Recibió el Premio Reina Sofía de Poesía Iberoamericana en 2005 y en 2007 el Premio Cervantes.

Rafael Cadena (Venezuela, 1930)

Poeta de intensa actividad política, estuvo exiliado de su país al que regresó en 1957. Su poesía es densa, con tintes filosóficos por la hondura de su pensamiento. En el poema que presentamos, emplea un lenguaje directo en el que se decanta por una poesía sincera:

Ars poética

Que cada palabra lleve lo que dice.
Que sea como el temblor que la sostiene.
Que se mantenga como un latido.
No he de proferir adornada falsedad ni poner tinta dudosa ni añadir brillos a lo que es.
Esto me obliga a oírme. Pero estamos aquí para decir verdad.
Seamos reales.
Quiero exactitudes aterradoras.
Tiemblo cuando creo que me falsifico. Debo llevar en peso mis palabras. Me poseen tanto como yo a ellas.

Si no veo bien, dime tú, tú que me conoces, mi mentira, señálame la impostura, restriégame la estafa.
Te lo agradeceré, en serio.
Enloquezco por corresponderme.
Sé mi ojo, espérame en la noche y divísame, escrútame, sacúdeme.

Blanca Valera (Lima, 1926-2009)

Siendo joven, viajó a París, donde conoció a Octavio Paz, hecho que marcó su obra. Se ha destacado de ella la capacidad de elevar las palabras cotidianas a categoría poética.

Encontré

No he buscado.
Por costumbre si escucho el canto de un pájaro
digo (a nadie) ¡vaya: un pájaro!
O digo ¿de qué color era?
Y el color no tiene en realidad importancia,
sino el espacio en que una inmensa flor sin nombre se mueve,
el espacio lleno de un esplendor sin nombre,
y mis ojos, fijos, sin nombre.

Actividades

No debiera arrancarse a la gente de
[su tierra o país, no a la fuerza.
La gente queda dolorida, la tierra que-
[da dolorida.
Nacemos y nos cortan el cordón um-
[bilical. Nos destierran y
nadie nos corta la memoria, la lengua,
[las calores. Tenemos que
aprender a vivir como el clavel del
[aire, propiamente del aire.
Soy una planta monstruosa. Mis raí-
[ces están a miles de
kilómetros de mí y no nos ata un tallo,
[nos separan dos mares
y un océano. El sol me mira cuando
[ellas respiran en la noche,
duelen de noche bajo el sol.

JUAN GELMAN

14. Identifica el tema del poema de Gelman.

15. Investiga acerca de la dictadura militar argentina de Videla y sus consecuencias.

Actividad

16. Busca otros poemas de Cadena en http://letras.s5.com/rc061009.html y selecciona el que más te impacte.

Poderes mágicos

No importa la hora ni el día
se cierran los ojos
se dan tres golpes con el
pie en el suelo,
se abren los ojos
y todo sigue exactamente igual.

Texto A

El coronel Aureliano Buendía promovió treinta y dos levantamientos armados y los perdió todos. Tuvo diecisiete hijos varones de diecisiete mujeres distintas, que fueron exterminados uno tras otro en una sola noche, antes de que el mayor cumpliera treinta y cinco años. Escapó a catorce atentados, a setenta y tres emboscadas y a un pelotón de fusilamiento. Sobrevivió a una carga de estricnina en el café que habría bastado para matar un caballo. Rechazó la Orden del Mérito que le otorgó el presidente de la república. Llegó a ser comandante general de las fuerzas revolucionarias, con jurisdicción y mando de una frontera a la otra, y el hombre más temido por el gobierno, pero nunca permitió que le tomaran una fotografía. Declinó la pensión vitalicia que le ofrecieron después de la guerra y vivió hasta la vejez de los pescaditos de oro que fabricaba en su taller de Macondo. Aunque peleó siempre al frente de sus hombres, la única herida que recibió se la produjo él mismo después de firmar la capitulación de Neerlandia que puso término a casi veinte años de guerras civiles. Se disparó un tiro de pistola en el pecho y el proyectil le salió por la espalda sin lastimar ningún centro vital. Lo único que quedó de todo eso fue una calle con su nombre en Macondo. Sin embargo, según declaró pocos años antes de morir de viejo, ni siquiera eso esperaba la madrugada en que se fue con sus veintiún hombres a reunirse con las fuerzas del general Victorio Medina.

—Ahí te dejamos a Macondo —fue todo cuanto le dijo a Arcadio antes de irse—. Te lo dejamos bien, procura que lo encontremos mejor.

Arcadio le dio una interpretación muy personal a la recomendación. Se inventó un uniforme con galones y charreteras de mariscal, inspirado en las láminas de un libro de Melquíades, y se colgó al cinto el sable con borlas doradas del capitán fusilado. Emplazó las dos piezas de artillería a la entrada del pueblo, uniformó a sus antiguos alumnos, exacerbados por sus proclamas incendiarias, y los dejó vagar armados por las calles para dar a los forasteros una impresión de invulnerabilidad. Fue un truco de doble filo, porque el gobierno no se atrevió a atacar la plaza durante diez meses, pero cuando lo hizo descargó contra ella una fuerza tan desproporcionada que liquidó la resistencia en media hora. Desde el primer día de su mandato Arcadio reveló su afición por los bandos. Leyó hasta cuatro diarios para ordenar y disponer cuanto le pasaba por la cabeza. Implantó el servicio militar obligatorio desde los dieciocho años, declaró de utilidad pública los animales que transitaban por las calles después de las seis de la tarde e impuso a los hombres mayores de edad la obligación de usar un brazal rojo. Recluyó al padre Nicanor en la casa cural, bajo amenaza de fusilamiento, y le prohibió decir misa y tocar las campanas como no fuera para celebrar las victorias liberales. Para que nadie pusiera en duda la severidad de sus propósitos, mandó que un pelotón de fusilamiento se entrenara en la plaza pública disparando contra un espantapájaros. Al principio nadie lo tomó en serio. Eran, al fin de cuentas, los muchachos de la escuela jugando a gente mayor. Pero una noche, al entrar Arcadio en la tienda de Catarino, el trompetista de la banda lo saludó con un toque de fanfarria que provocó las risas de la clientela, y Arcadio lo hizo fusilar por irrespeto a la autoridad. A quienes protestaron, los puso a pan y agua con los tobillos en un cepo que instaló en un cuarto de la escuela. «¡Eres un asesino! —le gritaba Úrsula cada vez que se enteraba de alguna nueva arbitrariedad—. Cuando Aureliano lo sepa te va a fusilar a ti y yo seré la primera en alegrarme». Pero todo fue inútil.

Arcadio siguió apretando los torniquetes de un rigor innecesario, hasta convertirse en el más cruel de los gobernantes que hubo nunca en Macondo. «Ahora sufran la diferencia —dijo don Apolinar Moscote en cierta ocasión—. Esto es el paraíso liberal». Arcadio lo supo. Al frente de una patrulla asaltó la casa, destrozó los muebles, vapuleó a las hijas y se llevó a rastras a don Apolinar Moscote. Cuando Úrsula irrumpió en el patio del cuartel, después de haber atravesado el pueblo clamando de vergüenza y blandiendo de rabia un rebenque alquitranado, el propio Arcadio se disponía a dar la orden de fuego al pelotón de fusilamiento.

—¡Atrévete, bastardo! —gritó Úrsula.

Gabriel García Márquez
Cien años de soledad, Cátedra

---

1. Resume el contenido del fragmento.

2. ¿Por qué podemos hablar de «realismo mágico» en el texto?

Texto B

Cuerpo de mujer, blancas colinas, muslos blancos,
te pareces al mundo en tu actitud de entrega.
Mi cuerpo de labriego salvaje te socava
y hace saltar el hijo del fondo de la tierra.

Fui solo como un túnel. De mí huían los pájaros
y en mí la noche entraba su invasión poderosa.
Para sobrevivirme te forjé como un arma,
como una flecha en mi arco, como una piedra en mi honda.

Pero cae la hora de la venganza, y te amo.
Cuerpo de piel, de musgo, de leche ávida y firme.
¡Ah los vasos del pecho! ¡Ah los ojos de ausencia!
¡Ah las rosas del pubis! ¡Ah tu voz lenta y triste!

Cuerpo de mujer mía, persistiré en tu gracia.
¡Mi sed, mi ansia sin límite, mi camino indeciso!
Oscuros cauces donde la sed eterna sigue,
y la fatiga sigue, y el dolor infinito.

Pablo Neruda
Veinte poemas de amor y una canción desesperada, Alianza

1. Realiza el análisis métrico de las dos primeras estrofas.

2. Explica el tema del texto y esboza un resumen del mismo.

3. Busca en el texto metáforas, símiles y estructuras trimembres.

Texto literario

La forma de la espada

Le cruzaba la cara una cicatriz rencorosa: un arco ceniciento y casi perfecto que de un lado ajaba la sien y del otro el pómulo. Su nombre verdadero no importa; todos en Tacuarembó le decían el Inglés de La Colorada. El dueño de esos campos, Cardoso, no quería vender; he oído que el Inglés recurrió a un imprevisible argumento: le confió la historia secreta de la cicatriz. El Inglés venía de la frontera, de Río Grande del Sur; no faltó quien dijera que en el Brasil había sido contrabandista. Los campos estaban empastados; las aguadas, amargas; el Inglés, para corregir esas deficiencias, trabajó a la par de sus peones. Dicen que era severo hasta la crueldad, pero escrupulosamente justo. Dicen también que era bebedor; un par de veces al año se encerraba en el cuarto del mirador y emergía a los dos o tres días como de una batalla o de un vértigo, pálido, trémulo, azorado y tan autoritario como antes. Recuerdo los ojos glaciales, la enérgica flacura, el bigote gris. No se daba con nadie; es verdad que su español era rudimental, abrasilerado. Fuera de alguna carta comercial o de algún folleto, no recibía correspondencia.

La última vez que recorrí los departamentos del Norte, una crecida del arroyo Caraguatá me obligó a hacer noche en La Colorada. A los pocos minutos creí notar que mi aparición era inoportuna; procuré congraciarme con el Inglés; acudí a la menos perspicaz de las pasiones: el patriotismo. Dije que era invencible un país con el espíritu de Inglaterra. Mi interlocutor asintió, pero agregó con una sonrisa que él no era inglés. Era irlandés, de Dungarvan. Dicho esto se detuvo, como si hubiera revelado un secreto.

Salimos, después de comer, a mirar el cielo. Había escampado, pero detrás de las cuchillas del Sur, agrietado y rayado de relámpagos, urdía otra tormenta. En el desmantelado comedor, el peón que había servido la cena trajo una botella de ron. Bebimos largamente, en silencio.

No sé qué hora sería cuando advertí que yo estaba borracho; no sé qué inspiración o qué exultación o qué tedio me hizo mentar la cicatriz. La cara del Inglés se demudó; durante unos segundos pensé que me iba a expulsar de la casa. Al fin me dijo con su voz habitual:

—Le contaré la historia de mi herida bajo una condición: la de no mitigar ningún oprobio, ninguna circunstancia de infamia.

Jorge Luis Borges
Ficciones, Destino

La vida del escritor argentino Jorge Luis Borges (1899-1991) estuvo marcada por la literatura. Procedente de una familia culta de Buenos Aires, respetada en sociedad por sus antepasados heroicos, leyó desde sus primeros años toda clase de libros, en especial textos de literatura inglesa y española. En su juventud viajó a Europa, donde entró en contacto con las ideas vanguardistas (se sintió especialmente impresionado por el expresionismo alemán y el ultraísmo español), tendencias estéticas que trasplantó a Buenos Aires y que se perciben en los versos de sus libros *Fervor de Buenos Aires* (1923), *Luna de enfrente* (1925) y *Cuaderno de San Martín* (1929).

Entre sus textos de ficción (narrativa y poesía), en los que continúa planteando los problemas que ocupan la primera plana de su producción ensayística, se encuentran *Historia universal de la infamia* (1935); *Ficciones* (1944); *El Aleph* (1949); *El hacedor* (1960), entre muchos otros.

El pasaje que comentamos pertenece al cuento «La forma de la espada» incluido en *Ficciones*. Se trata de uno de los relatos más breves de Borges, donde aborda temas que se repiten en otros relatos, como la traición y el sentimiento de culpa que este delito genera.

El motivo de la traición por cobardía es recurrente en la ficción borgesiana. El tema se bifurca en variantes hasta llegar a plantear el enigma de las personalidades ambiguas de cada hombre, plasmando una idea fundamental en el pensamiento del siglo XX como es la de la pérdida del sentido de la identidad. En el relato que comentamos leemos una significativa frase al respecto: *Lo que hace un hombre es como si lo hicieran todos los hombres* […]. Acaso Schopenhauer tiene razón: «Yo soy los otros, cualquier hombre es todos los hombres».

En los textos de Borges se suele producir una confusión de identidades que existen simultáneamente para atacar el concepto de la personalidad individual. Con ello se disuelve la percepción clara de la realidad.

El autor ha confesado que «La forma de la espada» es uno de los relatos que menos le gustan entre los que ha escrito por ser una historia con trampa evidente. El argumento es simple. El Inglés de la Colorada, un hombre solitario, misterioso, que parece ocultar un secreto terrible relacionado con la cicatriz que le cruza la cara, decide un día contar su historia a un narrador de paso, identificado con Borges: él vendió al hombre que le ofreció su amparo. El truco de la trama se sustenta en el hecho de que este hombre cuenta la historia como si fuera el héroe de la resistencia irlandesa y no revela hasta el final que él fue en realidad el traidor que propició la muerte de quien le ayudó. El Inglés de la Colorada, narrador de la vergonzosa traición de Moon, es el propio Moon. Borges intentó dejar a Moon fuera del relato para concederle a este distanciamiento frente a lo que cuenta. De este modo incrementa el sentido del remordimiento de Moon al sugerir que este quiere contar la historia sin *mitigar ningún oprobio, ninguna circunstancia de infamia,* recurso que realza el efecto de sorpresa de la declaración final.

El cuento se divide en tres partes diferenciadas por los narradores, recurso habitual en la narrativa del autor. En la primera parte, que corresponde exactamente con el texto analizado, el narrador de paso, identificado con Borges, describe al Inglés de la Colorada. En la segunda sección el extranjero, en realidad un irlandés que luchó en el pasado contra el poder británico, cuenta la historia de su vida asumiendo en el relato una personalidad equívoca: se presenta como la víctima de una traición y no como el propio traidor, para descubrir al final de la historia que él fue el criminal que vendió al hombre que lo ayudó. El relato se cierra con una vuelta al Borges narrador –se utiliza la técnica de la composición circular– que subraya, por si no ha quedado suficientemente claro, el crimen cometido por Moon.

Desde el principio se percibe la importancia que adquiere la cicatriz en la historia. Elemento inquietante y simbólico, omnipresente desde la primera línea, donde se la describe significativamente como una cicatriz «rencorosa» para reflejar la importancia que cobra en la vida del inglés, se trata de una cicatriz gris, en forma de luna, que nos permite aventurar el valor simbólico del apellido del traidor, Joseph Vincent Moon. El simbolismo se refuerza con la imagen de la naturaleza tormentosa y gris, surcada por los rayos, que aparece en el texto, y que identifica al inglés con el cielo, pues en él también se urde una tormenta interior: *Salimos, después de comer, a mirar el cielo. Había escampado, pero detrás de las cuchillas del Sur, agrietado y rayado de relámpagos, urdía otra tormenta.*

El texto se sustenta en el recurso a la paradoja, ya presente en el sobrenombre que recibe el Inglés, en realidad un irlandés contrario a la dominación británica. Así se aprecia mejor el absurdo de la frase lanzada por Borges para congraciarse con él: *Dije que era invencible un país con el espíritu de Inglaterra. Mi interlocutor asintió, pero agr*egó con una sonrisa que él no era inglés. Era irlandés; del mismo modo es paradójico el hecho de que en la trama el héroe se convierta en traidor. Este recurso, utilizado por Borges con gran frecuencia, se aprecia en las figuras preferidas por el autor desde el punto de vista formal. Las antítesis y oxímoron se repiten para reflejar el carácter vago e impreciso de la realidad en sentencias como las siguientes: *severo hasta la crueldad, pero escrupulosamente justo; salió pálido, trémulo, azorado y tan autoritario como antes; enérgica flacura; no sé qué inspiración o qué exultación o qué tedio me hizo mentar la cicatriz.*

Borges concede una enorme importancia al estilo, por lo que elabora meticulosamente cada frase. La atmósfera de misterio creada por sus palabras procede de la naturaleza precisa y elegante de su prosa. Rechaza los términos gratuitos, logrando que cada uno aporte nuevas significaciones. Emplea el registro más adecuado en cada momento, cambiando el ritmo de la prosa cuando lo considera necesario. El texto comentado se caracteriza por su concisión. Se estructura a través de sentencias yuxtapuestas. De hecho, en una sucesión de casi doscientas palabras la conjunción y solo aparece cuatro veces, lo que confiere fuerza y simplicidad al pasaje, en consonancia con el personaje que se describe. Solo se permite ciertas licencias en el empleo de los adjetivos, que confieren gran fuerza a la expresión. Aparte de las frases ya citadas en las que se observa este hecho, destacamos la descripción física del Inglés: *Recuerdo los ojos **glaciales**, la enérgica flacura, el bigote **gris**.* Los términos en negrita se relacionan con el color gris, utilizado por Borges con frecuencia para indicar vaguedad e indeterminación: gris es la cicatriz del inglés (*un arco ceniciento*), inciertas las caras de la luna (*Moon*) y difusas las líneas que separan al traidor del héroe.

En el texto se observa el interés del autor por las formaciones léxicas novedosas (*su español era **rudimental***), el meticuloso cuidado con que dispone cada elemento en la frase para realzar los más significativos (buen ejemplo de ello es el quiasmo *los ojos glaciales, la **enérgica** flacura, el bigote gris*), y su interés por lograr un ritmo interior en la prosa, efecto que consigue a través de las frecuentes figuras de repetición (***No sé qué** hora sería cuando advertí que yo estaba borracho; **no sé qué** inspiración **o qué** exultación **o qué** tedio me hizo mentar la cicatriz; **Dicen que era** severo hasta la crueldad, pero escrupulosamente justo. **Dicen también que era** bebedor*), recurso especialmente relevante en la rítmica frase que cierra el texto analizado: *Le contaré la historia de mi herida bajo una condición: **la de no mitigar ningún oprobio, ninguna circunstancia** de infamia.*

Unidad 12 — La literatura hispanoamericana desde el siglo XX

Texto literario

La canción desesperada

Emerge tu recuerdo de la noche en que estoy.
El río anuda al mar su lamento obstinado.

Abandonado como los muelles en el alba.
¡Es la hora de partir, oh abandonado!

Sobre mi corazón llueven frías corolas.
Oh sentina de escombros, feroz cueva de náufragos.

En ti se acumularon las guerras y los vuelos.
De ti alzaron las alas los pájaros del canto.

Todo te lo tragaste, como la lejanía.
¡Como el mar, como el tiempo, todo en ti fue naufragio!

Era la alegre hora del asalto y el beso.
La hora del estupor que ardía como un faro.

¡Ansiedad de piloto, furia de buzo ciego,
turbia embriaguez de amor, todo en ti fue naufragio!

En la infancia de niebla mi alma alada y herida.
Descubridor perdido, todo en ti fue naufragio.

Te ceñiste al dolor, te agarraste al deseo.
¡Te tumbó la tristeza, todo en ti fue naufragio!

Hice retroceder la muralla de sombra,
anduve más allá del deseo y del acto.

Oh carne, carne mía, mujer que amé y perdí,
a ti en esta hora húmeda, evoco y hago canto.

Como un vaso albergaste la infinita ternura,
y el infinito olvido te trizó como a un vaso.

Era la negra, negra soledad de las islas,
y allí, mujer de amor, me acogieron tus brazos.

Era la sed y el hambre, y tú fuiste la fruta.
Era el duelo y las ruinas, y tú fuiste el milagro.

¡Ah mujer, no sé cómo pudiste contenerme
en la tierra de tu alma, y en la cruz de tus brazos!

Mi deseo de ti fue el más terrible y corto,
el más revuelto y ebrio, el más tirante y ávido.

Cementerio de besos, aún hay fuego en tus tumbas,
aún los racimos arden picoteados de pájaros.

Oh la boca mordida, oh los besados miembros,
oh los hambrientos dientes, oh los cuerpos trenzados.

Oh la cópula loca de esperanza y esfuerzo
en que nos anudamos y nos desesperamos.

Y la ternura, leve como el agua y la harina.
Y la palabra apenas comenzada en los labios.

El mar de hielo (*El naufragio del Esperanza*), por Caspar David Friedrich.

La literatura hispanoamericana desde el siglo XX — Unidad 12

*¡Ese fue mi destino y en él viajó mi anhelo,
y en él cayó mi anhelo, todo en ti fue naufragio!*

*¡Oh, sentina de escombros, en ti todo caía,
qué dolor no exprimiste, qué olas no te ahogaron!*

*De tumbo en tumbo aún llameaste y cantaste.
De pie como un marino en la proa de un barco.* 45

*Aún floreciste en cantos, aún rompiste en corrientes
Oh sentina de escombros, pozo abierto y amargo.*

*¡Pálido buzo ciego, desventurado hondero,
descubridor perdido, todo en ti fue naufragio!* 50

*Es la hora de partir, la dura y fría hora
que la noche sujeta a todo horario.*

*El cinturón ruidoso del mar ciñe la costa.
Surgen frías estrellas, emigran negros pájaros.*

Abandonado como los muelles en el alba. 55
Solo la sombra trémula se retuerce en mis manos.

*Ah más allá de todo. Ah más allá de todo.
Es la hora de partir. ¡Oh abandonado!*

Pablo Neruda
Veinte poemas de amor y una canción desesperada, Cátedra

Ahora tú: comentario guiado

1 Presentación
- Investiga acerca del **autor** y, según esto, elabora un breve informe sobre la figura de Pablo Neruda y las características de su primera obra.
- «La canción desesperada» se sitúa al final de *Veinte poemas de amor y una canción desesperada*. ¿Qué te sugiere su **localización** y el hecho de que haya sido distinguida con un título diferente al del resto de los poemas?

2 Análisis de contenido y forma
- ¿Cuál es el sentimiento predominante en el poema? Fíjate en su **estructura,** te ayudará a comprender el contenido. ¿En qué tiempos verbales se cuenta la historia? ¿Encuentras alguna conexión entre los versos primeros y finales del texto? ¿Puedes apuntar por qué ha elegido Neruda esta estructura?
- En el poema encontramos algunos versos reiterados, que funcionan como estribillo. Encuéntralos. ¿Qué **connotación** poseen?
- El texto se polariza a través de un *yo* (el poeta) enfrentado a un *tú* (la amante). Destaca los **rasgos** que definen a uno y a otra.

- Descubre la importancia de los **símbolos** en «La canción desesperada». Enumera todos los elementos relacionados con el mar. ¿Cuál es su función en el texto? ¿Y la de los objetos huecos (*cueva, pozo, sentina*…)? ¿Por qué se repiten las imágenes que sugieren desorientación: ansiedad de piloto, buzo ciego, descubridor perdido…? ¿Qué te sugieren las *estrellas frías* y los *pájaros negros* de los versos finales? De acuerdo con estos símbolos, señala el papel de la mujer en la relación amorosa.
- ¿Cuál es el momento de plenitud amorosa en el texto? Descubre cómo la **forma** concuerda con el **contenido** para destacar la unión espiritual y física de los amantes.
- De acuerdo con el comentario anterior, señala la **significación de las imágenes** de la naturaleza en el poema y comenta la estructura opositiva elevación/descenso en que se basa el texto. ¿Qué significado encuentras en el último verso?

3 Conclusión
- Para concluir, haz un breve recorrido por lo más significativo de tu comentario.

Romance de la luna, luna

La luna vino a la fragua
con su polisón de nardos.
El niño la mira, mira.
El niño la está mirando.

En el aire conmovido 5
mueve la luna sus brazos
y enseña, lúbrica y pura,
sus senos de duro estaño.

Huye luna, luna, luna.
Si vinieran los gitanos, 10
harían con tu corazón
collares y anillos blancos.

Niño, déjame que baile.
Cuando vengan los gitanos,
te encontrarán sobre el yunque 15
con los ojillos cerrados.

Huye luna, luna, luna,
que ya siento sus caballos.

Niño, déjame, no pises
mi blancor almidonado. 20

El jinete se acercaba
tocando el tambor del llano.
Dentro de la fragua el niño,
tiene los ojos cerrados.

Por el olivar venían, 25
bronce y sueño, los gitanos.
Las cabezas levantadas
y los ojos entornados.
Cómo canta la zumaya,
¡ay, cómo canta en el árbol! 30
Por el cielo va la luna
con un niño de la mano.

Dentro de la fragua lloran,
dando gritos, los gitanos.
El aire la vela, vela. 35
El aire la está velando.

Federico García Lorca
Romancero Gitano, Alianza

1. ¿Qué rasgos del neopopularismo de la generación del 27 aprecias en el poema anterior?

2. Asocia en tu cuaderno los siguientes poetas con sus obras:

Federico García Lorca	La realidad o el deseo
Rafael Alberti	Carpe noctem
Pedro Salinas	Poeta en Nueva York
Luis Cernuda	20 poemas de amor y una canción desesperada
Miguel Hernández	Pido la paz y la palabra
Blas de Otero	Marinero en tierra
Pablo Neruda	La voz a ti debida
Aurora Luque	Cancionero y romancero de ausencias

3. Indica si las siguientes cuestiones relacionadas con poetas españoles son verdaderas o falsas:

a) García Lorca escribió exclusivamente poesía.

b) La poesía de Pedro Salinas es fundamentalmente de tema amoroso.

c) Jorge Guillén reunió toda su poesía hasta 1950 en un mismo libro, titulado *Cántico*.

d) Dámaso Alonso dejó de escribir tras la Guerra Civil.

e) Jaime Gil de Biedma es uno de los principales poetas de la generación de los 50.

f) Luis García Montero es uno de los principales poetas de la línea denominada *poesía de la experiencia*.

Moisés

*Dame la mano. Hay que cruzar el río
para llegar al otro lado, y siento
que las fuerzas me faltan. Cógeme
como si fuera un bulto abandonado
en un cesto de mimbre que se mueve
y que llora a las luces del crepúsculo.
Cruza el río conmigo. Aunque sus aguas
no replieguen su cauce ante nosotros
esta vez. Aunque Dios no nos asista
y una nube de flechas acribille
nuestras espaldas. Aunque no haya río.*

Luis Alberto de Cuenca
Cuaderno de vacaciones, Visor

4. Según el poema que acabas de leer, completa en tu cuaderno la información que falta:

El poema está formado por once versos de ● ● ● sílabas, es decir, ● ● ●; en cuanto a su rima, se trata de versos ● ● ● porque ● ● ●.

5. ¿Cuál de estas frases expresa mejor el tema del poema de Luis Alberto de Cuenca?

a) Moisés tiene miedo a cruzar el río.

b) Moisés sabe que Dios acabará ayudándole a cruzar el río.

c) Moisés busca compañía, no quiere quedarse solo bajo ningún concepto.

6. ¿A qué línea poética pertenece Luis Alberto de Cuenca? ¿Qué rasgos caracterizan a esa línea poética?

7. Resume el contenido del poema y expresa tu opinión sobre él.

Lepprince era listo y, sobre todo, hábil: pronto se granjeó la confianza de Savolta, cuya salud se deterioraba a pasos agigantados. Es posible incluso que el magnate, inconscientemente, se dejara impresionar por la elegancia, maneras y apostura del francés, en quien veía, quizá, un sucesor idóneo de su imperio comercial y de su estirpe, pues, como es sabido, Savolta solo tenía una hija y en edad de merecer. Así fue cómo Lepprince se convirtió en el valido de Savolta y obtuvo sobre los asuntos de la empresa un poder ilimitado. De haberse conformado con seguir la corriente de los acontecimientos, Lepprince se habría casado con la hija de Savolta y en su momento habría heredado la empresa de su suegro. Pero Lepprince no podía esperar: su ambición era desmedida y el tiempo, su enemigo; tenía que actuar rápidamente si no quería que por azar se descubriera la superchería de su falsa personalidad y se truncara su carrera. La guerra europea le proporcionó la oportunidad que buscaba. Se puso en contacto con un espía alemán, llamado Víctor Pratz, y concertó con los Imperios Centrales un envío regular de armas que aquellos le pagarían directamente a él, a Lepprince, a través de Pratz. Ni Savolta ni ningún otro miembro de la empresa debían enterarse del negocio, las armas saldrían clandestinamente de los almacenes y los envíos se harían a través de una ruta fija y una cadena de contrabandistas previamente apalabrados. La posición privilegiada de Lepprince dentro de la empresa le permitía llevar a cabo las sustracciones con un mínimo de riesgo. Seguramente Lepprince confiaba en amasar una pequeña fortuna para el caso de que su verdadera personalidad y calaña se vieran descubiertas y sus planes a más largo plazo dieran en tierra.

Eduardo Mendoza
La verdad sobre el caso Savolta, Seix Barral

Unidades 9-12

8. Completa en tu cuaderno:

El libro anterior pertenece a la narrativa española de los años ●●●; la novela se publicó en ●●● y es la ●●● novela escrita por su autor, Eduardo Mendoza. Otras obras de esta autor son ●●● o ●●●.

9. Relaciona en tu cuaderno cada uno de los siguientes novelistas con su obra:

Francisco Ayala	Juegos de la edad tardía
Camilo José Cela	Malena es un nombre de tango
Miguel Delibes	La ciudad y los perros
Luis Martín Santos	El camino
Antonio Muñoz Molina	Cien años de soledad
Luis Landero	Los usurpadores
Almudena Grandes	La familia de Pascual Duarte
Gabriel García Márquez	Tiempo de silencio
Mario Vargas Llosa	El jinete polaco

10. Completa en tu cuaderno:

Fernando Arrabal es cultivador del llamado teatro ●●●. Una de sus principales obras es ●●●. Durante mucho tiempo, escribió sus obras en ●●●.

11. Completa el siguiente cuadro en tu cuaderno:

Autor	Género	Obra
Vicente Aleixandre	Lírica	La destrucción o el amor
Gerardo Diego	●●●	●●●
●●●	●●●	El rayo que no cesa
Gonzalo Torrente Ballester	●●●	●●●
Juan Rulfo	●●●	●●●
●●●	●●●	Rayuela
César Vallejo	●●●	●●●

12. Indica si las siguientes afirmaciones relacionadas con las vanguardias literarias son verdaderas o falsas:

a) El futurismo es el primer movimiento de vanguardia.

b) Pablo Picasso cultivó el cubismo pictórico.

c) Los caligramas son obras características del cubismo.

d) El surrealismo apenas influyó en la literatura española.

e) Alberti recibe, en diversas obras, influencias del futurismo y del surrealismo.

f) El postismo es un movimiento de vanguardia, pero ya posterior a la Guerra Civil.

El misterio descifrado

Fascinado por el hallazgo, Aureliano leyó en voz alta, sin saltos, las encíclicas cantadas que el propio Melquíades le hizo escuchar a Arcadio, y que eran en realidad las predicciones de su ejecución, y encontró anunciado el nacimiento de la mujer más bella del mundo que estaba subiendo al cielo en cuerpo y alma, y conoció el origen de dos gemelos póstumos que renunciaban a descifrar los pergaminos, no solo por incapacidad e inconstancia, sino porque sus tentativas eran prematuras. En este punto, impaciente por conocer su propio origen, Aureliano dio un salto. Entonces empezó el viento, tibio, incipiente, lleno de voces del pasado, de murmullos de geranios antiguos, de suspiros de desengaños anteriores a las nostalgias más tenaces. No lo advirtió porque en aquel momento estaba descubriendo los primeros indicios de su ser, en un abuelo concupiscente que se dejaba arrastrar por la frivolidad a través de un páramo alucinado, en busca de una mujer hermosa a quien no haría feliz. Aureliano lo reconoció, persiguió los caminos ocultos de su descendencia, y encontró el instante de su propia concepción entre los alacranes y las mariposas amarillas de un baño crepuscular, donde un menestral saciaba su lujuria con una mujer que se le entregaba por rebeldía. Estaba tan absorto, que no sintió tampoco la segunda arremetida del viento, cuya potencia ciclónica arrancó los quicios de las puertas y las ventanas, descuajó el techo de la galería oriental y desarraigó los cimientos. Solo entonces descubrió que Amaranta Úrsula no era su hermana, sino su tía, y que Francis Drake había asaltado Riohacha solamente para que ellos pudieran buscarse por los laberintos más intrincados de la sangre, hasta engendrar el animal mitológico que había de poner término a la estirpe. Macondo era ya un pavoroso remolino de polvo y escombros centrifugado por la cólera del huracán bíblico, cuando Aureliano saltó once páginas para no perder el tiempo en hechos demasiado conocidos, y empezó a descifrar el instante que estaba viviendo, descifrándolo a medida que lo vivía, profetizándose a sí mismo en el acto de descifrar la última página de los pergaminos, como si estuviera viendo en un espejo hablado. Entonces dio otro salto para anticiparse a las predicciones y averiguar la fecha y las circunstancias de su muerte. Sin embargo, antes de llegar al verso final ya había comprendido que no saldría jamás de ese cuarto, pues estaba previsto que la ciudad de los espejos (o los espejismos) sería arrasada por el viento y desterrada de la memoria de los hombres en el instante en que Aureliano Babilonia acabara de descifrar los pergaminos, y que todo lo escrito en ellos era irrepetible desde siempre y para siempre porque las estirpes condenadas a cien años de soledad no tenían una segunda oportunidad sobre la tierra.

13. Completa en tu cuaderno:

Este fragmento pertenece a la novela ● ● ● escrita por ● ● ● el año ● ● ●. Su autor escribió también otras novelas como ● ● ● o ● ● ●. Recibió el Premio ● ● ● el año ● ● ●.

14. Resume el contenido del fragmento que acabas de leer.

15. ¿Qué rasgos propios del realismo mágico aprecias en el texto?

ANEXO

La lingüística textual
- La noción de texto
- Texto oral y texto escrito
- Modelos textuales
- Textos descriptivos
- Textos narrativos
- Textos expositivos-explicativos
- Textos prescriptivos
- Textos argumentativos
- Textos periodísticos
- El arte de la conversación
- El proceso de la escritura
- El procesamiento de la información

Métrica
- Tipos de versos según su medida
- Tipos de versos según su rima
- Tipos de rima
- Versos compuestos
- Reglas de final de verso
- Licencias métricas
- Tipos de pausa
- Esticomitia
- Encabalgamiento
- Nombre de los versos

Principales figuras retóricas
- En el plano fónico
- En el plano léxico-semántico
- En el plano morfosintáctico
- Principales formas estróficas

La actuación lingüística de los hablantes genera mensajes que llamamos *textos*. Todo texto, sea oral o escrito, se presenta como una sucesión de oraciones que, además de ser aceptables, tienen que construir una red de significados razonable y adecuarse a la situación comunicativa. La rama de la lingüística que estudia todos estos mecanismos se denomina *lingüística del texto*.

La noción de texto

Texto es la unidad lingüística comunicativa fundamental. Es producto de la actividad verbal humana, posee carácter social y está caracterizado por su correcta estructura superficial (cohesión) y por su sentido (coherencia).

En tanto unidad principalmente comunicativa, todo texto está condicionado previamente por un conjunto de elementos que van a determinar tanto su forma como sus contenidos. Nos referimos a:

Intención	Es la finalidad que pretendemos tenga nuestro texto: persuadir, informar…
Situación	El texto se produce en una situación comunicativa concreta a la cual debe adecuarse. Elección entre *comunicación oral* o *escrita*. Consideración del registro idiomático más adecuado a la situación: coloquial, culto, etc.
Función	Para la elaboración del texto hay que elegir la función del lenguaje que se quiere predomine: referencial, expresiva, apelativa, poética, metalingüística, fática.
Tipología	Elección del tipo de texto que se quiere producir: poema, carta, anuncio, ensayo, novela, informe, noticia, etc. Así como elección también de la forma que se desea dar al texto: narración, descripción, exposición, argumentación, diálogo.
Organización	Elección de una determinada disposición de las partes del texto.

Según sea la adecuación de nuestro texto a los elementos anteriores, podremos decir del mismo que es más o menos coherente o que está más o menos cohesionado. De este modo:

- Consideraremos **coherente** un texto cuando sus partes presenten tal **unidad temática** que lo constituyan como una unidad comunicativa completa y cerrada, adaptada a la situación y conforme a la intención del emisor. Para ello debe cumplir, pues, los siguientes requisitos:
  - Debe responder a cierta **intención comunicativa,** es decir, el texto ha de tener una misión comunicativa.
  - Ha de ser **pertinente,** es decir, adecuado a la situación y acorde a su intención. No sería pertinente, por ejemplo, pedirle a tus padres que te dejen salir un fin de semana mediante una instancia.
  - Es necesario, también, que la coherencia rija sobre la estructura del texto y la organización de sus párrafos y oraciones, es decir, sobre la cohesión del mismo. En otras palabras, debemos captar una **organización coherente** entre las partes del texto.

- Consideraremos que un texto se halla bien cohesionado cuando presente tal organización de oraciones y párrafos conectados entre sí que puedan transmitir fielmente el pensamiento del emisor. Esta última fase afecta principalmente a lo que se ha denominado **estructura superficial del texto** y para desarrollarla con eficacia, el autor –sea escritor u orador– tiene que considerar una serie de mecanismos decisivos.

Anexo: La lingüística textual

Recursos semántico-oracionales		
Cohesión léxica (relación entre los términos ligados a un mismo referente)	**Sustitución pronominal** (personal, posesivo, indefinido, relativos, demostrativos)	**Progresión temática** (organización de la información)
– Sinonimia (pura o textual –restringida a un contexto–). – Antonimia. – Hiponimia. – Hiperonimia. – Homonimia. – Derivación. – Campos semánticos. – Elipsis (sujeto, objeto, etc. elípticos).	– Anáfora: denota un referente señalado anteriormente en el discurso. – Catáfora: denota un referente al que alude una expresión posterior del mismo texto.	– Texto de estructura analizante-deductiva: plantean el tema general y, con posterioridad, concretan sus distintos aspectos. – Texto de estructura sintetizante-inductiva: parten de hechos o temas concretos para enunciar al final la tesis general.

Recursos sintáctico-oracionales

Conectores textuales (enlazan enunciados o conjuntos de enunciados)

1. De repetición (para decir lo mismo con otras palabras): *con otras palabras, dicho de otro modo, o sea, es decir, a decir verdad…*
2. De resumen y conclusión: *en resumen, a modo de resumen, en breves palabras, en fin, en definitiva…*
3. De rectificación: *al contrario, antes bien, mejor, dicho, digo, miento…*
4. Ordenadores del discurso (organizan le progresión temática): *de un lado… de otro; en primer lugar; para empezar; por lo pronto; primero, segundo; de una parte, de otra; luego; por último; para terminar; en último lugar…*
4. De inclusión (para incluir algún tema nuevo): *a este respecto, a propósito, dicho sea de paso, por cierto…*
5. De adición (presentan una idea paralela, en el mismo sentido o en el contrario): *también, por el contrario, tampoco…*
6. Consecutivos: *precisamente, precisamente por eso, por eso mismo…*
7. De opinión: *a mi modo de ver, bien pensado, de verdad, en concreto, en el fondo, claro, desde luego, por supuesto, ¿no?, ¿verdad?, por desgracia, por fortuna…*
8. De ejemplificación: *por ejemplo, de este modo, así…*

Texto oral y texto escrito

La mayoría de los tipos textuales pueden desarrollarse tanto en el ámbito oral como en el escrito. Este factor es importante, ya que afectará tanto a su coherencia como a la cohesión de sus elementos.

De modo general, tendremos que considerar las siguientes diferencias entre ambos entornos:

Texto oral	Texto escrito
Espontaneidad. No se puede borrar o anular, solo rectificar. Estructura abierta del texto.	Se puede planificar, releer, revisar y corregir el escrito definitivo.
Comunicación inmediata entre el hablante y el receptor.	En el texto escrito –a excepción del chat– no hay comunicación inmediata. Por ello es necesario incluir referencias temporales y espaciales.
Interacción entre hablantes.	En el texto escrito no hay interacción entre el emisor y el receptor.
El contexto extralingüístico es importante.	El contexto es débil frente al texto.
Presencia de códigos no verbales: vestimenta, sensación de seriedad o naturalidad, proximidad física, el movimiento de las manos, la expresividad del rostro, etc.	Los códigos no verbales se refieren a la organización visual y espacial del escrito: márgenes, tamaño de letra, limpieza, etc.

Uso de las variedades dialectales de la lengua.	Empleo de la lengua estándar.
Repeticiones de palabras y frases, omisiones de términos, rodeos y desviaciones en las frases, cambios bruscos de temas, etc.	Delimitación precisa de las informaciones principales y secundarias en la organización del texto.
Sintaxis y puntuación ligadas a la entonación: pronunciación enfática de sílabas, palabras y oraciones, silencios y pausas.	Cuidado de la sintaxis y uso preciso de la puntuación y los conectores sintácticos. Estructuras sintácticas complejas.
Uso de palabras *comodín*, frases hechas, muletillas…	Ausencia de palabras *comodín*, frases hechas, muletillas…

Modelos textuales

Textos descriptivos	Ligados a la percepción del espacio.
Textos narrativos	Ligados a la percepción del tiempo.
Textos expositivo-explicativos	Asociados al análisis y la síntesis de representaciones conceptuales.
Textos argumentativos	Centrados en el juicio y la toma de posición.
Textos instructivos	Ligados a la previsión del comportamiento futuro.
Textos dialogados	Basados en el intercambio de mensajes orales entre emisor y receptor (conversación).

Lógicamente, cada uno de tales textos puede manifestarse tanto por escrito como oralmente y bajo diversas modalidades (entrevista, debate, conferencia, examen, recitales…).

A continuación ofrecemos las particularidades de cada uno de ellos.

Textos descriptivos

Describir es representar a personas o cosas –ambientes y acciones incluidas– por medio del lenguaje, refiriendo sus distintas partes, cualidades o circunstancias. Puede afectar tanto a aspectos materiales como espirituales y tener carácter objetivo o subjetivo.

La descripción suele usar de ciertos recursos como son:

- El **anclaje** (determinación de lo descrito al final de la secuencia): *Misteriosa, profunda, cristalina, árabe, Granada.*
- La **reformulación** (dos o más expresiones para designar lo descrito): *Jaén, paraíso interior, capital del olivo.*
- La **enumeración** de partes o propiedades: *Por estos campos de la tierra mía, / bordados de olivares polvorientos, / voy caminando solo, triste, cansado, pensativo y viejo.*

Tipos de descripción

Descripciones puede haber de muchos tipos pero, en función del objeto o sujeto descrito, hablaremos de retratos, descripciones de objetos y ambientes, descripciones de acciones y descripción en la narración. En todas estas ocasiones, la intención puede ser ofrecer tanto un texto objetivo como impresionista.

El **retrato** supone la descripción de un ser animado, real o ficticio. Normalmente, se suele comenzar por la cabeza para descender hacia el cuerpo y las piernas, terminando con el carácter. Si solo se ofrecen aspectos físicos se denomina **prosopografía**; si se centra sobre las cualidades éticas y morales, entonces nos hallamos ante la **etopeya**. Frecuentemente un retrato aúna ambas perspectivas. Finalmente, cuando se exageran las características del personaje descrito, hablamos de **caricatura.**

La descripción se presenta a menudo relacionada con la narración. La **descripción de acciones** nos sirve para caracterizar a personajes explicando sus comportamientos. Por otra parte, la **descripción en la narración** es otra de las posibilidades que tenemos de encontrar este tipo de texto. Normalmente representa una parada en el hilo narrativo, necesaria para localizar la acción o para ralentizar el ritmo narrativo.

En cuanto a la presencia del emisor en el texto, hablamos de dos tipos de descripciones: **denotativa o connotativa.**

	Descripción denotativa u objetiva	Descripción connotativa o subjetiva
Definición	Enumera con precisión los rasgos que mejor definen al objeto que se describe. Actitud objetiva del autor.	Plasma la impresión que al autor le sugiere el objeto que se describe. Actitud subjetiva del autor.
Recursos lingüísticos y expresivos	• Léxico técnico. • Adjetivos especificativos. • Verbos en presente de indicativo con valor intemporal.	• Léxico poético. • Adjetivos explicativos o epítetos. • Comparaciones. • Metáforas. • Verbos en presente e imperfecto de indicativo.
Función	Referencial	Poética
Textos en que aparece	Científicos	Artísticos y literarios

Pautas para una descripción efectiva y coherente

Conseguir una buena descripción depende de las dotes de observación del escritor y de su capacidad para estructurar los datos que queramos incluir, esto es, de su competencia para elaborar un texto coherente y bien cohesionado.

Algunas claves que nos ayudan a alcanzar la coherencia y cohesión textuales propias de la descripción son las siguientes:

- Procura nombrar un referente mediante diversos modos: sinónimos (léxicos o textuales), posesivos, pronombres personales, demostrativos, etc.
- En cuanto a su estructura, la descripción suele presentarse –para asegurar su eficacia– de modo lineal y enumerativo.
- Gracias al uso de los adjetivos, el autor puede incrementar el carácter descriptivo de su texto y puede resaltar los aspectos sensibles o inmateriales de los sujetos u objetos descritos.
- Es muy recomendable usar comparaciones y metáforas.

Textos narrativos

Los textos narrativos son aquellos que tienen como finalidad principal transmitir una acción, suceso o conjunto de hechos. Pueden tener carácter real o ficticio y manifestarse tanto de forma oral como por escrito.

Los textos narrativos constituyen una parte muy importante de los discursos sociales. Narramos cuando relatamos una película o cuando contamos lo que hemos hecho durante el fin de semana; el cuento, la novela que hemos leído, las noticias que escuchamos o la representación teatral a la que hemos acudido también son narraciones.

Estructura

Se suele señalar como rasgo principal de la narración su carácter temporal. Toda narración, en este sentido, incluye una sucesión mínima de acontecimientos orientados y organizados en el tiempo, susceptibles de ser explicados. Sin embargo, ello no implica que los hechos narrados deban contarse siguiendo obligatoriamente su orden temporal real. Factores de efectividad o estéticos pueden alterar el orden de los sucesos narrados.

Considerando lo anterior, se suele dividir la narración en tres partes clásicas:

> Planteamiento ➜ Nudo ➜ Desenlace

Este esquema implica la existencia de una situación inicial lo suficientemente interesante como para ser alterada y cambiar en el tiempo. Son varias las teorías que han descrito este esquema. Por lo general, se habla de:

> Situación inicial ➜ Complicación ➜ Reacción ➜ Resolución ➜ Situación final ➜ Evaluación (moraleja)

A partir de estas nociones generales, podemos hablar, atendiendo a la secuencia de los hechos narrados, de los siguientes **tipos básicos de relato:**

- **Estructura lineal.** Es la más habitual. Los hechos se relatan en secuencia organizada, unos tras otros, sin ruptura del hilo temporal y de tal modo que la situación final difiere de la del punto de partida. Un ejemplo muy conocido es el cuento de Hans Cristian Andersen, *El patito feo.*

- **Flash back o flash forward** (salto atrás o salto adelante). Solemos denominar *flash back* o *flash forward* a la ruptura de la línea temporal en la narración de los hechos. Estas técnicas implican la inclusión en el momento presente de una serie de acontecimientos pertenecientes bien al pasado (*back*), bien al futuro (*forward*). En la conocida película *Terminator* se producen frecuentes visiones del futuro. Se trata de saltos adelante (*flash forward*).

- **Estructura circular.** Los hechos avanzan sucesivamente, incluso de forma lineal, hasta llegar a un final que, es este caso, coincide con la situación inicial. Pensemos, por ejemplo, en el cuento de *La lechera.*

- **Estructura en espiral.** Los hechos se suceden linealmente y la acción lleva a los protagonistas a un punto equivalente a algo ya pasado, lo que les permite replantear de nuevo el desarrollo de la acción. Ejemplos representativos de este tipo de secuenciación son los relatos que permiten una segunda oportunidad a los personajes. Pensemos en *Cuento de Navidad,* de Charles Dickens.

Además del análisis de su estructura, un buen texto narrativo exige considerar otros factores y elementos.

Pautas para narrar con eficacia

Para componer una buena narración, conviene considerar algunas estrategias. Procura, sobre todo, mantener la cohesión y la coherencia del texto:

- Utiliza, por ejemplo, **sinónimos** (léxicos o textuales). Piensa que no puedes referirte siempre de igual modo a los personajes de tu relato.

- Cuida la correlación de **tiempos verbales.** Si los usas de manera desordenada, podrías impedir a lectores u oyentes entender bien el texto.

- Establece una **progresión temática** clara.

Las narraciones suelen introducir fragmentos dialogados o monólogos. Elige cómo vas a plasmar las palabras y los pensamientos de tus personajes. Hablamos, en este sentido, de los siguientes estilos:

- El **estilo directo,** con un verbo *dicenci* (*decir, aseverar, afirmar…*) más fragmento oracional: «Juan meditaba sobre su entrevista. Dijo: "No habrá problemas"».

- El **estilo indirecto,** con un verbo *dicendi* (*decir, aseverar, afirmar…*) más oración subordinada: «Juan meditaba sobre su entrevista. Dijo que no había problemas».

- El **estilo indirecto libre** elimina el verbo *dicendi,* pero mantiene, en tercera persona, las palabras del personaje: «Juan meditaba sobre su entrevista. No habría problemas».

Por último, hay que elegir cuidadosamente la **focalización o punto de vista** que hemos de adoptar como narradores:

- La **focalización cero** implica un **narrador omnisciente,** que lo sabe todo.

- La **focalización interna** está restringida a lo que piensa uno de los personajes. Es especialmente visible en los monólogos.

- Mediante la **focalización externa,** el narrador demuestra saber menos de lo que saben los personajes. Se limita a contemplarlos exteriormente.

Además de todo lo anterior, y para que una narración sea efectiva, debes seguir otras cuatro normas fundamentales: **concisión, claridad, verosimilitud** e **interés.**

Textos expositivo-explicativos

Los textos expositivo-explicativos son aquellos a través de los cuales mostramos nuestras ideas o declaramos nuestras intenciones. Por lo general, se trata de textos cuya intención es la de manifestar del modo más claro y efectivo posible la información que deseamos transmitir. Es lo que ocurre, por ejemplo, cuando escribimos exámenes, noticias, cartas comerciales, instancias o solicitudes y cuando exponemos oralmente algún trabajo de clase.

La estructura de los textos expositivos tiende a ser muy clara y lineal. Se suele comenzar definiendo el objeto que se va a explicar. A continuación, se ilustra mediante ejemplos, datos, razonamientos…; es decir, se desarrolla y aclara la idea general ya planteada.

Si la idea principal se expone al comienzo y después se procede a la demostración, estaremos ante un texto de **estructura deductiva.** Si, por el contrario, se parte de ejemplos particulares para llegar a una idea general, el texto es de **estructura inductiva.**

Pautas para conseguir un texto expositivo eficaz

La intención principal del texto expositivo es la de transmitir objetiva y eficazmente una información. Para garantizar el éxito comunicativo, es necesario que se cumplan las siguientes condiciones pragmáticas:

- En cuanto a la sintaxis, se tiende a usar estructuras que no dificulten la comprensión.

- El léxico se adapta a la función principal del texto, es decir, la referencial. Por ello se trata de evitar, ante todo, la ambigüedad y la subjetividad.
- En cuanto a la adecuación, habrá que seleccionar un nivel accesible, denominado «divulgativo», ya que los textos expositivos –en su afán de claridad– pueden llegar a alcanzar un elevado carácter técnico, sobre todo cuando se trata de temas científicos.
- El texto puede estar acompañado de elementos gráficos.
- En cuanto al propio texto, existen algunos recursos que nos permiten asegurar su comprensión: el uso de paréntesis explicativos, las aposiciones y, por supuesto, la utilización correcta de la puntuación y de los procedimientos tipográficos (en el texto oral, sustituidos por el ritmo y la entonación).

Textos prescriptivos

Los textos prescriptivos se asemejan en cierto modo a los expositivos. Pretenden exponer ideas o pensamientos; sin embargo, se diferencian en la finalidad: los textos prescriptivos impulsan al receptor a ejecutar una serie de acciones con el fin de resolver o evitar una situación o conseguir determinado efecto. Así, son textos prescriptivos las recetas, el código de circulación, la Constitución (y todas las leyes) o los mandamientos religiosos, incluso las instrucciones de montaje o manejo de un objeto determinado.

Entre sus características se encuentran el empleo de **frases cortas** con **léxico preciso** (que evite por todos los medios la ambigüedad) y la abundancia de **imperativos**.

Textos argumentativos

Los textos argumentativos son aquellos que mantienen determinadas ideas o principios basándose en el razonamiento. Argumentar es, pues, aportar razones para defender una opinión. Lógicamente, tal defensa implica la existencia de un interlocutor que, real o hipotéticamente, pudiera no estar de acuerdo con la tesis expuesta y al cual queremos convencer.

Los textos argumentativos tienen, pues, como principal finalidad la de influir sobre el receptor (función apelativa), de manera que llegue a aceptar nuestras ideas y, en su caso, desarrollar determinados comportamientos. Para ello, podemos confirmar nuestro pensamiento o refutar las opiniones contrarias.

En cualquier caso, debemos ser respetuosos y exponer nuestras razones de forma ordenada y coherente. Las posturas violentas o de fuerza ceden ante una declaración serena y bien razonada.

Los textos argumentativos comparten con los explicativos algunos rasgos: suelen contener una parte explicativa, sobre la que construir la argumentación. Casi todos los textos científicos o jurídicos son, básicamente, textos expositivo-argumentativos.

Estructura de los textos argumentativos

La **estructura** que presentan los textos argumentativos suele ser de orden muy lógico, ya que se trata, principalmente, de presentar una situación y exponer una tesis. La mayoría de estos textos se articula en torno a cuatro partes:

- Introducción: presentación del tema y captación del interés.
- Exposición de la tesis: se expone la idea fundamental.
- Argumentación: se justifica la tesis con diversos argumentos que encierran el pensamiento del autor.
- Conclusión: se recuerda lo más relevante y se insiste en la idea fundamental.

La argumentación se suele apoyar en distintos **tipos de argumentos:**

- **Argumento de autoridad.** Se acude a un experto o persona reconocida para apoyar la opinión.
- **Argumento de calidad.** Valora lo bueno frente a lo abundante.
- **Argumento de cantidad.** Lo que la mayoría piensa o hace funciona en ocasiones como argumento. La mención del sentido común se incluye en esta variante.
- **Argumento científico.** La autoridad o el prestigio científico puede servir para apoyar un pensamiento.
- **Argumento estético.** Lo bello se valora sobre lo feo.
- **Argumento existencial.** Se prefiere lo real, verdadero y posible, frente a lo inexistente, falso o imposible.
- **Argumento de experiencia personal.** Lo visto y vivido personalmente funciona en ocasiones como argumento. Conviene no abusar de esta variante.
- **Argumento de hecho.** Basado en pruebas constatables.
- **Argumento de justicia.** Lo justo debe prevalecer sobre lo injusto.
- **Argumento moral.** Las creencias éticas socialmente aceptadas pueden ayudar a justificar una opinión.
- **Argumento de progreso.** La novedad y lo original son claves del progreso y son valorados frente a la tradición.

- **Argumento de semejanza o comparación.** Se defiende algo en razón de ser muy parecido a otro elemento que nos convence.
- **Argumento social.** Hay ideas socialmente admitidas que funcionan de forma parecida a los argumentos de autoridad.
- **Argumento de tradición.** El peso de la tradición puede servir para confirmar nuestras ideas.
- **Argumento de utilidad.** Se valora lo útil, necesario y eficaz, frente a lo inútil, ineficaz o peligroso.
- **Argumento *ad hominem*.** Es un argumento no válido que anula o confirma una tesis no en función de la razón sino respecto de quien la censura o defiende.

Pautas para conseguir un buen texto argumentativo

Te sugerimos tener en cuenta lo siguiente:

- La manera de expresar tus ideas puede resultar más efectiva que las ideas que defiendes.
- Pronuncia con claridad.
- Marca claramente tu objetivo al comienzo. Es buena táctica usar el argumento de autoridad.
- Calla lo que no sabes y afirma con rotundidad lo que sabes.
- Basa tus opiniones en dos o tres argumentos relacionados.
- Trata de establecer una buena conexión con tu auditorio: sé divertido, pero preciso.
- Te será útil hacer participar al público (más o menos moderadamente) y ayudarte de recursos audiovisuales; establece un ritmo adecuado y cuida tu imagen.
- Al final, sube el tono de voz.

Textos periodísticos

Los textos periodísticos tienen aspectos pragmáticos específicos tales como:

- Emisor: colectivo. Aun cuando sea una persona concreta (periodista, articulista…) quien elabora el mensaje, representa los intereses de un determinado grupo editorial.
- Receptores: público amplio y heterogéneo, sin posibilidad de respuesta inmediata.
- Canal: los medios de comunicación hoy tienen soportes variados: radio, prensa escrita en papel, televisión, teléfono móvil, Internet y redes sociales.
- Mensaje: está condicionado por la actualidad y el interés común.
- Código mixto: mezcla código lingüístico con elementos extralingüísticos como imágenes, tipografía, etc.

Características lingüísticas de los textos periodísticos

Recursos fónicos:

- **Pronunciación adecuada.** En los medios audiovisuales se exige una adecuada vocalización y un ritmo que los oyentes puedan seguir con facilidad.
- **Énfasis.** Existen subgéneros periodísticos o tipos de programas que requieren pronunciaciones específicas o énfasis. No se entona igual una retransmisión deportiva que un documental.
- **Recursos tipográficos.** Los textos escritos presentan recursos como las oraciones interrogativas (frecuentemente retóricas o apelativas) y exclamativas. Normalmente, estos recursos se hallan en textos de opinión ya que, mediante los mismos, los autores pueden intensificar el tono emotivo de su mensaje o llamar la atención del receptor hacia algún aspecto determinado.

Recursos morfosintácticos:

- Supresión de determinantes, sobre todo en retransmisiones deportivas: *Se interna por banda derecha y centra con pierna izquierda.*
- Gusto por locuciones y construcciones perifrásticas.
- Nominalización, sobre todo en titulares por el deseo de concisión: *Presentación de la nueva campaña de la DGT.*
- Abundante presencia de complementos. El deseo de condensar la información lleva a construir oraciones de cierta complejidad.
- Selección y combinación intencionada de elementos. Los periodistas juegan con la organización sintáctica para destacar determinados aspectos que les parecen especialmente interesantes. La palabra inicial y la final de una oración son las que más llaman la atención de los lectores.
- Uso de frases cortas, sobre todo en titulares.
- Aparición del estilo directo y de citas. Para dar mayor credibilidad y detalle a las informaciones aportadas suele acudirse a citas de los protagonistas de las noticias.
- Presencia de oraciones impersonales o sin sujeto explícito, sobre todo en titulares y cuando interesa más la acción que el protagonista de la noticia.
- Abundancia de oraciones pasivas, por influjo de la lengua inglesa.

- Preferencia por ciertos tiempos verbales: recuperación del pretérito imperfecto de subjuntivo con su valor etimológico de perfecto simple de indicativo (*El que fuera Premio Nobel de Literatura, Vicente Aleixandre…*); empleo frecuente del pretérito perfecto simple; uso del pretérito imperfecto para acercar la acción a los lectores; uso del presente de indicativo, sobre todo en titulares, como muestra de actualidad de las noticias.

Recursos léxico-semánticos:

- En general, los textos periodísticos emplean un léxico de nivel medio y con suficiente grado de corrección, lo que hace que la comprensión sea más fácil para múltiples lectores.
- Creación de neologismos.
- Presencia de eufemismos.
- Uso de tecnicismos.
- Tendencia a la epicidad, que lleva a la magnificación del lenguaje. Ejemplo: *España conquista Europa* (con motivo de la Eurocopa).
- Recurrencia al lenguaje literario. Son frecuentes las hipérboles, metáforas, metonimias, personificaciones, preguntas retóricas, etc.
- Empleo de apócopes, acrónimos, siglas, etc.

El arte de la conversación

La conversación es, sin duda, la clase de texto más utilizado por los seres humanos: la usamos cuando nos relacionamos con otras personas, en las más variadas situaciones y con las más distintas intenciones.

El diálogo, como también denominamos a la conversación, es un tipo de discurso eminentemente social y de naturaleza oral; podemos reproducir por escrito una conversación, pero la referencia siempre será la oralidad. Es su carácter social e interactivo lo que define algunos de sus rasgos.

- El diálogo implica cooperación por parte de los interlocutores: los individuos que conversan deben creer en el éxito de su relación verbal. De este principio se deducen algunas consecuencias:
  - Respeto por los turnos de palabra.
  - Aclaraciones constantes de los mensajes a petición de los interlocutores para que no se produzcan equívocos.
  - Interés por lo que el otro tiene que decir. El intercambio debe ser ordenado y jerarquizado.
  - No constituye una verdadera conversación aquella situación –bastante habitual, por cierto– en la que dos hablantes monologan uno frente al otro sin interesarse por la opinión ajena y tratando únicamente de hablar de uno mismo o de imponer el propio punto de vista.
- Aunque se ha señalado el carácter espontáneo de la conversación, existen **estrategias de complicidad** para desarrollar un buen diálogo:
  - Llama a tu interlocutor por su nombre propio. Si la situación lo requiere, debes emplear las fórmulas de tratamiento: *doña Beatriz; señor Coca* (*don / doña* más el nombre; *señor / señora* más el apellido).
  - Trata de mantener un ritmo adecuado. Una buena conversación implica la sincronización de los interlocutores y el respeto por el tiempo de intervención (no abuses de la paciencia del otro). Las interrupciones, aunque a veces son necesarias, pueden llevar a desacuerdos. Si te ves forzado a interrumpir porque tienes alguna información relevante, solicita permiso: *Perdona, pero me gustaría añadir…; Un momento, por favor, antes de seguir hablando…*
  - Intenta seguir el tema y aportar informaciones significativas que te permitan, a la vez, expresar lo que piensas.
  - Evita hablar siempre de ti mismo, interésate por lo que dicen los demás.
- El tono también es importante: las salidas de tono, voces, gritos o falta de atención pueden provocar fácilmente la ruptura del proceso.
- Cuida la mirada. Una mirada sostenida puede provocar tanta inhibición en tu interlocutor como otra constantemente distraída. Mira a los ojos de las personas con las que hables con naturalidad.
- La redundancia es muy abundante en los contextos orales, ya que nos asegura que nuestro interlocutor ha recibido correctamente nuestro mensaje. No está de más repetir parte de la información: *–Me gustaría ir al cine este fin de semana, ¿sabes? Hace tiempo que no salgo… / –Lo sé, lo sé. Me encantaría acompañarte al cine, ¿cuándo quedamos?*
- Ten en cuenta aquello que se sobreentiende o la ironía, presente en ciertas afirmaciones: *–Este jamón no os va a gustar, os aconsejo que no lo probéis. /* Llegas después de estudiar durante diez horas seguidas y encuentras a tus amigos tomando un refresco: *Ya veo que estáis reventados de tanto estudiar…*
- A veces es interesante desviar la conversación hacia otros temas o evitar una respuesta. La habilidad para eludir situaciones embarazosas es una de las grandes

virtudes del conversador. A continuación, te proponemos algunas tácticas:

- A una pregunta comprometida responde con otra pregunta: *–¿Has hecho todo lo que te dije? / –¿Te gustaría saber todo lo que he tenido que hacer durante estos últimos días…?*
- Muestra interés por el motivo de la pregunta: *–¿Cuándo fuiste por última vez al gimnasio? / –¿Por qué me preguntas eso?…*
- Una afirmación general te evitará concretar una respuesta: *–¿Es tu novio? / –Es un buen amigo…*

- Invita a participar en la conversación a quienes veas que quieren intervenir, o a los que notas que son demasiado tímidos: *–A mí me gusta el teatro, ¿qué piensas tú? Y a ti Maria, ¿te gusta?*

- Y, por supuesto, considera todas las normas de cortesía explicadas a lo largo de este libro:
  - Cuando preguntes o pidas algo, usa frases como: *Dígame, por favor; Le importaría alcanzarme…; Perdone, pero…; Permítame una aclaración; Agradezco sus palabras…*
  - *¿Cómo has pasado este fin de semana? Los he tenido mejores* (ley de moderación).
  - *¿Te gustó el grupo que te dije? Es el mejor que he escuchado en un montón de años* (ley de exageración).
  - Los saludos pueden indicar si se desea o no comenzar un diálogo, incluso pueden servir para invitar a nuestro interlocutor a iniciarlo: *¿Le molestaría que…? / Una pregunta… ¿Cómo estás?*

Para ser un buen conversador

- No tomes la palabra si no estás seguro de lo que va a decir y cómo.
- Toma la palabra en el momento oportuno y, si es necesario, indícalo previamente.
- Cede la palabra oportunamente, sobre todo a las señoras y personas mayores.
- Aprovecha tu turno para decir lo que sea oportuno. Habla en la justa medida: ni poco ni en exceso.
- Si crees que tu interlocutor no te ha entendido, evita usar frases del tipo: *Es que usted no me entiende.* Es preferible, por educación, aceptar como nuestra la falta: *Veo que no he sabido explicarme bien.*
- Si no entiendes bien algún concepto o algún dato es preferible mostrar educación, aunque tu interlocutor quien no haya sabido explicar adecuadamente lo que quiere expresar: *Creo que no he entendido bien…*

- No elijas o insistas en hablar de materias que no estén al alcance de todos los interlocutores.
- No hay que abusar de los chistes.
- Si no dominas un tema, sigue la conversación a distancia, emitiendo observaciones generales.
- No debemos pasar a otro tema mientras el anterior siga animando a los interlocutores. Cuando propongamos uno nuevo, procuremos encadenarlo con el anterior.
- Cuida la gramática y la dicción.
- Usa inteligentemente los gestos. No muestres alegría ante temas serios o viceversa.
- Mira frecuentemente a la persona con quien hablas. Evita jugar con el bolígrafo, mirar el reloj…
- Evita siempre interrumpir a cada instante el diálogo para añadir la muletilla: *¿me comprende?* o *¿entiendes?* y otras semejantes.

El proceso de escritura

Cuando nos disponemos a realizar un trabajo, a preparar una exposición o un examen, a investigar sobre determinado tema… necesitamos manejar unas técnicas adecuadas para planificar correctamente nuestra labor, seguir los pasos convenientes y llegar a buen puerto.

Antes de escribir

Es fundamental, antes de comenzar a escribir nada, tomar una serie de decisiones:

- **Analizar qué debemos hacer.** Debemos estar seguros de qué se nos pide y de qué medios tenemos para conseguirlo.
- **Elaborar un plan de trabajo.** Debemos pensar dónde buscar la información y en qué orden. Pensemos qué otras materiales auxiliares necesitamos: enciclopedias, diccionarios, ordenador. ¿Tendremos que ir a una biblioteca? ¿Qué puedo encontrar en Internet? ¿Necesito la ayuda de alguien?
- **Organizar las ideas.** Una vez en posesión de los materiales, necesito organizarlos. Para ello tendré que leer, tomar notas, subrayar, esquematizar, resumir… El último objetivo es poseer ya todo lo necesario para comenzar a escribir.

Mientras escribimos

No todo concluye cuando disponemos del material. Es importantísimo seguir una serie de pasos durante el proceso de elaboración de nuestros materiales:

- **Conocer las necesidades del receptor.** No escribiremos igual para los compañeros de clase que para el profesor o para una publicación de mayor relieve. Hay que determinar qué auditorio tendremos y utilizar un estilo que sea accesible a ese auditorio: ni más ni menos. Para ello, tendremos que decidir qué es necesario contar (porque los oyentes o lectores lo desconocen) y qué se puede omitir. Lo que digamos, por otra parte, debe estar adaptado a los receptores.

- **Utilizar materiales de consulta.** Si durante el proceso de escritura nos surgen nuevas dudas, no dudemos en acudir a diccionarios, enciclopedias o gramáticas para aclararlas. Un buen escritor siempre tiene cerca estos materiales de consulta.

Después de escribir

Antes de dar por finalizada nuestra tarea, conviene pararnos en dos nuevos consejos:

- **Repasar el producto y la intención.** Debemos recordar qué se nos pedía y qué queríamos hacer. Hemos de evaluar si hemos alcanzado los objetivos propuestos. De lo contrario, habremos de corregir lo que llevamos hecho hasta que logremos nuestro propósito. Un buen procesador de texto nos ayudará en la tarea de escribir y reescribir.
- **Obtener conclusiones.** Para una ocasión futura en la que tengamos que seguir el mismo proceso, hemos de sacar las conclusiones oportunas: qué me ha sido de utilidad, qué ha resultado una pérdida de tiempo; qué materiales me han servido y cuáles no; si sería conveniente seguir un orden distinto en otras ocasiones; qué materiales de consulta conviene tener siempre cerca, etc. Por supuesto, toma buena nota de los comentarios que te hagan los demás y que puedan ayudarte a mejorar.

A continuación te ofrecemos una serie de técnicas que te ayudarán a saber cómo tratar la información para sacarle el máximo partido.

El procesamiento de la información

Cuando recopilamos información para la elaboración de un trabajo académico sobre el tema objeto de nuestro estudio (manejando siempre distintas fuentes y contrastándolas), hemos de saber darle el tratamiento adecuado: organizar, comparar, seleccionar.

A medida que consultes irás obteniendo informaciones. Conviene clasificarlas para después contrastarlas. Por ejemplo, si nos interesa conocer detalles sobre la desertificación de nuestra comunidad, es probable que te encuentres con documentos que tratan el asunto desde distintas perspectivas: ecológica, turística, agrícola, económica, técnica… Debes agrupar y jerarquizar las informaciones según su tipo e importancia. Para ello podemos ayudarnos de carpetas o archivos informáticos. Podemos, además, crear nuestras propias **bases de datos** con algún programa como *OpenOffice,* empleando distintos criterios de clasificación: alfabético, geográfico, de materias, numérico y cronológico.

Una vez que tenemos organizada la información, hemos de elaborar resúmenes y esquemas encaminados a seleccionar los materiales más adecuados y poder así presentar el resultado de nuestro estudio a los demás.

Anexo: La lingüística textual

Esquema

Es la **representación gráfica** de las ideas y de los conceptos fundamentales organizados de manera lógica. Los esquemas facilitan en gran medida tanto el estudio como la presentación oral de los trabajos pues nos permiten sintetizar, comprender, estructurar y memorizar el trabajo. Para su realización te proponemos las siguientes fases:

– Encontrar las ideas principales.

– Subrayar solo las palabras representativas.

– Escribir la idea fundamental junto a cada párrafo.

– Anotar en un papel las ideas extraídas de los márgenes añadiendo frases breves que aclaren su sentido e incluyendo también las ideas secundarias que sean necesarias para comprenderlo.

Para que un esquema tenga utilidad, debe ser breve y conciso; por otra parte, tiene que recoger la ordenación jerárquica de ideas, tanto principales como secundarias. Existen diversos modelos de elaboración de esquemas. Conviene practicar hasta encontrar uno que se ajuste a vuestras preferencias y a las características estructurales de tema investigado. Los más utilizados son los de llaves, números, números y letras, rayas y puntos, flechas…

Durante la exposición oral, el esquema nos facilitará mucho la labor, ya que nos ayudará a recordar los datos más sobresalientes y a anticipar mentalmente todo lo que deseamos decir.

Mapa conceptual

Se trata de un recurso esquemático que representa **gráficamente** las ideas ordenadas según su importancia. Para realizarlo debes seguir estas pautas:

– Subrayar las palabras clave que contengan los conceptos fundamentales.

– Crear una lista de palabras, esto es, de conceptos jerarquizados de mayor a menor importancia.

– Organizar las ideas según el orden marcado, reflejando, a su vez, las relaciones entre los conceptos. Conviene reflejar visualmente la estructura del trabajo mediante toda suerte de recursos formales (rayas, flechas, cambios de letra, color…) de tal modo que con una simple ojeada captemos la globalidad del tema tratado.

En nuestra **exposición oral** podremos emplear tanto un esquema como un mapa conceptual. En ambos casos, es posible usarlos personalmente y no mostrarlos o, si están bien hechos, exponerlos al mismo tiempo que hablamos. En este último caso, es conveniente usar programas como *Power Point*. Estos programas nos permiten proyectar sobre una pantalla si disponemos de cañón de vídeo; si no es así, el uso de transparencias o fotocopias para repartir son también buenos recursos.

Resumen

Es un **texto sintético** donde exponemos con **nuestras palabras** las ideas más importantes. A pesar de su brevedad, el resumen debe tener sentido completo y, en ningún caso, debe perder la ilación interna. Al mismo tiempo, el resumen debe ajustarse a lo expresado en el texto y evitar toda clase de ambigüedades que perturben o manipulen los conceptos expuestos. No debe incluir nunca opiniones ajenas al texto.

Con el resumen conseguiremos desarrollar las capacidades de síntesis, de organización de ideas, y, por supuesto, de expresión escrita. Para realizar un resumen es necesario realizar cuantas lecturas previas sean necesarias para comprender el texto. A continuación, sirviéndonos de técnicas como el subrayado y del esquema, seleccionaremos las ideas más importantes y, a continuación, las enlazaremos coherentemente mediante elementos de cohesión textual. En cualquier caso habremos de evitar la copia directa de las frases subrayadas. Es conveniente que la extensión del resumen esté lo más compensada posible con respecto a las dimensiones y a la dificultad del texto original: no es aconsejable sobrepasar la cuarta parte del texto.

Apuntes

Para favorecer un mejor desarrollo en la vida académica necesitamos tomar correctamente notas de las explicaciones de clase. Con ellas trabajaremos la capacidad perceptiva, el nivel de concentración y nuestra organización personal. Para ello intentaremos:

– Preparar previamente lo que se va exponer.

– Involucrarse plenamente durante toda la exposición del tema.

– Sistematizar los apuntes: formato, ubicación de fechas, numeración, epígrafes, datos, etcétera.

– Crear un sistema personalizado de abreviaturas que faciliten y aligeren el trabajo.

– Tomar nota solo de las ideas más significativas.

– Hacer preguntas siempre que no se capte con claridad el desarrollo de la exposición.

– Dejar márgenes amplios para completar todo lo que sea necesario.

Anexo: La lingüística textual

La exposición de la información

Existen distintos modos de exponer el resultado de nuestros trabajos. A continuación te ofrecemos un esquema de los más habituales:

La exposición oral

Para conseguir que la presentación pública de tu trabajo resulte efectiva, te ofrecemos una serie de pautas:
- Ten en cuenta el tipo de destinatario al que te vas a dirigir, para adecuar tu registro.
- Memoriza convenientemente el contenido de tu trabajo; no conviene dejar nada a la improvisación. Puedes servirte de esquemas para recordar los puntos básicos.
- Distribuye el tiempo que vas a dedicar a cada aspecto, para evitar que se queden conceptos importantes sin explicar. Para ello es conveniente practicar con antelación.
- Sé cortés y no dudes en emplear la *captatio benevolentiae*.
- Mira en todas direcciones, y no siempre hacia el mismo punto.
- Ayúdate de materiales auxiliares: transparencias, fotocopias, pizarra…
- Usa un tono adecuado; debes ajustar el volumen para que todos te oigan, pero sin gritar.
- Sé moderado con tu gesticulación.
- No hables ni demasiado rápido ni demasiado lento; lo primero agobia; lo segundo, aburre.
- Inserta anécdotas, pero sin abusar. Procura ser variado en el tono.
- Procura cerrar tu exposición con una recapitulación de los contenidos más importantes.

Examen

Para superar un examen resulta necesario plasmar los conocimientos evaluados con una **expresión correcta,** ya sea oral o escrita. Debemos tener presente una serie de pautas para su correcta elaboración:
- Prepara adecuadamente la prueba mediante técnicas de estudio, repaso de lo esencial, comprobación de materiales necesarios…
- Lee detenidamente todas las preguntas y sigue las pautas marcadas por los verbos (explicar, analizar, ejemplificar, resumir…). Elige el orden de las respuestas (siempre que sea posible).
- Planifica lo que vas a desarrollar mediante un **esquema-borrador,** lo que te permitirá organizar el tiempo y la expresión de los contenidos.
- Expón las ideas ordenadas de forma lógica según ese esquema previo: planteamiento, desarrollo y conclusiones.
- Ilustra con ejemplos adecuados las respuestas. Intenta interrelacionar e integrar los contenidos.
- En cuanto al léxico, es necesario emplear tecnicismos adecuados, huir de expresiones demasiado vagas o genéricas, evitar repeticiones y redundancias.
- Busca la originalidad cuando sea posible.
- Cita las fuentes empleadas de forma progresiva sin caer en la pedantería.
- Preséntalo con limpieza y claridad, con buena letra y respeta los márgenes.
- Respeta la ortografía y los signos de puntuación. Para ello es imprescindible **repasar** el examen antes de entregarlo.

Presentación de trabajos

- Los trabajos deben presentarse en su totalidad en hojas de papel en blanco.
- Se deben respetar unos **márgenes** (dos centímetros mínimo) arriba, abajo, a derecha y a izquierda. El espacio entre líneas debe ser proporcionado, al igual que el tamaño de la letra.
- El trabajo irá encabezado por una **portada** en la que se indicará el título del mismo (en el centro) y los datos del alumno (parte inferior). Se señalará, asimismo, la fecha, la asignatura a la que se refiere el trabajo y el profesor al que se dirige (con la debida cortesía).
- Las portadas se harán en un tipo de letra normal y proporcionada.
- Todos los trabajos que desarrollen más de un punto deben llevar un **índice,** que se colocará tras la portada, y en el que se detallarán los aspectos que se van a tratar, indicando la página de **inicio** de cada apartado. La portada no se numera; las demás páginas sí, siempre en el mismo lugar.
- Tras el cuerpo del trabajo, se colocará un último epígrafe –en una página independiente– con la **bibliografía** empleada. En ella se ordenarán los libros alfabéticamente por el apellido del autor. Los libros se citan de la siguiente forma:
  APELLIDOS, Nombre: *Título de la obra,* (tomo), (editor). Editorial, lugar de edición, año, edición, páginas consultadas.
- Detrás de la bibliografía, se coloca una hoja en blanco, llamada hoja de cortesía, que cerrará el trabajo.
- Los trabajos se encuadernarán con sencillez (basta una grapa en la esquina superior izquierda) y con cuidado: la encuadernación no debe impedir la lectura de ningún fragmento.
- Los trabajos se presentan con un único color (negro o azul), sin tachaduras.
- Emplea moderada y discretamente los correctores líquidos.

Tipos de verso según su medida

- **Arte menor.** De ocho sílabas o menos. Se representan en minúsculas.
- **Arte mayor.** Desde nueve sílabas. Se representan en mayúsculas.

Tipos de versos según su rima

- **Rimados.** Entre ellos existe rima. Para su análisis, les asignamos una misma letra a todos los versos que riman entre sí.
- **Sueltos.** No riman en una estrofa en la que hay otros que sí lo hacen. Se representan con un guion (-).
- **Blancos.** No existe rima, pero sí otras semejanzas entre los versos (número de sílabas, ritmo acentual).
- **Libres.** De medida desigual y sin rima. Si son muy extensos y abundan las figuras de repetición, los denominamos **versículos**.

Tipos de rima

- **Consonante.** Se repiten todos los sonidos tras la última vocal acentuada: *querido / venido; río / frío*.
- **Asonante.** Se repiten solo las vocales tras la última vocal acentuada; las consonantes deben variar: *amor / pasión*.

Versos compuestos

A partir de las doce sílabas, los versos de arte mayor pueden tener una pausa interna (cesura) que los divide en dos. Así sucede con los versos *alejandrinos* (14): después de la séptima sílaba se produce una *cesura*, que divide el verso en dos *hemistiquios*. La cesura siempre debe coincidir con un final de palabra. Al final de cada hemistiquio se cumplen siempre las reglas de final de verso.

Ya el pobre corazón // eligió su camino.   (6 + 1) + 7 = 14
Ya a los vientos no oscila, // ya a las   7 + 7 = 14
    [*olas no cede,*
al azar no suspira, // ni se entrega   7 + 7 = 14
    [*al destino…*
Ahora sabe querer // y quiere lo que   (6 + 1) + 7 = 14
    [*puede.*
Renunció al imposible // y al sin querer   7 + 7 = 14
    [*divino.*

Manuel MACHADO

Reglas de final de verso

- **Final en palabra llana.** Permanece igual.
    ¡Qué triste es tener sin flores (8)
    el santo jardín del alma, (8)
- **Final en palabra aguda.** Se suma una sílaba al verso.
    soñar con almas en flor, (7 + 1)
- **Final en palabra esdrújula.** Se resta una sílaba al verso.
    soñar con sonrisas plácidas! (9 - 1)

Juan Ramón JIMÉNEZ

Licencias métricas

Cada sílaba fónica suele equivaler a una sílaba métrica. Pero, a veces, se producen ciertas alteraciones:

- **Diéresis.** Separación de las vocales de un diptongo:
    Cantando vas, rïendo por el agua,
    por el aire silbando vas, rïendo.

Juan Ramón JIMÉNEZ

- **Sinéresis.** Unión en un diptongo de dos vocales en hiato:
    De petróleo y naranja es su arcoiris.

Pablo NERUDA

- **Sinalefa.** Unión en una sílaba de dos o más vocales pertenecientes a palabras distintas, siempre que una palabra termine por vocal y la siguiente empiece también por vocal (o por *h*-). Es un fenómeno muy habitual.
    Por una mirada, un mundo.

Gustavo Adolfo BÉCQUER

- **Dialefa.** Lo contrario de la sinalefa:
    Cuerpo de la mujer, río de oro.

Blas DE **O**TERO

Tipos de pausa

- **Cesura.** Pausa en el interior de un verso que lo divide en dos hemistiquios.
- **Versal.** Pausa al final de cada verso. Se produce siempre, aunque sea muy breve. Hay que tenerla en cuenta para leer correctamente los poemas.
- **Estrófica.** Pausa a final de cada estrofa. Debe ser mayor que la pausa versal.

Esticomitia

Cuando existe coincidencia entre unidad sintáctica y verso, hablamos de *esticomitia*. En caso contrario, nos encontramos ante el *encabalgamiento*.

> *Duermes como la noche duerme:*
> *con silencio y con estrellas.*
> *Y con sombras también.*
>
> Antonio Colinas

Encabalgamiento

Cuando una frase no termina en un verso y continúa en el siguiente, rompiendo una estructura sintáctica (especialmente un sintagma), se produce un encabalgamiento. Puede ser de dos tipos:

- **Suave.** La unidad sintáctica termina después de la mitad del verso siguiente.

> *Sé que en abril las cercadas*
> *orillas de los caminos*
> *solo por ti reverdecen.*
>
> José Mateos

- **Abrupto.** La unidad sintáctica termina antes de la mitad del verso siguiente.

> *Entre mis manos y sobre*
> *el libro, temblaba, pobre*
>
> *la sombra de una quimera*
> *igual que mi calavera.*
>
> Andrés Trapiello

Nombre de los versos

- **Arte menor.** Bisílabos (2), trisílabos (3), tetrasílabos (4), pentasílabos (5), hexasílabos (6), heptasílabos (7), octosílabos (8).
- **Arte mayor:**
  - **Simples.** Eneasílabos (9), decasílabos (10), endecasílabos (11).
  - **Compuestos (parisílabos).** Dodecasílabos (12), tridecasílabos (13), alejandrinos (14), pentadecasílabos (15) y hexadecasílabos u octonarios (16).

En el plano fónico

- **Aliteración.** Repetición de un sonido o de varios iguales o parecidos.

  > …Tañen mis dedos,
  > y mis dientes restañan. Y mis uñas,
  > una a una, de añil se van tiñendo…
  >
  > BLAS DE OTERO

- **Simbolismo fónico.** Aliteración que reproduce algún sonido de la naturaleza.

  > solo el paso levísimo del viento.
  >
  > JULIA UCEDA

- **Paronomasia.** Similitud entre dos palabras diferentes.

  > Mirando las nubes
  > el hombre se asombra
  > y el burro se aburre.
  >
  > JAVIER ALMUZARA

- **Anáfora.** Repetición de una misma palabra al inicio de varios versos u oraciones.

  > De vivir, lo que no duele,
  > o te aburre o te cansa
  > o te asusta o te hiere.
  >
  > JUAN PEÑA

- **Anadiplosis.** Repetición de la palabra final de un verso o sintagma al principio del siguiente. Si se dan varias anadiplosis seguidas hablamos de **concatenación.**

  > Todo pasa y todo queda,
  > pero lo nuestro es *pasar,*
  > *pasar* haciendo *caminos,*
  > *caminos* sobre la mar.
  >
  > ANTONIO MACHADO

- **Epanadiplosis.** Un verso se inicia y acaba con la misma palabra.

  > *Zarza* es tu mano si la tiento, *zarza,*
  > *ola* tu cuerpo si lo alcanzo, *ola,*
  > *cerca* una vez, pero un millar no *cerca.*
  >
  > MIGUEL HERNÁNDEZ

En el plano léxico-semántico

- **Enumeración y gradación.** Aparecen seguidos varios conceptos o palabras relacionados. Si se ordenan en escala ascendente o descendente, hablamos de gradación.

  > Por estos campos de la tierra mía
  > bordados de olivares polvorientos,
  > voy caminando *solo, triste, cansado,*
  > *pensativo y viejo.*
  >
  > ANTONIO MACHADO

- **Hipérbole.** Exageración, visión desmesurada de un hecho.

  > Ya es corazón mi lengua lenta y larga,
  > mi corazón ya es lengua larga y lenta…
  > ¿Quieres contar sus penas? *Anda y cuenta*
  > *los dulces granos de la arena amarga.*
  >
  > MIGUEL HERNÁNDEZ

- **Personificación.** Atribución de cualidades humanas a seres animados o inanimados.

  > Donde habite el olvido
  > allí estará mi tumba.
  >
  > BÉCQUER

- **Antítesis.** Contraposición de dos pensamientos, expresiones o palabras. Si se produce dentro de un mismo sintagma hablamos de **oxímoron.**

  > ¿Y cómo unificar la dualidad terrible
  > que es la luz y la sombra,
  > que es lo blanco y lo negro,
  > que es la vida y la muerte.
  >
  > ANTONIO COLINAS

- **Paradoja.** Contradicción lógica.

  > La Felicidad consiste
  > en no ser feliz
  > y que no te importe.
  >
  > MIGUEL D'ORS

- **Símil.** Comparación de dos elementos. El elemento comparativo (*como, parece, cual…*) debe estar presente.

  > El amor estaba escondido
  > como la almendra en la corteza.
  >
  > JOSÉ HIERRO

- **Metáfora.** Es el más importante de los recursos poéticos. Consiste en la identificación entre una imagen (I) y un término real (R); se produce un cambio del significado propio de una palabra a otro sentido en virtud de una relación de semejanza. Hay diversos tipos:

  • **Metáfora R es I.** Es la más sencilla.

  > El *sufrimiento,* que *es una aguja rota*
  > *clavada en una uña,* la cuerda rota
  > de un violín astillado y fatalista.
  >
  > FELIPE BENÍTEZ REYES

  • **Metáfora I de R.**

  > el *nardo* de tu pierna.
  >
  > MIGUEL HERNÁNDEZ

  • **Metáfora R : I** (metáfora aposicional). Imagen y término real se unen mediante un signo de puntuación:

Anexo: Principales figuras retóricas

> *De pie en las estanterías*
> *los libros que nunca leeré:*
> ***soldados en fila.***
>
> — Isabel Escudero

- **Metáfora pura.** Solo aparece la imagen.

    > *Ya han pasado*
    > *las lluvias y el invierno retira **sus banderas.***
    >
    > — José Julio Cabanillas

- **Metonimia.** Consiste en cambiar una palabra por otra no por su semejanza, sino por las relaciones de cercanía, causa-efecto o parte-todo que existen entre ellas: llamar espada a un torero; decir que *nos comimos el primer **plato*** (y no su contenido), o que alguien tiene *diez **cabezas** de ganado*.

    > *De cuando en cuando un beso y un nombre de mujer.*
    >
    > — Manuel Machado

- **Símbolo.** Son palabras del lenguaje normal que en el poético connotan algo distinto, imposible de expresar de ninguna otra forma. Es, pues, algo diferente de la metáfora.

    > *«El poema»*
    > *No le toques ya más,*
    > *que así es la **rosa**.*
    >
    > — Juan Ramón Jiménez

    La *rosa* es símbolo de del poema (que aparece citado en el título), al que no le es necesario ningún retoque más para alcanzar su perfección

- **Sinestesia.** Mezcla de sensaciones visuales, olfativas, auditivas y táctiles: Se da mucho en el lenguaje común: *rojo chillón, olor áspero,* etc.

    > *Abre tus ojos verdes, Marta, que quiero oír el mar.*
    >
    > — José Hierro

- **Apóstrofe.** El autor se dirige directamente a algo o alguien generalmente ausente.

    > ***Oh Dios.*** *Si he de morir quiero tenerte despierto. Y, noche a noche, no sé cuándo oirás mi voz.* ***Oh Dios.*** *Estoy hablando solo…*
    >
    > — Blas de Otero

En el plano morfosintáctico

- **Asíndeton y polisíndeton.** Supresión de conjunciones (da sensación de rapidez, viveza…). Lo contrario es el **polisíndeton**.

    > *Pesados libros con olor a rancio –quizá la teología–,*
    > *una armadura, una corona, un cetro, una mitra roída,*
    > *cartas dispersas, un reloj de arena, una copa abatida…*
    >
    > — Enrique García Máiquez

    > *… y clava el diente*
    > *en sí misma, y se ríe, y bosteza, y bosteza.*
    >
    > — Carmen Jodra Davó

- **Derivación o políptoton.** Repetición de palabras que comparten el mismo lexema.

    > *¡Dejadme ser, salineros,*
    > *granito del salinar!*
    >
    > — Rafael Alberti

- **Hipérbaton.** Alteración evidente del orden de una frase.

    > *Por escrito gallina una.*
    >
    > — Julio Cortázar

- **Paralelismo.** Repetición de una misma estructura sintáctica; suele ir acompañado de la anáfora. A veces se produce alguna variación en uno de los elementos (generalmente el último). El más característico es el paralelismo de tres elementos (estructura trimembre); también los hay de dos elementos (bimembre) y de cuatro (cuatrimembre o polimembre).

    > *… y nos besamos como en las películas,*
    > *y nos quisimos como en las canciones.*
    >
    > — Luis Alberto de Cuenca

- **Quiasmo.** Paralelismo en el cual la distribución de los elementos no es correlativa sino cruzada.

    > *Quema el sol, el aire abrasa.*
    >
    > — Manuel Machado

    (verbo + sujeto; sujeto + verbo).

- **Elipsis.** Supresión de un elemento.

    > *En estas once sílabas, el odio,*
    > *en estas once, la mayor tristeza,*
    > *y en éstas, la alegría de los hombres,*
    > *pero jamás la silenciosa nada.*
    >
    > — Julio Martínez Mesanza

    (La estrofa carece de verbo principal).

Principales formas estróficas

- **Pareado.** Dos versos de la misma medida con rima asonante o consonante: aa / AA.

    > *La primavera ha venido*
    > *Nadie sabe cómo ha sido.*
    >
    > — Antonio Machado

- **Soleá.** Tres versos octosílabos con rima asonante en los impares: a–a.

    > *Si otros no buscan a Dios*
    > *Yo no tengo más remedio:*
    > *Me debe una explicación.*
    >
    > — Manuel Alcántara

Anexo: Principales figuras retóricas

- **Haiku.** Tres versos sin rima, (5- 7- 5-) que desarrollan una breve instantánea con un motivo de la naturaleza:

    Lejos un trino.
    El ruiseñor no sabe
    que te consuela.

    Jorge Luis Borges

- **Terceto.** Tres versos de arte mayor con rima consonante: ABA; suelen ir agrupados en serie de tercetos encadenados que termina con un serventesio, también encadenado, con esquema ABA BCB CDC … XYX, YZYZ.

    Yo quiero ser llorando el hortelano
    de la tierra que ocupas y estercolas,
    compañero del alma, tan temprano.
    Alimentando lluvias, caracolas
    y órganos mi dolor sin instrumento,
    a las desalentadas amapolas
    daré tu corazón por alimento.
    Tanto dolor se agrupa en mi costado,
    que por doler, me duele hasta el aliento. […]
    Tu corazón, ya terciopelo ajado,
    llama a un campo de almendras espumosas
    mi avariciosa voz de enamorado.
    A las aladas almas de las rosas
    del almendro de nata te requiero,
    que tenemos que hablar de muchas cosas,
    compañero del alma, compañero.

    Miguel Hernández

- **Copla.** Cuatro versos octosílabos; riman en asonante los pares y quedan sueltos los impares: –a–a.

    El hombre siempre buscando
    y no sabe lo que busca.
    Va buscando una respuesta
    y no sabe la pregunta.

    Juan Peña

- **Seguidilla.** Cuatro versos de arte menor; 1.º y 3.º, heptasílabos sueltos; 2.º y 4.º, pentasílabos de rima asonante o consonante: 7- 5a 7- 5a. En la seguidilla culta también riman los versos 1 y 3.

    Por si acaso mis días
    no están contados,
    por si acaso el contable
    se ha equivocado

    Isabel Escudero

- **Redondilla.** Cuatro versos octosílabos, con rima consonante abrazada: abba.

    Clamé al cielo y no me oyó
    y, pues sus puertas me cierra,
    de mis pasos en la tierra
    responda el cielo, y no yo.

    José de Zorrilla

- **Cuarteta.** Cuatro versos octosílabos, rima consonante cruzada: abab.

    Ayer soñé que veía
    a Dios y que a Dios hablaba;
    y soñé que Dios me oía…
    Después soñé que soñaba.

    Antonio Machado

- **Cuarteto.** Cuatro versos endecasílabos de rima consonante abrazada, según el esquema: ABBA. Aparece fundamentalmente en los sonetos.

    Como el toro he nacido para el luto
    y el dolor, como el toro estoy marcado
    por un hierro infernal en el costado
    y por varón en la ingle con un fruto.

    Miguel Hernández

- **Serventesio.** Cuatro versos de arte mayor (endecasílabos o alejandrinos) con rima consonante cruzada: ABAB.

    Sabe si alguna vez tus labios rojos
    quema invisible atmósfera abrasada
    que el alma que hablar puede con los ojos
    también puede besar con la mirada.

    Gustavo Adolfo Bécquer

    Señor, ya me arrancaste lo que yo más quería.
    Oye otra vez, Dios mío, mi corazón clamar.
    Tu voluntad se ha hecho, Señor, contra la mía.
    Señor, ya estamos solos mi corazón y el mar.

    Antonio Machado

- **Quintilla.** Cinco versos octosílabos, rima consonante con distintas combinaciones, pero:
  - Ningún verso puede quedar sin rimar.
  - No pueden aparecer tres versos de igual rima seguidos.
  - Nunca finaliza en pareado.

  En arte mayor recibe el nombre de **quinteto**.

    En Roma, a mi apuesta fiel,
    fijé, entre hostil y amatorio,
    en mi puerta este cartel:
    «Aquí está don Juan Tenorio
    para quien quiera algo de él».

    José de Zorrilla

Anexo: Principales figuras retóricas

- **Lira.** Cinco versos de 11 y 7 sílabas, con rima consonante, según el esquema: aBabB.

    En la curva del río
    el doble cisne su blancura canta.
    Húmeda voz sin frío
    fluye de su garganta,
    y por los juncos rueda y se levanta.

    Federico García Lorca

- **Sextilla.** Seis versos, rima consonante, con distintas formas. En arte mayor, recibe el nombre de **sexteto**:

    … Y yo, mi niña, teniendo
    abrigo contra el relente,
    mientras va el sueño viniendo.
    … Y tú, mi niña, durmiendo
    en los ojitos del puente,
    mientras va el agua corriendo

    Rafael Alberti

- **Octava real.** Ocho versos de arte mayor, con rima consonante: ABABABCC.

    Gocemos, sí; la cristalina esfera
    gira bañada en luz: ¡bella es la vida!
    ¿Quién a parar alcanza la carrera
    del mundo hermoso que al placer convida?
    Brilla radiante el sol, la primavera
    los campos pinta en la estación florida:
    truéquese en risa mi dolor profundo…
    Que haya un cadáver más, ¡qué importa al mundo!

    José de Espronceda

- **Décima.** Diez versos octosílabos, de rima consonante: *abbaaccddc*. También llamada «espinela».

    Queda curvo el firmamento,
    Compacto azul, sobre el día.
    Es el redondeamiento
    Del esplendor: mediodía.
    Todo es cúpula. Reposa,
    Central sin querer, la rosa,
    A un sol en cenit sujeta.
    Y tanto se da el presente
    Que el pie caminante siente
    La integridad del planeta.

    Jorge Guillén

- **Doble sextilla** de pie quebrado, **copla manriqueña.** Dos sextillas de rima consonante, según el esquema abc abc def def. Todos los versos son octosílabos, menos 3.º, 6.º, 9.º y 12.º, tetrasílabos (versos quebrados).

    Jamás hombre más nacido
    para el placer, fue al dolor
    más derecho.
    Jamás ninguno ha caído
    con facha de vencedor
    tan deshecho.
    Y es que él se daba a perder
    como muchos a ganar.
    Y su vida,
    por la falta de querer
    y sobra de regalar,
    fue perdida.

    Manuel Machado

- **Soneto.** Combinación estrófica formada por catorce endecasílabos de rima consonante, distribuidos en dos cuartetos de la misma rima (ABBA ABBA) y dos tercetos, en distinta forma. Predominan los de esquema CDC DCD (encadenados), CDD CEE y CDE.

    Ya está todo en sazón. Me siento hecha,
    me conozco mujer y clavo al suelo
    profunda la raíz, y tiendo en vuelo
    la rama, cierta en ti, de su cosecha.
    ¡Cómo crece la rama y qué derecha!
    Todo es hoy en mi tronco un solo anhelo
    de vivir y vivir: tender al cielo,
    erguida en vertical, como la flecha
    que se lanza a la nube. Tan erguida
    que tu voz se ha aprendido la destreza
    de abrirla sonriente y florecida.
    Me remueve tu voz. Por ella siento
    que la rama combada se endereza
    y el fruto de mi voz se crece al viento.

    Mª Victoria Atencia

- **Silva.** Estrofa de variable número de versos de 7 y 11 con rima consonante libremente dispuesta. Si aparecen varias estrofas de este tipo seguidas con la misma estructura, serán **estancias.** Si la rima es asonante en los pares, hablamos de **silva romance** que, a partir del siglo XX, también admite versos de 14, 9 y 5 sílabas.

    Es una hermosa noche de verano.
    Tienen las altas casas
    abiertos los balcones
    del viejo pueblo a la anchurosa plaza.
    En el amplio rectángulo desierto,
    bancos de piedra, evónimos y acacias
    simétricos dibujan
    sus negras sombras en la arena blanca.
    En el cénit, la luna, y en la torre,
    la esfera del reloj iluminada.
    Yo en este viejo pueblo paseando
    solo, como un fantasma.

    Antonio Machado

- **Romance.** Composición de variable número de versos octosílabos, rimando los pares en asonancia y quedando sueltos los impares: –a–a–a.

> *Verde que te quiero verde.*
> *Verde viento. Verdes ramas.*
> *El barco sobre la mar*
> *y el caballo en la montaña.*
> *Con la sombra en la cintura*
> *ella sueña en su baranda,*
> *verde carne, pelo verde,*
> *con ojos de fría plata.*
> *Verde que te quiero verde.*
> *Bajo la luna gitana,*
> *las cosas la están mirando*
> *y ella no puede mirarlas.*
>
> Federico García Lorca

El romance también puede ser de versos hexasílabos (**romancillo**), heptasílabos (**romance endecha**) o de versos de arte mayor (**romance heroico**).

Ejercicios digitales autocorregibles de comprensión, expresión, ortografía, léxico, gramática y literatura

Si accedes a nuestra página web www.algaida.es/2917042 encontrarás un repertorio de actividades digitales interactivas que te ayudarán a seguir desarrollando las principales destrezas lingüísticas y literarias.

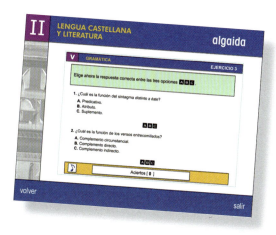